MAURICE MERLEAU-PONTY
Le philosophe et son langage

seconde édition corrigée

RECHERCHES SUR LA PHILOSOPHIE ET LE LANGAGE
N° 15 – 1993

URA 1230 CNRS Université Pierre Mendès France, Département de Philosophie
1251 Avenue Centrale, BP 47 38040 Grenoble cedex 9.

Imprimé en France
ISSN 0754-331-X
ISBN 978-2-7116-8261-4

Table des abréviations

AD	*Les aventures de la dialectique*
EP	*Éloge de la philosophie*
HT	*Humanisme et terreur*
NI	*Notes inédites de Merleau-Ponty 1946-49*
OE	*L'œil et l'esprit*
PM	*La prose du monde*
PN	*Philosophie et non-philosophie depuis Hegel I*
PP	*Phénoménologie de la perception*
RC	*Résumés de cours*
S	*Signes*
SC	*La structure du comportement*
SNS	*Sens et non-sens*
TT	*Titres et travaux, 1952 (inédit)*
VI	*Le visible et l'invisible*

Prologue

Introduire aux actes de ce colloque après qu'il ait eu lieu, c'est seulement continuer à parler ensemble, à vivre ensemble. Sans doute le moment agile, animé de la discussion dont Maurice Merleau-Ponty parle si bien ne va pas sans l'écart des paroles et des pensées, sans une part de malentendu, de heurt parfois. Mais il y a aussi le bonheur des entretiens partagés, l'accord sur le bien entendu.

Disons d'abord nos dettes : nous sommes tous redevables au philosophe qui depuis bientôt cinquante ans féconde la pensée contemporaine.

Bien entendu nous sommes touchés de la faveur que nous a accordée Madame Suzanne Merleau-Ponty, dont la présence fût pour chacun un précieux encouragement. Une autre insigne faveur fût le choix qu'a fait Madame Merleau-Ponty, à notre intention, des deux notes inédites *Parole et Gestalt*, décembre 1959 et *Parole verticale*, avril 1960. Ici se rassemblent symboliquement une question, tout un amas de questions, une réponse, tout un buisson de réponses, l'Être présent soudain par l'engendrement de la parole. Bien entendu nous sommes reconnaissants à notre collègue Jacques Merleau-Ponty, à sa bienveillance, à sa vigilance. Je le remercie encore d'avoir assumé la présidence de nos travaux, et de son allocution d'accueil. Il a su dire ce qu'était l'échange des paroles entre Maurice Merleau-Ponty, son cousin germain, et tous les Alcibiade qui s'essayaient à soutenir le regard d'un Socrate pour aujourd'hui. Il nous a appris également, dans la table ronde sur la politique dont la publication complète n'a pas été possible, à la fois la distance et la présence du philosophe aux événements – aux procès de Moscou par exemple, ou à la libération de Paris, à laquelle il prit part, avec courage et simplicité.

Nous tenons aussi à remercier ceux qui ont rendu possible cette rencontre. Rappelons d'abord qu'elle fût, depuis plusieurs années, un projet constant de notre collègue Henri Joly, étudiant de Merleau-Ponty à la faculté des Lettres de Lyon, si prématurément arraché à l'affection des siens et à notre équipe de recherche le 22 août 1988. Remercions en tout premier lieu Dorian Tiffeneau et Pierre Magnard, qui ont obtenu l'appui du Comité national du CNRS, Bernard Fandre, alors délégué pour la circonscription des Alpes, et sa collaboratrice Madame Blanc. À l'université le Président Bernard Pouyet qui tînt à nous transmettre, au nom de la société entière, l'appel un peu informe qu'elle adresse à la philosophie, Madame Broc-Lapeyre, Directeur du département de philosophie et membre actif de *Philosophie et langage*, sa secrétaire Madame Mestre, qui s'est multipliée en notre faveur.

Sans doute il convient de saluer également Jules Vuillemin, Gilles-Gaston Granger, Paul Ricœur qui ont encouragé ce colloque. Paul Ricœur devait y prendre la parole, ses obligations à Chicago ne l'ont pas permis. Notre ami Michel Philibert lui aussi comptait venir. La mort nous l'enleva il y a quelque semaines. Je salue avec émotion sa mémoire.

Introduire aux *Actes* de ce colloque, ce sera hasarder quelques réflexions, souligner quelques évidences, sans gommer ce qu'il y entre de dispositions subjectives, que j'expose délibérément.

La première de ces évidences grosses comme des maisons, c'est la continuité dans l'élargissement graduel du propos philosophique de Merleau-Ponty. L'accord est complet sur ce point entre Renaud Barbaras et Bernard Andrieu, entre le Père Tilliette et Arion Kelkel : les inflexions du propos ne constituent pas des philosophies successives.

La seconde évidence est le climat de rationalité qui imprègne cette recherche. De là l'extrême importance de l'attache de la philosophie aux sciences exactes et aux sciences humaines. Jean Petitot le montre fortement. Mais cette rationalité n'est pas un préjugé d'entendement. Il faut patiemment la sédimenter, l'*instituer*. M. Hirose y insiste à bon droit.

Un troisième thème dominant est le rôle capital, entre l'homme et le monde – qui n'est pas tout à fait *son* monde – de la médiation du langage. Nous avions proposé ce thème pour être l'axe du colloque. Il a été plus particulièrement retenu par MM. Renaud Barbaras, Mauro Carbone, Jésus Martinez-Velasco, par Roger Decriem aussi.

Si nous passons à la fabrique interne de cette pensée, nous dirons, plus subjectivement encore, le point qui nous a le plus touché, commun aux communications de MM. Petitot, Carbone, Masuda. C'est le mouvement de va et vient, d'aller et retour (*palintropos* disait Héraclite) entre le monde et l'homme, entre l'objet et le sujet, mais par delà tout dualisme. Jean Petitot éclaire le renvoi incessant des discontinuités au continu de l'horizon spatial et temporel. Le connexionisme de certains cognitivistes contemporains va conforter les analyses – véritablement prémonitoires, de Maurice Merleau-Ponty.

Mauro Carbone montre comment la médiation de l'expression opère la conquête du monde. Il insiste sur l'apport théorique, intégré puis outrepassé, de Saussure. Renaud Barbaras souligne la portée ontologique de cette opération d'expression.

Enfin, Kazuo Masuda au terme de son enquête éclaire ce paradoxe constitutif : l'homme fait le langage mais le langage a fait l'homme. *La structure du comportement* définit le sens humain comme tel par la faculté d'user du symbole. Mais *La phénoménologie de la perception* refuse de constituer le langage concret avec les symboles définis du logicien. La notion de *symbole* elle aussi se dépasse et s'enrichit par autoconstitution. « Trafic occulte », disait Merleau-Ponty à propos de la métaphore, mais combien fructueux. Si la table ronde témérairement programmée sur le passage à l'idée et à l'essence n'a finalement pu être organisée, nous aurons, en lisant M. Masuda, un guide sûr pour avancer sur ces chemins.

Sur le rapport de Merleau-Ponty aux philosophies classiques, M. Matsuba montre comment, à partir de diverses interprétations de la liberté cartésienne, leur successeur construit peu à peu sa propre pensée. Sur la liberté précisément cet autre grand cartésien, Henri Bergson, ne procédait pas autrement.

M. Andrieu et M. Kelkel ont interrogé le rapport à Husserl. Bernard Andrieu rappelle que la distinction entre corps et chair, que la notion de chair [*Leib*] vient de Husserl, et déjà pour rendre compte du langage, quand « le corps du signe se remplit de la chair du sens ». Au delà de la reconnaissance des limites de l'expression, Merleau-Ponty peu à peu se détache de Husserl, la masse corporelle devenant, dans le travail posthume, une *dimension* génératrice de sens.

Le professeur Kelkel, situant Merleau-Ponty « entre Husserl et Heidegger », nous donne le bilan le plus précis et le plus complet des liens qui s'établissent entre les philosophies. Il montre indirectement la fraternité qui s'établit entre philosophes du même temps confrontés aux mêmes problèmes. Merleau-Ponty connaissait mieux que personne les distances, les différences, les divergences : mais il insiste plutôt sur ce qu'il reprend à ses contemporains, pour « penser derechef ». Non, les philosophes ne sont pas des pions qu'on pousse ou qu'on tire comme aux échecs. Arion Kelkel ainsi révèle chez Merleau-Ponty, dans une originalité et une franchise qui s'interdit les mauvaises manières, et toute vaine polémique, la dignité d'un philosophe qui exige aussi de soi le respect du travail des autres.

André Robinet réalise ce tour de force d'être impartial, objectif en nous donnant tous les éléments de jugement sur l'altercation inévitable entre tout philosophe et tout historien de la philosophie, surtout dirais-je avec Martial Guéroult. Merleau-Ponty, c'est clair, n'est pas dans son camp. Mais il a su faire droit, même si c'est encore trop timidement aux yeux d'André Robinet, aux procédures d'objectivité dans la lecture des textes philosophiques.

Jean Deprun dans ses observations sur les références tantôt expresses, tantôt masquées de l'ouvrage posthume (dont on doit rappeler qu'il n'était pas terminé, et que Merleau-Ponty les aurait vraisemblablement précisées) a pu irriter, semblant vouloir corriger non seulement l'éditeur Claude Lefort et son travail indispensable, mais même parfois l'auteur. Sa méthode prend Merleau-Ponty à rebours. Il faut le croire lorsqu'il affirme que sa minutie n'est qu'une manifestation de sa piété. Ses auditeurs en ont été convaincus et lui ont donné, pour employer son vocabulaire, l'absolution. (Sa pénitence sera de relire *L'Être et le Néant* pour vérifier une possible allusion à tel passage du livre de Sartre).

À côté de ces approches méthodiques, on trouvera dans ces pages un essai de restitution, d'interprétation du contenu même, et d'abord l'ontologie fondamentale. Nous n'allons pas tenter d'extraire la moëlle de tant de précieuses contributions, mais seulement d'ouvrir, si l'on peut s'exprimer ainsi, l'appétit des lecteurs. M. Roger Decriem se situe sans complexe dans ce qu'il appelle l'*intro-ontologie*. Il n'a pas à chercher à y accéder : il est dedans. Il manifeste la fidélité et la ferveur émue d'un disciple, attentif à ne rien perdre des développements d'une pensée.

Renaud Barbaras est attentif aux scrupules et aux efforts d'une pensée qui n'est pas née toute armée mais à dû se construire peu à peu jusqu'à ce qu'elle délivre sa véritable figure : c'est pour lui l'expression qui se découvre le vrai chemin d'accès à l'ontologie. La vraie transcendance, au terme du parcours, n'est plus ce qu'on croyait. À tous risques nous sommes embarqués dans l'Être, et dans la pensée de l'Être.

Le R. P. Xavier Tilliette interroge lui aussi le passage de la phénoménologie, jamais abandonnée, à l'ontologie. Commentant quelques textes de la *Phénoménologie de la perception*, il avance que « Merleau-Ponty devient obscur partout où il essaie de réinterpréter le langage théologique ». C'est davantage comme à une Esthétique qu'il s'attache à cette pensée.

Reste – ajoutons-nous, qu'en divers endroits Merleau-Ponty choisit de s'exprimer dans les métaphores d'un langage théologique. Dans *Le Visible et l'Invisible* il est question de *corps glorieux*... À nous d'entendre.

L'ontologie n'est pas étrangère aux contributions qui s'attachent à la notion du sujet et aux relations concrètes, intimes ou publiques, historiques, politiques avec autrui.

Madame Maria Villela-Petit attaque de front la question du sujet et la révision toujours en chantier du *cogito*, elle insiste sur le double débordement des positions husserliennes, et heideggeriennes. Elle suggère le cheminement vers l'unité intérieure, « atteinte grâce au dépouillement, au dénuement, au désaisissement, bref à une " dépossession de soi " obtenue en faisant le vide en soi ». C'est marquer une borne infranchissable, qui signe l'identité humaine.

Maurice Merleau-Ponty s'est exprimé davantage sur la dimension historique ou politique. Madame Janine Chêne a introduit à une table ronde – où les témoignages de Jacques Merleau-Ponty et d'André Robinet furent passionnants – par un relevé soigneux d'un certain nombre de *flashes*, en français d'aperçus où Maurice Merleau-Ponty laisse entrevoir à la fois son détachement et son engagement, son sérieux et son entrain aussi à vivre et à penser. Janine Chêne a su relever les affinités du philosophe avec le style d'action, de dialogue et de réflexion de Pierre Mendès France.

Remontant à la théorie même du politique, Giovanni Invitto décèle l'inspiration du vrai Machiavel, qui n'est pas ce cynisme grossier qu'on a dénommé machiavélisme. Merleau-Ponty tient à rendre hommage à l'humanisme de Machiavel. Il ne le comprend pas seulement : il le réincarne.

La doctrine du langage est au détour de toutes les études, mais elle est directement étudiée par M. Carbone et par M. Martinez Velasco.

Mauro Carbone attribue à la réflexion sur la linguistique de Saussure la mutation, entre 1945 et 1960, des thèses philosophiques de Merleau-Ponty. À tout le moins il emploie la référence à Saussure pour délimiter une « période décisive ». M. Carbone montre bien l'importance de ce texte retenu et interrompu, *La Prose du Monde*, où se préparent, avec Saussure et au delà de Saussure, les thèses dernières, qui ne perdent jamais de vue la question de la vérité. La perception, le langage, l'histoire, l'ontologie, partout la même dialectique originellement langagière, celle de la parole parlante et du silence, se fait jour. La notion d'*institution* regroupe transversalement tous ces problèmes, cet unique problème de « la dicibilité du monde », où la question cent fois posée devient à la fin sa propre réponse.

M. Jésus Martinez Velasco, de façon en quelque sorte complémentaire, va montrer non seulement que Merleau-Ponty emprunte à la linguistique, mais aussi que sa conception de la parole et des langues répond aux problèmes encore mal résolus de la linguistique. En particulier il souligne l'extension sémantique de la langue apte à tout dire et considère le langage comme un système autonome de significations : Merleau-Ponty anticipe ainsi, il annonce, une théorie représentationnelle de l'esprit comme celle de Fodor.

Unissons les remarquables prestations de MM. Hirose, Mercury, Shimizu. À vrai dire le texte très subtil de Koji Hirose n'est pas centré sur l'œuvre d'art, il introduit seulement à la notion, omniprésente dès que l'homme s'éveille, d'*institution*. Merleau-Ponty y est abordé comme anthropologue social, et comme anthropologue tout court, déchiffrant à travers l'expression l'énigme du corps et celle du temps. La grossièreté de ce résumé ne fait que renvoyer à ces analyses très pénétrantes, qui conviennent à une philosophie concrète.

Jean-Yves Mercury aborde directement le problème des secrets jumeaux de la vision et de la peinture. Alchimie nous dit-il, silencieuse mutation qui excède l'immédiat. Le peintre « va plus loin », transsubstantie. Cézanne est ici le grand initiateur, et Merleau-Ponty médite et prolonge les confidences recueillies par Joachim Gasquet. Mercury nous introduit alors à toute la philosophie de la vision, avec subtilité et brio, jusqu'à l'ontologie même, et ses descriptions consonnent souvent avec la lecture de Renaud Barbaras. Dans le *miroir* du tableau le peintre convoque bien le monde même ; « cet horizon général que nous ne quitterons jamais ». L'artiste sait voir une femme comme un dessin ; en retour le dessin de Matisse offre la féminité, la femme même. La singularité se hausse à l'universel. Enfin Jean-Yves Mercury ne se borne pas à répéter Merleau-Ponty. Il en recense la teneur philosophique complète, et signale les clés méthodologiques (ainsi la *constance du double refus* de l'idéalisme réflexif et de l'objectivisme, l'intention expresse de *ne pas superposer nature et culture*). Au total M. Mercury « diffracte » à merveille l'alchimie de notre vision, celle du peintre... et celle de Merleau-Ponty.

Makoto Shimizu élargit le propos en cherchant dans la genèse de la peinture le principe de la constitution du monde sensible (qu'il appelle monde esthétique). Merleau-Ponty lui sert de guide dans l'interprétation de Husserl qui, dans *Expérience et jugement*, parle d'une pré-donation de l'objet sur le fondement d'une sorte de peinture qui en procure un aperçu (*einer anschaulischen Ausmalung*), et qui souligne la double référence d'un objet culturel comme une œuvre d'art à la fois à des significations idéales et pourvues de valeur et à leur « soubassement corporel ». Husserl à son tour nous délivre de la problématique de Kant, du primat du jugement de goût et de l'antinomie du goût. Alors, avec le philosophe japonais Nishida, disciple indépendant de Hegel, on peut justifier l'*idéalité liée* (Kant parlait de beauté adhérente) et l'*intuition particularisante*. Le plus beau est qu'à toutes les étapes de ce parcours, sans le dire, Makoto Shimizu n'a jamais perdu de vue Merleau-Ponty, son oracle secret.

Madame Anne-Marie Vidal avec audace adosse la philosophie à la poésie même, et met en parallèle tels textes de Merleau-Ponty et tels échantillons tirés de poèmes de Paul Valéry et de René Char. Le philosophe s'en tire bien. Il admirait d'ailleurs Claudel et Valéry : la poésie, ce *pharmakon* que sait distiller Anne-Marie Vidal, ne lui fait pas d'ombre.

Nous aimerions terminer ainsi, laisser à la poésie le dernier mot. Mais M. Urs Schällibaum, par lequel nous eussions pu aussi bien commencer, nous soumet une méditation austère, mais urgente sur « la possibilité de la réflexion philosophique ». C'est surtout nous mettre en garde contre les pièges d'une réflexion naïve, et nous convier à l'aventure de la « surréflexion », au miroitement de l'*ambivalence*... Le chemin qu'emprunte, en alpiniste, M. Schällibaum paraît escarpé. Il en appelle cependant à la « force philosophique », celle qui donne l'énergie des grandes traversées. Dans son élan elle convient avec la doctrine, avec les essais plutôt de Maurice Merleau-Ponty. Comme à leur manière chacune de ces études, elle veut permettre une rencontre, elle sait établir une connivence.

François HEIDSIECK est professeur honoraire à l'Université Pierre Mendès-France de Grenoble.

Octobre 1959

Parole et [illegible]

Les notions de niveau de l'expression : le fait qu'on ne peut y distinguer ce qui est dit et ~~ce~~ ce qui est "sous-entendu", — ni même y distinguer les moyens d'expression, ceux qui sont employés et ceux qui ne le sont pas (vocabulaire d'une langue), — montrer que l'expression tout entière est présente à chaque acte d'expression, que le langage tout entier double chaque parole comme une sous-parole, — ou plutôt que chaque parole n'est qu'un pli dans la parole, qu'elle est de sa nature figure sur fond (de relief actif ou subtil), qu'elle est, plutôt que ~~position~~ ~~position, pose~~ proposition au sens de la logique, proposition au sens de Claudel, un Etwas, une [illegible] qui se noue intérieurement de sa chair pour laisser transparaître une structure, une masse travaillée de l'intérieur par une sorte d'ébullition, un creux dans l'Être ~~et néant~~, un écart par rapport à la non-différence ou à l'indifférence, — lumière venant d'où ? certainement pas des actes du "sujet" ni de son "faire"

Octobre 1959

Parole et Gestalt

La nature même de l'expression : le fait qu'on ne peut y dénombrer ce qui est dit et ce qui est « sous-entendu », – pas même y dénombrer les *moyens* d'expression, ceux qui sont employés et ceux qui ne le sont pas (vocabulaire d'une langue), – montre que l'expression tout entière est présente à chaque acte d'expression, que le langage tout entier double chaque parole comme une Sous-Parole, – *ou plutôt* que chaque parole n'est qu'un pli dans la parole, qu'elle est dans sa nature *figure sur fond* (de silence actif ou *Gestalt*), qu'elle est, plutôt que « proposition » au sens de la logique proposition au sens de Claudel, un *Etwas*, une *Gestalt* qui se vide intérieurement de sa chair pour laisser transparaître une structure, une masse travaillée de l'intérieur par une sorte d'ébullition, un creux dans l'Être, un écart par rapport à la non-différence ou à l'in-différence, – lumière venant d'où ? Certainement pas des actes du « sujet » ni de son « faire ».

Avril 1960

Parole verticale –

Dans l'ordre "vertical" il n'y a pas de différence entre parole à soi et parole à autrui, – pas plus qu'il n'y a de différence entre soi et autrui, entre l'Abschattung (inconnue) et l'Abgeschattete –

La parole verticale à retrouver. C'est l'expérience muette cherchant son propre sens. C'est la parole du silence. C'est la parole parlante et non parlée –

Qu'elle est indispensable pour comprendre la parole constituée.

~~Voir~~

Le recours au vertical, au présent, c'est le recours à présent <u>intérieur</u>, présent de fait (il n'y a pas plus de présent de pur fait qu'il n'y a de sensible définissable par identité à soi) – c'est recours à dimension de présent, i.e. à l'Être.

Le recours au présent c'est le recours au sensible comme fait : c'est aussi bien recours à l'Erzeugung. Dans l'ordre "vertical" il n'y a pas plus de difficulté à comprendre l'Erzeugung qu'à comprendre la perception : le culturel est <u>par définition</u> ce qui est donné à des actes d'Erzeugung. Comme le sensible est par définition ce qui est donné à des actes de [illegible] i.e. du re-vivre.

Comment justifier par la philosophie (i.e. ~~[illegible]~~ de l'ordre des significations) ~~[illegible]~~ la parole verticale (qui est avant les significations) ? Mais la situation propose la philosophie tout entière à débattre sa démarche propre.

Avril 1960

Parole verticale

Dans l'ordre « vertical » il n'y a pas de différence entre parole à soi et parole à autrui, – pas plus qu'il n'y a de différence entre soi et autrui, entre l'*Abschattung* (inconnue) et l'*Abgeschattet* –.

La parole verticale à retrouver. C'est l'expérience muette exprimant son propre sens. C'est la parole du silence. C'est la parole parlante et non parlée.

Qu'elle est indispensable pour comprendre la parole constituée.

Le recours au vertical, au présent, n'est pas recours à présent *empirique*, présent de fait (il n'y a pas plus de présent de simple fait qu'il n'y a de sensible définissable par identité à soi) – C'est recours à dimension du présent, *i. e.* : à l'Etre.

Le recours au présent n'est pas recours au sensible comme fait : c'est aussi bien recours à l'*Erzeugung*. Dans l'ordre du « vertical » il n'y a pas plus de difficulté à comprendre l'*Erzeugung* qu'à comprendre la perception : le culturel est *par définition* ce qui se donne à des actes d'*Erzeugung*. Comme le passé est par définition ce qui se donne à des actes de remémoration *i. e.* de re-vivre.

Comment restituer par la philosophie (*i. e.* dans l'ordre des significations) la parole verticale (qui est avant les significations) ? Mais les significations que propose la philosophie sont rébus à déchiffrer par l'expérience propre.

Ouverture du Colloque

Jacques Merleau-Ponty

Avant d'ouvrir notre première séance, je voudrais remercier M. Heidsieck et tous les organisateurs de ce Colloque du grand honneur qu'ils m'ont fait en me demandant d'en exercer la présidence. J'en suis très fier et j'en suis aussi très touché ; pour moi, outre les liens familiaux qui m'unissaient à lui et dont le souvenir remonte jusqu'à ma plus lointaine enfance, Maurice Merleau-Ponty fut mon vrai maître en Philosophie ; ce que je crois avoir compris de la Philosophie et ce que j'en ai aimé, c'est à lui que je le dois.

Si vous me permettez d'abuser pendant quelques minutes des prérogatives du président, je voudrais vous proposer une remarque qui vous encouragera peut-être dans vos recherches : en réfléchissant sur le thème qu'exprime le titre du colloque : *Merleau-Ponty et le langage*, je me suis aperçu qu'effectivement, cela le centrait bien sur un point essentiel vers lequel devaient converger assez naturellement vos réflexions. Et cela non seulement pour des raisons qui se découvrent à l'analyse de ses œuvres. Mais aussi pour une raison plus directe que peuvent très bien comprendre, je crois, tous ceux qui ont connu personnellement Maurice.

Tous ceux-là, en effet, ont reconnu cette aptitude exceptionnelle qu'il avait à écouter attentivement, à comprendre, à loger dans sa mémoire tout ce qu'on lui disait. Et c'était, je pense, une des raisons de ce pouvoir d'attraction qu'il exerçait : avec lui, on était sûr d'être entendu ; pas toujours, certes, d'être estimé..., mais entendu.

Or, avec lui, il m'est parfois arrivé (et à d'autres aussi, j'en ai eu la confidence) ceci : au cours d'une conversation ou d'une discussion, on lui proposait une idée, un jugement, une opinion ; il vous interrompait alors vous rappelant que quelque temps avant, on avait en fait tenu des propos mal accordés avec ce qu'on venait de dire ; on ne se sentait pas alors très à l'aise : c'est qu'il ne s'agissait manifestement pas de la remarque ridicule d'un pédant qui morigène un élève, ni celle d'un contradicteur qui cherche à en découdre. C'était autre chose ; car, pour Maurice, parler, formuler un jugement même purement théorique, c'était une manière d'agir et même d'exister ; on voyait très directement, que, pour lui, un pensée bien formée, assez bien formée pour passer dans la parole, pour venir au monde par la parole, c'était un acte qui contribuait à vous constituer comme une personne. Alors... une parole inconséquente, flottante, ce n'était pas seulement une faute logique, c'était un signe de faiblesse existentielle ; faute de cohérence dans ses propos, l'interlocuteur risquait de disparaître de son *Lebenswelt*...

Tout cela m'est revenu en mémoire en examinant votre programme et je me suis souvenu également que Maurice avait donné comme sujet de dissertation à ses étudiants d'agrégation : « Signification métaphysique de la parole » et je suis sûr qu'en le proposant il n'avait pas pensé à la rhétorique du concours mais à une problématique qu'il voulait assumer lui-même et qui rejoint évidemment la vôtre.

Le langage entre chair [*Leib*] et corps [*korper*]

***Bernard* Andrieu**

Il existe des corps [*körper*] sans langage : c'est-à-dire des choses dont l'étendue matérielle n'autorise aucune complexité, si bien que l'organisation ne produit aucun signe. Cette absence de sémiologie s'accompagne d'une carence sémantique : la pierre est pierre seulement pour celui qui la désigne ; ce corps sans langage existe sans possibilité d'expression. Aussi a-t-on cru trouver chez le singe le critère de la distinction susceptible de reconnaître dans la manipulation des signes la présence d'un langage. Tout au plus a-t-on établi une langue univoque entre les signes et les significations ; aucun corps naturel n'est donc capable de produire du langage.

Quelle est donc la spécificité du corps humain telle qu'elle se manifeste par l'acquisition d'expression langagière ? Le projet, parfois réductionniste, de la neuropsychologie tente de répondre à cette question en localisant la sphère du langage dans des connexions de cellules. Selon les travaux d'Edelman[1], l'hypothèse d'un darwinisme neuronal examine les relations entre le développement, la structure et la fonction dans le cerveau. Nous retrouvons là, presque cinquante ans après, les enjeux de *La structure du comportement*, lorsque Merleau-Ponty s'efforçait de définir le corps humain : « Il vaudrait mieux dire dans ce cas que le fonctionnement corporel est intégré à un niveau supérieur à celui de la vie et que le corps est vraiment devenu corps humain »[2]. Le langage ne découle pas d'une

1. Rosenfield, *LInvention de la mémoire. Le cerveau, nouvelles données*, Ed. Eshel, 1989.

2. Merleau-Ponty (M), *La structure du comportement*, éd. PUF, 1977, p. 218. Cf aussi Barral (M.R), *Body Soul Consciouness*, in *Analecta husserliana* XVI, 1983, p. 122 : « ...He does not accept traditional theories of soul. Since he has made clear that physical, vital and mental are degrees of being of the individual ».

différence de nature, mais d'une différence de degré où chaque degré est âme pour les précédents[3] : ainsi on part du corps comme masse de composés chimiques en interaction, puis le corps comme dialectique du vivant et de son milieu biologique, encore le corps comme dialectique du sujet social et de son groupe, enfin le corps invisible des habitudes. Merleau-Ponty conserve ce sol dialectique pour expliquer l'organisation évolutive du corps humain ; mais l'âme vient œuvrer dans le corps humain pour poser la question de la signification.

Un corps, qui n'aurait aucun sens, cesserait d'être un corps vivant pour retomber dans la masse physico-chimique[4]. Cet insensé réduit son comportement à la dialectique des stimulus physiques, son existence étant rythmée par la contraction musculaire. À travers le comportement, Merleau-Ponty est déjà au cœur de la liaison du corps et du langage ; s'il est vrai qu'il y a des corps sans langage, le comportement est la première preuve qu'il n'y a pas de langage sans corps. En effet le comportement introduit de la signification dans le monde par l'intermédiaire du corps : celui-ci présente un ensemble significatif, soit par le geste corporel, soit par l'attitude comportementale dans le contexte de sa production.

Mais, en 1938, Merleau-Ponty ne pose pas le problème de l'expression comme mode de liaison du langage et du corps : car l'expression suppose une prise de conscience du corps comme sujet intentionnel et du langage comme moyen. Or si la signification est préférée à l'expression, c'est sous l'influence d'un vocabulaire spiritualiste pour qui l'âme possède les clefs du langage, tandis que le corps incarne la signification (« la signification est incarnée »[5]. Le comportement est une conduite de

3. *Op. cit.*, p. 227.

4. *Op. cit.*, p. 226.

5. *Op. cit.*, p. 228. Cf aussi Madison (G.B.), « *Du corps à la chair : Maurice Merleau-Ponty* », in Analecta Husserliana, Vol XXI, 1986, p. 173 : « Il y a bien une " âme " et un " corps ", mais le corps n'est corps humain qu'en étant la fondation même de l'âme, l'expression visible d'une vie " spirituelle " ».

l'expression, mais, l'opposition aux thèses de L. Klages le prouve[6], l'âme et le corps n'ont pas un rapport d'expression comparable à celui du concept et du mot. Ce vocabulaire prouve combien Merleau-Ponty fait du comportement « un entrelacement de significations »[7], c'est-à-dire que le corps et l'âme sont des significations au regard d'une conscience ; par le comportement, la conscience cherche à dépasser la contradiction de toute théorie de la perception : le passage d'un événement intérieur en un événement extérieur ; le corps fournissant à l'âme des informations du monde, et incarnant les significations en retour.

La découverte qu'il n'y a pas de langage sans le corps trouve une solution insuffisante dans la structure du comportement : car se pose la question de la constitution primordiale que Merleau-Ponty ne rencontre dans sa lecture de Husserl qu'en avril 1939[8]. Ce n'est qu'en mars 1939 (lettre du 20 mars à Van Breda) que Merleau-Ponty demande la consultation des œuvres suivantes ; *Ideen II*, *Erfahrung-Urteil*, *La Terre ne se meut pas*, MS. D17 : *primordiale Konstitution-Urkonstitution*, *Krisis*, pp. 28 à 73. Dans la bibliographie de la S.C. figure seulement *Ideen I*, *Leçons sur la conscience intime du temps*, *Logique formelle et transcendantale*, *Les méditations cartésiennes*. De *Ideen I*, Merleau-Ponty se sert pour prouver que la forme est objet de la perception (S.C., p. 155), en accentuant sur la connaissance par « *Abschattungen* » (S.C., p. 201). Il s'appuie aussi sur un texte de *Logique formelle et transcendantale*, pour distinguer corps naturel de corps culturel, et surtout pour relever la différence entre « passivité originaire » et « passivité secondaire » (S.C., note 1, p. 227). On sait combien ces termes seront constants dans l'orientation de Merleau-Ponty. Cependant,

6. *Op. cit.*, note 3, p. 225.

7. *Op. cit.*, p. 234.

8. Van Breda), « Maurice Merleau-Ponty et les archives Husserl à Louvain », RMM N°4, 1962, p. 410-430. Et Jean-François Courtine, « Fondation et protofondation des Archives Husserl à Paris », in Husserl, ouvrage collectif, Millon, 1989, p. 199-205.

nulle référence aux *Recherches Logiques* qui seront pourtant dans les années 50 le texte privilégié pour formuler le problème de l'expression. Tout contribue dès lors, avant 1939, à maintenir Merleau-Ponty dans le thème de la signification lors de sa découverte de la perception et de l'intentionnalité.

Pour comprendre comment le corps est conçu comme expression dans la PP : il faut pratiquer une double lecture de Husserl : d'une part celle de la grammaire universelle dans laquelle l'expression désigne « ce corrélat diaphane... de noèmes visés par une noèse pure »[9], développée dans la 4e des *Recherches Logiques* ; et, d'autre part celle d'une corporéité spirituelle du signe. Merleau-Ponty indique cette double lecture lors du cours de la Sorbonne de 1950-1951, consacré aux *Sciences de l'homme et la phénoménologie*[10].

Husserl ou le corps du signe

Husserl 1 : la grammaire universelle

L'idée d'une langue idéale, d'un langage parfait, d'une communication adéquate, d'une grammaire idéale, a été le projet du rationalisme du XVIIe et du XVIIIe siècles : le modèle mathématique est nécessaire pour l'élaboration d'un tel projet ; en effet une telle science « étudie les structures primitives de signification, les types primitifs d'articulation et de connexion, ainsi que les lois opératoires, fondées sur eux, de la combinaison et de la modification des significations »[11]. Dans les mathématiques, le rapport entre les signes est univoque et le passage de l'un à l'autre s'effectue selon des règles précises. Concevoir le langage sur ce paradigme oblige Husserl à ne considérer que la grammaire : car la grammaire rassemble les éléments et

9. Castoriadis, « Le dicible et l'indicible », in *L'Arc,* 1971, Numéro Spécial, Merleau-Ponty, p. 68.

10. Merleau-Ponty, *Résumé des cours de la Sorbonne*, Ed. Cynara, 1988, pp. 415-417.

11. Husserl (Ed), *Recherches Logiques* IV, 1913, PUF, 1964, *14, pp. 131-132.

les structures à l'origine de la production de significations. Ainsi la forme pure du verbe est essentielle pour organiser le rapport logique entre le nom et le complément, même si le substantif peut être accolé à l'adjectif. Mais ces trois formes constituent la morphologie logico-grammaticale pure. On parviendrait, par une décomposition analytique, à un inventaire des éléments premiers de la langue. Appliquant la méthodologie cartésienne, selon laquelle tout est composé d'éléments simples, il suffira d'établir l'ordre de composition pour aller des significations claires à celles rendues compliquées. La complexité est encore, sous ce paradigme, de la composition.

La grammaire universelle fait l'hypothèse d'une corporéité du signe, sorte de structure préexistante au sens. L'objectivité du langage correspondrait ainsi à l'objectivité du monde. La tentation formaliste est de constituer le corps physique [*körper*] du signe selon la matérialité du corps propre [*leib*] du sens afin que rien n'échappe. Il ne s'agit plus ici d'ex-pression, mais de matérialisation, de signification (réalisation du sens dans le signe). Cette « armature idéale » présuppose aussi une ontologie universelle, dans la mesure où les « structures primitives » appartiendraient à tout un chacun. Husserl fait du langage une langue univoque dans le droit fil du mythe de la Tour de Babel.

Mais le fondement d'une logique pure des significations présuppose valide l'idée selon laquelle il y a un rapport univoque entre le signe et le sens. Sans tomber dans le symbolisme universel, cette grammaire est la condition d'un dictionnaire encyclopédique. S'il existe des structures logiques au processus même du langage, les différences des langues ne sont que des variations de ce modèle. L'hypothèse d'une langue originelle, idéale postule la référence à une grammaire de base. Comme l'analyse Merleau-Ponty, Husserl accomplit « la réduction éidétique aux présupposés du langage (existence catégorique, particularité, singularité, les modalités du possible et du vraisemblable...) »[12] : c'est-à-dire que le moyen d'expression humain est compris à partir de la description des essences du langage.

Or, ce qui importe dans la signification produite, ce n'est pas tant sa forme que sa matière, pas tant sa logique pure que son orientation existentielle et historique. Une phénoménologie du langage ne peut qu'échouer si elle exclut de la signification celui qui la produit. Le modèle mathématique étudie le sens comme objet logique, détachable des motivations subjectives. « Ainsi posé comme un objet devant la pensée, le langage ne saurait à son égard jouer d'autre rôle que celui d'accompagnement, substitut, aide-mémoire ou moyen secondaire de communication »[13] ? Les fondements de toute langue possible alimenteraient le rapport de ressemblance entre le signe et le sens : puisque le corps du signe serait logiquement élaboré pour correspondre à l'intention significative. Le langage fournirait à la pensée tous les moyens logiques de produire les significations, le tout de celles-ci restant toujours inférieur à la somme des parties logiques qui le composent. La ressemblance vient offrir à notre réflexion l'expérience limite de la grammaire universelle : en réalité, un mot excède toujours la chose. Le sens transcende le signe. « Je n'ai pas voulu dire cela...», « tu ne m'as pas compris... », autant d'expériences que le signe ne suffit pas à garantir la pureté de la signification. Le sens est impur, impropre, incorrect. Même s'il parvient à dénoter dans le corps de son signe l'information du message. L'écart est donc structural dans le langage entre le mot et la chose, le signe et le sens, le signifiant et le signifié.

Husserl 2 : le corps du signe

Si l'on ne retient du message que sa valeur sémantique, on accentue l'effet de correspondance entre le signe et le sens : en effet, l'adéquation est recherchée comme un

12. Merleau-Ponty, *Les Sciences de l'homme et la phénoménologie*, *o.c.*, Cynara, 1988, p. 415.

13. Merleau-Ponty, *Sur la phénoménologie du langage*, 1951, in *Signes*, Gallimard, 1961, p. 105.

idéal de formalisation du signe, dont le corps doit prendre l'aspect du sens. Le corps du signe se remplit de la chair du sens.

Mais cet idéal formel ne tient pas compte de la différence de pôles entre l'intention pensée du message et son extension matérielle en des signes. Le sens est immatériel car son élaboration dépend d'une activité abstraite de ma subjectivité. Sans le signe, le sens resterait invisible. Mais le signe suffit-il à épuiser le sens ? Sans cette grammaire universelle, nous devons mesurer, pour chaque signe, son degré d'expressivité sans toujours avoir accès à l'échelle de référence du sens. Si le sens habite le signe, le signe n'en est pas pour autant la réalisation exhaustive ; car le passage à une matérialisation formelle d'une pensée immatérielle ne peut qu'introduire le maintien des deux séries du signe et du sens. Sans aboutir à un parallélisme qui interdirait toute expressivité du signe, le sens reste une impression là où le signe est une expression.

Dans les *Recherches logiques*[14], Husserl définit l'expression sous cette double face : « En ce qui concerne chaque expression, on a coutume de distinguer deux choses : 1. l'expression selon sa face physique (le signe sensible, le complexe phonique, articulé, le signe écrit sur le papier...), 2. une certaine somme de vécus psychiques qui, reliés associativement à l'expression, en font, par ce moyen, l'expression de quelque chose ». La face physique de l'expression se trouve dans la corporéité du signe [*Körper*], véritable surface extérieure dont l'aspect est déterminé par la face psychique. Le signe sera d'autant plus sensible que son corps aura été formé pour ex-primer la vitalité du sens. Le langage aura davantage d'expressivité si la sémantique structure la sémiologie, et non l'inverse dans l'hypothèse d'une grammaire universelle. Husserl, sous le mode de l'expression, cherche à définir une psychophysique du langage, car le langage n'est pas extérieur au sujet qui l'utilise. Le sujet habite le langage. Il

14. Husserl, *Recherches Logiques*, Tome II, 1e partie, 1e section, PUF 1961, p. 38.

choisit ses mots pour y incarner une présence : une dialectique s'instaure entre l'expression et l'incarnation comme l'indique Husserl en 1929 par la référence à une *Geistige Leiblichkeit* : « Car ce que nous venons d'établir concerne, certes, les formations du langage également en tant qu'expressions remplies par un sens, en tant qu'unités concrètes ayant à la fois un corps constitué par le langage et un sens exprimé, mais cela concerne aussi les formations de langage déjà au point de vue de la corporéité elle-même du langage qu'est pour ainsi dire une corporéité spirituelle [*Geistige Leiblichkeit*][15].

Husserl parvient à abandonner la grammaire universelle, mais conserve la perspective d'une idéalité du langage : en faisant du mot lui-même, de la proposition grammaticale elle-même le lieu de l'incarnation dans la structure formelle du signe. La « *Geistige Leiblichkeit* » maintient un rapport contenant contenu, car la signification est le remplissement des formes du langage ; si bien que la corporéité du langage fait du signe l'instrument du sens. La corporéité spirituelle du langage reste dans un rapport d'adéquation. Le signe incarne la signification, il a été fabriqué pour cela. Le mot écrit sur cette feuille, l'adresse verbale à autrui ne sont pas laissés à l'abandon par le sujet. Le mot transporte le sujet jusqu'à la destination du message, car sa forme a été travaillée par le sens intentionnel. « Ayant reçu ainsi une âme, les mots et les discours entiers rendent alors pour ainsi dire corporelle en eux une opinion et la portent en eux corporifiée à titre de sens »[16]. La corporéité spirituelle du langage est la synthèse tandis que le signe est son étendue matérielle. Il n'y a pas comme plus tard chez Merleau-Ponty (cf. VI) de communauté de chair entre le signe et le sens. Husserl maintient l'incarnation sous le paradigme de l'expression.

15. Edmund Husserl, *Logique formelle et logique transcendantale*, Trad S. Bachelard, PUF, 1959, p. 31.

16. *Op. cit.*, p. 33.

Critiquer Husserl : expression ou incarnation

Il serait naïf de penser le modèle de l'expression chez Husserl sans affirmer que lui-même avait, avant Merleau-Ponty, découvert les limites de ce paradigme : en mettant l'accent sur la visée de l'expression, Husserl indique l'insuffisance de coïncidence entre l'expression et l'objet : « ... L'expression exerce sa fonction en ayant un sens, elle reste toujours plus qu'un *flatus vocis*, bien qu'elle soit dépourvue de l'intuition qui la fonde et lui donne son objet... le nom »[17]. L'expression ne se fonde pas sur l'intuition de la chose, au travers de la chose, elle vise une signification à partir de la conscience intentionnelle de la chose. Mais l'expression n'atteint pas la vérité de la chose, mais la perception sémantique de la réalité. « La fonction du mot (ou bien plutôt de la représentation intuitive du mot), c'est justement d'éveiller en nous l'acte conférant le sens »[18]. Dans la mesure où le corps du signe, c'est-à-dire la forme du mot est élaborée au plus près du sens à exprimer, le langage est évocation, sollicitant la chambre d'écho subjective des noèses. « Toute expression n'énonce pas seulement quelque chose, mais énonce aussi sur quelque chose... Mais jamais l'objet ne coïncide avec la signification »[19]. L'expression est noétique avant d'être noématique, dans la mesure où la face objective du vécu s'énonce au travers de l'expression sémantique, le pouvoir subjectif du langage.

Dans le cadre conceptuel d'*Ideen II*[20], Husserl propose une solution dès son cours de 1923-1924 : en effet le concept d'expression est peu à peu remplacé par celui d'incarnation ; ce qui dans les corps « s'exprime ou pour ainsi dire s'incarne [*Verleiblicht*], une " vie psychique " faite de sensibilité, de perception, de pensée, de sentiment, de volonté »[21]. Même si l'incarnation reste du côté d'un

17. *Recherches Logiques*, Tome II, *op. cit..*, pp. 45, 49.

18.*Op. cit.*, p. 47, p. 10.

19. *Op. cit.*, p. 55, p. 12.

20. Notre essai sur *Le Corps dans l'œuvre de Husserl*, 100 p., inédit.

21. Husserl (ed), *Philosophie première*, IIe partie, PUF, 1972, p. 84. Voir aussi pp. 85 et 87. Cf aussi, Marc Richir, *Le problème de*

corps animé (exprimant une âme), ce déplacement conceptuel prépare la différence dans le langage entre corps du signe et « chair linguistique » (de 1936). Le second indicateur de ce déplacement se trouve en 1929 au paragraphe III de *Logique formelle et Logique transcendantale* au cours duquel Husserl reconnaît la multivocité du terme « exprimer » : « Ce n'est pas toute la vie de l'âme que l'homme exprime effectivement dans le langage et qu'il peut exprimer par lui... »[22]. Cette non-exhaustivité de l'expression oblige Husserl à introduire une différence, en 1936, dans L'origine de la géométrie entre *Körper* et *Leib* : l'expression de l'idéalité géométrique exige un passage de l'intrasubjectif à l'horizon intersubjectif ; « mais comment, à partir d'une formation purement intrasubjective, l'incarnation linguistique produit-elle l'objectif... ? »[23]. Pour répondre à cette question, Husserl entreprend de décrire l'origine du langage dans le monde réel de l'expression ; ainsi s'il est vrai que le langage établit une communauté immédiate et objective par sa vocation universelle, la production originaire de la signification intrapersonnelle éveille, par la corporéité sensible des signes, la compréhension passive de l'expression. Cet éveil à la signification s'appuie sur la faculté de réactivation qui permet à l'être parlant de se réapproprier par association le contenu de l'expression.

Il est curieux de lire dans ce texte des analyses portant sur le langage à partir des signes graphiques : « Les signes graphiques, considérés dans leur pure corporéité, sont objets d'une expérience simplement sensible et se trouvent dans la possibilité permanente d'être, en commu-

l'incarnation en phénoménologie, in L'Âme et le corps, Plon, 1990, pp. 163-184, à propos d'un inédit de Husserl de 1924, « *Zûr Phänomenologie der Intersubjectivite* » qui participe de cette différence entre *Körper* et *Leib* : le corps de chair interne [*Innenleib*] est le lieu d'origine de l'incarnation.

22. *Logique formelle et logique transcendantale*, *op. cit.* p. 32.

23. Edmund Husserl, *L'Origine de la géométrie*, Trad. J. Derrida, PUF, 1962, p. 181.

nauté, objets d'expérience intersubjective »[24]. Ce recours à la permanence du signe écrit maintient la linguistique husserlienne dans une théorie idéaliste de la vérité de l'énoncé. Comme le commente J. Derrida, « c'est en pensant à la pureté juridique de cette animation intentionnelle que Husserl dit toujours du corps linguistique ou graphique qu'il est une chair, un corps propre [*Leib*], ou une corporéité spirituelle [*Geistige Leiblichkeit*] »[25]. Ainsi Husserl n'accomplit pas le détachement entre corps du signe et chair linguistique ; il fixe au contraire la chair à l'intérieur du corps, faisant du sens l'addition de deux termes. La chair linguistique conduit à l'expression sensible. Merleau-Ponty emprunte le chemin inverse, prenant la phénoménologie husserlienne à rebours, dans une sorte d'accomplissement.

II Merleau-Ponty ou les limites de l'expression

1 - Impression et expression

Merleau-Ponty cherche, dès 1945, à repenser le problème du langage en définissant ce qu'il y a dans le corps du signe. Alors que Husserl se contente de constater la corporéité du langage à l'intérieur de la démarche signifiante de la conscience intentionnelle. Là où Husserl recherchait une transparence de l'expression par la chair blanche du signe, Merleau-Ponty entame sa réflexion sur l'expérience de l'écart, de la perte.

Le vécu psychique, dont le sens élabore l'intensité spirituelle, permet au sujet d'éprouver des sentiments par

24. *Op. cit.* p 186.

25. *Op. cit.*, Introduction, p. 85. Cf aussi Frores H. (L), *Le primat du théorique à l'égard du normatif chez Husserl*, Analecta husserliana, Vol XV pp. 521-526, situe l'interprétation de Merleau-Ponty qui « correspond plutôt à la conception d'une langue idéale chez Husserl, mais pas du tout à l'idéalité du langage » (p. 523). Merleau-Ponty confondrait ici langue et langage, perfection et idéalité. Cf aussi Richir, « commentaire de O. G. de Husserl » in *La crise du sens et la phénoménologie*, notamment p. 286 sur le lien chair et langage.

delà les sensations, des impressions par delà les expressions. La parole d'autrui me touche, je ne sais comment, mon sentiment se nourrit par sa rémanence intérieure... autant d'expériences de tatouage de notre intériorité. Le mot adressé par autrui m'atteint dans sa double face ; sous sa forme physique, le mot tente d'établir une communauté objective entre l'intention significative d'autrui et ma compréhension subjective. La reconnaissance conceptuelle du mot est possible grâce à l'accord social de représentativité ; chien veut dire animal, constellation, insulte... Tout dépendra du contexte de l'énonciation pour réduire l'équivocité à l'univocité. À ce moment de l'énonciation, l'énoncé, encore entre nous deux, est objectif. Mais dès que le message atteint ma propre source psychique, sa matérialité se confronte à l'activité de l'esprit ; ainsi, la face psychique veut établir un pont entre celui qui s'imprime dans l'expression et celui qui est imprimé par l'expression. Le corps du signe ne suffit pas pour garantir le transfert intégral de l'impression première à l'impression seconde.

Il y a une perte dans le passage de l'impression pensée à l'expression à cause de la corporification du sens en signe, et une seconde perte dans le passage de l'expression à l'impression reçue par l'incarnation du signe. Cette réception sollicite l'affectivité du sujet qui doit se séparer de cet effet de réceptivité pour reconstituer l'objectivité du message. Faute de cette séparation, l'équivoque ou le malentendu sont inévitables. La précision du vocabulaire ne peut qu'atténuer cette impression. L'impression reste toujours dans le corps du signe sous un mode implicite, comme un locataire qui n'est pas, par définition, propriétaire. L'intuition entre l'impression pensée et l'impression reçue n'évite pas l'élaboration imaginaire de significations qui ne sont pas toujours en rapport avec la dimension symbolique de représentation de l'expression. Le signe soumet la pensée à un codage, dont le décodage est particulier ; s'il est vrai que j'entends le message d'autrui, je ne le comprends pas toujours. Ou inversement. C'est une illusion subjective que de croire à une expression totale de l'impression. Merleau-Ponty le précise : « Comme le remarque Saussure, nous avons le sentiment que notre langue exprime totalement. Mais ce n'est pas parce qu'elle exprime totalement qu'elle est nôtre, c'est parce qu'elle est nôtre que nous croyons qu'elle exprime totalement. »[26]. Celui qui utilise le signe vit la correspondance avec le sens de manière immédiate. Même lorsqu'il choisit les mots médiateurs et représentatifs de ce sens, c'est à partir de sa propre grille d'évaluation.

2. Le corps du mot

Robert Legros[27] découvre le souci constant de Merleau-Ponty depuis PP jusqu'au VI « de retrouver une évidence originaire, pré-expressive, de faire retour vers une conscience tacite originaire... ». La pré-expression cherche à indiquer ce qui est à l'œuvre au moment de l'expression, dans son opération de passage de l'impression à l'expression. Merleau-Ponty est persuadé d'appliquer la réduction phénoménologique à l'expression qui possède en elle-même les raisons de sa constitution primordiale. Dans le Doute de Cézanne (1945), Merleau-Ponty met l'accent sur le caractère opératoire de l'expression, l'acte d'expression qui ne présuppose l'antériorité d'aucune langue. Ainsi l'expression n'est pas une traduction : la « conception » ne peut jamais précéder l'« exécution ». Avant l'expression, il n'y a rien qu'une fièvre vague et seule, l'œuvre faite et comprise prouvera qu'on devait trouver là quelque chose plutôt que rien[28]. La pré-expression n'est pas le dynamisme de la puissance à l'acte. Il se passe à l'intérieur de l'expressivité une mise en forme dont l'expression est le résultat. Ce passage au

26. Merleau-Ponty, *Sur la phénoménologie du langage. op. cit.*, p. 112.

27. Legros, *L'idée d'humanité. Introduction à la phénoménologie*, Grasset, Le collège de philosophie, 1990, pp. 202-203.

28. Merleau-Ponty, *Le Doute de Cézanne*, in *Sens et Non Sens*, Nagel, 1966, p. 32.

corps, cette prise de corps tente de lier l'aspect extérieur du signe [*körper*] avec la signification intérieure qui habite l'artiste.

Avec PP, Merleau-Ponty cherche à décrire la structure originale du corps propre ; en étudiant la constitution du corps propre, on doit trouver comment s'opère l'expression, ce qui la prépare. Le corps n'est pas séparé du monde, il le vise au travers la double expérience du temps et de l'espace. Cette présence du monde dans le corps, du corps dans le monde, donne au corps « un sens moteur aux consignes verbales »[29]. La motricité n'a d'efficacité que si le corps transpose, identifie, compare dans le monde l'intention avec la réalisation. La consigne verbale sera comprise dès que l'on aura éprouvé « l'accord entre ce que nous visons et ce qui est donné, entre l'intention et l'effectuation »[30]. Sans cette épreuve, les troubles apraxiques prouvent que la capacité de différenciation motrice du schéma corporel est mise en cause dans sa dimension expressive. Il faut distinguer le corps constitué (espace expressif parmi tous les autres) du corps constituant (qui est à l'origine du mouvement projectif d'un dedans vers un dehors). « Il est à l'origine de tous les autres, le mouvement même de l'expression, ce qui projette au dehors les significations en leur donnant un lieu »[31]. Le corps matérialise par le moyen de l'expression la signification. Cette localisation ne se résume pas à l'occupation du corps dans l'étendue. C'est le corps lui-même qui est « ce noyau significatif »[32] : le sens provient du corps. Mais plutôt que de maintenir une dualité entre le corps propre et le langage, Merleau-Ponty cherche dans le langage un corps susceptible d'être entre *Körper* et *Leib*.

29. Merleau-Ponty, *Phénoménologie de la perception*, éd. TEL, Gallimard, p. 165.

30. Merleau-Ponty, *op. cit.*, p. 169.

31. Merleau-Ponty, *op. cit.*, p. 171.

32. Merleau-Ponty, *op. cit.*, p. 172.

L'expression reste le seul moyen technique pour matérialiser, former un signe susceptible de réaliser le sens vécu dans l'existence. Autrui devient le pôle final de l'incarnation, dans la mesure où l'expression sera la trace communicative de ma présence au monde. La parole est l'une des fonctions du corps, car la voix incarne le sens tout en l'extériorisant pour autrui dans le signe. La parole est liée à l'existence en commun dans la mesure où la relation nécessite le signe pour être possible ; même si la rencontre exige l'expérience du sens, compris ou non. mais la parole n'est qu'une modalité relationnelle du langage : le corps peut être expressif et significatif par lui-même, comme en témoigne le langage corporel.

Le corps possède une dimension d'« expression naturelle » : « le corps convertit en vocifération une certaine essence motrice, déploie en panorama du passé l'attitude ancienne qu'il reprend, projette en mouvement effectif une intention de mouvement parce qu'il est un pouvoir d'expression naturelle »[33]. L'expression naturelle n'indique pas un naturalisme du corps par lequel des états conscients ou inconscients se manifesteraient dans l'organisation anatomique de notre corps, faisant ainsi de nos gestes des signes naturels. Le comportementalisme évite-t-il ce symbolisme du corps ? La lecture à la lettre du corps nie le pouvoir de l'expression naturelle à incarner, plutôt que de cristalliser le sens. Ce qui importe, c'est l'usage du corps par un sujet, la manière d'incarner sa présence au monde, plutôt que l'utilisation de ce corps par un regard étranger qui y jugerait la réalisation d'un alphabet comportemental universel. Derrière l'apparence du corps, il n'y a pas un être déterminé, mais un sujet déterminant à chaque instant son mode d'inscription dans l'existence.

Le sujet humain se définit par « cette puissance ouverte et indéfinie de signifier, c'est-à-dire à la fois de saisir et de communiquer un sens, par laquelle l'homme se transcende vers un comportement nouveau, ou vers

33. Merleau-Ponty, *op. cit.*, p. 211.

autrui ; ou vers sa propre pensée à travers son corps et sa parole »[34]. L'ouverture s'effectue dans l'usage du signifiant par le corps lorsque la parole se profère. Le corps ne reste pas passif dans l'acte expressif ; au contraire il vient offrir sa chair, la puissance de signification du sujet, à l'intérieur du langage. « Ce qui atteste son inhérence au corps, c'est que les affections du langage ne peuvent être réduites à l'unité et que le trouble primaire concerne tantôt le corps du mot, l'instrument matériel de l'expression verbale, tantôt la physionomie du mot, l'intention verbale »[35]. La parole est le mode d'incarnation de l'affectivité : déjà on remarque que l'émotion modifie la tonalité de la voix, mais, davantage, le corps du mot est en prise avec la chair. Par la parole, nous nous dépossédons de ce qui est senti, même si le signe exprimé reste une pâle incarnation. Nous n'avons pas d'autre voie que celle du signe pour habiter à chaque prise de parole davantage le monde. Le corps vécu comme chair du sens renvoie à une « expression primordiale ».

3. La quasi-corporéité du signifiant

Je n'arrive pas à m'exprimer. Je ne trouve pas les mots pour le dire. On pourrait mieux le dire. Chercher un mot qui corresponde à ce que je pense ; voilà autant d'expériences qui prouvent l'inaptitude de l'expression linguistique à incarner le sens subjectif de l'impression. Le manque d'expression provient du manque qu'il y a dans l'expression. L'ex-pression ne peut que manquer l'impression, comme le dehors rate le dedans. Ce manque constitutif du langage en est surtout sa condition. parce que l'expression est inachevée, la pensée ne cesse d'extérioriser le sens dans la reprise indéfinie de l'œuvre, ou dans le rythme alternatif du dia-logue.

Dès 1945, Merleau-Ponty, à propos du doute de Cézanne, décrit cette structure trouée du langage ; « Si le peintre veut exprimer le monde, il fait que l'arrangement

34. *Op. cit.*, p. 226.
35. *Op. cit.*, p. 227.

des couleurs porte en lui ce tout indivisible... l'expression de ce qui existe est une tâche infinie... comme la parole ne ressemble pas à ce qu'elle désigne, la peinture n'est pas un trompe-l'œil »[36]. Si on se dégage du réalisme de la ressemblance, l'expression ne vaut plus dans sa référence à une intention impressionnante. Elle acquiert une autonomie de sens par l'acte même de son expressivité. Il y aura toujours plus et toujours autre chose dans l'expression que la traduction exacte de l'impression. Si « l'expression ne peut alors pas être la traduction d'une pensée déjà claire »[37], alors la pensée prend conscience d'elle-même lorsqu'elle se réalise dans le signe. En introduisant le sens dans le corps du signe, la pensée s'incarne par là même. Le manque d'expression oblige la pensée à modifier à longueur de temps la réalisation du sens dans l'existence : l'expression est un manque, non par défaut de passage de l'impression à l'expression (perte qualitative), mais par nécessité de structure du langage.

Il ne s'agit plus ici d'une perte dans le passage de la pensée dans le corps du signe, car cela relève d'une conception idéaliste du langage. Pour rompre avec les présupposés métaphysiques d'une langue universelle, il faut concevoir le langage, non plus seulement comme le corps du signe, mais comme le corps de la pensée. Car ce qui fait corps dans le signe, ce n'est pas la forme syntaxique ; c'est plutôt l'utilisation du phonème par le sens donné à une pensée. Dès lors il convient d'aller d'une phénoménologie du langage à une « phénoménologie de la parole »[38]. Le fait fondamental de l'expression est donc « un dépassement du signifiant par le signifié que c'est la vertu même du signifiant de rendre possible »[39].

36. « Le doute de Cézanne », *op. cit.*, p. 27 et p. 30.

37. *Op. cit.*, p. 32. Cf Préface à SNS, pp. 8 et 9 : « L'expression, donc, n'est jamais achevée ».

38. Le terme est de Merleau-Ponty à propos du rapprochement du second Husserl avec les thèses de Saussure, in « Les sciences de l'homme et la phénoménologie », *op. cit.*, p. 417.

39. « Sur la phénoménologie du langage », *op. cit.*, p. 112.

L'expression ne doit pas être comprise comme ex-pression d'un contenu intérieur.

L'expression est le produit du signifiant : si la pensée vient être le corps du signe, c'est grâce à la perméabilité du signifiant ; en effet, le signifiant est une structure vide, dont le remplissement par le signifié vient excéder. Cette porosité signifiante donne à la texture de l'expression une équivocité nécessaire, une richesse d'interprétation, une multiplication de possibles. En passant du signe au signifiant, on quitte le rapport de représentativité du sens dont la fonction indiciaire maintenait la référence. Le signifiant supporte le sens plus qu'il ne l'indique parfaitement ; ainsi, le phonème, la lettre nous oblige à apercevoir l'expression hors du maillon de la chaîne verbale ; « le sens du langage, comme celui des gestes, ne réside pas dans des éléments dont il est fait, il est leur intention commune et, donc, la phrase dite n'est comprise que si l'auditeur, suivant " la chaîne verbale ", dépasse chacun des maillons vers la direction qu'ils dessinent ensemble »[40]. Là où le signe aurait suffi pour représenter le sens, le signifiant nous oblige à traverser la chaîne verbale pour aller vers un sens qui s'exprime indéfiniment.

Si le langage est bien le mode d'expression du sujet, alors il y a dans le langage un lieu d'intersection entre le vécu subjectif et le signe exprimé ; c'est la corporéification, la mise en corps du signifié dans le signifiant. En soulignant la « quasi-corporéité du signifiant »[41], Merleau-Ponty ne se contente plus de distinguer les deux faces physique et psychique de l'expression : il dépasse l'intention psychophysique de Husserl pour affirmer le lien entre le corps vécu et le corps exprimé ; le corps du signe servant de médiation. Le monde extérieur est perçu au travers du corps vécu : ainsi, je suis susceptible de signifier par mon corps la manière

40. « Lettre à M. Guéroult », Candidature au Collège de France, *RMM* n° 4, 1962, p. 406.

41. Merleau-Ponty, *Signes*, p.110.

dont j'ai conscience du monde. « La conscience que j'ai de mon corps est immédiatement significative d'un certain paysage autour de moi... c'est de la même manière que la parole, celle que je profère ou celle que j'entends, est prégnante d'une signification qui est lisible dans la lecture même du geste linguistique, au point qu'une hésitation, une altération de la voix, le choix d'une certaine syntaxe suffit à la modifier... »[42]. Comme le support du signifié est le signifiant, le corps vécu [*Leib*] investit dans le corps du signe [*körper*] les dimensions propres au sujet de cette parole-là. Le corps du signe est la présence incarnée du sujet. L'incarnation vient structurer de l'intérieur l'expression. Sans cela elle est anodine, neutre, blanche. La variation phonématique est essentielle dans l'habitation de la parole par le sujet, et contribue à nourrir le sens du signe dans l'acte même de l'exprimer.

« Toute perception, toute action qui la suppose, bref tout usage humain du corps est déjà l'expression primordiale, non pas ce travail dérivé qui substitue à l'exprimé des signes donnés par ailleurs avec leur sens et leur règle d'emploi, mais l'opération première qui d'abord constitue les signes en signes, fait habiter en eux l'exprimé par la seule éloquence de leur arrangement et de leur configuration, implante un sens dans ce qui n'en avait pas, et qui donc loin de s'épuiser dans l'instant où elle a lieu, inaugure un ordre, fonde une institution ou une tradition. »[43]. Le corps n'investit pas le langage dans la seule finalité de communiquer. Ses signes sont le résultat d'une incarnation, c'est-à-dire d'un acte d'expression qui engage celui qui en témoigne ou en est le martyr. Par sa seule présence, le corps est l'expression première d'un sujet inaliénable, dont l'absence signifie la disparition d'un mode de symbolisation singulier de l'existence. Le corps est instituant dès lors que le sujet incarné en lui fournit un style inimitable, signature personnelle. En valorisant le

42. *Op. cit.*, p. 111.

43. *Op. cit.*, p. 84 : et *La prose du monde*, Gallimard, pp. 110-111.

corps humain, on devrait comprendre que tout sujet humain est une puissance d'expression primordiale dont le visage est l'épiphanie.

4. Un corps oblique : le langage

Le langage n'est pas direct, car il transforme l'intention significative par le passage dans l'expression. C'est-à-dire que le sens imprimé ne parvient pas à l'expression de manière intégrale. L'expression acquiert une autonomie de détermination qui vient infléchir le sens initial en lui donnant la seule forme possible pour parvenir jusqu'à autrui. Le sens n'est pas dans la traduction parfaite de la pensée dans le langage : cela est un non-sens oublieux de la structure exclusivement opératoire du langage qui condamne l'expression à être la seule référence de son acte : « Or, si nous chassons de notre esprit l'idée d'un texte original dont notre langage serait la traduction ou la version chiffrée, nous verrons que l'idée d'une expression complète fait non-sens, que tout langage est indirect ou allusif... »[44]. L'expression marque un double but : celui de faire correspondre le sens intentionnel dans la pensée avec le sens produit dans l'exprimé ; et celui de communiquer avec autrui de manière suffisamment évidente pour une compréhension parfaite.

Le sens nous parvient détourné, imagé, métaphorisé, déplacé, incomplet, imparfait. Non pas qu'il y ait une origine perdue du sens, dont la pensée détiendrait l'exactitude avant toute expression. Mais parce que l'expression est en train d'accomplir le sens au travers de son acte : ce n'est que dans l'après-coup de l'exprimé qu'une connaissance certaine rétablit le sens direct de ce qui a été exprimé, mais pendant l'expression, pendant que j'écris, parle, agis, le sens s'incarne au fur et à mesure de l'acte expressif. Le sens prend corps dans le signifiant qui devient signe dans l'appréhension finale et exhaustive de sa forme : « il y a, pour les expressions déjà acquises un

44. Merleau-Ponty, « Le langage indirect et les voix du silence », in S, *op. cit.*, p. 54.

sens direct, qui correspond point par point à des tournures, des formes, des mots institués. En apparence, point de lacune ici ; aucun silence parlant. mais le sens des expressions en train de s'accomplir ne peut être de cette sorte : c'est un sens latéral ou oblique qui fuse entre les mots[45].

Cette obliquité du sens provient de la fonction « diacritique, oppositive et négative » du signe qui retient l'attention de Merleau-Ponty dans sa lecture de Saussure. La parole va au delà des possibilités inscrites dans la langue. Car elle associe le son et le sens, non plus de manière conventionnelle et prévisible, mais toujours en rapport avec la vitalité à l'œuvre dans le corps du futur signe. Merleau-Ponty affirme que Saussure distinguait « une linguistique synchronique de la parole et une linguistique diachronique de la langue »[46]. Or Saussure affirmait le couple synchronie langue et diachronie parole. Aussi cette inversion cherche à proposer une conception du langage où, selon Greimas « le sens est immanent à la forme linguistique »[47]. L'expression est le lieu de ce rassemblement en elle d'espaces différents (ceux du sens pensé et de l'existence historique). La parole mêle les signifiés dans le corps du futur signe à cause du caractère neutre et informe du signifiant. Ce n'est que dans l'après coup du signe que chien devient avec certitude l'animal plutôt qu'une insulte. La distinction du signe et de la signification « se brouille dans la parole... que la langue est présente au sujet parlant comme un système d'écarts entre

45. Merleau-Ponty, *op. cit.*, p. 58.

46. *Op. cit.*, p. 107. Saussure en parle dans *Le cours de linguistique générale*, Payot, p. 108. Regrettons ici la non-publication du Cours de 1948-49 à L'E.N.S.,moment clef dans l'évolution de Merleau-Ponty sur le langage.

47. Cité par Charron (G), *Du langage* Univ. Ottawa Canada, 1972, note p. 99. L'article de Greimas, « L'actualité du Saussurisme », in Le français moderne 24 (1956) N°3, p. 199. Cf l'article remarquable de Parret (H), « Expression et articulation. Une confrontation des points de vues husserlien et saussurien concernant la langue et le discours », *Revue Philosophique de Louvain*, Fév. 1973, T/1, pp. 72-113.

signes et entre significations, que la parole opère d'un seul geste la différenciation dans les deux ordres »[48]. La parole est action, car elle forme dans son acte une synthèse dynamique des données synchroniques du sens du son, de l'existence. Au moment où je m'exprime, l'action dépasse l'intention pensée du sens pour se réaliser par l'opération corporelle du mot, du geste, du ton vocal, du style. La présence du sujet dans le corps du futur signe donne à l'expression une fonction de trace. Je ne parle pas en vain, dans l'expérience neutre d'un message pur.

L'obliquité du sens, la latéralité de l'acte expressif sont les conséquences de l'apprentissage du signe comme diacritique : si le signe est, d'emblée, diacritique, c'est qu'il permet de distinguer le sens, en se séparant par sa forme exprimée, de tel autre signe. Avec les premières apparitions phonématiques, « l'enfant est initié à la liaison latérale du signe, au signe comme fondement d'un rapport final ; du signe au sens »[49] ; aussi peut-il, dès l'acquisition du langage, se confronter à la latéralité, au caractère approximatif du signe à signe, découvrant par là l'inachèvement au principe même de l'expression. Le signe reste la visée de la pensée, mais, dans son corps, l'expression met en forme diacritique les apports synchroniques du sujet.

Ce décalage entre l'acte expressif et le signe exprimé explique les nombreuses déformations qui sont à l'œuvre : en effet, l'expression est un travail, à la fois par son effet de matérialisation du sens d'une pensée, et par les transformations du signifiant associé à un signifié en un signe, au terme de l'acte expressif. A l'inverse du signe qui semble clair et évident dans le rapport final à une signification univoque qu'il propose, l'acte expressif est déformation du sens.

48. *Le problème de la parole*, Merleau-Ponty, 1953-1954, Résumé des cours, TEL, Gallimard, 1968, p. 33.

49. S, *op. cit.*, p. 51 ; *cf.* Cours 1949-1950, Sorbonne, *op. cit.*, p. 30.

Merleau-Ponty le pointe par quatre fois au moins dans son œuvre, toujours à propos du style du peintre. Dès 1945, il précise à propos du génie de Cézanne, que cette réalité douteuse peinte, traduite par « les déformations perspectives »[50], semble devenir invisible grâce à l'arrangement d'ensemble du tableau. L'expression est en train de s'accomplir, cela donne « l'impression d'un ordre naissant, d'un objet en train d'apparaître, en train de s'agglomérer sous nos yeux »[50]. Le signe comme l'objet, prend corps à partir de ses déformations que le signifié opère sur le signifiant, comme le monde sur l'œil. Dans *L'œil et l'esprit*, (dernier écrit de 1960) Merleau-Ponty précise ce lien : on ne peut pas plus faire un inventaire limitatif du visible que des usages possibles d'une langue ou seulement de son vocabulaire et des ses tournures. « Instrument qui se meut lui-même, moyen qui s'invente ses fins, l'œil est ce qui a été ému par un certain impact du monde et le restitue au visible par les traces de la main »[51]. Ici Merleau-Ponty interprétera ces « déformations perspectives » de 1945 comme le résultat des transubstantiations par lesquelles le peintre, prêtant son corps au monde, change le monde en peinture. De même l'acte expressif dé-forme le sens pensé, en l'associant à un signifiant qui devient significatif, une fois séparé du sujet. Aussi, je ne peux que déformer le signe que m'adresse autrui, puisqu'il est déformation. mais cette déformation seconde ne nous fait pas retrouver l'origine pure du sens. L'expression nous arrive déformée, car elle est déformante.

Il y a cependant une cohérence à cette déformation. Ce n'est pas seulement le contenu du monde qui est déformé par l'intermédiaire de l'expression, c'est d'abord ma perception de ce monde qui est déformante. Retrouvant la terminologie de la Création artistique de Malraux, Merleau-Ponty décrit la signification comme le résultat d'une concentration dans l'expression des différentes

50. « Le doute de Cézanne », *op. cit.*, p. 25.

51. Merleau-Ponty, *L'œil et l'esprit*, Gallimard, 1964, Folio, p. 26.

visées de ma perception : « le style est, dans chaque peintre, le système d'équivalences qu'il se constitue pour cette œuvre de manifestation, l'indice général et concret de la " déformation cohérente " par laquelle il concentre la signification encore éparse dans sa perception et la fait exister expressément »[52]. Ainsi le style donne un corps subjectif au signe, dans la mesure où le sujet s'incarne dans l'acte expressif. L'obliquité est cette déformation rendue cohérente par l'unité du style.

5. Se détacher de Husserl (1956-1960)

Dès la conférence de 1951 *Sur la phénoménologie du langage*, Merleau-Ponty cherche à se détacher d'une philosophie du langage qui se maintiendrait dans le modèle hussserlien de l'expression. Se référant à deux textes, il définit le langage comme le corps de la pensée.

D'une part un texte extrait de *Logique formelle et transcendantale* ; traduction du texte retenu par Merleau-Ponty en mettant l'accent sur l'incarnation [*Verleiblichen*][53] : « mais celle-ci (la pensée) n'est pas extérieure aux mots : au contraire, en parlant, s'accomplit continuellement un processus de pensée intérieur qui se fond avec les mots et leur donne en quelque sorte vie. La réussite de ce processus qui leur donne vie réside dans le fait que les mots et l'ensemble des discours incarnent en quelque sorte une pensée et la portent incarnée en eux en tant que sens ». Cette fusion de la pensée dans le corps du mot donne une vitalité au sens qui dépasse une simple dimension expressive : car ce n'est pas la pensée qui s'exprime ; ce sont les mots qui donnent forme à la pensée, par leur plasticité signifiante. L'incarnation permet à la pensée d'habiter le mot, comme un contenu sa forme idéale.

52. Merleau-Ponty PM, p. 86 ; et aussi S., p. 68.

53. Merleau-Ponty, « Sur la phénoménologie du langage », in S. *op. cit.*, note p. 106. Merleau-Ponty en propose une traduction in, PM, p. 44, où il traduit aussi par incarnation.

Le second extrait provient de *L'origine de la géométrie* : dans la traduction qu'il en donne, Jacques Derrida différencie les incorporations sensibles [*Verkörpernden*] de l'incarnation linguistique [*Sprachliche Verleiblichung*][54] ; *Körper* semble réservé au passage de l'extérieur à l'intérieur, tandis que *Leib* est réservé aux procédés d'extériorisation du langage. En mettant l'accent sur la parole, Merleau-Ponty va peu à peu délaisser *Körper* pour *Leib*.

À partir de 1956 un ensemble de textes et de cours viennent prolonger le travail de détachement de Husserl ; assuré depuis 1953-1954, (le thème est déjà présent dès 1945 dans PP dans la différence de la parole parlante et la parole parlée (PP p. 229), du caractère essentiel du « problème de la parole », Merleau-Ponty poursuit son cours au Collège de France sur le « concept de nature ». À travers sa lecture d'*Ideen II*, Merleau-Ponty refuse de limiter l'œuvre à un simple psychologisme : au contraire, selon les notes de Xavier Tilliette, « ce qui est en dessous, ce n'est pas le bric à brac psychologique, c'est un mode d'être original, un être à l'état sauvage, le *logos* du monde esthétique »[55]. Ce *logos* va remplacer peu à peu le concept de langage au point, dans les cours de 1959-1960 de poser le corps humain comme le résultat de la liaison de la Nature et du *Logos*. Le déploiement d'un corps sujet vient unifier à la fois l'incorporation [*Verkorpernden*] sensible et l'incarnation linguistique [*Verleiblichung*] : « Puisqu'il y a un corps sujet, et puisque c'est devant lui que les choses existent, elles sont comme incorporées à ma chair, mais en même temps notre corps nous projette dans un univers de choses convaincantes... »[56]. Le sujet charnel apparaît, et le

54. Merleau-Ponty, *op. cit.*, note 2, p. 106 ; cf la traduction de J. Derrida, in *L'origine de la géométrie*, *op. cit.*, pp. 180-181 ; cf aussi, « Les sciences de l'homme et la Phénoménologie », *op. cit.*, p. 416

55. Tilliette (X), « Husserl et la notion de nature », Notes, *RMM* N° 3, 1965, p. 266.

56. Merleau-Ponty, *Le concept de nature*, RC, p. 113-114.

projet est de comprendre l'émergence du symbolisme au niveau du corps humain.

Dans le cours (sans titre) « Possibilité de la philosophie », Merleau-Ponty critique en 1958-1959 les limites de la méthode de réduction : en effet s'il est vrai qu'avec *Ideen II*, Husserl a pu dégager l'infrastructure corporelle en proposant des couches successives, cela s'est effectué au prix d'une reconduction du vocabulaire spiritualiste ; il établissait au terme du livre une hiérarchie qualitative[57] : esprit, âme, corps propre du vouloir et âme de l'esprit, corps propre esthésiologique et âme chose, corps propre chose, corps de chair, nature physique. Husserl maintient tous les matériaux corporels dans la sphère transcendantale de la conscience. « Ce que l'investigation de Husserl met au jour, c'est l'infrastructure corporelle de notre relation avec les choses et avec les autres, et il paraît difficile de " constituer " ces matériaux bruts à partir des attitudes et des opérations de la conscience... cette difficulté interne de " la phénoménologie constitutive " remet en cause la méthode de réduction »[58]. Ainsi la phénoménologie découvre sa limite interne et nécessite le recours de plus en plus critique du regard du philosophe.

En 1959 Merleau-Ponty rédige « Le philosophe et son ombre ». Le texte développe une étude précise des conséquences de la réflexion du corps : en effet après avoir rappelé les limites de la méthode de la réduction, Merleau-Ponty, s'appuyant sur *Ideen II*, décrit le corps dans son tissu intentionnel avec la chose : l'intentionnalité perçoit la chose dans sa chair [*leibhaft*], rend le monde sensible dès lors que c'est dans le sujet charnel que s'effectue la transition. Le texte du langage ne correspond-il pas alors avec la texture charnelle. Il s'agit de découvrir un domaine de présence originaire qui soit commun : l'objectivité logique ne suffit pas pourtant : « ...elle se borne à consacrer le travail de la couche préobjective, elle n'existe que comme

57. *Cf.* notre étude inédite sur Husserl.
58. Merleau-Ponty, Cours de 1958-59, R.C., *op. cit.*, p. 149.

aboutissement du " *Logos* du monde esthétique " et ne vaut que sous son contrôle »[59]. Merleau-Ponty retrouve son expression du cours de 1957, qui le fait tendre de plus en plus vers un onto-*logos*, un langage de l'Être pour l'être de langage. C'est-à-dire un *Logos* qui se manifeste dans l'Être et non pas un nouveau discours sur l'être par l'étant.

En traduisant et commentant les textes de la dernière philosophie de Husserl (cours de 1959-1960), Merleau-Ponty tente de lier la parole avec l'enracinement du corps : mon corps n'est pas extérieur à l'être de la Terre ; « Il y a une parenté entre l'être de la terre et celui de mon corps [*Leib*] »[60]. Cette communauté ontologique vient d'une rupture avec l'homme copernicien pour qui dans le monde il n'y a que des corps [*Korper*]. Avec la lecture de la *Krisis*, Merleau-Ponty fonde la parole dans le même mouvement qui va du sol [*Boden*] de la Terre à la chair du corps propre intentionnel. La parole traverse l'espace intersubjectif par « un phénomène d'empiètement ou de propagation... »[61]. De même la parole habite le monde de l'intérieur de la chair, de l'écorce terrestre et de la surface du corps.

Merleau-Ponty, en se détachant de Husserl[62], délimite le modèle de l'expression pour fonder une philosophie de l'incarnation, de la présence primordiale.

59. Merleau-Ponty, « Le philosophe et son ombre », in S, *op. cit.*, p. 218.

60. Merleau-Ponty, « Husserl aux limites de la phénoménologie », in R.C., p. 168.

61. *Op. cit.*, p. 165. Et aussi Dastur (F) « Husserl and the problem of dualism » *Analecta Husserliana* XVI, 1983, p. 71, précise : « Just as Leiblichkeit is the transcendantal condition of all objectivity, so is being part of same earth, of the same original ground, the basic condition of all history ».

62. Thierry (Y), *Du corps parlant. Le langage chez Merleau-Ponty*, Ousia, 1987, pense qu'il n'y a pas de rupture avec Husserl, mais une pratique de la phénoménologie qui « conduit de la description des objets à leur enracinement préthéorique » p. 61. La question de l'intersubjectivité constituant le point de rupture, p. 70, *sq*.

III. La chair : Une structure topique

1. Les pistes inachevées de l'incarnation (1950-1953)

Si comme le veut Stéfan Strasser « tout d'abord, il faudrait admettre que la notion d'expression implique celle d'intériorité »[63], alors il faut au moins renoncer à une intériorité psychologique et comprendre plutôt ce qu'il y a « à l'intérieur du langage » (PM, p. 51, VI, p. 132).

Il y a deux sortes d'inachèvement dans l'œuvre de Merleau-Ponty : l'inachèvement de la PM relève d'un abandon lors de la reconnaissance des limites de l'expression : l'inachevé est en rapport direct avec l'acte de création, la mise en corps du sens dans l'œuvre ; « les modernes... ne recherchent pas l'inachevé pour l'inachevé, qu'ils mettent seulement au-dessus de tout le moment où l'œuvre est *faite*... »[64]. Tout ne peut pas s'écrire ou s'exprimer dans le langage. Le signe n'épuise pas le sens. Cette insuffisance de l'expressiòn laisse la place à un primat de l'incarnation, comme acte intérieur du langage. Les textes de 1950 à 1953 rendent compte de cette incarnation inachevée dans l'expression. La seconde sorte d'inachèvement surgira dans l'interruption de l'œuvre par la mort.

Entre 1950 et 1953, 4 textes proposent les pistes inachevées de l'incarnation :

a) une phonologie du sens (*La Prose du monde*)

Le langage est opérant, c'est-à-dire « dans l'exacte mesure où, avant d'avoir une signification, il est signification »[65]. Le langage n'attend de l'énonciation que les conditions sémantiques de son existence. Il est consti-

63. Strasser (St), « Réhabilitation de l'intériorité. Réflexions sur la dernière philosophie de Maurice Merleau-Ponty », *Revue Philosophique de Louvain*, Belgique, 1986, N° 64, p. 509.

64. Merleau-Ponty, P. M., *op. cit.*, p. 78.

65. *Op. cit.*, p. 22.

tuant dans la production de sens par une relation directe de la chose au mot. Le langage est geste, mise en acte du sens de la chose. Cette logique de l'acte du langage n'est pas seulement performatrice (au sens d'Austin) : le langage reprend la chose tout en la déplaçant de l'être-là à l'être avec autrui. Le mot ne transporte pas la chose, il la porte en lui.

En interprétant l'œuvre de Saussure, non plus comme une linguistique de la langue, mais comme « une linguistique de la parole »[66], Merleau-Ponty veut montrer qu'il y a une pensée du matériel linguistique lui-même. Confronté à l'usage vivant par la parole, le langage découvre les inadéquations de l'expression dues aux mutations en situations des structures lexicales au fur et à mesure des mouvements du monde à signifier. Le mot traverse désormais mon corps, définit le corps du mot par l'effet de composition donné « avec ma gorge, ma voix, mon intonation »[67].

Ainsi cette étude des dessous du langage doit décrire les modulations de la parole internes à sa structure : en effet la parole ne produit pas du sens indépendamment d'une chaîne verbale. A la note 1 de la page 45, Merleau-Ponty indique que cette étude de la chaîne verbale s'appelle la phonologie : ainsi les modulations de la parole sont expressives par elles-mêmes, la valeur linguistique n'étant pas transcendante aux actes de parole. Cette immanence fait apercevoir « cette couche primordiale du langage »[68] en dehors d'un rapport de représentation du signe : le sens ne provient pas de la représentation de la chose dans le mot, mais surgit au travers de la texture de la chaîne verbale. Ces « entités oppositives, relatives et négatives » permettent un travail de différenciation à même la chair de la langue.

66. *Op. cit.*, p. 33.
67. *Op. cit.*, pp. 42-43.
68. *Op. cit.*, p. 45.

Cette archéologie de la langue définit le mode de présence originaire antérieur au rapport du signe à la signification : ainsi les phonèmes sont la matière de l'incarnation, la première articulation de la chose dans le futur signe. « Les syllabes, les lettres, les tournures et les désinences sont les sédiments d'une première différenciation... »[69]. Cette première différenciation dépasse celle du signifiant et du signifié : c'est à l'intérieur du signifiant que le corps rejoint le langage par le geste incarné du bruit, du son, du cri ; véritable trace du contact primordial du monde avec mon corps, empreinte indélébile par laquelle « le corps oppose son monogramme à tout ce qu'il fait... »[70]. Si l'ordre des signifiants est comparable à celui du corps, c'est l'occasion pour Merleau-Ponty (comme nous l'avons rappelé en II, 3) d'exposer la thèse d'une « quasi-corporéité du signifiant »[71] : cet énoncé ne veut plus dire seulement que le signifiant est un corps, mais que la chair s'inscrit dans le signifiant, par le phonème dans la parole.

b - « Dans la pureté de l'algorithme »[72] (PM)

Merleau-Ponty cherche à prolonger cette piste de l'incarnation par une décomposition logique des phonèmes. Si on arrivait à définir l'ensemble des règles opératoires qui conduisent du son au sens, la signification se dégagerait « de toute compromission avec le déroulement des signes »[72]. Merleau-Ponty se retrouve dans le démon husserlien d'une grammaire universelle, sauf qu'en privilégiant l'algèbre sur la logique, il espère se maintenir dans la phonologie. Le langage mathématique présente l'avantage, même si ce n'est là « qu'une manière de parler »[73] « que les propriétés inconnues sont déjà opérantes dans les ensembles d'objets qui incarnent les nombres »[74]. Le point commun entre la pensée mathéma-

69. *Op. cit.*, p. 47.
70. *Op. cit.*, p. 114.
71. « Sur la phénoménologie du langage », *op. cit.*, p. 111.
72. PM, *op. cit.*, p. 169.
73. *Op. cit.*, p. 176.
74. *Op. cit.*, p. 175.

tique et la phonologie est de s'appuyer sur le sensible en produisant un formalisme créateur. Les significations nouvelles étaient déjà « prétracées dans la structure comme système ouvert »[75].

Merleau-Ponty trouve dans l'algorithme le devenir du sens, un devenir non pas par transformation transcendante, mais par une dynamique immanente au sens lui-même. L'algorithme est une opération vivante qui est à l'origine de la vérité, source des significations créatrices.L'algorithme permet d'expliquer « le bougé de la restructuration qui est caractéristique du langage »[76]. Tant que l'on se maintient dans le modèle de l'expression, une transcendance existe entre l'origine et la vérité. Or la vérité est déjà là : nous ne dominons pas l'intention dans le signe ; la signification se transforme à l'intérieur du mouvement de la parole qui l'achemine vers la vérité. Mais la vérité n'est pas le terme du langage. Elle est « anticipation, reprise, glissement du sens »[77] ; l'incarnation est dynamique là où l'expression algorithmique est toujours seconde par rapport au mouvement de la structure de la vérité vers ses transformations sémiotiques. Lorsque le signe est exprimé, tout s'est déjà joué avant, dans l'incarnation phonologique de la vérité, qui ne peut que produire du sens imparfait, du langage indirect.

On le sait Merleau-Ponty abandonnera l'algorithme dans le VI en mettant l'accent non plus sur l'algèbre pure mais sur l'automatisme spirituel : « l'idée de...algorithme comme automate spirituel et celle finalement d'un objet qui s'informe et se connaît lui même est, autant qu'une autre, appuyée à nos rêveries »[78]. Même si en septembre 1959, Merleau-Ponty note la nécessité « d'étudier la façon dont le langage et l'algorithme font jaillir la signification »[79], le VI va développer la thèse d'un Être prélinguistique.

75. *Op. cit.*, p. 178.
76. *Op. cit.*, p. 180.
77. *Op. cit.*, p. 181.
78. VI, *op. cit.*, p. 155.
79. *Op. cit.*, p. 256.

c - De l'évidence de la chose au *logos* du monde perçu (Candidature au Collège de France)

Rien n'est plus propice à la compréhension du passage de l'expression à l'incarnation que la lecture du texte de candidature au Collège de France, remis à M. Gueroult en 1952. En effet ce texte, contemporain de « l'origine de la vérité » ou « introduction à la prose du monde », est aussi une mise en perspective de l'œuvre par son auteur. Deux points témoignent de la conception du langage incarné.

Tout d'abord reprenant la question de la visée du sens dans le langage, Merleau-Ponty distingue le support phonologique de la direction sémantique indiquée au-delà de l'assemblage des maillons de la chaîne verbale : « Le sens du langage, comme celui des gestes, ne réside donc pas dans des éléments dont il est fait, il est leur intention commune, et la phrase dite n'est comprise que si l'auditeur, suivant la " chaîne verbale " dépasse chacun des maillons vers la direction qu'ils dessinent ensemble »[80]. Ainsi l'auditeur ne rejoint le locuteur dans son intention signifiante qu'après l'acte de la parole. La signification n'est pas immanente à chaque phonème : ainsi il n'y a pas de matérialisation du sens. Le sens est l'effet transcendant à la chaîne verbale : celle-ci le contient sans le retenir.

Ainsi nous rejoignons le second point : cette lumière naturelle, ce *logos* du monde perçu qui nous oblige à tendre vers un sens qui dépasse la parole. La parole, disait la P.M., est le mouvement vers la vérité. Ici elle retrouve ce sens du dépassement de ces opérations pour ouvrir l'homme à « un monde muet jusque là »[81].

d - « L'expression s'antidate elle-même »[82] (EP) Merleau-Ponty s'achemine de plus en plus vers une

80. Inédit, Merleau-Ponty, *op. cit.*, p. 406.

81. *Op. cit.*, p. 408.

82. Merleau-Ponty, *Éloge de la philosophie*, 15 Janvier 1953, Gallimard, p. 43. Cf aussi Hyppolite, *Sens et existence dans la philo-*

logique de l'Être : commentant la philosophie de L. Lavelle, Merleau-Ponty y reprend l'idée d'une théorie de l'expression qui serait le moyen pour l'être intérieur de se réaliser. Ainsi s'il est vrai « que nous portons dans notre être incarné l'alphabet et la grammaire de la vie »[83], cela ne suppose pas l'achèvement du sens, ni en nous, ni en elle. Ainsi le sens traverse notre être par le moyen du langage : il révèle la vie sans parvenir à l'exténuer. Seule notre incarnation signe le mouvement vers la vérité, tandis que l'expression postule« que l'être allait vers elle »[82]. Ainsi pour passer à une logique de l'incarnation, il faut abandonner l'antériorité théorique de l'être dans l'expression : en effet exprimer consistait à postuler l'être comme préhistoire, impression, intériorité. Cette antidate de l'être le maintient dans un processus univoque, non créatif. Il faut désormais dans la contingence de la chair découvrir une logique vécue, une autoconstitution qui unit par ses seules opérations le sens et l'histoire. Merleau-Ponty abandonne la tentation de l'irréalisme, car il n'y a pas d'être antérieur à l'expression.

2. Une métaphore ou une structure ?

Définir le langage comme une chair dépasse cependant les limites de la représentation. En effet lorsque nous parlions de corps du signe, la matérialité de ce dernier suffisait à nous garantir sa consistance. Or en passant du *Körper* au *Leib*, du Visible à l'Invisible, le risque est grand de dénoncer l'usage d'une métaphore faute de pouvoir décrire l'intérieur phonologique du langage. Ynhui Park précise l'ambiguïté de l'enjeu ontologique : « To be sure, the characterisation of the ultimate nature of Being as " flesh " is metaphorical, but often a metaphor is more illuminating than a non metaphorical

sophie de Maurice Merleau-Ponty, Oxford University Press, 1963 : « ...la pensée se découvre à moi-même et aux autres par une expression qui transgresse son origine », p. 14. Cf. Simeon, « Hyppolite et l'idéalisme » RMM, 1977, pp. 296-311.

83. *Op. cit.*, p. 35.

expression »[84]. La chair est à mi-chemin de la métaphore et du concept : elle est une notion polyvalente, car Merleau-Ponty l'utilise à propos du langage dans la fonction d'image, d'illustration, de comparaison. Le 26 novembre 1959, Merleau-Ponty affirme qu'il « n'y a pas de métaphore entre le visible et l'invisible... métaphore, est trop ou trop peu : trop si l'invisible est vraiment invisible, trop peu s'il se prête à la transposition »[85]. Or le langage incarné se trouve être la prose du monde, le *logos* de l'Être. Si l'on restait au seul plan métaphorique, le langage serait maintenu sous le paradigme de l'expression : la chair de l'Être dont le phonème est l'écho incarné trouverait dans la métaphore une transposition crédible, susceptible de manifester l'invisible dans le visible. S'il est vrai que Merleau-Ponty accorde que « le nominalisme a raison : les significations ne sont que des écarts définis »[86], il s'éloigne, selon Park, des conséquences épistémologiques : car ce n'est pas le langage qui détermine la réalité. Au contraire le langage ne peut que déformer l'Être primordial : ce langage indirect n'est pas celui de la métaphore. Il est déformé dès sa source signifiante, par le contact de l'être avec le phonème.

Beaucoup de commentateurs s'accordent pour reconnaître une ontologie à Merleau-Ponty : se fondant sur une note de septembre 1959 sur la sublimation verbale, Madison trouve un lien d'incarnation de l'intérieur de l'Être à l'intérieur du langage : en effet dans l'Être sauvage, la perception ne peut que « se sublimer en verbalisation, que se donner un corps qui ne soit pas naturel seulement, que faire germer un langage, appareil « trans-

84. Park , « Merleau-Ponty's ontology of wild being », Analecta Husserliana, Vol XVI, 1983, p. 322. Déjà en 1979 Park avait établi la confusion de Merleau-Ponty entre la sémantique et l'ontologie, in « Merleau-Ponty ou la phénoménologie du sens ». RMM, J. Sept 1979, p. 360. Heidsieck, *L'ontologie de Maurice Merleau-Ponty*, PUF, 1971, affirme que « la chair peut évoquer une sublimation de la chair, une ascension dans l'Être où elle se fait anonyme et disponible » p. 139.

85. Merleau-Ponty VI, *op. cit.*, p. 275.

86. *Op. cit.*, Fév. 1960, p. 291.

parent » qui donne l'illusion d'une présence à soi pure ou vide... »[87]. Par la sublimation, terme psychanalytique freudien, Madison privilégie l'idée de transformation par continuité, sorte de différenciation-constitution où la chair deviendrait langage. Ce dynamisme libidinal de la chair ferait que « le langage du sujet réfléchissant n'est pas coïncidence avec la chair, mais sublimation de la chair »[88]. Il s'agirait d'une transmutation : la chair donne au langage la matière d'une mise en avant de la parole. C'est le *logos* de la chair qui devient le *logos* de ce langage opérant. « La philosophie transmue le *logos* silencieux de la chair en *logos* proféré ; elle est comme langage opérant une transcendance spontanée de la chair vers l'idée »[89]. Le passage de la phénoménologie à l'ontologie se fonderait d'un *logos* de l'Être.

Merleau-Ponty cherche à saisir le langage de l'Être, le langage qui appartient à l'Être qui en est sa chair. De l'Être sauvage, le langage tire sa chair par l'intermédiaire de la spontanéité du corps : « le langage se découpe sur des structures d'expérience corporelle »[90]. Pour Xavier Tilliette, ce n'est plus seulement le monogramme du corps qui s'applique sur le langage, c'est le monogramme de l'Être : le langage incarné n'est que le résultat de la réversibilité de l'Être sur lui-même : « une ontologie de l'intérieur, une endoontologie qui précisément à cause du retournement de l'Être sur lui-même dans l'homme, ne peut fournir qu'« une connaissance oblique, latérale »[91] ? Ce retournement de l'Être sur lui-même fait pli dans le langage l'empêchant de rejoindre le monde là où celui-ci l'a atteint, touché. Le *logos* de l'Être en s'incarnant au travers l'appareil linguistique de l'homme perd de son

87. *Op. cit.*, Sept., p. 257.

88. Madison (G.B.), *Du corps à la chair : Maurice Merleau-Ponty*, *op. cit.*, p. 180.

89. Madison (G.B.), *La phénoménologie des limites de la conscience*, Klincksieck, 1973, p. 214.

90. Tilliette (X), *Maurice Merleau-Ponty ou la mesure de l'homme*, Desclée de Brower, 1962, p. 61.

91. *Op. cit.*, p. 115.

intensité : le langage n'équivaut pas au *logos*. Seule la parole le pourra dans sa spontanéité phonatoire.

Castoriadis évoque la thèse de la résonance entre le sujet et la chose : l'essence de la chose est une partie de la chair du monde ; « Alors, penser : le *logos endiathetos* du sujet résonne au *logos endiathetos* de la chose (fût-elle visible ou invisible) »[92]. L'affirmation de l'existence d'un sens avant la logique (VI, p. 222) nourrit le rapport de la chair au langage : en effet ce sens primordial est celui de l'Être dont l'écho de la présence est ressenti par la chair du corps propre, de laquelle se structure le langage : ainsi on irait de l'Être indicible à son écho sensible et incarné dans le son du corps propre, au signe visible et dicible.

Il y aurait un mouvement dialectique à l'œuvre ; selon Marcel Gauchet ce dehors du langage que serait l'Être brut deviendrait son dedans par « la loi de progression interne du discours »[93]. On retrouve là l'idée du VI (p. 139) selon laquelle le langage exprimerait une ontogenèse dont il fait partie. Par un pouvoir d'anticipation et de prépossession, le langage est dans la chair du monde avant toute énonciation verbale : la parole postulant à son *logos* proféré, un pré-être. Ou pour reprendre l'expression de Dominique Rey « il y a donc " un être parlant en nous, un cri muet, une parole silencieuse ", " science de la pré-science " et " expression de ce qui est avant l'expression " »[94].

C'est donc le monde qui s'incarne dans le langage par un mode de relation proche du chiasme, à cause d'une impossible fusion entre le sujet sentant et la chose. En redécouvrant la réflexivité naturelle du corps, Merleau-Ponty montre que le rapport pensée chair relève, selon

92. Castoriadis (C.), *op. cit.*, p. 77.

93. Gauchet (M.), *Le lieu de la pensée*, in L'ARC, *op. cit.*, note 30, p. 29.

94. Rey (D.), *La perception du peintre et le problème de l'être*, Essai sur l'esthétique et l'ontologie de Merleau-Ponty, thèse, Fribourg Suisse, 1978, p. 111.

Delivoyatzis, d'un phénomène de « réversibilité opérant la double inscription du dedans et du dehors entre lesquels il n'y a ni coïncidence, ni non différence »[95]. La réversibilité suppose une « transcendance verticale en profondeur »[96] où la chair universelle constitue la source unique. Cette chair cosmique serait elle-même « déjà signifiante »[97], ce qui laisserait supposer un logos préétabli dont notre langage ne serait que l'incarnation partielle.

Au terme de cet examen critique, l'onto-logos nous semble être l'interprétation la plus pertinente pour soutenir une philosophie de l'incarnation de l'Être dans le langage. Montrons comment.

3. Les larmes dans la voix : une structure topique.

En cherchant la fonction ontologique du corps nous nous sommes confiés peu à peu à la parole. Le langage doit passer par l'intermédiaire du corps pour s'ouvrir à l'Être. Mais d'un corps conçu désormais comme *Leib* afin de saisir la chose en chair et en os. Non qu'il y ait homogénéité entre les deux chairs (ce qui permettrait l'établissement d'une traduction), mais il faut un chiasme pour permettre que l'Être soit la couche primordiale du corps propre dans sa relation au monde. Comme l'affirme Michel Lefeuvre « c'est le corps... qui fait aussi vibrer ses cordes vocales et prend l'intelligible au piège dans l'articulation des sons qu'il émet ; mais tandis que se produit cette gesticulation phonique, celle-ci devient le support d'un événement incomparable qui est le référent de l'être dans

95. Delivoyatzis (S.), *La dialectique du phénomène*, Klincksieck, 1987, p. 327.

96. Maldiney (H.), « Chair et verbe dans la philosophie de Maurice Merleau-Ponty », in *Merleau-Ponty, le psychique et le corporel*, Aubier, 1988, p. 71.

97. Florival (G.), « Structure, origine et affectivité. Quelques réflexions à propos de la corporéité », *Revue Philosophique de Louvain*, Belgique, 1979, 77, n°34, p. 199.

le sujet »[98]. Cette captation de l'Être dans l'appareil sonore pourrait faire croire à une matérialisation : or l'incarnation n'est pas une mise en corps de l'Être. Si le langage a une fonction ontologique, aucun son ne contient l'Être. Il n'y a pas de voix, de musique de l'Être. À l'inverse de la thèse de la PM de la sédimentation archéologique, la parole ne cesse de se redire pour transcender la matérialité des sons, pour rejoindre indéfiniment le contact ontologique des signifiants avec la chair du monde. Merleau-Ponty instaure un dialogue entre la chair du corps propre et la chair du monde dans l'espace duquel les signifiants prononcent l'Être sans parvenir à le comprendre. Il est déjà trop tard lorsque le signifiant s'accole au signifié pour produire le signe. Nous voilà pris entre un « jamais assez tôt » et un « déjà trop tard ».

On pourrait dès lors établir une sorte de « lexique de la corporéité en général »[100] qui permet de fonder un système d'équivalence entre la chair du monde et la chair du corps propre. Merleau-Ponty hésite à se rallier à « l'idée du corps humain comme symbolisme naturel »[101], car elle présupposerait l'existence dans l'Être de hiéroglyphes dont notre corps propre serait le Champollion. Or dans la préface de S (février et septembre 1960), Merleau-Ponty affirme que l'étoffe du monde sensible vient remplir l'ouverture de ma chair sans la clôturer définitivement. Si le langage se définit comme « parole manquée »[102], alors il s'agit de plier les mots au relief du sens. L'expression devient affection par la courbure infligée aux mots par l'Être. La parole va au delà du nommable pour incarner la chair du monde au point de déchirer poétiquement les significations.

98. Lefeuvre (M), *Maurice Merleau-Ponty au delà de la phénoménologie. Du corps, de l'être et du langage*, Lille, 1977, p. 117.

99. *Op. cit.*, pp. 180-181.

100. Merleau-Ponty, R.C., *Nature et logos : le corps humain*, 1959-60, p. 178.

101. *Op. cit.*, pp. 179-180.

102. Préface de S., *op. cit.*, p. 26.

Merleau-Ponty peut-il échapper au naturalisme du Cratyle, là où le nom fait corps avec la chose ? Merleau-Ponty cherche à trouver dans la chair du monde la condition formelle de la chair des mots. C'est dans la chair du corps propre qu'il faut entendre naître le sens sauvage de l'Être : « En ce sens, si l'on explicitait complètement l'architectonique du corps humain, son bâti ontologique, et comment il se voit et s'entend, on verrait que la structure de son monde muet est telle que toutes les possibilités du langage y sont déjà données »[103]. Le sens est dans les possibilités de différenciation de la chaîne verbale qui permettent d'incarner les mots. S'il nous arrive d'avoir des larmes dans la voix, cette voix n'est pas la nôtre : le langage « est la voix même des choses, des ondes et des bois »[103].

Le corps humain, par la chaîne verbale, est sensible aux choses. Plutôt que de les exprimer, il les incarne par le geste de la parole qui dans son style, sa tonalité, sa truculence dévoile ce monde muet qui nous traverse. À force de raisonner en termes opératoires, nous avons oublié d'apercevoir cette ontologie de l'imminence que le corps humain ne cesse de faire advenir. L'enjeu, en cette fin de siècle, de ce monisme dialectique d'une ontologie structurale est de faire de l'incarnation à la fois le mode d'existence du corps humain et le mode d'être du langage. Le langage n'est rien sans le corps humain. Le corps humain, dans sa réversibilité touchant touché révèle la réversibilité de la parole et du sens. Rien n'est définitivement établi : entre le logos de Lebenswelt et le langage verbal, l'être parlant en nous nous oblige à créer. La parole et la chair se croisent : l'une révélant le sens invisible d'un monde muet, l'autre incarnant la structure sensible. La parole et la chair sont deux moyens d'une relation à l'Être sauvage.

La philosophie parviendra-t-elle à unir ce qu'elle séparait ? Et à quel prix pour le statut du langage ! Le langage reste entre corps [*Körper*] et chair [*Leib*], tant que

103. VI, *op. cit.*, p. 203.

nous n'avons pas commencé cette « architectonique du corps humain », réclamée par Merleau-Ponty. Le corps est un lieu complexe où s'incarne la structure de ce qui est ; ou plutôt la chair n'est pas seulement une coloration singulière de la masse corporelle. Elle est ce qui fait de la masse corporelle une dimension génératrice du sens. Par son écart avec elle-même, elle ouvre l'espace entre le monde et moi. Comme l'indique B. Graciannette « ce n'est pas au nom d'une quelconque finalité ontologique »[104] que l'Être est «dimensionnalité universelle »[105], « la dimensionnalité même »[106].

Pour sortir d'une ontologie métaphysique, il faut considérer la dimension[107] comme la structure de la chair. Le corps est topique, dans la mesure où de son lieu s'incarne le langage. Décrire les topiques du corps humain, telle est notre recherche, Merleau-Ponty ayant définitivement prouvé l'écart fécond entre la chair et le corps.

104. Graciannette (B). Cours sur *Le visible et l'invisible* à l'Université de Bordeaux III, 1987-1988, p. 26, inédit.

105. VI, *op. cit.*, p. 319.

106. VI, *op. cit.*, p. 280.

107. Barbaras (R) *La dimension comme être du phénomène.* J. Millon, 1991.

De la parole à l'Être : le problème de l'expression comme voie d'accès à l'ontologie

Renaud Barbaras

Le visible et l'invisible apparaît de plus en plus comme le testament philosophique de Merleau-Ponty. Si on y reconnaît bien sûr le style et les préoccupations des ouvrages antérieurs, cette œuvre frappe cependant par la nouveauté de la perspective adoptée et de l'élaboration à laquelle elle donne lieu. On s'est demandé si la perspective ontologique développée dans *Le visible et l'invisible* marquait une rupture vis-à-vis des premières œuvres ou si, au contraire, elle en prolongeait le mouvement. Il nous semble que le rapport entre la *Phénoménologie de la perception* et *Le visible et l'invisible* se situe par-delà l'alternative de la rupture et de la continuité : en un sens, tout est déjà là dès la *Phénoménologie de la perception,* et cependant, une reprise s'avère nécessaire, comme si cette oeuvre demeurait en retrait sur son propre sens. La *Phénoménologie de la perception* est marquée par un décalage entre, d'une part, les intentions affichées et les descriptions auxquelles elles donnent lieu et, d'autre part, le vocabulaire dans lequel ces descriptions se trouvent ressaisies. Tout se passe comme si l'expérience perceptive y était abordée à travers des catégories qui lui interdisent de révéler sa signification véritable. L'enjeu du *Visible et l'invisible* serait alors de porter la phénoménologie de la perception à l'expression pure de son propre sens, d'élaborer la signification philosophique de la description menée dans la *Phénoménologie de la perception.* Il nous faut donc nous demander en quoi consiste l'inaccomplissement des premières œuvres, quel est cet impensé dont la prise en considération conduira au renouvellement de la pensée, sous la forme d'une ontologie. Nous voudrions montrer que le problème de *l'expression*, comme sol de l'idéalité, représente en quelque sorte le point aveugle de la *Phénoménologie de la perception* et, par conséquent, le

* Maître de conférence, Paris IV.

terrain privilégié sur lequel s'effectue le passage à l'ontologie.

L'analyse de l'expérience perceptive a mis en évidence, dit Merleau-Ponty dans son texte de candidature au Collège de France, « un rapport d'un type nouveau entre l'esprit et la vérité »[1]. Elle conduit en effet à récuser la perspective de la subjectivité constituante : le monde n'est pas possédé à titre de noème par une conscience transparente mais donné, sous la forme d'une présence globale et opaque, à une existence indivise. La chose perçue se présente avec une évidence qui ne recouvre pourtant pas la possession d'une essence. La chose paraît, mais elle ne paraît pas *elle-même* en ce qui la présente : elle recule plutôt derrière ses aspects, demeure retenue dans le monde dont elle surgit. Ainsi « Toute perception n'est perception de quelque chose qu'en étant aussi relative imperception d'un horizon ou d'un fond, qu'elle implique, mais ne thématise pas »[2]. Ressaisie au niveau de la perception, l'expérience se révèle être dépossession plutôt que possession. Cependant, très tôt, Merleau-Ponty évoque la nécessité de procéder à un approfondissement, d'entamer de nouvelles recherches qui viendraient « fixer définitivement le sens philosophique des premières »[3]. Cette nécessité répond à un problème, qu'il explicite un peu plus loin : « si maintenant nous considérons, au-dessus du perçu, le champ de la connaissance proprement dite, où l'esprit veut posséder le vrai, définir lui-même des objets et accéder ainsi à un savoir universel et délié des particularités de notre situation, l'ordre du perçu ne fait-il pas figure de simple apparence, et l'entendement pur n'est-il pas une nouvelle source de connaissance en regard de laquelle notre familiarité perceptive avec le monde n'est qu'une ébauche informe »[4] ? En effet, tant que le problème de la vérité et de l'idéalité n'a pas été abordé pour lui-même, le risque est bien que l'expérience perceptive appa-

1. p. 404.
2. *Résumés de cours*, p. 12.
3. Texte de candidature au Collège de France, p. 404.
4. *Idem*, p. 405.

raisse comme une forme de pensée confuse, susceptible d'être résorbée dans la connaissance d'entendement, où l'objet est donné lui-même. Le danger est celui d'une scission entre une approche psychologique, qui se contenterait de livrer des modalités de donation du monde, et une perspective transcendantale qui constituerait ce donné devant une conscience absolue : la perception serait alors comme un degré inférieur de la connaissance et l'opacité du monde aurait un sens seulement négatif. Comme chez Descartes, l'ordre de l'union, qui n'est connu que par l'union, serait destiné à se dissoudre devant la connaissance d'entendement, l'ordre de la perception serait un mélange impur, d'âme et de corps, d'intériorité et d'extériorité, voué à être récusé comme simple apparence. Or, selon Merleau-Ponty, les découvertes de la psychologie ont bien un sens transcendantal et l'expérience de la vérité qui se révèle au niveau de la perception a une valeur définitive. Telle est en effet la démarche qui fonde les deux premières oeuvres : puisqu'en s'installant d'emblée dans le *cogito* réflexif on s'exposerait au risque de manquer la spécificité du phénomène du monde et de le résorber dans l'unité de la vérité, il faut faire un détour par la psychologie de la forme et montrer que, débarrassée de son naturalisme implicite, elle révèle le statut véritable du transcendantal. Loin donc de pouvoir être dissous devant la connaissance d'entendement, l'ordre du perçu délivre bien un sens nouveau de la vérité et l'analyse de la perception fournit « un itinéraire et une méthode »[5] pour l'étude du champ de la connaissance proprement dite. C'est sur ce point que se développe la critique la plus constante que Merleau-Ponty adresse à Husserl. Dans la *Krisis*, celui-ci reconnaît la nécessité d'une première réduction reconduisant au monde prédonné qui sous-tend les idéalisations de la science ; et cependant, il revendique la possibilité d'une seconde réduction qui constitue le « monde de la vie » dans le flux de la subjectivité transcendantale. Or, note Merleau-Ponty, c'est de deux choses l'une : « ou bien la constitution rend le monde transparent, et alors on ne voit pas pourquoi la

5. *Idem*, p. 404.

réflexion aurait besoin de passer par le monde vécu, ou bien elle en retient quelque chose et c'est qu'elle ne dépouille jamais le monde de son opacité »[6]. Le retour au « monde de la vie » que Husserl préconisait n'est pas seulement un détour, la description phénoménologique du monde vécu tient lieu de philosophie : si le *Lebenswelt* est bien le sol de toute idéation, il ne saurait être résorbé dans l'idéalité.

Les nouvelles recherches que Merleau-Ponty envisage sont donc en continuité avec le programme de la *Phénoménologie de la perception* : elles semblent en être comme le second volet. En effet, dans la mesure où la *Phénoménologie de la perception* se situe essentiellement sur le terrain de la perception – le problème de la vérité n'y est qu'à peine abordé –, la description court le risque de faire l'objet d'une mésinterprétation, c'est-à-dire d'être comprise précisément comme une description psychologique, qui laisserait intactes les prétentions de la pensée d'entendement. La démarche de Merleau-Ponty dans la *Phénoménologie de la perception* est de nature *archéologique* : elle fait apparaître un sol originaire et irréductible d'expérience contre la tentative intellectualiste de dissoudre le perçu dans l'idéalité. Il reste donc maintenant à faire une critique véritable de l'intellectualisme, qui se développe sur son propre terrain, à savoir celui de l'idéalité : le mouvement *régressif* doit s'accompagner d'une démarche *progressive* visant à montrer que le mode de donation de l'idéalité est du même ordre que celui du perçu, que *tout* est perception, y compris l'idée elle-même en tant que sa réalité objective n'épuise jamais sa réalité formelle. Le retour phénoménologique au perçu n'a de valeur philosophique que si le *sol* des idéalisations est bien *source* des idéalités. Bref, il s'agit de montrer que la connaissance continue la vie perceptive, la conserve en la transformant, sublime notre incarnation plutôt qu'elle ne la supprime[7]. Ainsi se justifie l'importance accordée à l'expression linguistique dans la période qui suit la

6. *Phénoménologie de la perception*, p. 419.
7. Texte de candidature au Collège de France, p. 405.

Phénoménologie de la perception. Afin de mettre en évidence l'enracinement de l'idéalité dans le perçu, de faire apparaître l'impossibilité de la réduire à une entité positive, il est nécessaire de la saisir *en son phénomène même* , au lieu de sa naissance, c'est-à-dire au sein de la parole. En tant qu'elle est cette dimension de la corporéité où transparaît une signification autre que perceptive, la parole représente bien le point d'articulation entre l'ordre du vrai et le domaine du perçu. Or, tout comme la perception tend naturellement à se dépasser dans la position d'une nature en soi contenant par avance toutes les déterminations que l'expérience y trouvera, l'expression linguistique tend, par son opération même, à s'ignorer comme opération expressive et à s'apparaître comme la marque d'une pensée déjà possédée, la traduction d'un texte idéal. Il est donc nécessaire de procéder à une nouvelle réduction, c'est-à-dire de suspendre la téléologie de la parole afin de dévoiler l'expression comme sol spécifique de l'idéalité, la parole parlante sous la parole parlée. C'est faute d'avoir fait preuve de cette lucidité quant au langage que, selon Merleau-Ponty, Husserl peut prétendre constituer le *Lebenswelt* dans la subjectivité transcendantale, car, en réalité, les unités de sens que cette subjectivité déploie sont elles-mêmes des productions du *Lebenswelt* en tant qu'elles sont des productions de la parole.

Le chemin qui conduit à l'ontologie s'ouvre à la faveur de cette mise au point, qui vise d'abord à prémunir les analyses de la *Phénoménologie de la perception* contre une erreur d'interprétation, qu'elles suscitent par leur unilatéralité même. La perspective ontologique est appelée par le passage d'une *description* du monde perçu à une *philosophie* de la perception, par la reconnaissance du caractère définitif du retour au vécu. Elle ne correspond donc pas tant à un changement de terrain qu'à un « changement de signe » du terrain perceptif qui, loin d'être une « curiosité psychologique », réductible en droit aux actes de l'entendement, apparaît comme le sol ultime de toute vérité, comme ce qui contient tout, y compris les actes qui le thématisent. Tel sera, aux yeux de Merleau-Ponty lui-même, le sens de cette ontologie : « Je dois montrer que ce qu'on pourrait considérer comme « psychologie » (PP) est en réalité ontologie. Le montrer en faisant voir que l'être de la science ne peut ni être ni être pensé comme *selbständig* »[8].

Il reste que, de la *Phénoménologie de la perception* au *Visible et l'invisible*, les concepts mis en œuvre évoluent très sensiblement, que la nécessité de fixer le sens philosophique des premières recherches ne correspond pas seulement à une lacune quant au problème de la vérité mais bien à une *difficulté*, dont cette lacune est à la fois la cause et le symptôme. Le vocabulaire à l'oeuvre dans la *Phénoménologie de la perception* ne permet pas de lester l'analyse du perçu de la signification philosophique que Merleau-Ponty veut lui accorder : en un sens, cette œuvre se prête à l'interprétation intellectualiste qui voit dans la perception un moment provisoire voué à être dépassé au plan de l'entendement, et c'est donc *vis-à-vis de lui-même* tout autant que de ses détracteurs que Merleau-Ponty éprouve la nécessité d'une clarification philosophique. La difficulté qui justifie cette clarification peut être explicitée sous la forme d'une persistance du cadre *dualiste*. Comme il le reconnaît dans les notes de travail du *Visible et l'invisible*, « les problèmes posés dans PP sont insolubles parce que j'y pars de la distinction « conscience » – « objet »[9] ».

Dans *La structure du comportement* , le problème de la perception est abordé « en partant du bas »[10], à travers la notion de comportement, notion qui est neutre, dit Merleau-Ponty, à l'égard de la distinction du psychique et du physiologique. Il s'agit de se situer sur le terrain de la psychologie de la forme et de montrer qu'elle est conduite, par son propre mouvement, à dépasser le naturalisme qui l'animait, à reconnaître la dimension signifiante du comportement, et finalement la subordination de l'univers objectif au monde perçu. *La structure du comportement*

8. *Le visible et l'invisible*, p. 230.
9. *Idem*, p. 253
10. p. 2.

est donc centrée sur une critique du naturalisme, critique qui lui permet de rejoindre le point de vue transcendantal. Cependant, si Merleau-Ponty dépasse l'ontologie naturaliste de la psychologie de la forme, il n'en dépasse pas le vocabulaire ; s'il critique le naturalisme, il n'en remet pas en cause le cadre conceptuel : l'activité signifiante demeure explicitée sur le plan du comportement et du corps qui en est le sujet. En empruntant le chemin de la psychologie de la forme, il découvre la puissance signifiante du corps mais ne revient pas sur la catégorie de corps, en son opposition à la subjectivité. La critique du naturalisme ne débouche pas sur une critique de l'idée même de nature : si le rapport à l'extériorité n'est pas d'ordre causal, ne relève pas de l'hypothèse de constance, l'expérience demeure néanmoins décrite comme rapport à une extériorité. Dès lors, afin de fonder la dimension signifiante du corps, il doit recourir à son autre, à savoir la conscience, dont le corps apparaît comme la négation, comme ce qui vient la jeter hors d'elle-même et l'obscurcir. Parce qu'il manque *par défaut* le caractère signifiant de la perception en le ressaisissant d'abord sur le plan de l'extériorité, il est conduit à le manquer *par excès* en abordant cette signifiance du point de vue de la conscience. Bien entendu, la critique du naturalisme ne vise pas à restaurer un idéalisme, et c'est pourquoi Merleau-Ponty doit, en un second temps, affecter cette conscience de déterminations négatives et finalement peu compréhensibles : bien qu'elle ébauche le mouvement de l'objectivation, dit-il, « elle ne prend pas distance à l'égard de ses noèmes »[11]. Ainsi, la *Phénoménologie de la perception* tout entière est rythmée par une mise à distance du corps comme objet et de la conscience comme intellection, par une critique symétrique du réalisme et de l'intellectualisme. Mais, dès lors qu'elle est effectuée dans le cadre de ces deux doctrines, l'analyse en demeure tributaire et *fait coexister* le réalisme et l'intellectualisme plutôt qu'elle ne les dépasse. Ressaisie contre une perspective trop étroitement psychologique ou trop étroitement trans-

11. *Phénoménologie de la perception*, p. 338.

cendantale, c'est-à-dire *avec* elles, l'expérience perceptive apparaît comme un mélange de facticité et d'idéalité : le corps est réaffirmé au moment même où Merleau-Ponty en dégage le sens transcendantal, et la conscience maintenue alors même qu'il en découvre l'enracinement empirique. Il le reconnaît au moins une fois, au terme de son exposé de candidature au Collège de France : « L'étude de la perception ne pouvait nous enseigner qu'une « mauvaise ambiguïté », le mélange de la finitude et de l'universalité, de l'intériorité et de l'extériorité »[12].

Le maintien de ce cadre dualiste a pour conséquence l'impossibilité de rendre compte de manière satisfaisante du phénomène de l'expression linguistique. Dans la *Phénoménologie de la perception*, le problème du langage est abordé «par le bas», à partir des comportements silencieux : il s'agit de montrer que la signification linguistique prolonge et accomplit la signification gestuelle que déploient les comportements muets. Il apparaît en effet que les mots *ont* un sens, qu'ils viennent toucher à distance et modifier un monde culturel, tout comme le geste silencieux vient animer le paysage naturel. Cependant, il reste à rendre compte de la constitution même d'un univers culturel, à poser le problème de la « première parole ». Notons que la question même est significative : abordée à partir du corps comme sujet des comportements, l'origine de la parole a un sens strictement empirique et il s'agit de *dériver* son mode de signifiance propre de celui des gestes vitaux. Or, la question de l'origine du langage fait problème dans la mesure où le lien du signe verbal à son sens n'est pas «naturel» comme l'est celui de la mimique à l'émotion, où le signe verbal est reconnu par la linguistique comme arbitraire. La solution de Merleau-Ponty ne peut alors consister qu'à mettre en évidence une motivation originelle du signe, un *sens émotionnel* plus profond que son sens conceptuel : « les mots, les voyelles, les phonèmes sont autant de manières de chanter le monde »[13]. Parce que l'analyse se situe dans le cadre d'une conception

12. p. 409.
13. *Phénoménologie de la perception*, p. 218.

encore objectiviste du corps, la signification linguistique ne peut être que dérivée, sur le mode naturaliste, d'une signification émotionnelle immanente au geste verbal comme modulation phonétique. Or, on se demande comment une telle dérivation est possible, comment un sens émotionnel pourra jamais s'égaler à un sens conceptuel. Il est vrai que Merleau-Ponty écarte l'accusation de naturalisme en notant que, chez l'homme, il n'y a pas de signes naturels : même « l'émotion comme variation de notre être-au-monde est contingente à l'égard des dispositifs mécaniques contenus dans notre corps, et manifeste le même pouvoir de mettre en forme les stimuli et les situations qui est à son comble au niveau du langage »[14]. Mais cette solution est toute formelle. Tous les signes sont certes conventionnels en ceci qu'ils ne sont pas déterminés de manière mécanique, qu'ils manifestent une certaine autonomie, une certaine spontanéité. Mais, en reconnaissant cela, on n'a pas encore rendu compte de ce comportement éminemment conventionnel qu'est le langage : geste émotif et parole ne sont certes pas naturels, mais ils ne sont pas pour autant conventionnels au même sens. Que le geste silencieux ne soit pas lié à la nature sur un mode causal ne permet pas de comprendre qu'il se dépasse vers une signification linguistique. L'originalité de l'expression linguistique est bien manquée : parce que le corps est abordé comme corps vivant, sa vie ne peut être ressaisie comme vie de la signification.

Dès lors, afin de comprendre la spécificité du langage, Merleau-Ponty doit recourir à la conscience, sous la forme de ce qu'il appelle *cogito* tacite. L'incapacité de saisir le langage au niveau de la corporéité est compensée par la position d'un *cogito* soutenant la visée signifiante qui anime la parole. S'il est vrai, note-t-il dans le chapitre consacré au *cogito*, que les significations ne précèdent pas les signes mais se constituent dans leur commerce, il ne faut cependant pas en conclure que le langage nous enveloppe et nous détermine : « Le langage présuppose bien une conscience du langage, un silence de la conscience qui

14. *Idem*, p.220.

enveloppe le monde parlant et où les mots d'abord reçoivent configuration et sens »[15]. Ainsi, le phénomène de la parole est manqué *par défaut*, dans la position d'un comportement dont le sens linguistique dériverait du sens émotionnel, et donc *par excès* dans la reconnaissance d'une conscience du langage qui sous-tend les significations. L'écart est patent entre la description, qui met en évidence une signification langagière du langage, et son interprétation théorique qui, caractérisée par l'oscillation entre comportement corporel et *cogito* tacite, conduit finalement à diviser la parole selon l'opposition du signe, purement matériel, et de la signification, immanente à une conscience.

Il apparaît clairement qu'en conservant le cadre dualiste, Merleau-Ponty s'interdit de ressaisir l'originalité de l'expression linguistique. Mais, inversement, c'est sans doute parce que, dans la *Phénoménologie de la perception*, l'accent est mis sur la vie perceptive plutôt que sur son mode d'articulation avec l'idéalité, que le cadre dualiste se trouve conservé. En se détournant du phénomène de la vérité, Merleau-Ponty demeure tributaire d'une certaine naïveté quant à celle-ci : la téléologie de l'expression à l'oeuvre dans le perçu est par avance achevée, close sur son terme, suspendue à une conscience, de sorte que, au moment où l'irréductibilité du perçu est affirmée, elle est en même temps récusée. En cela, Merleau-Ponty tombe bien sous le coup du reproche qu'il adresse à Husserl : le retour au « monde de la vie » s'effectue sous la domination de la catégorie de conscience, si bien qu'il peut apparaître en effet comme provisoire. La lecture des notes de travail du *Visible et l'invisible* confirme l'inadéquation du concept de *cogito* tacite au phénomène de l'expression. « Ce que j'appelle le *cogito* tacite est impossible. Pour avoir l'idée de « penser » (dans le sens de la « pensée de voir et de sentir »), pour faire la « réduction », pour revenir à l'immanence et à la conscience de... il est nécessaire d'avoir les mots » : la conscience ne doit pas être conçue comme ce qui sous-tend l'expression mais comme ce qui

15. *Idem*, p. 462.

se conquiert en elle. Il faut donc se situer en-deçà du *cogito*. Et Merleau-Ponty ajoute un peu plus loin : « Le *cogito* tacite doit faire comprendre comment le langage n'est pas impossible, mais ne peut faire comprendre comment il est possible. Reste le problème du passage du sens perceptif au sens langagier, du comportement à la thématisation »[16]. Le *cogito* ne suffit pas à la compréhension du langage si la possibilité même du langage n'est pas inscrite dans l'expérience silencieuse, si, par conséquent, la description du corps propre n'est pas libérée de tout objectivisme.

Durant la période qui suit la *Phénoménologie de la perception* , et en particulier au début des années 50, les recherches de Merleau-Ponty sont précisément centrées sur le langage. Mais, si elles manifestent d'abord une continuité avec celles de la *Phénoménologie de la perception*, elles vont, par leur développement propre, appeler un remaniement de la problématique de la perception : l'interruption de *La prose du monde* peut être interprétée comme le signe de cette mutation. Alors que, en un premier temps, l'étude de l'expression s'effectue à partir du cadre théorique mis en place au niveau de la perception, peu à peu, en un mouvement régressif, le sens d'être du monde perçu va se trouver ressaisi à partir du phénomène de l'expression. Alors que le détour par la psychologie de la forme permet de fonder une phénoménologie de la perception, le détour par la linguistique de la parole apparaît comme ce qui ouvre la voie d'une ontologie.

Nous l'avons dit, la vertu du langage est de se dissimuler à nos propres yeux par son opération même. Il faut donc réduire la parole, la saisir à l'état naissant, au moment où, ne possédant pas encore la signification, elle la constitue : il s'agit, dit Merleau-Ponty, de considérer la parole sur le fond du silence qui la précède, à l'instant où elle n'est pas encore signifiante et s'apparente au rayonnement muet de la peinture. Alors, les oppositions à travers lesquelles le langage se trouvait spontanément décrit se

16. pp. 224, 229.

révèlent être sans pertinence. Achevée, l'opération d'expression se donne sous la forme d'un rapport univoque entre des significations closes et des signes discrets s'épuisant dans la fonction de les communiquer. Le sens est alors à la fois transcendant et immanent aux signes ; « transcendant par principe aux signes comme la pensée le serait à des indices sonores et visuels », et cependant « immanent aux signes en ceci que, chacun d'eux, ayant une fois pour toutes *son* sens, ne saurait entre lui et nous glisser aucune opacité, ni même nous donner à penser »[17]. Or, si vraiment le langage était cela, l'effort d'expression comme tel et l'aptitude que nous avons à comprendre, grâce aux mots, au-delà de ce que nous connaissons deviendraient incompréhensibles : les signes n'auraient plus pour fonction que d'avertir l'auditeur d'avoir à considérer telle de *ses* pensées. L'acte d'expression atteste au contraire que le sens ne préexiste pas aux signes, que c'est dans leur déploiement actif qu'il se conquiert : il est donc à la fois plus près d'eux, puisqu'il leur doit son existence, et plus loin puisqu'ils ne se démettent jamais de leur opacité au profit d'une pure pensée. L'expérience vient ici converger avec la découverte saussurienne du caractère *diacritique* du signe. Les signes ne deviennent tels, c'est-à-dire signifiants, qu'à partir de leurs différences, de sorte que le sens, loin d'être réductible à une entité positive, apparaît comme un principe d'opposition, un mode de différenciation, situé *entre* les signes plutôt qu'au-delà d'eux. Ainsi, loin que signe et signification préexistent à l'acte d'expression, c'est plutôt en lui que, respectivement, la chaîne signifiante et le monde signifié se différencient en eux-mêmes, et donc l'un de l'autre, devenant ainsi aptes à entrer en rapport. Nulle part il n'y a de purs signes puisque ceux-ci naissent du principe qui les organise, mais nulle part de pures significations puisque ce principe ne se distingue pas des contenus qu'il articule. Le sens n'est autre qu'une *dimension* de variation, comme un thème qui ne se donne que dans *ses* variantes : l'unité du sens est en réalité « simple présomption de l'incarner dans plusieurs

17. *Signes*, p. 53.

formules où il reste le même »[18]. La signification ne donne donc vie aux signes que parce que ceux-ci lui insufflent la leur.

Il suit de là qu'il y a une *opacité* essentielle du langage, que jamais les signes ne délivrent un sens à l'état pur où l'effort d'expression se trouverait achevé : le sens ne paraît qu'au bord du langage, serti dans les mots, et, en toute rigueur, il n'est pas *autre* qu'eux. Si les mots se dépassent comme entités matérielles, se creusent d'un sens, ce n'est pas pour se dissoudre dans la transparence d'une signification, car ce creux est aussitôt rempli par le plein du langage : le sens n'est bien qu'un « pli » dans le tissu de la parole. Il est toujours en retrait sur lui-même, imminent, non pas en ce qu'il serait accessible ailleurs ou autrement, mais en ce que cette imminence fait son être. Jamais le langage ne laisse place à du sens pur : il n'est bordé que par du langage et si nous voulions dépasser l'expression vers un sens à l'état pur il ne nous resterait qu'un peu de matériel verbal. C'est pourquoi l'idée d'une expression complète fait non-sens : une chose n'est vraiment dite que si elle ne l'est pas pleinement, n'est pensée que si elle préserve un impensé. Une idée trop maîtrisée n'est plus pensée : il lui est essentiel, afin d'être signifiante, de demeurer voilée, de s'offrir à d'autres actes de parole. Il y a bien un *silence* essentiel de la parole, qui n'est pas obstacle à la conquête d'un sens plein mais condition de la signification. Il suit de là que le sens doit être caractérisé par sa dimension d'*historicité*. Dire que toute pensée ne se donne qu'en filigrane dans l'épaisseur d'une parole, c'est reconnaître qu'il lui essentiel d'être au présent, que son immersion dans l'histoire garantit sa signifiance. L'inachèvement de l'expression ne marque pas sa distance vis-à-vis d'une signification intemporelle : c'est au contraire dans la contingence des actes expressifs que se conquiert l'unité du sens. L'expression ne domine le temps qu'en s'enfonçant en lui ; elle ne dépasse le passé et n'insuffle un sens nouveau au langage qu'en s'offrant à d'autres actes d'expression, qu'en ouvrant la dimension

18. *La prose du monde*, p. 124.

d'un avenir. L'historicité est essentielle au sens, le tâtonnement de l'expression essentiel à la Raison : il n'y a de sens véritable que disjoint par le tremblement de la durée. En d'autres termes, il faut caractériser la signification comme *institution*, c'est-à-dire appel d'une reprise, ouverture d'une dimension, exigence d'un avenir.

Cette analyse conduit à dépasser les oppositions conceptuelles qui, dans la *Phénoménologie de la perception*, organisaient l'étude du perçu comme de la parole. En effet, loin de désigner l'usage par une pensée claire et sûre d'elle-même de signes matériels lui permettant de se communiquer, l'expression apparaît comme une dimension irréductible : « Beaucoup plus qu'un moyen, dit Merleau-Ponty, le langage est quelque chose comme un être »[19]. En posant d'abord des significations positives, on se trouvait contraint de situer la dimension de l'expression proprement dite au niveau de signes matériels discrets et par eux-mêmes insignifiants : en saisissant l'exprimé au niveau de la subjectivité, on était condamné à situer l'expression sur le plan de l'objet. Inversement, dans la mesure où, loin d'être un contenu matériel indifférent, le signe s'est toujours déjà dépassé vers son sens, articulé aux autres selon une dimension de différenciation, le signifié ne peut à son tour se distinguer des signes et demeure retenu dans leur opacité. Comme le remarque Merleau-Ponty, « à des significations qui ne sont pas closes et des signes qui n'existent que dans leur rapport, on ne peut appliquer la distinction de la *res extensa* et de la *res cogitans* »[20]. L'expression révèle un mode d'être originaire, situé « plus haut » que l'objet mais « plus bas » que la subjectivité, une dimension qui n'est pas traductible dans l'opposition du fait et de l'essence et appelle donc une refonte philosophique radicale. Ainsi, conclut-il, « nul langage ne se détache tout à fait de la précarité des formes d'expression muettes, ne résorbe sa propre contingence, ne se consume pour faire paraître les choses mêmes »[21].

19. *Signes*, p. 54.
20. *Résumés de cours*, p. 34.
21. *Signes*, p. 98.

Cette analyse permet de lever définitivement l'ambiguité que nous évoquions en commençant. Le monde de la perception ne peut plus apparaître comme un moment provisoire destiné à être dépassé dans la transparence de l'Esprit, puisque l'Esprit lui-même se confond finalement avec le devenir de la vie expressive et ne peut donc se clore sur lui-même, puisque le sens exprimé demeure, comme l'objet perçu, opaque, transcendant, inépuisable. Loin que la facticité du monde puisse être résorbée dans l'unité du sens, c'est-à-dire constituée par la conscience, l'émergence du sens est inséparable de la facticité d'une parole qui ne surmonte jamais le silence de la perception. L'expression ne conduit pas à dissoudre la Nature dans la transparence de l'Esprit mais vient creuser dans le monde des dimensions nouvelles, reportant ainsi un peu plus haut sa profondeur constitutive : parce qu'elle naît d'une parole, la signification est encore enveloppée par ce qu'elle prétend envelopper. On ne peut alors subordonner l'expression à une conscience qui, en elle, viserait des significations : ce serait confondre l'effort expressif avec son résultat. Loin que la conscience préexiste à l'expression, elle naît plutôt en elle, se rejoint en se laissant déposséder par la parole et, par conséquent, ne se rejoint jamais tout à fait : « il n'y a pas de différence pour la conscience entre l'acte de s'atteindre et l'acte de s'exprimer »[22]. Loin que l'expression soit l'œuvre de la conscience, celle-ci apparaît plutôt comme l'horizon d'une expression qui est d'abord anonyme et est finalement le fait du monde plutôt que de l'esprit : en se laissant capter par un fragment de lui-même, le monde accède à un nouveau mode de manifestation. Comme le dit Merleau-Ponty, « ce n'est pas nous qui parlons, c'est la vérité qui se parle au fond de la parole »[23].

L'ontologie de Merleau-Ponty procède tout entière du nouvel éclairage sur le monde qu'apporte le phénomène de l'expression, du « changement de signe » dont le monde se trouve affecté dès lors que l'univers de la signification

22. *La prose du monde*, p. 26.
23. VI, p.239.

apparaît comme s'enracinant en lui. En effet, si le sens est caractérisé par l'historicité, le monde dans lequel il s'inscrit recule vers une profondeur qui n'est plus celle de l'objet présent. L'infinité du *telos* expressif implique le reflux du monde vers la profondeur infinie d'une *archè*. L'historicité essentielle de la vérité a pour corrélat la détermination du monde comme sol et source de cette historicité plutôt que comme étant présent à une conscience. La perspective ontologique correspond bien à la découverte d'un monde qui porte en lui le destin tout entier de l'expression et dont la transcendance est irréductible car ce destin est sans terme. Le monde perceptif, dit Merleau-Ponty, « est au fond l'Être au sens de (..) (ce) qui est plus que toute peinture, que toute parole, que toute " attitude ", et qui, saisi par la philosophie dans son universalité, apparaît comme contenant tout ce qui sera jamais dit, et nous laissant pourtant à le créer »[24]. L'Universel n'est plus du côté du sens mais du côté du monde : il est ce qui nourrit toute expression, tout en demeurant toujours en-deçà de ce qui le révèle. L'Être, c'est ce qui reste à dire au sein de ce qui l'exprime et demeure donc en retrait sur ce qui le dit. Ainsi, alors que l'approche du monde selon le présupposé de la possibilité d'une mise en présence déterminait une problématique de la perception, la découverte de l'expression comme historicité infinie entraîne au contraire une approche du monde comme ce dont l'être excède toute présence. Aborder le sens à partir de l'expression conduit à aborder le monde à partir de l'Être.

En d'autres termes, la mutation séparant la *Phénoménologie de la perception* du *Visible et l'invisible* peut être ressaisie à travers le renouvellement de la notion de transcendance. Parce que, dans la *Phénoménologie de la perception*, Merleau-Ponty abordait celle-là dans le cadre d'une philosophie de la conscience, subsistait en droit la possibilité d'une donation pleine, d'une mise en présence de la chose même, même si cette possibilité était démentie en fait. Abordée du point de vue de l'opposition sujet-objet, l'expérience demeurait subordonnée à l'horizon

24. VI, pp.223-224.

d'une coïncidence. La transcendance avait alors une signification *ontique*, et en quelque sorte négative : elle caractérisait la *relation* de l'objet à la conscience comme distance susceptible d'être surmontée. Bref, la transcendance était le propre de l'objectité, comme distance factuelle vis-à-vis de la conscience. L'analyse de l'expression permet au contraire de dégager un sens *ontologique* de la transcendance. Dans la mesure où la signification n'est pas une entité positive mais paraît en transparence dans l'épaisseur d'un sensible, la perspective d'une coïncidence se trouve abolie et la transcendance ne doit plus être comprise comme l'écart entre deux pôles positifs mais bien comme un élément premier et irréductible. Dire que toute expérience et toute thématisation appartiennent au monde qu'elles signifient, sont enveloppées par ce qu'elles enveloppent, c'est reconnaître une transcendance originaire, qui ne peut plus être résorbée dans une mise en présence mais constitue au contraire la condition même de toute signifiance. L'ontologie correspond à la découverte de cette transcendance originaire, « sans masque ontique »[25] dit Merleau-Ponty. Loin que la transcendance soit la propriété de l'objet, l'objet est une dimension de la transcendance, c'est-à-dire l'un de ses modes de manifestation ou de phénoménalisation. Autrement dit, le sens du sens c'est de demeurer du côté de ce qu'il signifie, de s'inscrire dans l'épaisseur qu'il tente de percer : « ce qu'on appelle esprit est inséparable de ce que (les hommes) ont de précaire et la lumière n'éclairerait rien si rien ne lui faisait écran »[26]. Un sens qui pourrait se clore sur lui-même, c'est-à-dire une lumière qui n'éclairerait qu'elle-même, s'effondrerait dans l'insignifiance, faute de ce mouvement qui le porte hors de lui-même. Merleau-Ponty montre, dans *Le visible et l'invisible*, que le point commun de l'idéalisme et du réalisme est de penser la connaissance comme coïncidence – adéquation intellectuelle ou contact factuel – et l'objet comme ce qui est pleinement déterminé et doit donc venir, sans reste, obturer le

25. VI, p. 283.
26. *Résumés de cours*, p. 27.

regard. Or, on ne peut maintenir en droit le principe de la coïncidence tout en reconnaissant qu'au niveau des faits il est toujours démenti. L'expérience s'évanouit en effet à l'instant où elle coïncide à l'objet : « Au moment où ma perception va devenir perception pure, chose, Être, elle s'éteint ; au moment où elle s'allume, je ne suis déjà plus la chose »[27]. Il faut donc ériger le fait en principe et reconnaître que la distance est la condition du contact, que la transcendance n'est pas un empêchement pour la connaissance mais bien sa condition de possibilité : « il faut donc que l'écart, sans lequel l'expérience de la chose tomberait à zéro, soit aussi ouverture à la chose même, qu'il entre dans sa définition »[28]. De même, la nécessité d'en passer par l'expression pour conquérir un sens et tenter de rejoindre les choses mêmes ne devient un obstacle que sous le présupposé de la coïncidence intellectuelle à une signification positive. L'*expérience* de l'expression nous contraint précisément à renoncer à ce présupposé, à comprendre que c'est en nous éloignant des choses par l'opacité propre de son élément que la parole peut nous y donner accès. Ce n'est pas parce qu'elle quitte le monde mais bien parce qu'elle habille les choses de sa propre chair que l'expression peut les convertir en leur sens.

Naturellement, cette transcendance ne doit pas être confondue avec l'obscurité d'un en soi. L'expression linguistique montre que la signification ne se détache jamais des signes, qu'ils sont par conséquent toujours déjà signifiants et ne sauraient donc être situés du côté de la *res extensa*. De même, si le monde reflue vers une profondeur irréductible, en tant que s'inscrit en lui le devenir infini de l'expression, cette profondeur ne signifie pourtant pas la négation du sens : en tant que le monde peut être dit, qu'il s'offre aux actes d'expression, il est toujours déjà du côté du sens et échappe donc à la plate extériorité. Comme Merleau-Ponty l'a montré à plusieurs reprises, concevoir le monde comme un en soi insignifiant, c'est-à-dire finalement comme objet, c'est restaurer

27. VI, p. 163.
28. VI, p. 166.

subrepticement le point de vue d'un sujet absolu susceptible d'en prendre possession, « car admettre un naturalisme et l'enveloppement de la conscience dans l'univers des *blosse Sachen* à titre d'événement, c'est précisément poser comme premier le monde théorétique auquel elles appartiennent, c'est un idéalisme extrême »[29]. La revendication d'une subjectivité constituante et l'affirmation d'une facticité impénétrable s'appellent mutuellement. Inversement, parce qu'elle permet de récuser la positivité et la clôture du sens, l'expérience de l'expression conduit tout autant à nier la facticité du monde qu'elle signifie. Parce qu'il ne relève pas de la *res extensa*, l'Être ne peut se résorber dans la *res cogitans* : c'est dans la mesure où il est toujours déjà signifiant qu'il ne peut se dissoudre dans la positivité de la signification. Il est, dit Merleau-Ponty, «plus haut» que le fait mais « plus bas » que l'essence ; il n'est pas pure extériorité et est donc, si l'on veut, essence, mais essence *sauvage*, sertie dans l'épaisseur qu'elle articule. Ainsi, la transcendance n'est pas l'autre de la signification mais bien son mode d'être le plus profond : non pas négation immédiate du sens – ce serait maintenir la position contre laquelle s'exerce cette négation - mais sens à l'état naissant. Elle préserve le sens, qui ne s'offre à un reprise indéfinie qu'en demeurant irréductiblement opaque. Bref, l'Être ne désigne pas « l'Être en soi, identique à soi, dans la nuit, mais l'Être qui contient aussi sa négation, son *percipi* »[30]. Dès lors, le sens d'être du sens, d'abord révélé au niveau de l'expression, en vient à caractériser la perception, qui peut ainsi être définie comme *expression primordiale*. Si aucune expression ne parvient à délivrer la chose même, toute expérience est déjà exhibition d'un sens, phénoménalisation de l'Être, *logos* : « si partout le sens est figuré, c'est partout de sens qu'il s'agit »[31], même dans le moindre « donné sensible ». L'opposition initiale entre perception et expression, opposition qui recouvrait d'abord celle du sujet et de l'objet, est

29. *Résumés de cours*, p. 112.
30. VI., p. 304.
31. *Signes*, p. 228.

récusée au profit d'un sens élargi de l'expression, comme mode d'être de l'Être, c'est-à-dire historicité transcendantale. Le silence du monde perçu n'est pas négation du langage mais parole primordiale, *logos* muet ou sauvage, et « le langage réalise en brisant le silence ce que le silence voulait et n'obtenait pas »[32]. Mais, inversement, parce que c'est le silence du monde qui se dépasse dans la parole, il ne se dépasse jamais complètement et aucune parole ne vient briser le silence dont elle se nourrit. L'expression n'est finalement rien d'autre que cette conversion infinie du silence en parole et de la parole en silence, et l'Être ce qui soutient cette conversion, « ce qui exige de nous création pour que nous en ayons l'expérience »[33].

L'ontologie de Merleau-Ponty apparaît, au terme de cette analyse, comme l'accomplissement conséquent du projet à l'œuvre dans la *Phénoménologie de la perception*. Il s'agissait de fonder le caractère définitif du retour au « monde de la vie » préconisé par Husserl, c'est-à-dire de passer d'une description du monde perçu à une *philosophie* de la perception. Seule une analyse de l'expression pouvait permettre d'accomplir ce projet car en elle, mieux que dans la perception, se révèle la profondeur native du sens, l'inscription de la signification au monde qu'elle s'approprie. L'ambition de l'ontologie est alors de prendre la mesure du sens d'être d'un monde qui porte en lui le destin du sens et dont, par conséquent, aucun acte expressif ne peut résorber la transcendance. L'ontologie de Merleau-Ponty consiste à comprendre le *Lebenswelt* comme *Être* , au lieu de le subordonner à l'être de la conscience. L'Être n'est rien d'autre que ce monde qui porte la téléologie de l'expression et ne peut donc se donner sans reste dans ses oeuvres. Et l'ontologie n'est finalement que la conscience de l'enracinement de toute vie, et de la philosophie elle-même, dans un « *Lebenswelt* dont le flux continuel porte les choses perçues et la Nature, mais aussi les constructions par lesquelles nous les déterminons selon un idéal

32. VI, p. 230.
33. VI, p. 251.

d'exactitude cartésienne, et en général toutes les formations historiques qui nous servent à aménager ou à modeler nos rapports avec les autres et avec le vrai »[34].

34. *Résumés de cours*, p. 151.

LA DICIBILITÉ DU MONDE *
La période intermédiaire de la pensée de Merleau-Ponty à partir de Saussure

Mauro CARBONE**

Après la *Phénoménologie de la perception*, la réflexion de Merleau-Ponty - comme l'annonce déjà une note de l'essai *Le métaphysique dans l'homme* (1947) – se propose « de décrire précisément le passage de la foi perceptive à la vérité explicite telle qu'on la rencontre au niveau du langage, du concept et du monde culturel. Nous comptons le faire dans un travail consacré à l'*Origine de la vérité* » (SN, p. 165, n. 1). Autrement dit, Merleau-Ponty s'attache à explorer – comme il l'explique lorsqu'il présente, en 1952, sa candidature au Collège de France – « le champ de la connaissance proprement dite » (I, p. 405), de la connaissance conçue comme reprise et « sublimation » de l'expérience perceptive axée sur le corps. Une exploration de ce genre implique donc l'élaboration d'une «théorie de la vérité » qui s'enracine justement dans l'expérience perceptive – c'est ce qui doit en faire la nouveauté – et rejette l'idée d'un sujet et d'un objet de connaissance *purs* et, partant, atemporels.

Pour une théorie qui part de ces prémisses, la vérité est, d'autre part, inséparable de son expression et, par conséquent, du langage qui la manifeste. Bref, comme dans la *Phénoménologie de la perception*, le problème de la vérité implique directement ceux du temps et du langage. Ce dernier en particulier est soumis au gré du développement de la réflexion de Merleau-Ponty à un approfondissement substantiel. En effet, si dans la *Phénoménologie de la perception* la corporéité constituait le centre de la recherche, et si c'est à cette même corporéité que le phénomène de l'expression linguistique était ramené, c'est

* Ce texte réélabore des observations présentées dans notre ouvrage: *Ai confini dell'esprimibile. Merleau-Ponty a partire da Cézanne e da Proust*, Guerini e Associati, Milan, 1990.

** Maître de conférence à l'Université de Padoue.

précisément ce phénomène, à présent, qui occupe une place centrale dans la réflexion de Merleau-Ponty, et donne également de nouvelles articulations à l'analyse de l'expérience perceptive, ainsi qu'à celle du temps et de l'histoire. Ainsi, dans sa communication *Sur la phénoménologie du langage*, Merleau-Ponty exprime-t'il la conviction que le problème du langage « contient tous les autres, y compris celui de la philosophie » (S, p.116).

Toujours dans le texte écrit à l'occasion de sa candidature au Collège de France, Merleau-Ponty précise que la théorie de la vérité et de l'expression qu'il entend élaborer « fait l'objet des deux livres » (I, p. 405) auxquels il est en train de travailler : l'un d'eux aurait été précisément l'*Origine de la vérité*, dont la note de l'essai *Le métaphysique dans l'homme* que nous avons eu l'occasion de citer ébauchait la problématique, et l'autre – qui en 1952 était déjà en grande partie rédigé – aurait dû s'intituler *La prose du monde* et traiter, sous le même horizon problématique, du domaine particulier du « langage littéraire » (I, p. 406). Merleau-Ponty considère en effet que « dans ce domaine, il est plus aisé de montrer que le langage n'est jamais le simple vêtement d'une pensée qui se posséderait elle-même en toute clarté » (*ibidem*).

En réalité, *La prose du monde* – tout au moins dans les cent soixante-dix pages que Merleau-Ponty a rédigées - ne peut que situer l'analyse du langage littéraire à l'intérieur d'une interrogation plus vaste du phénomène de l'expression qui, de cette façon, consolide son importance dans le cadre de la réflexion de Merleau-Ponty et, en outre, s'offre comme clef de lecture privilégiée pour ses travaux postérieurs et, tout bien considéré, pour toute sa philosophie. Ainsi, *La prose du monde* pour les éléments de nouveauté qu'elle exprime en faisant affleurer, comme le fait remarquer Claude Lefort, « les premiers signes de la méditation sur "l'ontologie indirecte" qui viendra nourrir *Le visible et l'invisible* »[1], mais aussi pour les passages où la réflexion y demeure, comme dans la *Phénoménologie*

1. C. Lefort, *Avertissement* précédant *La prose du monde*, p. XII.

de la perception, centrée sur la dimension de la subjectivité incarnée – est l'un des documents les plus significatifs de cette phase de la production de Merleau-Ponty qu'on peut à juste titre qualifier d'intermédiaire.

1. Langage pur et langage parlant

Conformément à ce qui est annoncé dans l'exposé écrit pour la candidature au Collège de France, *La prose du monde*, dès le premier chapitre, conteste « Le fantôme d'un langage pur », c'est-à-dire l'idéal d'un langage fait de signes complètement transparents, destinés à se superposer et à désigner, sans bavures ni équivoques, des choses ou bien des significations déjà définies et également pures.

En effet, qu'il soit évoqué sous la forme du mythe d'une langue universelle rigoureuse et contrôlable qui se dessine dans la notion d'algorithme ou sous la forme du mythe d'« un langage préhistorique parlé dans les choses » (PM, p. 12), le fantôme d'un langage pur suppose toujours une *correspondance ponctuelle,* qu'elle soit arbitraire ou magique, entre le langage et ce qu'il signifie : dans un cas, les signes correspondent aux significations ; dans l'autre les mots correspondent aux choses: dans les deux cas, le second terme est présenté comme dicible sans résidu.

Ce modèle, quelle qu'en soit la version, est somme toute celui d'un langage qui, en vertu de sa *pureté* – c'est-à-dire de son manque de toute épaisseur –, sache garantir la possibilité d'une *coïncidence* entre pensée et réalité. Il se fonde sur la prétention de ne trouver dans le langage que ce que l'on y a mis – observe Merleau-Ponty – et enlève ainsi à la communication et, partant, au langage lui-même toute valeur effective.

Ce fantôme du langage pur naît, selon Merleau-Ponty, de la considération de ce qu'il appelle le *langage parlé*, c'est-à-dire « le langage après coup, celui qui est acquis, et qui disparaît devant le sens dont il est devenu porteur » (PM, p. 17). Quand la communication a eu lieu, en effet, l'épaisseur et l'autonomie des mots se dissolvent et ils nous apparaissent comme des instruments neutres au service de nos significations. C'est en ceci que consiste ce que Merleau-Ponty définit « *la vertu du langage* » (PM, p. 16). De la même façon, il décrivait tout au long de la *Phénoménologie de la perception* cette «dialectique de la perception» par laquelle cette dernière se cache à elle-même pour faire place à la constitution des objets. Si, dans ce cas, la recherche était appelée à revenir sur l'expérience perceptive à laquelle la pensée objective d'ascendance cartésienne finit par se substituer, à présent elle se porte sur le *langage parlant* – « celui qui se fait dans le moment de l'expression, qui va justement me faire glisser des signes au sens» (PM, p. 17) –, parce que c'est précisément en concentrant l'attention sur l'expression en train de se faire qu'il est possible de se soustraire à cette position subalterne par rapport au fantôme du langage pur, dans laquelle on tombe par contre en examinant le langage tel qu'il se structure pour nous « après coup ».

La réflexion de Merleau-Ponty - qui s'exerce donc « sur les processus mêmes de production des signes et de restructuration des codes »[2] – accueille explicitement l'influence de la linguistique de Saussure : « Ce que nous avons appris dans Saussure – commence *Le langage indirect et les voix du silence* », c'est que les signes un à un ne signifient rien, que chacun d'eux exprime moins un sens qu'il ne marque un écart de sens entre lui-même et les autres. Comme on peut en dire autant de ceux-ci, la langue est faite de différences sans termes, ou plus exactement les termes en elle ne sont engendrés que par les différences qui apparaissent entre eux » (S, p. 49). Il s'ensuit que, pour Merleau-Ponty, le langage – le langage parlant - signifie de façon oblique, indirecte, à travers l'inépuisable vibration qui parcourt les différences entre les signes, à travers les veinures de silence que ces différences évoquent et par lesquelles, sans solution de continuité, elles sont évoquées. C'est précisément en vertu de cela qu'il agit de façon continue comme décentrage et restructuration des signes et des significations déjà disponibles dans le langage parlé et est ainsi en mesure de saisir et d'exprimer, de façon

2. U. Eco, *Segno*, Isedi, Milan, 1973, p. 115.

indirecte ou allusive, le nouveau et le différent, c'est-à-dire ces nappes du réel que - souligne Merleau-Ponty - les conceptions dominées par le fantôme du langage pur négligent ou exorcisent.

Cette perspective montre dès lors comment les mots, au lieu de se limiter à revêtir et à véhiculer des significations préétablies, sont animés d'une vitalité autonome – ce que Merleau-Ponty exprimait déjà dans la *Phénoménologie de la perception* au moyen de la formule « *le mot a un sens* » (PP, p. 206) – et révèle par conséquent que le langage est, par rapport à ce qu'il signifie, « beaucoup plus proche et beaucoup plus éloigné » (PM, p. 161) que ne le soutiennent les conceptions parcourues par le fantôme du langage pur.

À la différence de ces dernières, la conception de Merleau-Ponty exclut donc la possibilité d'une correspondance ponctuelle des signes avec les significations ou des mots avec les choses. Ce qui est ainsi rejeté, c'est aussi la présomption d'une *dicibilité* totale du réel, car celle-ci se fonde justement sur la croyance en un langage en mesure d'assécher toutes les nappes de silence et de signifier exclusivement au moyen des atomes verbaux dont il est composé, chacun d'eux renvoyant à un élément de la réalité. Merleau-Ponty souligne au contraire que « *il n'y a que des sous-entendus dans une langue quelle qu'elle soit, l'idée même d'une expression adéquate, celle d'un signifiant qui viendrait couvrir exactement le signifié*, celle enfin d'une communication *intégrale*, sont inconsistantes » (PM, p. 42).

En outre, la conception de Merleau-Ponty que nous venons d'exposer, en affirmant l'opacité et l'autonomie du langage, met en relief - comme le relève *Le langage indirect et les voix du silence* – « son obstinée référence à lui-même, ses retours et ses replis sur lui-même » (S, p. 54) : se révèle ainsi comme centrale l'idée, déjà esquissée dans la *Phénoménologie de la perception*, de l'autoréférentialité du langage.

L'importance prise par cette idée est liée à celle que Merleau-Ponty attribue à présent à la transcendance telle qu'elle s'exprime dans le langage en tant que tel, transcendance qui, dans la *Phénoménologie de la perception*, finissait par rester dans l'ombre face à la volonté prééminente de mettre en évidence le caractère de continuité qui lie la transcendance qui opère dans le langage au pouvoir de se transcender du corps propre. Non pas que ce dernier aspect soit abandonné : dans le texte écrit à l'occasion de sa candidature au Collège de France, Merleau-Ponty réitère sa conviction que notre corps «comme corps actif, en tant qu'il est capable de gestes, d'expression et enfin de langage, [...] se retourne sur le monde pour le signifier » (I, p. 405). Comme le faisaient déjà ressortir les analyses de la *Phénoménologie de la perception*, la corporéité se confirme ainsi comme la source première de toute élaboration symbolique: chacune de celles-ci, y compris l'élaboration linguistique, prolonge en effet le pouvoir qu'a le geste corporel d'amener à l'expression l'intentionnalité *fungierende* qui opère dans notre commerce perceptif avec le monde, le *Logos* qui s'ébauche dans le monde esthétique. Toute élaboration symbolique, en ce sens, est donc incarnée et le symbolisme du geste linguistique ne cesse d'être nourri de la transcendance qui anime le geste corporel. Mais d'autre part – nous explique la même page du texte de 1952 – « la connaissance, et la communication avec autrui qu'elle présuppose, sont, en regard de la vie perceptive, des formations originales », en ce sens que « elles la continuent et la conservent, en la transformant » (*ibidem*). En d'autres termes, le « je parle » est alimenté par le « je peux » du corps propre et toutefois le dépasse en ce qu'il en reprend et relance la transcendance en vertu de l'organisation particulière qui structure le langage. Le caractère d'élaboration symbolique incarnée du langage déjà révélé dans la *Phénoménologie de la perception* est donc confirmé, mais, en même temps, est explicité son caractère de totalité autoréférentielle, qui vit de l'interaction entre *langage parlant* et *langage parlé*. La conception qu'a Merleau-Ponty du langage tend en fait, durant cette phase, à nouer étroitement entre elles intentionnalité corporelle et autoréférentialité du système expressif, entre lesquelles il ne voit pas d'incompatibilité.

2. *Avec Saussure et au-delà de Saussure*

L'on a vu que la conception de Merleau-Ponty met en relief, durant cette phase, l'interaction entre *langage parlant* et *langage parlé.*

Dans cette conception, l'on peut voir alors l'intention de reformuler la distinction et la relation entre *parole parlante* et *parole parlée* telles qu'elles apparaissaient dans la *Phénoménologie de la perception,* en les repensant à la lumière de l'interprétation que Merleau-Ponty donne de la distinction et de la relation entre *parole* et *langue* décrites par Saussure. En effet, si à présent Merleau-Ponty attire l'attention de façon répétée sur le point de vue du sujet parlant, rappelle que le langage « a un intérieur » et privilégie dans son analyse, comme nous l'avons déjà dit, le langage parlant, ce n'est pas pour souligner unilatéralement l'importance de cet aspect du phénomène linguistique, mais c'est par souci d'intégrer dans la réflexion sur le langage un élément que la linguistique, à son avis, tend à écarter (et désormais même un certain nombre de sémiologues[3] ont reconnu à Merleau-Ponty le mérite d'avoir posé aux linguistes ce problème), pour retrouver de cette façon le phénomène linguistique dans son unité. Autrement dit, ce qui s'exprime de nouveau ici, c'est l'effort de Merleau-Ponty, effort déjà présent dans la *Phénoménologie de la perception*[4] – dont les conclusions ne sont évidemment plus considérées comme suffisantes –, pour dépasser, au moyen de la recherche sur le langage, la dichotomie entre sujet et objet, et en même temps l'on sent chez Merleau-Ponty la conviction de pouvoir trouver dans l'orientation de cette recherche une étroite corrélation entre faits et essences.

3 Cf. par exemple R. Barthes, *Eléments de sémiologie*, « Communications », n° 4, 1964, p. 94, ainsi que U. Eco, *Segno*, cit., p. 115.

4 « En cherchant à décrire le phénomène de la parole et l'acte exprès de signification, nous aurons chance de dépasser définitivement la dichotomie classique du sujet et de l'objet» (PP, p. 203).

Attentive à ces implications philosophiques, l'interprétation que Merleau-Ponty donne de l'œuvre de Saussure attribue donc à celle-ci le mérite d'avoir inauguré une linguistique de la *parole* – qui s'intéresserait au plan synchronique – à côté de celle de la *langue*, qui concernerait le domaine diachronique (alors que, comme cela a été largement souligné, pour Saussure la distinction entre synchronie et diachronie est une distinction intérieure à la linguistique de la *langue*).

D'autre part, et pour les mêmes raisons philosophiques que nous avons déjà signalées, Merleau-Ponty critique Saussure pour avoir considéré également irréductibles les deux perspectives, et s'attache dès lors à montrer comment synchronie et diachronie – qu'il identifie respectivement avec le point de vue « subjectif » et avec le point de vue « objectif » du phénomène linguistique – s'incorporent réciproquement, pour dépasser de cette façon la dualité de l'approche de Saussure. D'un côté – explique donc Merleau-Ponty –, « la synchronie enveloppe la diachronie» (S, p. 108), puisque le devenir historique du langage n'est pas dépourvu d'une logique que les circonstances dues au hasard qui surviennent au fur et à mesure contribuent à réorienter; d'un autre côté, « la diachronie enveloppe la synchronie » (*ibidem*), puisque la logique qui gouverne le langage à un moment donné n'exclut pas que surviennent des circonstances dues au hasard qui en sollicitent la réorganisation. De cette manière, Merleau-Ponty opère donc consciemment une transformation de la conception de Saussure. Ainsi conçu, le phénomène de l'expression linguistique ne cesse alors de se transcender et de se reprendre dans l'entrelacement étroit de la synchronie et de la diachronie, révélant la logique du langage comme « logique incarnée » (S, p. 110), en vertu de laquelle tous les efforts expressifs simultanés et successifs se rejoignent et communiquent. S'ébauche ainsi « une nouvelle conception de l'être du langage » (*ibidem*), à l'intérieur de laquelle apparaît ce concept de « chair » qui occupera une place centrale dans la dernière période de la méditation de Merleau-Ponty.

C'est à l'intérieur de cette perspective que la distinction entre *parole parlée* et *parole parlante* est reformulée, dans le but de trouver - avec Saussure et au-delà de Saussure - l'unité dialectique dernière de la *langue* et de la *parole*. Ainsi, alors que dans la *Phénoménologie de la perception* la transcendance exprimée dans le langage était située dans la *parole parlante* conçue comme acte individuel d'expression qui, en conservant un sens gestuel, participe de la transcendance qui anime le corps propre, maintenant, la transcendance qui opère dans le langage – et qui s'avère encore « un cas éminent de l'intentionnalité corporelle » (S, p. 111) – agit précisément en vertu de l'interaction de la *parole* avec la *langue*, c'est-à-dire en vertu de l'implication réciproque *des deux* éléments qui le composent, en choisissant dans le patrimoine sédimenté des signes et des significations ces signifiants grâce à la rencontre desquels germe un sens nouveau, qui est impliqué en eux et qui toutefois les dépasse, et dépasse également l'intention significative du sujet parlant. De cette façon, l'horizon de la subjectivité sur lequel, dans la *Phénoménologie de la perception,* l'analyse du langage était encore centrée, tend à s'inscrire dans une conception qui voit dans le langage « quelque chose comme un être » (S, p. 54). Reste encore toutefois à préciser le sens dernier que, sur une telle base, l'intentionnalité revêt par rapport à l'être : c'est ce que Merleau-Ponty s'attachera à faire dans la dernière phase de sa pensée, en adoptant explicitement la perspective de l'ontologie et en affirmant – polémique en ceci envers la « philosophie de la conscience » qui, à son avis, bloque l'analyse husserlienne – que « l'intentionnalité *fungierende* ou *latente* [...] est l'intentionnalité intérieure à l'être » (VI, pp. 297-298).

3. Généralité charnelle et dialogue

La tendance à inscrire l'horizon de la subjectivité dans celui de la « chair » est présente également dans les réflexions où Merleau-Ponty explore de nouveau le thème de l'intersubjectivité, dont il avait déjà traité dans la

Phénoménologie de la perception. Mais dans le chapitre de *La prose du monde* consacré à « La perception d'autrui et le dialogue », si Merleau-Ponty affirme encore une fois que c'est en vertu de notre corporéité qu'«il y a une universalité du sentir » (PM, p. 191), il définit cette dernière comme « un rapport *charnel* au monde et à autrui» (PM, p. 193 ; c'est nous qui soulignons), à l'intérieur duquel – observe-t'il pressentant le phénomène de la réversibilité – « les rôles du sujet et de ce qu'il voit s'échangent et s'inversent » (PM, p. 187).

En outre, ce même chapitre fait remarquer que, tout comme notre expérience corporelle du monde, notre relation avec la parole elle aussi tend à se généraliser et donc à devenir participable. C'est de cette façon que la parole peut instituer le dialogue et avec lui l'appartenance des dialogants à un univers commun de significations, où par conséquent se révèle de nouveau la généralité charnelle. Autrement dit, à travers la parole par laquelle le dialogue s'institue, « c'est comme si l'universalité du sentir [...] cessait enfin d'être universalité pour moi, et se redoublait enfin d'une universalité reconnue » (PM, p. 197).

Cette universalité est – explique Merleau-Ponty - ce que nous appelons « monde culturel », dans lequel se concentrent toutes nos tentatives d'exprimer « les significations qui traînent à l'horizon du monde sensible » (PM, p. 199). Cette universalité se caractérise par conséquent comme *Logos* dans lequel vient à l'expression le Logos (latent) du monde esthétique ; aussi, dans *Le langage indirect et les voix du silence*, est-elle définie comme « ordre de la culture ou du sens », qu'il faut comprendre, selon un terme emprunté explicitement à P. Ricœur, « comme un ordre original de l'*avènement* » (S, p. 85). À l'intérieur de cet ordre – inauguré par la symbolisation primordiale du geste corporel – les événements humains retrouvent alors leur caractère originaire de tentatives d'expression qui s'assument et se relancent réciproquement : cet ordre est donc celui d'une histoire *unique*, répète à plusieurs occasions Merleau-Ponty, unique parce que tissée par la généralité charnelle qui garantit la complicité de tous les efforts d'expression, une histoire unique qui, en tant qu'histoire de l'expression du *Logos* du monde esthétique en « *Logos* du monde culturel » (S, p. 121), se révèle d'autre part comme « la manifestation, le devenir de la vérité » (PM, p. 200).

4. L'origine de la vérité et la parole

Se fait jour de cette manière cette théorie de la vérité qu'avait annoncée Merleau-Ponty. Comme nous avons déjà eu l'occasion de le dire, elle met en évidence le lien indissoluble qui lie la vérité avec son expression ainsi qu'avec le temps et la perception, puisque la vérité est inséparable de l'opération qui l'exprime – entrelacement étroit de « sédimentation et réactivation » (PM, p. 54 n.) – laquelle « sublime », mais ne supprime pas, ce commerce avec le sensible qui ne cesse d'avoir lieu à l'intérieur de notre champ de présence. C'est justement dans ce lien que se dessine « *l'origine de la vérité* », formule qui initialement aurait dû être le titre de l'ouvrage inachevé *Le visible et l'invisible* et qui renvoie de façon évidente à *L'origine de la géométrie* de Husserl.

Cette origine de la vérité se présente bien entendu, sur la base des analyses antérieures, non pas comme un événement qui distinguerait un temps qui l'aurait précédée d'un temps qui l'aurait suivie, mais comme métamorphose continuelle du sens latent dans notre commerce avec le sensible en sens déployé. La vérité se manifeste ainsi comme circularité d'archéologie et de téléologie, et son origine comme origine qui ne cesse d'*advenir*. Dans cette même perspective, dès lors, « la transcendance ne surplombe plus l'homme : il en devient étrangement le porteur privilégié » (S, p. 88), dans la mesure où c'est son opération d'expression qui réalise, dans l'horizon de la temporalité, la manifestation du sens.

En effet, même dans l'ordre du savoir exact la vérité ne se présente pas comme une entité située hors du temps qui attend d'être atteinte et possédée: Merleau-Ponty s'efforce de le prouver dans le chapitre de *La prose du monde* intitulé « L'algorithme et le mystère du langage ».

Certes, l'ordre de la connaissance a une originalité propre par rapport à l'ordre de la perception, mais il n'en constitue pas moins « une reprise, une reconquête de la thèse du monde » (PM, p. 173). Et, à leur tour, le monde et la chose, comme le proclamait déjà la *Phénoménologie de la perception*[5], sont immanents à nos perspectives mais en même temps les transcendent, puisque ces perspectives sont toujours inachevées en tant que temporelles. La *Phénoménologie de la perception* découvrait par conséquent dans l'horizon de la temporalité d'un côté la racine du caractère inépuisable du monde et de la chose, et de l'autre la racine de la précarité qui affecte la subjectivité et le sens, mais elle indiquait encore dans la temporalité la lumière qui nous permet de voir et d'amener à l'expression ce qui se dessine à l'horizon du monde, donc elle révélait le temps comme principe à la fois de visibilité et d'invisibilité. C'est encore dans l'horizon de la temporalité que nous avons vu se situer notre rapport avec la vérité. Pour cette raison, tout comme le monde et la chose, elle ne peut qu'être vue comme par transparence à travers la logique incarnée du système expressif, car elle est « non adéquation, mais anticipation, reprise, glissement de sens, et ne se touche que dans une sorte de distance » (PM, p. 181). La forme de la vérité et celle de la parole – dont c'est le rôle de « toucher dans une sorte de distance » – se modèlent donc sur la forme de la temporalité. La vérité est en effet « un autre nom de la sédimentation » (S, p. 120) opérée par le langage, et la parole dans laquelle cette vérité s'exprime est définie par Merleau-Ponty comme la « profonde connivence du temps avec lui-même » (PM, p. 200). Aussi, si d'un côté elle possède le pouvoir de sédimenter, de l'autre, comme toute forme d'expression, elle demeure temporelle et donc inachevée : « l'expression – confirme la communication *Sur la phénoménologie du langage* – n'est jamais totale » (S, p. 112).

Durant cette phase de sa pensée donc, Merleau-Ponty continue à attribuer à la parole, par rapport aux autres formes d'expression, ce privilège de sédimenter que

5 Cf. PP, p. 384-385.

déjà dans la *Phénoménologie de la perception* il lui reconnaissait[6], et il confirme également, comme on peut le voir dans *Le langage indirect et les voix du silence,* que ce privilège reste « relatif », puisque « nul langage ne se détache tout à fait de la précarité des formes d'expression muettes » (S, p. 98).

Sur la base de la perspective esquissée jusqu'ici, nous pouvons dès lors remarquer comment la précarité que la *Phénoménologie de la perception* découvrait dans l'horizon de la temporalité, en affectant le langage, affecte également la connaissance elle-même, et sape ainsi le postulat d'une coïncidence possible entre ceux-ci et la réalité (et donc le postulat d'une totale *dicibilité* du réel) qui alimente par contre le fantôme d'un langage pur. L'insupprimable précarité du langage ne peut en effet qu'imprégner la connaissance qui se manifeste en lui, et la connaissance doit par conséquent renoncer à la recherche de la domination de la réalité pour opérer dans l'espace du provisoire et de la contingence.

Mais, d'autre part, précisément parce qu'elle est modelée sur la forme de la temporalité, la forme précaire du langage indique que « l'expression n'est jamais totale » dans ce sens également que – toujours entremêlée de veines de silence – elle nous promet toujours autre chose à dire, comme dans la *Phénoménologie de la perception* Merleau-Ponty le disait de la chose et du monde qui nous promettent toujours autre chose à voir[7], et nous obligent par conséquent à « définir comme la fonction même de la parole son pouvoir de dire au total plus qu'elle ne dit mot par mot, et de se devancer elle-même » (PM, p. 182).

Il s'ensuit dès lors que dire, c'est dire plus que ce que l'on dit, dans le même sens où la préface de *Signes* affirmera que « voir, c'est par principe voir plus qu'on ne voit, c'est accéder à un être de latence. L'invisible est le relief et la profondeur du visible, et pas plus que lui le

6 « Seule de toutes les opérations expressives, la parole est capable de se sédimenter et de constituer un acquis intersubjectif », PP, p. 221.

7 Cf. PP, p. 384.

visible ne comporte de positivité pure » (S, p. 29). Une modulation analogue, modulation qui par la suite caractérisera le style indirect particulier de l'ontologie de Merleau-Ponty, peut dès maintenant être aperçue dans la relation entre dicible et indicible, relation qui, elle-aussi – comme celle entre visible et invisible –, est esquissée sous la forme d'enveloppement qui déjà affleurait dans la *Phénoménologie de la perception* et les écrits de la même époque à propos de l'implication réciproque des dimensions temporelles dans l'expérience vécue. Il s'agit d'une configuration enveloppante qui, à présent, tend à se décentrer par rapport à la dimension de la subjectivité (bien qu'il reste des textes qui témoignent de la persistance de ce point de vue) pour s'installer dans celle de la chair, et que les travaux ultérieurs de Merleau-Ponty caractériseront précisément comme forme de l'Être lui-même, dans l'horizon duquel les relations entre visible et invisible et entre dicible et indicible seront inscrites.

5. Histoire et perception à la lumière de la lecture de Saussure

Si précédemment nous avions vu Merleau-Ponty, dans le but de révéler l'épaisseur d'être du langage, déformer parfois et, plus souvent, transformer les thèses de Saussure, c'est de toute évidence parce qu'il est convaincu de trouver exploré et restitué par ces thèses, pour peu qu'elles soient libérées de certains durcissements dualistes, ce phénomène (unitaire) de l'expression, ce déploiement du sens latent en sens manifeste et participable qui est au centre de sa propre réflexion philosophique. C'est la raison pour laquelle, dans son interprétation de la linguistique de Saussure, phénoménologie et structuralisme se mêlent et les théories de Saussure esquissent, à son avis, ce concept d'histoire *unique* dans laquelle – comme la *langue* et la *parole* – logique et contingence, idéal et sensible, passé et présent, sujet et objet, je et autrui – bref, toutes les formes de la dichotomie classique entre intériorité et extériorité – retrouvent leur conjugaison dialectique à l'intérieur de l'horizon qu'il appelle « chair ». Cet horizon offre en effet à l'histoire un tissu unitaire dans la mesure où il se présente comme « universel concret », et, pour cette raison, « latéral », sur lequel tous les échanges et les efforts humains sont prélevés et par conséquent, tout comme les différentes langues, sont traduisibles réciproquement.

Dans cette perspective, Merleau-Ponty est amené à tirer de sa réflexion sur la linguistique de Saussure le concept d'« institution », qui revient à plusieurs reprises dans ses écrits de cette période, pour désigner l'« autoconstitution » (EP, p. 75) du sens exprimé par toute élaboration symbolique dans un système d'inspiration structurale qui permettrait de dépasser les formes de dichotomie dont nous avons donné la liste, en saisissant dans la dynamique historique la compénétration entre la présence sédimentée de l'élément institué et la latence de mutation de l'élément instituant, comme c'est le cas pour l'interaction de *langue* et *parole* à l'intérieur du devenir du langage. C'est pourquoi Merleau-Ponty affirme, dans l'*Eloge de la philosophie*, que « Saussure pourrait bien avoir esquissé une nouvelle philosophie de l'histoire » (*ibidem*).

C'est vers l'exemple de l'histoire du langage (mais également de l'histoire de la peinture) que Merleau-Ponty se tourne donc, dans le but de repenser justement la philosophie de l'histoire à la lumière de la conception de cette dernière comme histoire de l'expression. Pour cette raison, il ne cessera de revenir sur ces exemples, confirmant et explicitant ultérieurement les motivations profondes de son intérêt pour la démarche structuraliste.

Sur la base de notre précédent examen, il apparaît toutefois que, en tant que dans sa lecture de la linguistique de Saussure phénoménologie et structuralisme se compénètrent, Merleau-Ponty développe un concept de structure qui ne correspond pas exactement à celui de Saussure. Dans l'interprétation de Merleau-Ponty en effet, une interprétation qui part de l'exigence phénoménologique d'accéder au « langage vécu » et parvient à révéler l'épaisseur d'être du langage, l'idée qu'a Saussure de la structure comme système *synchronique* de différences est fondue de façon originale avec la conception gestaltiste de la structure, appliquée au langage conçu comme « un équilibre en mouvement » (S p. 108) qui offre un sens à l'ensemble, et cette refonte donne lieu à la définition du langage comme « système orienté » (S, p. 110), tout autant que diacritique. En 1959, lors d'une intervention à un Colloque consacré justement au terme de « structure », Merleau-Ponty pourra donc déclarer que « En conclusion, la structure [...] est souple : non synchronique, mais dialectique »[8]. Un tel jugement, bien qu'il n'ait été exprimé que plus tard, à notre avis sous-tend sa réflexion également durant la phase dont nous nous occupons à présent.

C'est de cette conception particulière de la structure – et des exigences qui en dictent l'élaboration – que dépendent, en dernière instance, les transgressions opérées par Merleau-Ponty par rapport aux thèses de Saussure. D'autre part, la fréquentation de ces thèses amène Merleau-Ponty à donner une courbure pleinement diacritique au rapport gestaltiste figure-fond, en le développant dans la notion d'écart ou de différence qui exclut tout terme positif. C'est ce qui lui permet d'abandonner la tendance – qu'on pouvait rencontrer dans la période précédente de sa réflexion – à concevoir la vie irréfléchie et silencieuse de la conscience comme fond positif de sens par rapport auquel le langage se présente comme second et dérivé. Le concept de structure qu'il acquiert par ses recherches sur le langage influe en effet sur sa description de l'activité perceptive. Dans cette perspective, le pouvoir originaire de symbolisation du corps, déjà mis en lumière dans la *Phénoménologie de la perception* et – comme nous l'avons rappelé auparavant – confirmé dans les écrits de cette période, se révèle par conséquent, à présent, comme pouvoir originaire de différenciation; c'est pourquoi les gestes d'expression, au même titre que les phonèmes, ont

8 Merleau-Ponty, Intervention au Colloque sur le mot structure (Paris, 10-12 janvier 1959), compte rendu publié dans *Sens et usages du terme structure dans les sciences humaines et sociales*, édité par R. Bastide, Mouton & Co., La Haye, 1962, p. 155.

déjà une valeur diacritique et la conscience perceptive, au même titre que le langage, « est donc indirecte» (R.C., p. 12), puisque le sens de la perception *advient* comme «un certain *écart* » (*ibidem*) entre la chose perçue et l'imperception de ce qui l'entoure.

Ces considérations, nous avons déjà eu l'occasion de le dire, dénotent une modification de la conception que Merleau-Ponty se fait de l'expérience silencieuse, laquelle en vient à se présenter justement en termes de diacriticité. Le passage du monde muet de la perception au monde langagier – qui restait un problème ouvert dans la *Phénoménologie de la perception*, comme le constateront les notes de travail du *Visible et l'invisible*[9] – ne se pose plus, par conséquent, en termes de superposition du second sur le premier et de traduction du premier dans le second, mais précisément en termes de forme diacritique commune à l'expérience silencieuse et à l'expression langagière.

De cette façon, les difficultés précédemment liées à la conception de la vie irréfléchie et silencieuse comme fondement positif, comme antérieure au langage et indépendante de lui, semblent sur le point d'être dépassées. Certes, n'est pas encore acquise ici la réversibilité entre silence et parole qui sera thématisée lorsque Merleau-Ponty adoptera explicitement la perspective de l'ontologie, mais les bases de cette orientation semblent dès maintenant jetées lorsque Merleau-Ponty constate que la perception et le langage partagent le même pouvoir de différenciation et que, par conséquent, tous deux expriment de façon indirecte.

9 Cf. VI, pp. 229-230.

Faire parler les événements
Introduction à la Table Ronde :
« Merleau-Ponty devant Sartre, les autres, la politique »

Janine Chêne*

« Étrange prétention », pour reprendre les mots de Maurice Merleau-Ponty à la fin de *Humanisme et terreur*, cette volonté de « penser vrai », même dans les domaines et même dans les moments où l'irrationnel semble triompher.

Nul n'a affirmé avec plus de détermination que Merleau-Ponty l'exigence, pour le philosophe, de poursuivre dans le domaine politique la recherche du sens ; aucun philosophe, peut-être, n'a ressenti avec plus d'intensité la difficulté de cette entreprise.

Les termes par lesquels il analyse la réflexion du philosophe sur la politique ne sont pas différents de ceux qu'il utilise ailleurs : le philosophe est celui qui *dit* le sens, un sens qu'il ne produit pas mais qu'il fait advenir par sa parole, accueillant dans le langage, selon la belle expression de Claude Lefort, « ce qui arrive dans le silence et la discordance des entreprises humaines »[1]. Mais dans ce domaine, plus qu'ailleurs peut-être, le sens parfois se dérobe et semble se perdre ; à l'interrogation que suscite l'équivoque, manière d'apparaître du sens dans un domaine où les significations sont multiples et parfois contradictoires, succèdent alors le doute et l'attente.

Pour s'intéresser à cette partie de l'œuvre de Merleau-Ponty, il faut, certes, se sentir sollicité en tant que philosophe par les événements politiques. Il n'y a là rien d'obligatoire : le philosophe peut, comme l'a écrit Éric Weil, « se détourner du monde et de l'action »[2]. Cependant comment oublier, si l'on choisit, pour lire Merleau-Ponty, le thème du langage, que Merleau-Ponty a recherché une

*. Maître de conférence à l'Université Pierre Mendès France, Grenoble.

1. Claude Lefort, *Sur une colonne absente*, Paris, Gallimard, 1978, p. 71.

2. Éric Weil, *Philosophie Politique*, Paris, Vrin, 1956, p. 40 «La réflexion morale peut se détourner du monde et de l'action».

« lecture du présent aussi complète et aussi fidèle que possible »[3] et qu'il a donné pour tâche au philosophe d'« amener à la parole un monde muet jusque là »[4] ?

Lire le présent ; amener à la *parole* un monde *muet* : ces deux formules présentent l'activité du philosophe à l'égard du monde comme une pratique de langage, s'exerçant dans une relation à un monde qui est déjà sinon langage, du moins potentialité de langage : l'expression « lecture du présent » fait de la situation présente quelque chose comme un texte à lire, parfois à déchiffrer (on trouve souvent ce terme dans les textes de Merleau-Ponty sur l'histoire et sur la politique) ; et, si le monde est dit muet, l'est-il vraiment dès lors que le philosophe peut l'« amener à la parole » ? Expression un peu étrange, très proche de celle qu'emploie Sartre à propos de Merleau-Ponty dans l'article des *Temps Modernes* où il retrace (en 1961) leur commune histoire. Pour rendre hommage à Merleau-Ponty en marquant ce qui les opposait, Sartre écrit : « J'en restais à questionner les faits, quand il essayait déjà de faire parler les événements »[5].

Comment comprendre l'opposition proposée par Sartre dans ce texte qui fait saisir mieux que d'autres la place que l'histoire et la politique ont tenue dans la vie et dans la pensée de Merleau-Ponty ?

Un fait devient événement s'il prend sens pour quelqu'un, sollicite sa pensée. L'événement suppose un sujet qui est touché par ce qui arrive, un sujet *pour* lequel ce qui arrive n'est pas seulement un phénomène objectif se produisant en un certain lieu et à un certain moment mais un signe auquel il donne un sens parce que ce qui arrive prend place dans une expérience vécue ; une expérience qui déborde vers le passé et vers l'avenir le moment où l'événement se produit ; une expérience qui est sienne, qui est sa vie (dans la suite de l'article, Sartre écrit de

3. *Sens et non-sens*, Paris, Nagel, 1966, p. 299.

4. Un inédit de Merleau-Ponty, *Revue de Métaphysique et de morale*, p. 408, cité par Madison, *La Phénoménologie de Merleau-Ponty*, Paris, Klincksieck, 1973 p. 132.

5. « Merleau-Ponty vivant » dans *les Temps Modernes*, n° 184-185, 1981, p. 317.

Merleau-Ponty : « il interrogeait l'histoire universelle comme si c'était sa propre vie »[6]) et qui est, en même temps, partagée avec d'autres hommes puisque le lieu de sa vie, c'est le monde de la coexistence ; une expérience, enfin, déjà partiellement pensée par lui mais toujours à repenser : l'événement est par là source de pensée ; ainsi Merleau-Ponty écrit dans la Préface aux *Aventures de la dialectique :* « À l'épreuve des événements, nous faisons connaissance avec ce qui est pour nous inacceptable, et c'est cette expérience interprétée qui devient thèse et philosophie ; il est donc permis de la raconter franchement avec ses reprises, ses ellipses, ses disparités »[7].

De nombreux textes pourraient illustrer ce mot de Sartre sur Merleau-Ponty, ceux d'une part où il est question d'événements qu'il a vécus, tous les passages d'autre part où il reprend dans une analyse théorique ce rapport aux événements vécus ; remarquable est la convergence de ces deux catégories de textes.

Dans « La guerre a eu lieu »[8], texte écrit en 1945, Merleau-Ponty par un double retour – retour sur soi et retour en arrière – fait apparaître l'impact de l'événement (la guerre) sur lui-même : La guerre a eu lieu, ce « fait » s'est produit, et nous ne sommes plus les mêmes parce que la conscience que nous avions de nous-même a été transformée; nous avons découvert, en vivant cet événement, que la réalité n'est pas moi tel que je me sens être, moi devant ma propre conscience, mais moi dans une certaine société, tenant telle place, jouant tel rôle, ayant pour les autres telle qualification (français aux yeux des allemands,

6. *Idem*. p. 318.

7. *Les Aventures de la dialectique*, Préface, Paris, Gallimard, coll. Idées, p. 9. Claude Lefort, qui cite cette phrase dans *Essais sur le politique*, Paris, Seuil, 1986, la rapproche de ce qu'écrit Hannah Arendt dans la crise de la Culture : « Je crois que la pensée, comme telle, naît de l'expérience des événements de notre vie ».

Attentif à l'importance de la notion d'événement dans les réflexions de Merleau-Ponty sur l'histoire, Claude Lefort s'arrête à plusieurs reprises sur cette notion (dans *Sur une Colonne absente* notamment, texte dont nous nous sommes inspirés).

8. In *Sens et non sens*, p. 245 et sq.

juifs distingués des non-juifs), non pas « conscience nue en face du monde » mais homme historiquement et socialement situé, engagé dans le monde historique ; c'est l'événement vécu, l'expérience de la guerre, qui a remis en question la représentation abstraite que nous avions de nous-mêmes comme des individus menant des « vies séparées »[9].

Si nous avions mieux regardé, ajoute Merleau-Ponty, nous aurions trouvé, dans la société du temps de paix, des maîtres et des esclaves, et nous aurions pu apprendre comment chaque conscience, si libre, souveraine et irremplaçable qu'elle puisse se sentir, se fige et se généralise sous un regard étranger, devient « un prolétaire » ou « un Français ». Mais aucune servitude n'est plus visible que celle d'un pays occupé. Même ceux d'entre nous qui n'étaient pas inquiétés... apprenaient à connaître entre chaque conscience et toute les autres ce milieu général où elles communiquent et qui n'avait pas de nom dans leur philosophie d'autrefois[10].

Admirable texte, où l'on voit que si c'est la réflexion qui « fait parler » l'événement, le sens qu'elle met à jour est d'abord vécu, au cœur même de l'expérience tragique de la guerre.

Il arrive qu'un événement joue le rôle d'une espèce d'expérience cruciale, privilégiant d'un seul coup une signification qui n'apparaissait pas évidente ; cela, l'article de Sartre déjà cité le fait bien comprendre : un passage de ce texte concerne la guerre de Corée et la manière dont Merleau-Ponty et lui-même (Sartre) ont vécu la guerre de Corée, le sens différent qu'a eu pour chacun d'eux cet événement, signification considérable pour Merleau-Ponty puisque cette guerre l'amena à un nouveau regard sur le communisme soviétique :

9. p. 249.
10. pp. 250-251.

« L'été vint, raconte Sartre. Les Coréens se battirent entre eux. Nous étions séparés quand la nouvelle nous atteignit : chacun de nous fit tout seul les commentaires qu'il voulut. Nous nous rencontrâmes à Saint-Raphaël, en août, pour une journée... Peine perdue : deux sourds. Il répétait doucement : « Nous n'avons plus qu'à nous taire». « Qui, nous ? » disais-je, feignant de ne pas comprendre. « Eh bien, nous : Les Temps Modernes » « Tu veux que nous mettions la clef sous la porte ? » « Non, mais que nous ne soufflions plus un mot de politique ». « Et pourquoi ? ». « On se bat ». « Eh bien oui, en Corée ». « Demain, on se battra partout ». « Et quand on se battrait ici-même, pourquoi se taire ? » « Parce que. C'est la force nue qui décidera: pourquoi parler ...? » Je montai dans le train ; penché par la portière, j'agitai la main comme il se doit, je vis qu'il agitait la sienne mais je restai stupéfait jusqu'à la fin du voyage.

Pour Merleau-Ponty, comme pour beaucoup d'autres, 1950 fut l'année cruciale... [11].

Dans les textes où Merleau-Ponty reprend, dans une analyse théorique, ce rapport vécu aux événements, on peut retrouver l'opposition faite par Sartre entre « faits » et « événements » : qu'il s'agisse de la critique de certaines interprétations de type scientiste, réduisant les événements humains à des faits qui pourraient être connus comme sont connus des phénomènes physiques[12] ; ou des réflexions sur l'histoire dans les cours au Collège de France[13] : Merleau-Ponty, quand il commente les travaux de Max Weber et en particulier sa célèbre étude sur « L'Éthique protestante et l'esprit du capitalisme », choisit le terme d'événement pour désigner le fait historique en tant qu'il est l'objet de la compréhension de l'historien : « Weber... dépasse la construction d'entendement vers la « compréhension »

11. J.P. Sartre article cité pp. 337-338.

12. Voir en particulier les remarques sur Lukács dans *Sens et non-sens* p. 223 et sq. et dans les *Aventures de la dialectique* p. 48 et sq.

13. *Résumés de cours* (Collège de France 1952-1960), Paris, Gallimard, 1968.

historique. Il se propose d'atteindre le « choix » fondamental de l'éthique calviniste et la « parenté » de ce choix avec tous ceux qui, dans l'histoire de l'occident, ont avec lui rendu possible l'entreprise capitaliste (à savoir la constitution de la science et des techniques, du Droit et de l'État). Cette idée d'une « parenté de choix »... fait de l'événement autre chose qu'un concours de circonstances... même le fait économique est traité comme choix d'un rapport avec les hommes et avec le monde[14].

Il y a une remarquable convergence entre les textes dans lesquels Merleau-Ponty «raconte» son expérience et réfléchit sur les événements eux-mêmes (le communisme, la guerre de 39-40, la vie politique française) et ses considérations théoriques sur l'histoire et la politique, sur le mode d'approche qui les caractérise. Réfléchir sur la politique, c'est s'efforcer de comprendre les événements, c'est-à-dire saisir comment se forment, s'échangent ou s'opposent les significations dans la pratique elle-même ; c'est aussi comprendre comment on les comprend ; la théorie est inséparable de l'expérience.

Les événements, cependant, parlent souvent de façon équivoque. Il semble même que l'équivoque soit en quelque sorte pour Merleau-Ponty la « manière d'apparaître » du sens dans le monde politique. L'équivoque (qu'on entendra comme la pluralité des significations d'un même phénomène signifiant) est pour Merleau-Ponty un caractère irréductible de l'expérience politique parce qu'elle tient aux structures même de cette expérience ; de sorte que si l'histoire dissipe certaines équivoques, c'est pour en faire surgir d'autres ; l'action politique se décide rarement dans la pleine clarté (la métaphore de la lumière et de l'obscurité est constante dans les textes) ; et c'est par rapport à cette équivoque, caractéristique de la manière de signifier des phénomènes politiques, que l'action se définit : faisant surgir un sens univoque, elle ne détruit pas l'équivoque mais la dépasse. Reste à savoir comment elle

14. « Matériaux pour une théorie de l'histoire », dans *Résumés de cours* , pp. 49-50.

le fait, et dans cette réflexion sur l'action politique nous retrouverons Sartre ou, plus exactement, la confrontation de Merleau-Ponty avec la conception sartrienne de l'action telle qu'il la comprend.

Les discours politiques laissent, certes, une grande place à l'équivoque et l'utilisent largement ; ce thème est présent dans les réflexions de Merleau-Ponty[15]. Mais le plus souvent, sont qualifiés d'équivoques les actes ou attitudes, les situations, plus globalement l'expérience politique.

On pourrait distinguer trois types d'équivoque :

Une des sources de l'équivoque est la dualité du sens subjectif et du sens objectif des actes. C'est un des thèmes principaux et bien connus de la réflexion de Merleau-Ponty sur l'ambiguïté de la politique. L'action politique est en effet analysée *à la fois* comme l'action d'un sujet qui donne lui-même sens à ses actes et comme l'engagement de ce sujet dans un monde où l'acte posé prend une signification objective. Cette analyse occupe une grande partie des réflexions de Merleau-Ponty dans *Humanisme et Terreur*[16] notamment : Roubachov (héros du roman de Kœstler, *Le zéro et l'infini*, qui sert de point de départ aux analyses qui suivent) est-il un *opposant* à la Révolution (il est cela à ses propres yeux) ou un traître (tel est le sens que prennent certaines de ses conduites dans le contexte historique) ? N'est-il pas plutôt - et Boukharine se substitue à Roubachov dans la suite de l'ouvrage - les deux *à la fois*, de sorte qu'il y a moins dilemme qu'ambiguïté ? Le motif de l'action ne se confond pas avec la figure objective de cette action, l'intérieur avec l'extérieur, la subjectivité avec l'objectivité. Il s'ensuit une dualité de sens, dont l'un n'efface pas l'autre (c'est du moins la position de Merleau-Ponty).

Un autre aspect de l'équivoque est celui qui naît de la pluralité des points de vue desquels on considère une situation donnée ; d'une certaine manière, d'ailleurs, la

15. Voir en particulier les remarques sur le caractère équivoque du mot « socialisme » dans *Sens et non-sens*, pp. 176-177.

16. *Humanisme et terreur*, Paris, Gallimard, 1947.

dualité du subjectif et de l'objectif pourrait être analysée en ces termes, ce qui montre la portée très générale de la notion de «point de vue» chez Merleau-Ponty. On connaît ce passage des *Aventures de la dialectique* où Merleau-Ponty compare la compréhension des phénomènes historiques à la perception : « Le sens de l'histoire est comparable au sens des choses perçues, à ces reliefs qui ne prennent forme que d'un certain point de vue et n'excluent jamais absolument d'autres modes de perception »[17].. Ainsi, écrit-il un peu plus bas, « la bourgeoisie s'est constituée en classe dirigeante, mais le développement même de son pouvoir montre qu'elle n'est pas classe universelle, isole, au milieu de la société nouvelle, une autre classe qui n'y est pas intégrée... " Progressistes " quand on les compare à ce qui les a précédées, les formes capitalistes sont bientôt régressives ou décadentes quand on les confronte aux forces productives que le capitalisme lui-même a suscitées »[18].

Pluralité de sens, aussi, parce que pluralité des points de vue des différents acteurs historiques. Nous sommes renvoyés ici à *Humanisme et Terreur* et aux analyses de la Révolution russe à la fin des années 20 : Staline, Trotsky, Boukharine, « au milieu de l'ambiguïté historique, ont chacun leur perspective et jouent leur vie sur elle »[19] ; ils jouent leur vie car rien n'est certain, il y a plusieurs perspectives possibles et ces perspectives ne sont qu'« un horizon de probabilités »[20]. Une situation pouvant être interprétée de différentes manières selon le point de vue de celui qui l'interprète, tout est affaire d'appréciation, comme l'écrit Merleau-Ponty à plusieurs reprises[21].

Une autre référence historique privilégiée par Merleau-Ponty, dans cet ouvrage et dans d'autres, est la période de l'Occupation en France.

17. *Les Aventures de la dialectique*, pp. 61-62.
18. *Ibid.* p. 62.
19. *Humanisme et Terreur*, p. 115.
20. *Ibid.* p. 83.
21. Il s'agit notamment de l'opposition de Boukharine à la politique stalinienne de collectivisation forcée.

Cette équivoque est renforcée par la contingence de l'histoire ; car si la pluralité des significations était seulement un effet de la diversité des points de vue, si l'une des significations devait finalement nécessairement l'emporter sur les autres, il y aurait bien, à un moment donné, équivoque pour les consciences ; mais l'équivoque ne serait que l'incertitude du sens, tenant à notre incapacité à déchiffrer la situation de façon complète et à prévoir l'avenir. Mais si nous ne pouvons pas prévoir l'avenir c'est parce qu'il n'est pas prévisible ; et si différentes interprétations sont possibles, c'est aussi parce qu'il y a pluralité des possibles : « Même le succès d'une politique ne saurait prouver qu'elle seule pouvait réussir. Peut-être une autre ligne se serait-elle révélée possible. Il semble donc que l'histoire offre moins des problèmes que des énigmes »[22]. La logique de l'histoire n'autorise pas toutes les interprétations, mais la contingence de l'histoire en autorise plusieurs. L'équivoque est donc bien dans les situations elles-mêmes (et non seulement pour les consciences).

Il faut aller plus loin : si une situation historique est susceptible de plusieurs interprétations, c'est parce que les phénomènes historiques sont eux-mêmes ambigus, étant en quelque sorte toujours des mélanges : ils ne sont jamais tout à fait conformes au concept qu'on peut en former. L'homme d'action ou l'historien n'ont pas affaire à des formes abstraites comme par exemple « la Révolution », « la lutte des classes » ou « le prolétariat » mais à ce que Merleau-Ponty appelle des « mixtes ».

Nous désignons souvent par un terme unique (par exemple le mot « Révolution ») un ensemble de phénomènes historiques que nous appréhendons en formant un concept (le concept de « révolution ») mais dont les caractéristiques concrètes ne rentrent pas toutes sous ce concept, voire peuvent contredire la signification générale d'abord posée ; c'est évidemment là qu'est l'équivoque. Ainsi (pour garder le même exemple de la Révolution) les « facteurs nationaux, géographiques, psychologiques », « se croisent avec la lutte des classes et brouillent les

22. *Ibid.*, p. 114.

grandes lignes marxistes de l'histoire ». En 1917, par exemple, le gouvernement soviétique « a été obligé de composer avec des situations de fait[23] dans lesquelles il lui était impossible d'éviter absolument l'équivoque et de garder à l'histoire qu'il faisait pour son compte un caractère absolument rationnel... on ne pouvait... pas dépasser la situation donnée, le conflit mondial en cours, il fallait y prendre position »[24] et Merleau-Ponty rappelle que Lénine, Boukharine et Trotsky s'opposèrent précisément sur le problème de la paix et sur le rapport entre la Révolution et la guerre. De la même façon, actuellement, écrit Merleau-Ponty (le texte date de novembre 1945) l'histoire ne nous offre pas des facteurs clairement circonscrits, l'Union soviétique doit composer avec les États bourgeois, les partis bourgeois, conscients de leur impuissance, accepter momentanément des ententes avec la gauche, *etc.*[25] C'est ici précisément que Merleau-Ponty parle de « *mixtes* » pour désigner ces ensembles composites où les significations *se* mélangent.

Remarquons au passage que ce terme de « mixte » suppose que les concepts, même mis en question par la réalité concrète, aient un sens, qu'il y ait de « grandes lignes de l'histoire » (par exemple, la Révolution) par rapport auxquelles les phénomènes concrets apparaissent comme des « déraillements », une finalité rationnelle qui reste valable malgré les « compromis » imposés par les circonstances – Témoin ce passage par exemple : «même si l'on pense que la lutte des classes fait *l'essentiel* de l'histoire,... reste à savoir *si, pour tel épisode particulier de l'histoire, le processus qui en orientera finalement les grandes lignes va être immédiatement déterminant.* On pouvait compromettre la révolution et l'avenir mondial du prolétariat en voulant donner trop tôt à l'armée une structure révolutionnaire et prolétarienne. Le problème est de reconnaître l'esprit prolétarien sous sa figure du moment »[26].

23. En l'occurrence, la guerre.
24. « Pour la vérité », dans *Sens et non-sens*, p. 289.
25. *Ibid.*, p. 296.
26. *Ibid.*, p. 291.

C'est par rapport à ces « mixtes » que l'action se détermine ; si elle veut être effective, elle doit prendre en compte ce réel composite et ambigu.

Fait-elle sortir de l'équivoque ?

Concernant l'équivoque qui est liée à la pluralité des points de vue, plusieurs textes vont dans le même sens : « les faits ont, comme on voudra dire, plusieurs sens ou aucun et... ils n'en reçoivent un seul que de la liberté», écrit Merleau-Ponty dans les *Aventures de la dialectique*[27]. Pour agir, il faut choisir une ligne d'action, donc une perspective ; il faut donc, en un sens, supprimer l'équivoque ; cependant, cette décision n'est pas une négation totale des autres significations ; aussi bien, la signification qui est choisie ne l'est qu'à partir d'une probabilité : « Le moment décisif est celui où l'homme reprend et prolonge le cours des choses tel qu'il croit le lire dans l'histoire objective »[28]. C'est là un élément de définition de la liberté : ce qui fait qu'un engagement est libre, c'est la conscience de la pluralité des significations et la prise de position par une action qui choisit l'une des ces significations.

L'équivoque liée au caractère « mélangé » des situations historiques est sans doute, elle, irréductible ; du moins peut-on viser à ce « qu'à force d'informations et de faits l'équivoque ne soit plus subie mais comprise, alors peut-être notre vie politique cessera-t-elle d'être hantée par les fantômes, peut-être reprendra-t-elle quelque réalité »[29].

Mais quand nous parlons d'action, de quellc action s'agit-il ? ou plutôt, de l'action de qui ?

Merleau-Ponty distingue ici sa réponse de celle de Sartre et, pour marquer sa différence avec Sartre, il se réfère à Marx. Ce débat avec la pensée de Sartre, dans « Sartre et l'ultrabolchevisme »[30] notamment, nous éclaire singulièrement sur la manière dont Merleau-Ponty pense le rapport entre le sujet et le monde social.

27. *Les aventures de la dialectique*, p. 156.
28. *Sens et non-sens*. p. 293.
29. *Ibid*. p. 302
30. Dans *Les aventures de la dialectique*, p. 142 et sq.

Pour Sartre, écrit Merleau-Ponty, il y a bien quelque chose *entre* la conscience et le monde des choses : c'est la situation ou le monde social, milieu transpersonnel que Sartre décrit ainsi : « Intentions sans conscience, actions sans sujets, relations humaines sans hommes, participant à la fois de la nécessité matérielle et de la finalité : telles sont à l'ordinaire nos entreprises quand elles se développent librement dans la dimension de l'objectivité[31] ; mais ce milieu transpersonnel, intermédiaire entre le monde objectif et la conscience, reste chez Sartre une dépendance du champ de chaque conscience, et même à la limite une espèce de « phantasme » de la conscience individuelle ; pour Sartre, « L'intention sans conscience », « ce monstre, ce mythe, est une manière d'exprimer que, réfléchissant sur les événements, j'y trouve un sens qui aurait pu y être mis par moi ou par un autre sujet... Bien entendu, c'est moi qui fabrique de toutes pièces ma passivité : il n'y a pas vraiment d'intention dans le tout social, ni de *sens immanent aux signes »*[32].

Ainsi, Sartre continue à rattacher la notion de sens exclusivement à celle de sujet individuel ; il ne peut donc pas vraiment penser le monde social ni l'histoire : il réduit l'histoire à « l'action des personnes », « le social est... devant les consciences et constitué par elles »[33]. Dans cette « philosophie du *cogito* » la politique, l'action, s'affirment... comme dépendances ou extensions de la vie personnelle... Sartre n'aboutit pas à une théorie de l'action »[34].

C'est ici que Merleau-Ponty oppose Sartre à Marx. Pour Marx, écrit-il, le monde social, ce monde intermédiaire entre les hommes et les choses, ce monde qui prolifère en « pseudo-choses » (quand l'œuvre de l'homme devient chose) et en fausses pensées « peut aussi sortir de

31. « Réponse à Claude Lefort », dans les *Temps Modernes*. n° 89, avril 1953, cité dans *Les Aventures de la dialectique*, p. 204.

32. *Les Aventures de la dialectique*, p. 205. C'est nous qui soulignons.

33. p. 213, p 231.

34. pp. 276-277.

l'équivoque » ; il arrive que le « tout social » se mette en mouvement et qu'un « sens décisif » soit donné à une situation pourtant équivoque, non par une « initiative absolue des sujets » mais par une prise de conscience qui, loin d'être un « fait privé », passe par l'engrenage des expériences et par l'action commune : c'est en ces termes que Merleau-Ponty définit le moment révolutionnaire[35].

En même temps qu'une conception de la *praxis,* c'est une conception de la liberté qui est en jeu : la réflexion sur l'action politique nous fait comprendre que la liberté n'est pas « un pur foyer de projets » décrétant souverainement l'avenir, « qu'elle est diffuse dans tout mon présent, *déchiffré* et compris autant qu'il peut l'être »[36] ; le sujet n'est pas « une présence à soi et à l'objet » il est « en circuit avec l'histoire », son action n'est possible que « suivant les cheminements du monde », un monde (le seul monde) où coexistent, s'affrontent et se composent des expériences et des perspectives multiples, « cet intermonde que nous appelons histoire, symbolisme, vérité à faire »[37].

De la multiplicité des perspectives naît l'équivoque mais aussi la richesse du sens. Soucieux de « penser vrai », à l'écoute des événements et conscient de l'ambiguïté des situations concrètes, le philosophe peut, selon Merleau-Ponty, contribuer à construire une vérité où les expériences diverses se composent, un monde de la coexistence qui soit un monde commun.

35. pp. 204-205, p 209.
36. p. 288 ; souligné par nous.
37. p. 290 à p 293.

Le processus dialectique ouvert de la chair et le problème du chiasme comme accession à l'intro-ontologie

Roger Decriem-Franksen**

I. La structure chiasmatique de la chair de l'Être

Merleau-Ponty semble avoir tiré parti de l'échec de Jean-Paul Sartre, échec qui avait consisté à essayer de construire l'union de ces deux abstractions qu'étaient l'Être (en Soi) et le Néant (pour Soi de la conscience). Merleau-Ponty prend son départ là où Sartre prétendait arriver par des synthèses à partir d'éléments séparés. Merleau-Ponty part de l'élément, de l'élémentaire, du niveau où se fait le commencement de l'éveil au monde. Sartre, en plaçant la négativité à l'extérieur de l'Être, ne parvient plus à faire surgir la conscience de l'Être. *Au contraire la négativité merleau-pontienne est le ressort moteur concret de son ontologie, de son intro-ontologie.* Cette négativité s'appelle l'Invisible, l'Intouchable, l'Indicible, c'est aussi le « bougé », l'écart ; à chaque fois cette négativité traduit une impossible superposition, une impossible coïncidence. Dans le « Visible et l'invisible » le projet essentiel de Merleau-Ponty est l'élaboration d'une Intro-Ontologie. Cette Ontologie se fera en refusant le *Kosmotheoros* c'est-à-dire la pensée de survol et de l'entendement surplombant. L'ontologie chiasmatique de Merleau-Ponty est une ontologie de l'inhérence.

« Il faut supprimer la pensée causale qui est toujours vue du monde du dehors, du point de vue d'un *Kosmotheoros*

M. Decriem, agrégé honoraire, Docteur ès lettres de Grenoble, faisait précéder ses analyses d'une introduction et les étoffait en deux chapitres consacrés l'un à la peinture, l'autre à l'émergence du logos *à partir de la chair, avant de terminer en rappelant l'impossibilité qu'il y a à conclure. Nous regrettons n'avoir pu procurer une publication plus étendue. M. Roger Decriem, 26, Avenue du Docteur Michel Gibert, 28 000 Chartres, enverra le texte complet aux lecteurs qui le lui demanderont.*

(...) ce qui remplace la pensée causale c'est l'idée de transcendance, c'est-à-dire d'un monde vue dans l'inhérence à ce monde, grâce à elle, d'une Intra Ontologie, d'un Être englobant englobé, d'un être vertical (et non pas frontal) dimensionnel... ».

Il y a donc à la fois, en même temps, inhérence de la chair de l'Être et en même temps déhiscence qui se creuse de l'intérieur de l'Être. C'est cette double structure simultanée que Merleau-Ponty appelle « la chair ». L'avantage de cette structuration en « duplex » c'est qu'elle nous débarrasse de la dualité sujet-objet qui n'est qu'une représentation cognitive dérivée et qui n'a de sens que dans une philosophie de la connaissance.

En réalité le terme de chair ne reçoit pas la même acception selon que l'on envisage la chair du monde comme totalité des choses, de l'Être, et la chair du corps propre humain. La chair du monde est sensible et non sentante alors que la chair du corps propre est caractérisée par la réversibilité du sensible et du sentant, du tangible et du touchant, du visible et du voyant. Pourtant c'est par la chair du monde qu'on peut comprendre la chair du corps et non l'inverse.

« La chair du monde c'est de l'être vu, c'est un être qui est éminemment *percipi* ».

Le *percipi* fait comprendre le percipiens car le percipere c'est du perçu c'est le corps propre en tant qu'il peut lui-même se traiter comme du « perçu » par soi-même c'est à dire comme un percevant et même un autopercevant. C'est parce que l'être de la chair du monde contient en soi son négatif que ce dernier peut provoquer cette déhiscence au sein de cette inhérence. L'être du corps propre du « sujet » du soi, n'est donc qu'un cas particulier, une variante de l'être du monde.

Entre la chair du monde et celle du corps propre il y aurait donc une sorte d'homogénéité ce serait la même chair, la même substance. Il y aurait une sorte d'*Einfühlung* de cette chair comme élément c'est-à-dire un Sentir originaire sans distance, une sensibilité originelle. La chair du corps propre est prédonnée consubstantiellement à la chair du monde. Cette chair est d'emblée duelle, c'est du percevant-perçu.

Entre la chair du monde et celle du corps propre il y a *participation latérale par transgression et empiètement*. Le corps est le moment - lieu où la chair du corps reflète la chair du monde, où la chair du monde devient transparente à elle-même, se reflète et se réfléchit. Mon corps propre c'est de la chair du monde « perçu » qui s'investit parmi d'autres perçus et en même temps ce perçu qu'est mon corps propre sert de mesurant pour les autres perçus du monde.

Alors que les choses perçues se trouvent mues, ce perçu particulier qu'est mon corps est un perçu qui se réfléchit lui-même et donc se perçoit percevant : s'autoperçoit. En s'autopercevant le corps propre acquiert un Soi. Les autres choses perçues n'ont pas de « soi », elles ne s'automeuvent point, elles se trouvent mues, poussées, elles ne se perçoivent point, ne se touchent point.

La chair du corps bien qu'inhérente à la chair du monde est un perçu qui s'ouvre à lui, sur lui et qui devient par cette ouverture de chair à chair du perçu-percevant, se percevant. Un écart se creuse au sein de l'inhérence de la chair, c'est cet écart qui l'ouvre sur elle même et en même temps aux autres perçus.

La chair du monde c'est du perçu-percevant potentiel c'est-à-dire qui possède en soi potentiellement la possibilité théorique de s'ouvrir sur soi. C'est seulement au niveau de la chair du corps que se réalise cette percevance. La chair du corps en tant que perçu-percevant-réfléchi n'est qu'un *être à* (être à la chair du monde) qui ne cesse de participer à la sensibilité universelle originaire.

Dans l'opération de l'autovoyance réfléchie, le « se voir », le « se percevoir » ne posent pas d'objet extérieur et donc n'est pas l'opération d'un sujet extérieur, surplombant, théorique. Ce n'est pas l'opération d'un sujet préalable, d'un *ego* préconstitué mais c'est seulement l'ouverture à soi sur soi. Le Soi est lui-même cette réflection-réflexion sur Soi, à Soi : c'est une voyance – écart, c'est une ouverture à soi de l'Être, de la chair et du corps. Dans cette voyance – écart, le Soi en question est en même temps questionné et questionnant. Ce n'est donc pas pour un « sujet » invisible et honoraire que s'effectue cette opération, cette ouverture, cette *Offenheit*, mais pour un « réfléchi » concret, vivant.

Il y a donc une invisibilité inhérente à l'essence de la réflectivité-réflexivité percevante. Cet invisible n'est pas rien, n'est pas *ne ens* ; non seulement il est l'envers de la perception que j'ai de mon corps, mais il en est l'élément constitutif. Cet invisible est l'invisible de l'Être du corps, il est ce qui en permet à la fois *la visibilité* et *l'autovisibilité* ; il en constitue *l'indivisibilité*. « C'est par le monde que je suis d'abord vu et pensé » VI, p. 328.

La chair du monde est différente de la chair du corps ; elle est sensible mais non sentante elle est un être qui contient, qui implique sa négation en soi-même, un être qui est potentiellement apte à se creuser de l'intérieur c'est-à-dire un perçu qui implique théoriquement un percipere, un percevant possible. C'est à partir de l'englobant (au sens de Jaspers), de la chair de l'être du monde que l'on peut comprendre ce qu'est la chair du corps propre ; ainsi ce sensible-sentant qu'est la chair du corps propre n'est qu'un cas particulier de la Sensibilité générale de l'Être, de la chair du monde.

« Et, comme mon corps ne voit que parce qu'il fait partie du visible où il éclôt, le sens sur lequel ouvre l'arrangement des sons se répercute en lui ». VI, p. 201.

L'expérience du corps propre est déjà, en soi-même, l'expérience d'une réversibilité générale. Cette réversibilité générale de la chair provoque une ouverture, provoque une intercorporéité qui est une sensibilité générale dans laquelle se trouvent pris tous les voyants. Le sujet percevant est comme habité, hanté par cette visibilité anonyme, il se trouve constitué par la réflexion du visible qui le constitue en voyant.

À cet égard est très éclairant le texte de Novembre 1961 du Visible et de l'Invisible page 327 où Merleau-

Ponty montre clairement la situation ontologique qui préside à la visibilité et à la voyance d'un sujet anonyme. La structure même de la chair du corps exprime cette duplicité - et non cette dualité. Mon corps est « de quelque part » cela signifie qu'il est d'abord un « perçu » (*percipi*) qui est assigné à un lieu, qui n'est pas de nulle part. Pour exprimer la voyance il faut partir de la visibilité : c'est parce que mon corps est d'abord un perçu parmi les perçus, un visible parmi les visibles qu'il pourra se révéler voyant. Le percipi est condition nécessaire du percipere. Notre corps ne pourrait acquérir la voyance ou la « percevance » s'il ne faisait pas d'abord partie du monde des visibles. Le corps, qui voit, et touche, fait partie des autres et multiples choses tangibles et touchables. En fait, c'est bien le visible du corps qui se fait voyant du monde. Le monde a laissé son inscription dans la chair du corps dont le corps fait d'ailleurs partie. Il y a entre la chair du monde et celle du corps une sorte d'homogénéité. Cette inscription que le monde a laissée dans le corps visible, dans l'épaisseur de la chair de ce corps à son tour par une sorte d'entrouverture inhérente à son être, le corps visible la relit à son tour.

« Malgré toutes nos idées substantialistes le voyant se prémédite dans le contrepoint du développement embryonnaire, le corps visible par un travail sur lui-même aménage le creux d'où se fera une vision, déclenche la longue maturation au bout de laquelle soudain *il verra, c'est-à-dire sera visible pour lui-même...* »VI, p. 193.

C'est cette longue maturation, cette lente maturation de la chair, que l'on peut appeler une praxis intro-ontologique. Le creux qui se trouve aménagé est une *déhiscence au sein de l'inhérence*. C'est dans le creux même du corps visible que s'élabore la vision, la voyance, l'autovoyance. Ce n'est pas seulement une vision qui émerge de la visibilité, c'est aussi une Auto-Vision, une auto-voyance. Cette auto-voyance n'implique aucun sujet au sens de la philosophie de Sartre, ce « creux » qui introduirait une négativité extérieure. Ici chez Merleau-Ponty la vision et l'auto-vision émergent d'un creux interne à l'être ; non seulement cette négativité est inhérente à l'Être mais elle en constitue le moteur. Il n'est plus question dans cette dernière philosophie de Merleau-Ponty de sujet et de conscience, c'est au contraire les choses qui nous dépossèdent. D'où l'importance de la notion d'ouverture [*Offenheit*]. Ce qui remplace, se substitue à la conscience subjective c'est la notion de creux, d'ouverture. Mon corps est ouvert aux choses et aux autres corps, il y a une immense entrouverture des êtres et des corps, les uns aux autres, non pas frontalement mais latéralement.

Nous avions parlé concernant la philosophie de Merleau-Ponty d'une Intro-Ontologie ou encore d'une Ontotopologie. Cette Ontotopologie trouve son expression dans le secret du réel lui-même. En effet ici point de concept, mais l'expression de la plus profonde réalité : la structure du Chiasme est une structure dynamique, structure au sein de laquelle, aucun élément n'est ce qu'il est positivement. Il y a enveloppement réciproque : l'englobé devient l'englobant et réciproquement, les éléments se réfléchissent les uns les autres c'est une structure réfléchissante, en miroir. Le chiasme est une structure élémentaire ontologique, elle ne dérive de rien, ce n'est pas la construction intellectuelle faite par un entendement séparé du monde de l'Être. Du chiasme il ne faut même pas dire qu'il est composé d'éléments, il faut plutôt dire qu'il est lui-même élément. Il serait plus logique de dire que les « parties» du chiasme sont en réalité des moments du devenir de la vie du chiasme. De Merleau-Ponty il faut bannir toutes les métaphores spatiales et il faut remarquer que M. Merleau-Ponty a réussi probablement à intégrer dans la structure dynamique du chiasme : la temporalité et la négativité.

On peut donc aussi bien considérer l'étoffe du sensible comme une structure chiasmatique réfléchie ou encore parler d'une réversibilité-réflexivité du sensible. C'est là la structure topologique de la chair. Merleau-Ponty déclare d'ailleurs péremptoirement : Ce que nous appelons chair, cette masse intérieurement travaillée, n'a de nom dans aucune philosophie. Milieu formateur de l'objet et du sujet, ce n'est pas l'atome d'être, l'en soi dur qui réside en un lieu et en un moment unique : on peut bien dire de mon corps qu'il n'est pas *ailleurs*, mais on ne peut pas dire qu'il soit *ici* ou *maintenant*, au sens des objets ; et pourtant ma vision ne les survole pas, elle n'est pas l'être qui est tout savoir, car elle a son inertie, ses attaches ». (VI, p. 193).

Ce dynamisme interne du chiasme de la chair est comparée à un travail intérieur sur soi. En effet ce chiasme de la chair ne cesse de s'enrouler et de se dérouler sur lui-même sans fin déterminant à l'intérieur de lui-même une profondeur, un vide, un invisible qui ne sont pas rien mais qui sont au contraire les éléments essentiels de la vie de la chair. Ce vide et cette profondeur représentent ce que Hegel dans un autre langage appelle le travail du négatif mais ici il ne s'agit pas de la vie abstraite du concept il s'agit d'une négativité inhérente à la vie même de la chair.

Cette chair de l'être n'est point une idée de la raison, elle est au contraire ce qu'il y a de plus concret et loin d'être une sorte de chaos, de désordre elle est une structure dynamique de l'Être, structuration qui se manifeste par la réversibilité, réflexivité du sensible. Il ne s'agit plus ici de la réflexion d'un sujet sur un objet extérieur ; non, la réflectivité-réflexivité est pour ainsi dire le moteur dynamique de cette structure-texture chair. Ce qui est réflectivité conçue comme reflet au sein de la chair du monde va devenir de la réflexivité réfléchie, ou réflexion, avec l'apparition et l'insertion de la Parole dans la chair du corps humain. Nous avions déjà noté cette idée que c'est par la chair du monde et de l'être qu'on peut comprendre la chair du corps propre, la première étant sensible et non sentante alors que celle du corps est sensible sentante, visible voyante (autovoyante) non pas comme néant, *ne ens*, *Nichtiges Nichts*, mais comme non-chose c'est-à-dire comme une sorte de désincarnation, d'évidement au cœur de la chair de l'être, comme une clairière au cœur de la touffeur de la forêt. Ainsi c'est du sein même de la réflexivité du sensible de la chair de l'Être que s'élabore cette négativité qu'est le Soi, qu'émergera un regard, une vision du monde au monde, dans le monde.

II. La bande de Mœbius, représentation topologique du chiasme

Afin d'illustrer concrètement la conception merleau-pontienne de la chair de l'être du monde et du corps comme chiasme, en fonction d'une intro-ontologie, il nous a semblé que la *bande de Mœbius* pourrait se révéler fort suggestive. Tous les potaches de Terminale connaissent cet étonnant paradoxe topologique qui illustre ce qu'il est convenu d'appeler les figures ambigües. Quand on sait la place essentielle que tient l'ambiguïté dans l'œuvre de Merleau-Ponty on voit qu'il serait possible de parler d'une ambiguïté non pas accidentelle mais consubstantielle à l'être-même.

Dans sa continuité tangible la *Bande de Mœbius* (BdM) manifeste concrètement cette ambiguïté. Elle manifeste la réversibilité du sensible, la réflectivité voire la réflexivité de la chair de l'être. Elle illustre cette réversibilité même du sensible telle qu'elle est décrite par Merleau-Ponty sous la forme du *chiasme* dans *Le visible et l'invisible*. « Et mon corps sera cette intelligibilité, cette vision qui se voit elle même, ce sensible-sentant qui me permet d'habiter le monde. La réflexion du touché-touchant à laquelle correspondra la découverte de l'autre, la rencontre qui se rencontre elle-même »[1].

Pour bien saisir toutes les propriétés liées à cette ambiguïté topologique il n'est pas inutile de relater l'expérience *in extenso*.

Prenons une feuille de papier rectangulaire AB CD. Tordons cette bande de telle sorte qu'on arrive à superposer A en D et B en C. On obtient une sorte d'ellipse, une bande torsadée, c'est-à-dire une surface « non orientable » dite *Bande de Mœbius* (mathématicien allemand qui en a étudié les propriétés).

1. Avec la pointe d'un crayon suivons le bord de manière continue de A jusqu'en C. Si nous poursuivons toujours le long de ce même bord nous parcourons l'ancien

1. Cité par Jean Hyppolite, *Figures de la pensée philosophique*, t. II, PUF, p. 170.

côté AC de la figure (a) puis l'ancien côté BD et enfin nous revenons à notre départ en A (selon A... C... B... D... A ...) sans pourtant avoir jamais changé de côté de telle sorte qu'il apparaît que sur la figure (b) torsadée la bande n'a *plus maintenant qu'un seul bord* alors qu'en (a) elle avait pourtant deux bords opposés AB et CD. On peut d'ailleurs poursuivre infiniment : ...ACBDACBDA... *etc. Sans jamais quitter le même bord.*

2. En découpant la BdM selon l'axe médian pointillé XY on s'aperçoit bientôt que l'on retrouve l'axe XYXY de l'autre côté de la feuille comme *si la bande* (et la surface rectangulaire) n'avait *ni recto, ni verso mais une seule et même face.*

3. À la suite de la découpe précédente on se rend compte qu'au lieu d'obtenir deux anneaux comme la logique binaire le suggère, on obtient en réalité *un seul anneau de diamètre plus grand que le précédent* !

4. Si l'on continue à découper l'anneau, comme fait précédemment, on obtient seulement *un seul anneau mais de diamètre encore plus grand.*

On peut poursuivre sans fin cette expérience on continuera à n'obtenir jamais qu'un *seul anneau mais toujours de plus en plus grand.*

La BdM selon nous représente concrètement, tangiblement, cette structure chiasmatique de l'être même selon Merleau-Ponty. N'oublions pas que cette Ontologie ignore tout néant « extérieur », que de cet Être nous en sommes et nous y sommes. La structure de la BdM schématise, selon nous valablement, cet entrecroisement, ce retournement de l'être sur soi, retournement qui détermine une sorte de creux intérieur d'où émergerait la vision de l'invisible (la visibilité). Enfin la torsade de la bande exprimerait le revenir-devenir du processus dialectique ouvert de la chair, cette « hyperdialectique » dont parle Merleau-Ponty lui-même, dialectique sans fin, sans totalisation, sans synthèse.

« La chair est le champ du *Logos endiathetos* (du sens avant la logique) », *Visible et invisible*, p. 222.

Merleau-Ponty précise d'ailleurs que la chair, toujours en devenir, (processus de genèse) est loin d'être un chaos elle est au contraire une structure. On dirait qu'en ses mouvements de renversement et retournement elle contient tout et qu'en fonction de sa réversibilité elle revient. « La chair (celle du monde et du corps propre) n'est pas contingence, chaos, mais texture qui revient en soi et convient à soi-même » *Visible et invisible*, p. 192.

Par sa structure même cette BdM exprime, selon nous, à la fois la réversibilité et l'ouverture [*Offenheit*] du *Khiasma*. Cette dialectique ouverte, n'a rien à voir avec une dialectique conceptuelle, abstraite, systématique et surtout synthétique. Ici le système n'est qu'un moment du devenir vital.

La BdM a, en effet, deux feuillets (fig. a) dont chacun, à tour de rôle, se trouve être l'extérieur puis l'intérieur, le visible et le voyant, le touché et le touchant. Cette succession continue, alternante, des moments et des faces opposés illustre le processus vécu par celui qui s'investit activement le long de la bande. Mais la bande elle-même en tant qu'elle est hantée par cette alternance *exprime bien plutôt la simultanéité totale de ce qui paraît alternatif*. Ainsi se trouvent réconciliés, dans un processus en devenir concret, le simultané et le successif, le synchronique et le diachronique. La BdM exprime donc le « Et/Ou », le « Ineinander », le « Ou » de l'alternance le « Et » de la dichotomie surmontée, le « Avec » ou « Mit Sein » de ce que Merleau-Ponty, à la suite de Heidegger appelle le « In der Welt Sein ». Ainsi on ne « sort » pas plus de la BdM que de l'Être pontien, car il n'y a plus d'extérieur, tout dehors est ramené dedans. Cet « extérieur » est au fond ce qu'il y a de plus intérieur, de la même façon que l'Invisible permet la visibilité du visible et l'Intouchable la tangibilité du tangible et du touchable. Ce que l'on pourrait, à première vue, considérer comme vide extérieur n'existe en réalité que comme creusement de la voûte de la bande elle-même. Ce creux n'est ni vide, ni néant mais il peut être considéré comme la négativité concrète qui arrive à l'être, qui le creuse de l'intérieur et l'amène à sa propre existence. Peut être cette négativité joue-t-elle sous la forme du vide intérieur le rôle de ce qui suscite le mouvement de l'être, en devenir.

Cela n'aurait aucun sens que de prétendre décrire cette BdM de l'extérieur car l'Être de Merleau-Ponty n'a pas de « dehors » il est tout sauf objet pour une conscience (celle d'un sujet extérieur, un *kosmotheoros*). L'Onto-topologie de Merleau-Ponty est essentiellement aconceptuelle, antiobjectiviste. Il nous reste donc à décrire de l'intérieur ce qui se donne à sentir et à vivre dans cette ambiguïté originaire.

En suivant la ligne ACBDA ... comme indiqué dans l'expérience, le vivant-actif inséré dans l'Être même suit, ou plutôt trace, lui-même, cette ligne chiasmatique et ainsi il vit littéralement ces oppositions. *Il ne les « a » plus devant lui*, frontalement, comme un système philosophique complet et objectif, *il « est » lui-même ce* percipi, ce perçu, ce vu-réfléchi, autant dire qu'il est visible-voyant, auto-voyant. Ce processus vivant, vécu et réfléchi il ne l'a plus en face de lui comme objet d'étude, il est désormais à la fois son dedans et son dehors.

Comme on l'a vu précédemment, la découpure du ruban par l'axe median ne donne pas deux cercles mais un seul cercle, mais à chaque fois de plus en plus grand. Cette succession de cercles qui s'accroissent en diamètre, tout en restant fermés, représentent l'ouverture [*Offenheit*] de l'Être. Les cercles, successivement obtenus, représentent les moments du processus : moments de fermeture, d'enclosure qui se trouvent constamment dépassés et conservés comme dans la Dialectique de Hegel. Le processus dialectique de la chair ne se produit pas donc par une simple et unique ouverture mais par des ouvertures successives qui se trouvent « ménagées » au moment des fermetures. En effet si l'Être au sens de Merleau-Ponty était spontanément ouvert on se trouverait alors en quelque sorte comme dans une nuit grise où tous les oiseaux sont gris. Par ouverture [*sich öffnen*] il faut entendre l'aperture de quelque chose qui se trouvait clos, scellé. L'ouverture ainsi comprise serait aussi bien un *descellement* qu'un *décèlement*. Par exemple au niveau de la Parole et du Discours on peut considérer que du Sens et des significations toujours nouvelles peuvent néanmoins voir le jour – s'ajourer – à travers les structures syntagmatiques relativement closes de la langue (du code). C'est pourquoi l'Ontologie de Merleau-Ponty ne saurait être considérée comme simple promotion de l'existence mais comme une intro-Ontologie vitale, car c'est bien le flux même de la vie qui anime ce processus.

Enfin la BdM, illustre, assez bien, la structure chiasmatique de l'Être, du Monde-corps et elle montre l'impossibilité d'un survol de cette bande ontologique par une conscience-spectateur, observateur qui prétendrait contempler de l'extérieur le déroulement de la genèse de la bande. On suit de l'intérieur avec le toucher le tracé du crayon, on ne la voit pas de l'extérieur. Cette bande présente alternativement des pôles de sensibilité : senti et sentant, touché et touchant. Enfin l'illustration fournie par la BdM exclut toute possibilité d'analogie et de comparaison avec la théorie nietzschéenne de l'éternel retour du même. La philosophie de Merleau-Ponty est à la fois existentielle et intro-ontologique ; c'est une *Metaphysis* de la chair, une Esthésiologie. L'ambiguïté de la philosophie et de l'Être de Merleau-Ponty est une ambiguïté d'essence, mais d'une essence non pas éternelle, d'une essence qui ne cesse de s'autogénérer.

Ce que déclare d'ailleurs lui même Merleau-Ponty de la structure même de l'Être conviendrait à ce que nous venons de dire de la BdM.

« Nous expliciterons la cohésion du temps, celle de l'espace, celle de l'espace et du temps, la " simultanéité " de leurs parties – simultanéité littérale dans l'espace, simultanéité au sens figuré dans le temps – et l'entrelacs de l'espace et du temps, et la cohésion de l'endroit et de l'envers de mon corps qui fait que, visible, tangible, comme une chose, c'est lui qui prend cette vue de lui-même, ce contact avec lui-même; où il se dédouble, s'unifie, de sorte que ce corps objectif et ce corps phénoménal *tournent* autour l'un de l'autre ou empiètent l'un sur l'autre (...).

À l'égard de l'essence, comme du fait, il *n'est que de se placer dans l'être*, dont on traite, au lieu de se placer du dehors, ou bien, ce qui revient au même, il n'est que de le remettre dans le tissu de notre vie, *d'assister du dedans à la déhiscence*, analogue à celle de mon corps, qui s'ouvre à lui-même, et qui, s'agissant de l'essence, est celle du parler et du penser », *Le visible et l'invisible*, p. 157.

III. Intro-Ontologie et Logos *opérant*

L'Intro-Ontologie est une Auto-*Praxis* de la chair de l'Être du Monde, auto-*praxis* qui se manifeste aussi bien au niveau de la généralité charnelle de la sensibilité, qu'au niveau de cette chair plus subtile qu'est le Monde de la Parole. L'intro-ontologie nous semble être l'axe de la pensée de Merleau-Ponty qui voulait éviter de tomber dans les excès contraires de l'Idéalisme intellectualiste et de l'empirisme behaviouriste.

« Je prends mon point de départ là où Sartre a son point d'arrivée, dans l'Être repris par le Pour-Soi. C'est chez lui point d'arrivée parce qu'il part de l'Être et de la négativité et construit (ensuite) leur union. Pour moi c'est la transcendance qui explique, et l'Être et le Néant – au sens de Sartre – en sont deux propriétés abstraites. *Pour une ontologie du dedans, il n'y a pas à construire la transcendance, elle est d'abord comme Être doublé de Néant* et ce qui est à expliquer c'est son dédoublement, d'ailleurs jamais chose faite », *Visible et invisible*, p. 290.

Le problème qui se pose à nous, dans le cadre d'une accession à l'Intro-Ontologie est celui de la genèse de l'entr'ouverture sur soi du corps devenant corps propre (appropriation du corps par un « Soi » réfléchi). On comprendra que se trouvent ici liées inséparablement deux visions : d'une part la chair de l'être du monde est un élément primordial de la sensibilité générale de l'univers et d'autre part cette chair ne s'entrouvre sur elle même – par autodéhiscence inhérente – qu'au seul niveau de la chair du corps-propre. En un mot cela revient à dire que la chair de l'être est un Sensible doté d'une réversibilité potentielle et structurelle – telle que l'étude du chiasme le montre – alors que la chair du corps propre acquiert au delà de cette sensibilité-réversibilité de l'être une réflectivité-réflexivité particulière qui fait que la chair du corps propre est non seulement sensible, mais aussi en même temps sentante et autosentante. On conçoit facilement l'importance d'une telle distinction car elle nous amène à concevoir non seulement une réversibilité, une réflectivité mais aussi une réflexivité susceptible de déterminer la genèse d'un retournement-réfléchi, c'est-à-dire la genèse d'un « Soi », lui-même ébauche d'une certaine subjectivité – assujettie à la chair – qui n'aurait plus rien à voir avec celle d'un « Ego » qui objectiverait le Monde, qui n'aurait rien de commun avec la conception d'un *Kosmotheoros* transcendant, voire transcendantal. Ce « Soi » serait alors en dernière instance l'expression la plus raffinée de ce que Merleau-Ponty nomme le « *logos endiathetos* ».

Cette entrouverture [*Innere Offenheit*] à soi, en soi, sur soi de la chair du futur corps propre, serait le résultat, non d'un développement programmé à partir de la structure dynamique même de la chair de l'être du monde, mais serait bien plutôt une genèse, un processus qui s'élaborerait dans le temps. Or justement ce que Merleau-Ponty montre clairement c'est que cette entrouverture à soi du corps propre ne peut s'accomplir qu'en relation avec une situation d'intercorporéité. Le problème se ramène donc à cette autre formulation : comment décrire et comprendre cette appropriation du corps (devenant « propre ») par un sujet, un « Soi » qui, justement, n'existe pas encore, pour soi, mais qui existe pourtant implicitement dans le tissu des interrelations que les autres entretiennent avec d'autres. En effet lorsqu'on dit que la chair du corps est ouverte au monde, dans le monde il faut évidemment comprendre ouverture à autrui, vers autrui.

La genèse de l'appropriation du corps est donc implicitement et intimement intriquée avec les interrelations que les corps des uns et des autres entretiennent réciproquement. Or le langage est justement le lieu, le véhicule de ces échanges, le véhicule de cette intercommunication des corps parlants. Nous pourrions résumer grossièrement ce que nous voulons signifier par là en disant d'une façon lapidaire : il faut *aller de l'inter vers l'intro* ; autrement dit l'accès à l'Intro-Ontologie ne saurait se dispenser de l'étude descriptive préalable des situations d'échanges et d'intercorporéités linguistiques. *Comment passer d'une Intercorporéité à une Introcorporéité ?* Comment passer de l'intercommunication des êtres, des ouvertures des êtres les uns sur les autres à une ouverture sur soi du corps propre ? *Cette intro-ouverture réfléchie sur-soi provoquant à son tour la formation d'un « Soi » réfléchi ébauche d'un futur sujet.* On voit que d'emblée nous nous plaçons dans une perspective téléologique : celle d'un monde inachevé, d'un monde qui ne peut émerger que des discours entrecroisés des êtres parlants, se parlant les uns aux autres.

Sous ce rapport Merleau-Ponty se situe à l'égard du langage comme il le faisait à l'égard du perçu de la perception. De même que je ne suis pas à l'extérieur du visible ou du perçu, de même que je suis moi-même un perçu et un visible, de même ne puis-je pas m'extérioriser du langage c'est-à-dire considérer le langage extérieur à moi, comme un objet. Au contraire je suis moi-même l'un de ces visibles je suis pris dans cette visibilité c'est-à-dire que je suis pris dans la chair subtile et articulée du langage.

« La première tâche de la philosophie à l'égard du langage paraît être maintenant de nous faire redécouvrir notre inhérence à un certain système de parole, dont nous nous servons avec pleine efficacité justement parce qu'il nous est présent aussi immédiatement que notre corps », *Visible et invisible*, p. 130.

Nous sommes dans la langue comme dans notre corps, mais la langue n'est point un autre corps, même pas un corps moins matériel plus subtil, elle n'est point le revêtement qui cacherait ou habillerait notre corps de chair nue pour le rendre plus décent. Non le corps « humain est immédiatement, indissolublement *corps-organique-parlant, proférant.* Loin d'être un autre corps plus léger, plus évanescent elle est au contraire comme l'invisible de la chair l'invisible qui rend visible les « visibilia ». La langue est une conscience plus aiguë de notre enracinement dans le monde des choses visibles.

Il découle de ces considérations que la description de la langue ne peut se faire que de l'intérieur, en situation de communication parlante, au sein d'un champ de présence orientée vers un avenir, vers un projet de signification. Le parlant-opérant est pris, se trouve pris, dans le flux de la parole, comme le voyant se trouvait pris, vu, assujetti au visible. *Au cours de la profération opérante le parlant se trouve en précession de lui-même*, ce qui revient à dire que le sujet parlant, opérant, s'auto-précède : le dire de sa parole anticipe sur les significations à venir, sorte de tentative pour combler l'écart entre le signifiant et la signification. Cette opération se fait grâce à ce que Merleau-Ponty nomme en allemand une « Vorhabe » une précession-projetée ce qui veut dire que l'objectivité frontale qui se faisait dans l'espace de telle sorte que le langage et ses significations se trouvaient « devant », dans l'espace, en face du sujet parlant, cette situation frontale, spatiale, se trouve remplacée par une situation de verticalité temporelle telle que le « sujet » parlant-opérant se trouve dans l'ouverture, dans l'écart, entre le signifiant et le signifié.

« Sujet parlant : c'est le sujet d'une *praxis*. Il ne tient pas devant lui les paroles dites et comprises comme des objets de pensée – des *cogitata* – ou des idéats. *Il ne les possède que par une* Vorhabe[2] *qui est du type de la* Vorhabe *du lieu par mon corps qui s'y rend* », *Visible et invisible*, p. 255.

Le problème de la naissance de la parole du sein de la chair même du corps ne se conçoit qu'à la lumière de la conception même que se fait Merleau-Ponty de cette chair.

« Mais de quelque façon que nous ayons finalement à la comprendre (l'idéation) elle fuse déjà aux articulations du corps esthésiologique, aux contours des choses sensibles et si neuve qu'elle soit, elle se glisse par des voies qu'elle n'a pas frayées, transfigure des horizons qu'elle n'a pas ouverts (...). Disons seulement que l'idéalité pure n'est pas elle-même sans chair, ni délivrée des structures d'horizon : elle en vit, quoiqu'il s'agisse d'une autre chair et d'autres horizons. C'est comme si la

2. *Vorhaben* : avoir devant soi (dans l'espace et dans le temps).

visibilité qui anime le monde sensible émigrait, non pas hors de tout corps, mais dans un autre corps moins lourd, plus transparent, comme si elle changeait de chair, abandonnant celle du corps pour celle du langage », *Visible et invisible*, p. 200.

Ce que Merleau-Ponty découvre c'est un type d'idéalité enracinée dans une chair. Le corps du langage est un corps transparent, subtil, glorieux. Qu'il s'agisse du corps de chair ou du corps subtil et sublimé du langage toujours il s'agit du même chiasme de la réversibilité. De même que dans le chiasme de la sensibilité il y avait alternative et non-coïncidence entre le touché et le touchant, de même au sein de ce chiasme linguistique il subsiste toujours un écart entre le signifiant et le signifié, il y a toujours un excès du dire sur le dit, sur l'exprimé. Ce qui intéresse Merleau-Ponty c'est cette vie intérieure du langage, cette dialectique du signifié et du signifiant qui n'arrive jamais à se clore sur elle-même. C'est pourquoi on peut parler d'une dialectique ouverte [*Dialogos*] de la langue qui n'en finit pas d'essayer de réduire, de surmonter des malentendus toujours renaissants.

On peut donc parler d'une idéalité dialoguée car ne l'oublions pas la Parole est avant tout dialogue des corps parlants, interlocution. Au lieu d'avoir comme dans le chiasme de la chair sensible un « *ineinander* » interne à la chair d'un même corps, avec le dialogue interlocutif « *l'ineinander* » va d'un locuteur à l'autre, d'un locuteur appelant à un locuteur récepteur de telle sorte que chacun des interlocuteurs soit alternativement appelant et récepteur. Il y a ici comme un échange des organes récepteurs et vocaux qui se fait au sein *d'une chair intercorporelle*. L'intersubjectivité corporelle se détache de la matérialité charnelle des corps sensibles pour s'incarner, s'investir dans une chair sublimée, celle des sons et des mots du langage. C'est donc bien le dialogue intersubjectif, intercorporel qui va susciter une sorte de déhiscence par rapport à la matérialité charnelle. Déjà dans le chiasme de la visibilité on s'était rendu compte que le visible se trouvait comme doublé d'un invisible qui rend visibles les sujets les uns par rapport aux autres.

Ce qui intéresse Merleau-Ponty c'est uniquement le langage vivant c'est-à-dire, non pas le langage observé, disséqué objectivement, par les grammairiens et les linguistes structuralistes mais le langage créatif au sens de Chomsky. « Mais le langage parlant, c'est l'interpellation que le livre adresse au lecteur non prévenu, c'est cette opération par laquelle un certain arrangement des signes et des significations déjà disponibles en vient à altérer, puis à transfigurer chacun d'eux et finalement à secréter une signification neuve, à établir dans l'esprit du lecteur, comme un instrument désormais disponible,... », PM, p. 20.

Le miracle du langage qu'il soit parlé ou lu (écrit) c'est qu'il me transforme, qu'il m'amène à me comprendre moi-même. C'est l'affrontement impalpable des corps glorieux dans le discours qui nous permet de nous dépasser nous-mêmes. Là encore on voit qu'il n'y a pas des consciences séparées, préalablement à toute communication, comme dans les théories classiques, mais c'est l'accouplement, l'*Ineinander* des corps glorieux, qui par ses empiètements nous amènera à nous signifier nous-mêmes. Le pouvoir du langage opérant se manifeste lorsque le langage constitué se trouve déséquilibré. C'est d'ailleurs la fonction de l'écrivain que de se servir du langage constitué pour lui faire porter des significations inédites qui vont interpeller le lecteur et l'amener à un autre niveau de compréhension linguistique. Même à l'auteur d'un livre écrit il arrive d'apprendre, par cet écrit lui-même, des significations qu'il avait produites, mais sans en avoir pris conscience lors de l'acte d'écriture ; c'est que l'auteur est aussi le lecteur de son livre et dans ce dernier cas l'écrit sert de lieu et de lien d'interlocution entre l'auteur et le lecteur.

Au niveau du chiasme linguistique du dialogue Merleau-Ponty reprend la même conception que celle qu'il avait développée concernant la chair du corps sensible : « Le " je " qui parle est installé dans son corps et dans son langage non pas comme dans une prison mais au contraire comme dans un appareil qui le transporte magiquement dans la perspective d'autrui », *Visible et invisible*, p. 29.

Paradoxalement ce système linguistique, dans lequel s'ouvrent les uns aux autres les interlocuteurs, l'ouvre aussi à lui-même locuteur. C'est dans ce système de réciprocité linguistique que se manifeste la *perméabilité* des consciences les unes aux autres de telle sorte qu'une conscience fermée, isolée devrait être considérée comme un non-sens et même le solipsisme ne pourrait prendre sens qu'à la lumière de l'interlocution des conscienceS ouvertes les unes aux autres. Ce dialogue qui ouvre les consciences les unes aux autres et les maintient ouvertes est le *topos* où ces consciences saisissent leur altérité. Merleau-Ponty en parle comme du « *Logos* du monde esthétique ».

À la fin de son ouvrage *Visible et invisible* Merleau-Ponty montre qu'il existe un véritable parallélisme entre le visible et le dicible. Selon lui le visible se réalise à travers l'homme qui n'en est, en quelque sorte, que le médiateur ce qui revient à dire que l'humain est pris dans cet univers du visible. De même le *Logos* n'est pas la propriété de l'homme mais ce *Logos* se réalise à travers les hommes qui en sont au sens propre *les porte-parole*. Cette idée du *Logos* Esthétique en tant que Parole du Monde à vocation universelle est ce qui fonde en droit la possibilité de la communication des hommes entre eux. Seulement cette idée d'un *logos* esthétique n'a de sens que si l'on comprend, que si l'on admet, que la parole sous la forme d'un langage opérant et vivant n'est jamais communication accomplie, expression réussie. Il faudrait donc admettre que la communication réussie ne saurait exister que dans les langues dites « bien faites », c'est-à-dire les codes, les systèmes linguistiques clos, *etc*. Concernant le langage humain vivant-opérant les locuteurs se trouvent pris dans une sorte de *Dia-Logos* qui vise une expression accomplie et communicable mais qui n'est jamais atteinte. C'est pourquoi Merleau-Ponty inscrit le flux du langage dans un courant de temporalité irréversible. La vision du langage de Merleau-Ponty s'affirme donc essentiellement diachronique.

« La clarté du langage n'est pas derrière lui, dans une grammaire universelle que nous porterions par devers nous, elle est devant lui, dans ce que les gestes infinitésimaux de chaque patte de mouche sur le papier, de chaque inflexion vocale, montrent à l'horizon comme leur sens. Pour la Parole ainsi comprise, *l'idée même d'une expression accomplie est chimérique* : ce que nous appelons ainsi c'est la communication réussie. Mais elle ne l'est jamais que si celui qui écoute, au lieu de suivre maillon par maillon la chaîne verbale, reprend à son propre compte et *dépasse en l'« accomplissant la gesticulation linguistique de l'autre »*, PM, p. 41.

Depuis la phénoménologie de la perception jusqu'à *Le visible et l'invisible* on assiste à la continuité manifeste de la pensée de Merleau-Ponty, continuité qu'on pourrait traduire par cette phrase : « Du corps au langage » par la médiation d'une symbolique. L'idée profonde de Merleau-Ponty est que l'homme par son corps et ses gestes est capable de symboliser c'est-à-dire de produire des écarts, des distanciations, des déhiscences. C'est pourquoi l'idée même d'expression parfaitement réussie [*erfüllt*] est incompatible avec celle d'un langage humain, d'un *dialogos* au cours duquel les hommes adviennent les uns aux autres. Ainsi la communication avec autrui ne se trouve pas dans une grammaire préexistante de mots et de règles qui seraient porteurs de significations éternelles mais se trouve dans l'exercice ou plutôt dans la *praxis* de l'expression véhiculée par des corps se parlant entre eux.

Merleau-Ponty ayant renoncé à la conception d'une grammaire universelle (*a priori*) au sens d'Husserl en arrive, par contre, à dire :

« ...Et qu'enfin il n'y a, à la rigueur qu'un seul langage en devenir. S'il faut renoncer à l'universalité abstraite d'une grammaire raisonnée qui donne l'essence commune à tous les langages ce n'est que pour retrouver l'universalité concrète d'un langage qui se différencie de lui-même sans jamais se renier ouvertement » PM, p. 56.

À l'universel abstrait *a priori* d'Husserl, Merleau-Ponty oppose l'universel concret existentiel (éternité existentielle) d'un langage opérant, sous-jacent à l'existence même des diverses langues effectivement parlées. Selon Merleau-Ponty il ne faut plus concevoir les langues et le langage dans la dimension du concept ou de l'essence éternelle mais dans la dimension de l'existence. Cette parole universelle concrète sous-jacente aux diverses langues effectives *est comme une présomption qui ne cesse de fonder effectivement toute possibilité effective de communication.* Cette parole, ce *logos* n'est la propriété d'aucun locuteur, au contraire les interlocuteurs se trouvent pris dans cette Parole.

Cette parole dans laquelle nous parlons n'est pas le *topos* d'idées platoniciennes ou le lieu transcendant d'essences séparées de l'existence interlocutive ; au contraire elle est cet invisible dont nous parle Alain, cet invisible qui rend visible l'effet de retournement du chiasme de la sensibilité et qui est ce même invisible qui préside au retournement du dicible et du sonore de la langue. La Parole est donc cet enveloppement, englobant, où s'entre-tissent le sonore et le dicible. Merleau-Ponty reste fidèle à l'idée d'une précommunication perceptive muette, silencieuse, et gestuelle, précommunication au sein de laquelle se sont trouvés inscrits les rapports interlocutifs des futurs humains car c'est dans ce *Dia-Logos* que les humains s'instituent les uns les autres. Le langage articulé ne serait ainsi que la symbolisation la plus raffinée d'une gestuelle intercommunicative antérieure. Depuis cette intercommunication gestuelle signifiante jusqu'à l'intercommunication linguistique il y a continuité, il n'y a pas de rupture. À la limite on pourrait dire que pour Merleau-Ponty les gestes étaient déjà des paroles muettes.

À l'égard de la Parole et du dicible, Merleau-Ponty nous recommande d'adopter la même attitude que celle que nous avions à l'égard de la visibilité et du corps : « La parole est partie totale des significations comme la chair du visible, comme elle, rapport à l'Être à travers un être, et comme elle, narcissique, érotisée, douée d'une magie naturelle qui attire dans son réseau les autres significations, comme le corps sent le monde en se sentant », *Le visible et l'invisible*, p. 158.

L'avènement du symbole qui est aussi l'avènement de l'humain n'opère cependant pas une coupure, une discontinuité, entre le perceptif et le linguistique. Tout vécu humain est déjà indissolublement du vécu-parlé à telle enseigne qu'on pourrait dire *que la perception serait, déjà, une parole muette, une parole gestuelle du corps et que le parlé ne serait que l'explicitation d'une communication intergestuelle.* Même si historiquement le langage, sous la forme articulée, apparaît postérieurement à l'articulation du monde muet de la perception, il faut admettre que perception et langage s'originent au même Être sauvage et brut. Le parlé ne vient pas revêtir de l'extérieur un perçu qui n'aurait par lui-même aucune signification, simplement il faut dire que la symbolisation par le langage détermine une certaine déhiscence au creux de l'être charnel, une sorte de désincarnation, de *désopacification*, de déréalisation. La Parole au sens de Merleau-Ponty n'est pas un second monde en soi supérieur et transcendant. La Parole n'est que la doublure de l'Être comme l'Invisible doublait l'être de la perception et lui conférait visibilité. La parole serait la dicibilité de l'Être et nous habitons, nous hantons cette dicibilité de la Parole *à telle enseigne que nous aussi nous sommes des signes de cette dicibilité opérante.* Le langage sous la forme de l'intercommunication des uns et des autres n'est que la manifestation de cette interdicibilité, de cette Parole que nous habitons, et au sein de laquelle nous avons ouverture les uns sur les autres. On peut donc parler dans la même acception d'une Intro-Ontologie aussi bien au niveau de la Perception que du *Logos*.

En fait Merleau-Ponty récuse tout parallèle ou toute analogie entre la chair et la parole. La chair et la parole sont comme le visible et l'invisible les deux versants de l'Être.

« Il y a là en réalité bien plutôt que parallèle ou qu'analogie, solidarité et entrelacement ; si la parole, qui n'en est qu'une région, peut être, aussi, l'asile du monde intelligible, c'est parce qu'elle prolonge dans l'invisible, étend aux opérations sémantiques, l'appartenance du corps à l'être... », *Le visible et l'invisible*, p. 158.

L'erreur de certains linguistes sémanticiens fut probablement de faire du monde des signes un univers en soi, fonctionnant à part du monde réel de la perception. Le langage est alors étudié comme un objet extérieur dont nous serions les sujets, eux aussi extérieurs, alors qu'au contraire le langage est l'espace de notre vie, de notre existence, à tel point qu'il faudrait dire non pas que l'humain manie des signes, élabore des significations, mais qu'il est lui même véhiculé par les signes. D'ores et déjà se fait jour une nouvelle conception du sujet qui n'est plus celle d'un *ego* surplombant le monde *mais celle d'un médiateur assujetti au langage des signes*. C'est au sein des écarts entre le signifiant et le signifié qu'émerge l'humain. Fermer le langage sur soi, en faire un objet de pensée c'est nier cette vie du langage dont le moteur est justement l'inadéquation, non pas accidentelle, mais essentielle, entre le signifiant et le signifié.

Cette vie du langage opérant se manifeste essentiellement au niveau de l'opposition du code des signifiants (phonologie, morphologie, syntaxe) et des signifiés. Le code et la syntaxe d'une langue constituent un ensemble de règles conventionnelles qu'on peut considérer comme une structure qui tend à enclore les transformations qui président aux opérations de signification. Cependant entre la fermeture du code au niveau syntaxique et l'activité transformationnelle de la signifiance, il se produit comme une sorte de jeu dialectique entre la fermeture et l'ouverture. Signifier ce serait alors produire de l'irréel, de l'invisible que le code n'arriverait pas à enclore. Il y aurait à l'intérieur même du processus de la langue opérante comme une dialectique au sein de laquelle s'élaborerait de la négativité. La sémantique jouerait à l'égard du code le rôle d'une négativité en action, dont la signification produite serait comme l'indicible immanent à cette opération. À tout prendre, ce négatif, qu'il se manifeste dans la chair du chiasme perceptif sous la forme de l'invisible ou qu'il se manifeste à l'intérieur de ce chiasme linguistique – au sein de la chair subtile du langage des mots sous la forme de l'indicible, ce négatif est bien le même se manifestant à des niveaux de symbolisation différents. Tout se passe comme si la parole était *un processus capable de produire un hiatus*, un écart, une déhiscence, au sein de la chair du monde du corps et du dicible, comme si la parole inaugurait et produisait de l'irrécupérable, de l'irréversible car les tourbillons, les retournements et les renversements par lesquels se manifeste le chiasme de la chair et de la parole ne vont pas jusqu'à pouvoir annuler cette irréversibilité du sens au sein de laquelle s'inscrit notre histoire.

Cette vie de la *praxis* langagière nous sommes installés dedans, le sujet qui parle en réalité est un sujet assujetti au langage, assujetti à cette chaîne parlée des signifiants et des signifiés. Ce que découvre en effet Merleau-Ponty sous les structures grammaticales de la langue, structures qui visent sans cesse à enclore le signifié dans des signification positives, arrêtées, mortes en un sens, c'est la vie foisonnante et créatrice de la *praxis* du *logos*. Il se produit là entre les structures lexicales, grammaticales et ce flux inventif de la *praxis* comme une sorte de dialectique ouverte, dialectique au cours de laquelle ne cessent de s'affronter les moments de fermeture et d'ouverture. Nous parlons d'une dialectique ouverte du *logos* parce qu'en définitive nous savons que les structures sémantiques n'arriveront jamais à enclore le flux du dicible.

Merleau-Ponty remarque qu'il y a toujours un excès des signifiés par rapport aux signifiants mais en même temps il déclare : « L'expression n'est jamais totale (...) il y a donc toujours du sous-entendu dans l'expression (...) admettons comme fait fondamental de l'expression un dépassement du signifiant par le signifié que c'est la vertu même du signifiant de rendre possible... », *Signes*, p. 112.

En termes husserliens on pourrait dire qu'il n'y a jamais de *remplissement* parfait [*Erfüllung*], jamais je n'arrive à vraiment exprimer ce que je voulais dire, mais c'est le processus même du langage qui m'amène à prendre conscience de cet échec et de ce non-remplissement. La *praxis* langagière, en même temps qu'elle fait apparaître l'illusoire positivité apparente d'une signification remplie, fait apparaître aussi un ensemble de virtualités possibles de significations à venir, des significations potentielles, nouvelles qui n'apparaissaient pas jusque là, c'est-à-dire avant la tentative d'expression. C'est justement au sein de cet ensemble de virtualités potentielles de significations à venir que peut se nouer le dialogue intersubjectif des « autres » – et de cet autre que je suis par rapport à ces autres – dialogue silencieux, implicite qui vient constamment réouvrir ce que les syntaxes et les codes grammaticaux tentaient de refermer.

Il y a là au sein du *Dialogos* tout un flux temporel de virtualités qui produit comme une sorte de désincarnation ; à telle enseigne qu'on pourrait concevoir ce que la philosophie classique considérait comme étant l'*Esprit*, comme une sorte de désincarnation. C'est ce *Dialogos* intersubjectif et intercorporel sous-jacent qui provoque en chaque corps parlant une déhiscence, une possibilité de distanciation et de réflexion, la possibilité d'un « Soi » réfléchi. De même que le « Je » corporel est dans le monde, de même le « Je » parlant est pris dans le tissu vivant du dialogue. Le sujet n'est plus au dessus, ni hors du langage, il se trouve dans le langage opérant, dans ce flux dialogué, comme il se trouvait dans la chair du monde et du corps. Tout se passe comme si l'excès du dire, du dicible sur le dit, l'excès du signifié sur le signifiant se retrouvait au cœur même du futur sujet devenant conscient, en l'écartelant lui-même en un dire et un vouloir dire entre l'échec d'une signification apparemment positive (- +) et la recherche d'une signification virtuelle (+ -). Tout se passe comme si s'élaborait au sein même du proto-sujet une dialectique au cours de laquelle le sujet se nierait pour s'affirmer par après. Cette dialectique du *Dialogos* est donc ce qui provoquerait une « vie intérieure » qui serait en réalité l'expression vivante de cette négativité que nous voyons à l'œuvre dans toute la philosophie de Merleau-Ponty.

Culture et mémoire dans *Le visible et l'invisible*

*Jean Deprun**

La culture est-elle « ce qui reste quand on a tout oublié ? » (symboliquement, la formule est aussi anonyme que célèbre ; Édouard Herriot en déclina toujours la paternité). Chacun reconnaîtra qu'il y a là une âme de vérité et que la culture, née de la mémoire, réagit souvent sur celle-ci pour la gauchir ou l'annuler. Censure, mutilations, construction de souvenirs-écrans, agglutination de thèmes ou, bien plus simplement, usure et érosion dues à l'entassement et à l'amalgame : quiconque tient la plume peut, chaque jour, déceler dans ses « premiers jets » l'action de ces mécanismes. L'admirable méditation sur laquelle s'est close l'œuvre de Merleau-Ponty a gardé, par un destin cruel, ce caractère d'ébauche et de premier jet. Le philosophe en eût sûrement revu et complété les références. Appelé par les nécessités de l'enseignement à effectuer, du dehors et souvent dans les ténèbres, une partie de ce travail, nous voudrions en soumettre ici le fruit aux chercheurs merleau-pontystes, hommage étant d'abord rendu à ceux qui firent de ce dossier un livre visible et lisible.

I. Quelques jeux de la culture et du hasard

Grenoble nous accueille : restituons d'emblée à l'un de ses fils son bien.

On lit dans *Le visible et l'invisible*, p. 141 : « Le monde même, où est-il ? Et pourquoi suis-je moi ? ». Maurice Merleau-Ponty ajoute en note : « C'est, dit Alain, la question qui surgit en *Manon Lescaut* au comble du malheur. Étrange légende : nous ne l'avons pas retrouvée dans *Manon Lescaut* ». Donnons tout de suite la clé de l'énigme : la phrase « Grand Dieu ! Pourquoi suis-je

* Professeur à l'Université Paris I, Sorbonne.

moi ? » est de Stendhal (*Le rouge et le noir*, II, XXVII) et Alain, qui la cite dans son *Stendhal* (*Les arts et les Dieux*, Pléïade, p. 778), rappelle à ce propos le titre du chapitre : *Manon Lescaut*. Julien, ayant nommé le roman de Prévost, a déplu par là à Madame de Fervacques et soupire : « Grand Dieu ! Pourquoi suis-je moi ? », c'est-à-dire : « Pourquoi suis-je un plébéien maladroit ? » (En fait, il ne s'agissait pas du roman, mais de l'opéra-comique d'Auber connu aujourd'hui encore par son célèbre « Éclat de rire »). Rien de métaphysique là-dedans. On voit maintenant d'où vint le malentendu : Maurice Merleau-Ponty a oublié (ce n'est pas un grand crime) que Stendhal donnait des titres à ses chapitres, cru qu'il s'agissait du roman de Prévost, cherché la raison d'être d'une légende et donné au soupir de Julien une valeur quasi leibnizienne : « Pourquoi les choses sont-elles ainsi plutôt qu'autrement ? », « Grand Dieu ! » s'étant au passage perdu en route. Ne nous en plaignons pas : la formule citée (et transfigurée) a, dans l'aventure, nettement monté en grade. *Felix culpa*, eût sans doute dit Leibniz. Disons, quant à nous : synthèse de transition, remodelage, jeu de la culture et du hasard. *Quidquid recipitur, ad modum recipientis recipitur*, eût rappelé peut-être l'abbé Pirard... Trêve de fictions.

Entrons, pour nous détendre, dans le cercle des poètes disparus. Trois d'entre eux, et non des moindres, nous y attendent. L'aîné n'est autre qu'Alfred de Vigny, poète-philosophe au moins de désir. Notre philosophe ne le nomme pas, mais lui emprunte (consciemment ? inconsciemment ?) un de ses plus notables hémistiches. On lit à la p. 167 du *Visible* : « C'est l'erreur des philosophies sémantiques de fermer le langage comme s'il ne parlait que de soi : il ne vit que du silence : tout ce que nous jetons aux autres a germé dans ce grand pays muet qui ne nous quitte pas ». Comment croire que Maurice Merleau-Ponty, homme de culture, n'ait pas fait « germer » ici la graine lancé par le semeur Vigny à la fin de *La maison du Berger* ?

> Mais toi, ne veux-tu pas, voyageuse indolente,
> Rêver sur mon épaule, en y posant ton front ?

> Viens du paisible seuil de la maison roulante
> Voir ceux qui sont passés et ceux qui passeront.
> Tous les tableaux humains qu'un Esprit pur m'apporte
> S'animeront pour toi quand, devant notre porte,
> Les grands pays muets longuement s'étendront.

Il serait peu convenable de peser dans quelque balance critique l'alexandrin explicite du poète et celui, implicite, du prosateur. Avouons que ce dernier, involontaire et splendide vers blanc :

> Ce grand pays muet qui ne nous quitte pas

égale pour nous en beauté celui dont il procède. Ici encore, disons : *felix culpa*. Du reste, la présence de Vigny dans cette page est plus lexicale qu'intellectuelle. La nature n'est pas ici un « impassible théâtre », mais un horizon fraternel. C'est, au contraire, dans un plein esprit de sympathie que Maurice Merleau-Ponty emprunte la voix de Valéry dans *Le Visible et l'invisible*. Culture, mémoire et hasard cessent-ils ici d'interférer ? Nullement, comme on va le voir. Par deux fois, en effet, le philosophe incorpore à sa prose d'éclatantes réminiscences de *Charmes*. Dans le premier cas, la présence du poète est à la fois évidente et anonyme. P. 93, le beau développement sur « négation » et « position » nous les montre s'affrontant « dans un tumulte au silence pareil » (*Le cimetière marin*, avant-dernière strophe ; *Œuvres*, Pléiade, t. I, p. 151) : prélèvement mis entre guillemets par Maurice Merleau-Ponty lui-même. Dans le second (*Visible*, pp. 203-204), le poète est nommé et nul lecteur n'ignorera que s'ouvre ici une cantate à deux voix : « En un sens, comme dit Valéry, le langage est tout puisqu'il n'est la voix de personne, qu'il est la voix même des choses, des ondes et des bois ».

Il y a ici écho direct de Valéry (*La Pythie*, dernière strophe ; *Œuvres*, éd. citée, t. I, p. 136) :

> Honneur des hommes, saint Langage,
> Discours prophétique et paré,
> Belles chaînes en qui s'engage
> Le dieu dans la chair égaré,

> Illumination, largesse !
> Voici parler une Sagesse
> Et sonner cette auguste Voix
> Qui se connaît quand elle sonne
> N'être plus la voix de personne
> Tant que des ondes et des bois !

Valéry, écrivant cette strophe, faisait-il lui-même écho aux *Vers dorés* de Nerval, dont le dernier tercet proclame :

> Souvent dans l'être obscur habite un dieu caché ;
> Et comme un œil naissant couvert par ses paupières
> Un pur esprit s'accroît sous l'écorce des pierres !

et devons-nous comprendre que Merleau-Ponty, par ce double relais, rejoignait le panpsychisme de Pythagore ? Quoi qu'on pense – ou qu'on présume – à ce sujet, Valéry a été, dans ces deux cas, cité à bon droit. Il n'en est pas de même de l'hommage qui lui a été rendu p. 197, peu avant la citation de *La Pythie* : « comme la noirceur secrète du lait, dont Valéry a parlé, n'est accessible qu'à travers sa blancheur, l'idée de lumière ou l'idée musicale doublent par en dessous les lumières et les sons, en sont l'autre côté ou la profondeur ».

La mémoire du philosophe est ici en défaut : l'expression citée ici doit être restituée à Jacques Audiberti.

Le recueil *Race des hommes*, publié en 1937, contient en effet un sonnet intitulé *Du côté de Lariboisière*. Le poète, évoquant sa mort « dans quelque six ans », s'y adresse en ces termes à une compagne apparemment acariâtre :

> Je dévalerai vers le bout
> que ne veille plus le hibou
> des tétons où tu te profères,
>
> ô femme dont me désolait
> la secrète noirceur du lait,
> ô phoque des deux hémisphères !

(*Race des hommes*, rééd. Poésie/Gallimard, 1968,

p. 117. Que soit remercié ici M. Yves-Alain Favre, qui a bien voulu guider notre recherche).

Comment la « secrète noirceur du lait » a-t-elle pu être virée au compte de Valéry ? Posons, sans plus, quelques jalons.

1. Maurice Merleau-Ponty a pu trouver l'expression toute découpée et déjà annexée à la métaphysique dans Sartre, *L'Être et le Néant*, IVe partie, ch. II, section III : *De la Qualité comme révélatrice de l'Être*, éd. originale, 1943, p. 691 : « La comparaison de la neige fondante à certaines fontes plus mystérieuses [...] peut nous renseigner sur une liquidité secrète des solides, au sens où Audiberti, bien inspiré, a parlé de la noirceur secrète du lait ». Sartre a donc, peut être pour l'euphonie de son propre texte, substitué « noirceur secrète » à la « secrète noirceur » d'Audiberti. La mémoire de Merleau-Ponty qui a suivi le texte donné par Sartre, n'est pas ici en cause.

2. On ne prête qu'aux riches : il était naturel qu'une préférence inconsciente – ou, si l'on veut, préréflexive – jouât dans l'esprit du philosophe en faveur de Valéry, poète-philosophe par excellence.

Il y a dans *Charmes* une pièce intitulée *Poésie* où apparaît le thème du « lait sombre » :

> Par la surprise saisie,
> Une bouche qui buvait
> Au sein de la Poésie
> En sépare son duvet :
>
> — O ma mère Intelligence,
> De qui la douceur coulait,
> Quelle est cette négligence
> Qui laisse tarir son lait !
> [...]
> À peine, dans ton ciel sombre,
> Abattu sur ta beauté,
> Je sentais, à boire l'ombre,
> M'envahir une clarté !

(*Œuvres*, éd. citée, t. I, p. 119).

Le poète, nourrisson des Muses, boit un lait d'ombre... Qui sait si le souvenir de ces strophes n'a pas attiré, puis dominé à titre de forme prégnante, celui que la page de Sartre avait laissé chez l'auteur du *Visible* ? On comprendrait alors que le nom de Valéry se fût comme imposé à l'esprit de Maurice Merleau-Ponty : type de souvenir-écran que nous ne nous chargeons pas de soumettre à une lecture freudienne. D'autres le feront peut-être : *trahit sua quemque voluptas*. Disons seulement, à titre d'ailleurs hypothétique, qu'il y eut réaction de la culture sur la mémoire.

Ces microanalyses, mettant de la façon qu'on a vue l'histoire littéraire au service de l'histoire des idées, sont-elles extra-philosophiques, superficielles, voire sacrilèges ? Nous ne le croyons pas. Saisir l'acte philosophique à l'état naissant, dans ses tâtonnements, ses essais, ses erreurs, ses méprises, en même temps que dans ses coups de sonde ; faire aussi précisément que possible le départ entre les matériaux et leur mise en forme, localiser ainsi l'intervention novatrice du philosophe ; bref, entrer sans trépan, bistouri ni scanner dans le cerveau de l'homme écrivant, ou du moins en former le voeu : tout cela serait-il si blâmable ? Nous y voyons, au contraire, une forme instruite du respect. « La véritable admiration est historique » (*L'avenir de la science*, X ; *Œuvres philosophiques*, éd. Psichari, t. III, p. 882) : ce mot de Renan vaut aussi pour l'histoire interne des textes.

II. Compléments à l'apparat critique de l'édition de 1964

Révélée au public par les soins savants de Madame Wagner et de M. Claude Lefort, l'œuvre posthume de Maurice Merleau-Ponty a pris rapidement rang de texte classique, dans tous les sens du mot. Il était donc normal que l'attention des chercheurs fît passer de l'implicite à l'explicite nombre de citations, allusions et références. La liste qui suit ne prétend nullement être exhaustive. L'horizon reste ouvert.

1. p. 17, § 2, citation d'Augustin : *Confessions*, XI, XIV, 17.

2. p. 29, l. 28, citation grecque : au lieu de *topos noèsos*, lire *topos noètos* (« monde intelligible ») ; Platon, *République*, 509 d.

3. p. 32, 1. 3 et 17. Le mot *kosmotheoros* (« spectateur du monde ») sera repris pp. 151-152. Il figure dans le titre d'un livre de Christian Huygens : *Kosmotheoros, sive de terris coelestibus earumque ornatu conjecturae*, La Haye, 1698, traitant de la pluralité des mondes. Kant l'emploie dans l'*Opus posthumum* (cf. trad. François Marty, Paris, 1986, p. 219) en lui donnant le sens de « sujet humain créant *a priori* les éléments de la connaissance du monde » auquel Maurice Merleau-Ponty fait ici allusion. Sur le réemploi de ce terme par Husserl, voir *Résumés de cours*, p. 115.

4. p. 56, 1. 1-2; citations de Kant, voir aussi le § 36 des *Prolégomènes à toute métaphysique future*, intitulé : *Comment la nature est-elle elle-même possible ?* (*Œuvres philosophiques*, éd. Alquié, Pléïade, t. II, p. 94).

5. *Ibidem*, six lignes avant la fin, « la pensée mutilée du début » : allusion à Spinoza, *Éthique*, II, 40, scolie II ; la connaissance par expérience vague nous fait connaître les objets *mutilate*, « de façon tronquée ».

6. p. 58, 1. 31-32, « la pensée de voir et de sentir » : citation libre de Descartes, *Seconde méditation*, A.-T., IX, 23 : « Toutefois à tout le moins il est certain qu'il me semble que je vois, que j'ois et que je m'échauffe, et que c'est proprement ce qui en moi s'appelle sentir ».

7. p. 62, n. 1, citation de Sartre, *L'imagination*, ajouter p. 106.

8. p. 63, 1. 7-11, allusion aux thèses de Leibniz sur le réel et l'imaginaire, exposées dans le *De modo distinguendi phaenomena realia ab imaginariis*.

9. p. 65, citation de Husserl in *Idées directrices pour une phénoménologie*, § 106 ; trad. Ricœur, Paris, 1950, p. 361.

10. p. 65, 1. 4-5 : allusion à Descartes, *Cinquième méditation*, A.-T., IX, 66 : « ... non pas que ma pensée puisse faire que cela soit de la sorte, et qu'elle impose aux

choses aucune nécessité ».

11. p. 69, l. 19-20 : allusion à Kant, *Critique de la raison pure*, Analytique transcendantale, § 16, Alquié, t. I, p. 853 : « Le : *je pense* doit *pouvoir* accompagner toutes mes représentations ».

12. p. 70, l. 9-11, citation de Husserl in *Méditations cartésiennes*, § 34, *L'analyse transcendantale en tant qu'analyse eidétique*, trad. Pfeiffer-Lévinas, Paris, 1947, p. 58).

13. p. 74, dernière ligne, citation de Hegel : voir par exemple le § 84 de l'*Encyclopédie des sciences philosophiques en abrégé*, trad. Gandillac, Paris, 1970, p. 142.

14. *Ibidem*, 2e note infrapaginale : vues déjà exposées par Merleau-Ponty dans « Le philosophe et son ombre », *Éloge de la philosophie et autres essais*, Paris, 1965, p. 254.

15. p. 83, n° 2, citation de Bergson, ajouter : *Œuvres*, éd. Robinet, Paris, 1959, p. 1194.

16. p. 87, citation de Descartes in *Sixième méditation*, A.-T., IX, 60 : « Ce n'était pas aussi sans quelque raison que je croyais que ce corps (lequel par un certain droit particulier j'appelais mien) m'appartenait plus proprement et plus étroitement que pas un autre ».

17. p. 90, 14 l. avant la fin, « monstre incomparable » ; Malraux, *La condition humaine*, 1e partie, *Œuvres complètes*, Pléiade, t. I, p. 548 : « L'étreinte par laquelle l'amour maintient les êtres collés l'un à l'autre contre la solitude, ce n'était pas à l'homme qu'elle apportait son aide ; c'était au fou, au monstre incomparable que tout être est pour soi-même et qu'il choie dans son cœur ».

18. *Ibidem*, 11 l. avant la fin, « il a du mouvement pour aller au-delà de soi », souvenir de Malebranche in *Recherche de la Vérité*, 1er Éclaircissement, éd. G. Lewis, Pléiade, t. I, p. 805 : « Nous avons du mouvement pour aller plus loin ».

19. p. 93, l. 4, citation de Valéry in *Le cimetière marin*, voir plus haut, section I du présent article.

20. p. 104, citation de Platon in *Le Sophiste*, 252 c.

21. p. 117, l. 11-12, « la somme des forces qui résistent à la mort », citation libre de Bichat in *Recherches*

physiologiques sur la vie et la mort, 1e partie, art. I, éd. J. Ménétrier, Verviers, 1973, p. 11, « La vie est l'ensemble des fonctions qui résistent à la mort ».

22. *Ibidem*, bas de page, citation de Sartre, voir les textes cités plus haut par Merleau-Ponty, p. 81.

23. p. 125, milieu de page, citation d'Héraclite in *Fragments* Diels-Kranz 60, trad. J. Voilquin in *Les penseurs grecs avant Socrate*, Classiques Garnier, 1941, p. 59 : « Le chemin en haut et le chemin en bas sont un et le même ». Cf. aussi fragment 59, même référence.

24. p. 134, 1. 1-2, « Je ne suis rien du tout... ce vide central doit être porté par de l'être ». Souvenir possible de Valéry Larbaud, *Le Don de soi-même*, in *Poésies d'A. O. Barnabooth*, *Œuvres*, Pléiade, p. 61 : « Il y a quelque chose en moi,/ Quelque chose d'infiniment aride,.../ Un être fait de néant, si c'est possible,.../ C'est peut-être du vide comme est le vide,/ Mais si grand que le Bien et le Mal ensemble/ Ne le remplissent pas ». Cf. aussi la bande entourant la première édition de *L'Être et le Néant*, 1943 : « Ce qui compte dans un vase,/ C'est le vide du milieu. Chanson de potier ».

25. p. 141 et n° 1, citation de Stendhal, *Le Rouge et le Noir* ; voir plus haut la section I du présent article.

26. p. 147, 1. 13, voir plus haut référence 4.

27. p. 151-152, *cosmotheoros*, voir plus haut référence 3.

28. p. 154, citation de Heidegger et n° 1 : voir Heidegger in *Introduction à la métaphysique*, trad. Gilbert Kahn, Paris, 1958, pp. 42-43 (1e lycée) et p. 259 (sens du verbe *wesen*, ester). Sur ce verbe, voir ci-après, p. 256, n° 1.

29. p. 163, bas de page, citation de Bergson, « coïncidence partielle » in *Les deux sources de la morale et de la religion*, ch. III ; *Œuvres*, éd. Robinet, p. 1162 : « À nos yeux, l'aboutissement du mysticisme est une prise de contact, et par conséquent une coïncidence partielle, avec l'effort créateur que manifeste la vie » Des expressions équivalentes (« coïncider, coïncidence en droit plutôt qu'en fait ») apparaissent dans les *Œuvres* – voir pp. 213, 352,

etc. – ce qui explique le « comme Bergson dit souvent » de Merleau-Ponty.

3O. p. 164, 1. 3, « qui en est », Bergson in *L'intuition philosophique*, dans *La pensée et le mouvant*, *Œuvres*, p. 1161 : « Quelle que soit l'essence intime de ce qui est et de ce qui se fait, nous en sommes ».

31. p. 165, 1. 8, citation de Bergson : « Notre intuition est réflexion », *La Pensée et le mouvant*, introduction, *Œuvres*, Robinet, p. 1328 (référence aimablement communiqué par M. F. Heidsieck).

32. *Ibidem*, 1. 13-14, « L'identité du rentrer en soi et du sortir de soi », voir plus haut, référence 13.

33. p. 167, 1. 1, « alors il recommence... » : souvenir possible de Hugo in *Saison des semailles. Le soir*, dans *Chansons des rues et des bois* : « Il marche dans la plaine immense,/ Va, vient, lance la graine au loin,/ rouvre sa main et recommence », combiné peut-être avec « La mer, la mer, toujours recommencée » de Valéry, *Le cimetière marin*.

34. *Ibidem*, fin du § I, « Auscultation », Bergson in *Introduction à la métaphysique, La pensée et le mouvant*, *Œuvres*, Robinet, p. 1408 : « Mais un empirisme vrai est celui qui propose de serrer d'aussi près que possible l'original lui-même, d'en approfondir la vie, et, par une espèce d'auscultation spirituelle, d'en sentir palpiter l'âme ».

37. p. 171, bas de page, référence aux *Méditations cartésiennes*, ajouter p. 33.

38. p. 174, 1. 1,5-16, citation de Claudel, allusion possible à *Présence et prophétie*, Fribourg, 1942, p. 76 : « Qui nierait que la couleur rouge, par exemple, nous imprègne, nous informe, aussi profondément, fait naître en nous une onde aussi vive que le son le plus pur quand il a, bien préparé, réussi à attaquer notre corde essentielle ? »

39. p. 184, bas de page, citation de Husserl, voir plus haut, référence 9.

40. p. 190, 1. 10, citation de Malraux, « je m'entends avec ma gorge » in *La condition humaine*, 1e partie ; *Œuvres complètes*, éd. Brunel, Pléïade, 1989, pp. 520, 540, 548, 559. Voir notamment p. 548 : « On

entend la voix des autres avec ses oreilles, la sienne avec la gorge ».

41. *Ibid*, ligne 11, « je suis incomparable » ; voir plus haut, référence 17.

42. p. 91, l. 21-26, « ce *je pense* qui doit pouvoir accompagner toutes mes expériences » ; voir plus haut, référence 11.

43. p. 195, l. 13-14, « un corps glorieux », souvenir de saint Paul, I Corinthiens, XV, 43.

44. *Ibidem*, citation de Husserl, « l'horizon intérieur », voir *Méditations cartésiennes*, § 19, trad. citée, pp. 38-39, et *La crise des sciences européennes et la phénoménologie transcendantale*, § 47, trad. G. Granel, Paris, 1983, p. 184 (références aimablement communiquées par M. Jean-François Lavigne).

45. p. 196, 7 l. avant la fin, « que nous pourrons voir un jour face à face », nouveau souvenir de Saint Paul, I corinthiens, XIII, 12.

46. *Ibidem*, n° 1, ajouter, cf. *À la recherche du temps perdu*, éd. J.-Y. Tadié, Pléiade, 1987-1990, t. I, p. 344.

47. *Ibidem*, n° 2, ajouter, cf. *À la recherche du temps perdu*, éd. citée, t. I, p. 345.

48. p. 197, bas de page, « noirceur secrète du lait », voir plus haut, section I du présent article.

49. *Ibidem*, n° 1, ajouter, cf. *À la recherche du temps perdu*, éd. citée, t. I, p. 343.

50. *Ibidem*, n° 1, ajouter, cf. *À la recherche du temps perdu*, éd. citée, t. I, p. 198.

51 *Ibidem*, n° 1, ajouter, cf. *À la recherche du temps perdu*, éd. citée, t. I, p. 199.

52. p. 200, milieu de page, « sans équivalent », voir plus haut, référence 46.

53. p. 201, milieu de page, « comme disait Leibniz », nous n'avons pu localiser cette citation.

54. p. 203, bas de page, citation de Husserl, voir plus haut, référence 37.

55. pp. 203-204, citation de Valéry, voir plus haut, section I du présent article.

Au lecteur qui nous a suivi dans ce parcours,

redisons que notre but fut d'aller du visible à l'invisible et de cerner, par des moyens d'abord philologiques, le paysage intérieur d'un philosophe.

L'INSTITUTION DE L'ŒUVRE CHEZ MERLEAU-PONTY

*Koji HIROSE**

I. L'œuvre d'art et le signe

La notion d'institution, présentée de façon programmatique dans les cours de l'année 1954-55 au Collège de France, se situe au carrefour de plusieurs thèmes des plus importants de la philosophie de Maurice Merleau-Ponty. On y trouve la synthèse de toutes les grandes questions qui préoccupaient sa réflexion. Il entend par institution les «événements d'une expérience qui la dotent de dimensions durables»(RC, p. 61)[1] dans tous les ordres : non seulement l'ordre de l'institution proprement dite, c'est-à-dire celui du dynamisme historique de l'humanité, mais aussi celui de l'animalité qui paraît sans histoire et du savoir exact qui paraît supra- temporel.

Par ailleurs, la notion d'institution s'oppose à la méthode husserlienne de la constitution. Dans cette perspective, on y trouve les annonces de quelques points principaux du développement de sa phénoménologie : les rapports entre l'intersubjectivité et la temporalité, la vérité et l'illusion, l'espace et le temps. L'introduction de cette notion marque ainsi la transformation radicale de sa réflexion, dans un certain sens plus clairement que la notion de chair qui risque de nous donner l'idée qu'il était seulement question de l'ordre corporel et anthropologique.

Comme point de départ de notre travail nous choisissons la question de l'institution de l'œuvre d'art dans son rapport à celle du signe linguistique. Pour bien mesurer la portée philosophique de cette notion, nous allons mettre en relief quelques caractères communs à deux ordres au lieu de déterminer leur spécificité.

* Doctorant.

1. Se reporter au tableau des abréviations pour les ouvrages de Merleau-Ponty.

Déjà dans *Le Doute de Cézanne,* Merleau-Ponty faisait remarquer que l'œuvre d'art s'institue comme «emblème» ou «signe» d'une vie qui exige impérieusement son propre décryptement (SNS, pp. 34-35)[2]. Cette définition implique une série de paradoxes qui font du métier d'artiste une tâche laborieuse et indéfinie. Esquissons rapidement deux paradoxes fondamentaux :

1. D'abord, le paradoxe classique de la vie et de l'œuvre, c'est-à-dire, ce qui est donné par la nature et ce qui est inventé par un artiste. La vie (la perception individuelle *et pathologique* de Cézanne) n'est certes pas la cause de l'œuvre, l'événement dans le passé ne détermine pas complètement les activités artistiques, mais rétrospectivement, c'est-à-dire une fois l'œuvre d'art instituée, nous pouvons toujours trouver dans la vie de l'artiste l'annonce de ce qu'il est devenu, annonce qui se lit ou se retrouve dans le présent de l'œuvre d'art (SNS, pp. 37-43). Autrement dit, l'institution artistique n'est ni la pure création ni la pure réceptivité.

2. Le paradoxe de l'individuel et du public. L'œuvre d'art crée d'elle-même à elle-même son propre spectateur auquel elle doit apprendre à voir le monde autrement. Ce qui est paradoxal, c'est que l'institution de l'œuvre d'art, qui est considérée comme résultat de la reconnaissance par le public, doit être accompagnée de l'institution du spectateur étranger qui va reconnaître sa légitimité. Cette circularité de la reconnaissance et de l'invention, c'est aussi celle de la première parole, qui, en délivrant le sens captif dans le monde déjà institué, institue la coexistence provisoire d'une multiplicité de perspectives incompossibles (SNS, pp. 37-42).

On voit ainsi comment l'œuvre d'art opère en tant que charnière entre passé et avenir, les autres et moi, moi et moi-même. Elle réalise d'autre part la jonction de la généralité naturelle et de la singularité événementielle de l'histoire individuelle (la vie de Cézanne) ou intersub-

2. Cf. aussi SNS, pp. 38-39, 103. PP, pp. 212, 369, 437, 443, 488, 499 ; RC, pp. 19, 44, 68, ; S, pp. 65-66, 68, 97 ; OE, pp. 32, 55 ; VI, pp. 194, 323.

jective (l'histoire de l'art). Il reste qu'un certain nombre de formules demeurent, dans *Le doute de Cézanne,* tout à fait équivoques et non-thématisées. Il importe maintenant d'examiner l'approfondissement de ce thème dans *La prose du monde* et les ouvrages ultérieurs.

2. La double référence du signe

L'œuvre d'art, comme le signe, a deux aspects inséparables qui diffèrent en nature: référence interne ou horizontale et référence externe ou verticale. D'un côté, il y a dans un tableau la référence purement interne et différentielle. Des peintures n'acceptent pas l'idée d'une vérité qui soit la ressemblance de la peinture et et du monde, mais d'« une vérité qui soit la cohésion d'une peinture avec elle-même, la présence en elle d'un principe unique qui affecte chaque moyen d'expression d'une certaine valeur d'emploi » (S, p. 71). L'œuvre d'art organise selon un principe intérieur les éléments qui y entrent, de manière à faire surgir le quelque chose ou *le motif*. Mais comment ce principe (ce que Merleau-Ponty va appeler « le principe de la visibilité » [VI, p. 184]) d'une différenciation mutuelle s'institue-t-il ? De quelle manière peut-il être présent dans la matérialité de la peinture ? D'où vient enfin le bouleversement du paysage qui décentre[3] le système d'équivalences et qui donne lieu à une recherche ou une interrogation artistique? Dans cette perspective, l'opération réglée du champ visuel sur lui-même n'exclut pas la référence pour ainsi dire verticale, référence qui se manifeste au moment de l'apparition singulière du motif et qui ouvre l'espace de jeu de la première référence.

Il faut bien comprendre ici le rapport entre deux références. Si on cherchait trop en-deçà du monde *l'origine* du principe de différenciation en oubliant la cohésion d'une peinture avec elle-même, la deuxième référence se réduirait enfin à l'activité synthétique de l'homme

3. Sur « la décentration comme fondement du sens », cf. PM 63 n., S 55. 71. 98. Vi 182. et RC 64

et on se condamnerait à méconnaître la spécificité du mode d'apparition du signe. Il nous importe d'examiner de plus près cette question.

La double référence est déjà opérante au niveau d'une ligne qui s'institue dans l'indifférence de l'espace. Citons un passage de *L'Œil et l'Esprit* où il s'agit de la ligne qui rêve de Klee : « Le commencement du tracé établit, installe un certain *niveau* ou *mode* du linéaire, une certaine manière pour la ligne d'être et de se faire ligne, d'aller ligne (Michaux) . Par rapport à lui, toute inflexion qui suit aura *valeur diacritique,* sera un *rapport à soi* de la ligne, formera *une aventure, une histoire, un sens* de la ligne, selon qu'elle déclinera plus ou moins, plus ou moins vite, plus ou moins subtilement » (OE, p. 74, nous soulignons). Une ligne surgit dans un système des apparences qui s'enveloppent l'une dans l'autre. Ce système comporte en lui-même son propre principe de différenciation qui détermine la valeur diacritique (= le mode ou le *style* d'apparition) de chaque élément. Mais d'autre part, le visible ainsi institué n'existe qu'à titre d'actualisation de la couche pré-individuelle et pré-spatiale. Ainsi comprise, la ligne est « une épure d'une genèse des choses » (OE, p. 74).

Dans cette double détermination, la ligne « développe une manière de s'étendre activement [activement comme un *Wesen* au sens actif. Cf. surtout VI, p. 154] dans l'espace qui sous-tend (...) la spatialité d'une chose » (OE, p. 75).

Cette remarque permet de présenter de façon plus précise le rapport entre deux déterminations du signe en général : c'est que l'apparition singulière du signe est rendue possible par l'actualisation de la généralité naturelle et vitale, mais le système ainsi institué autour de cette chose-pivot ne s'explique pas par cette couche primordiale qu'il est censé manifester. Il tend à être autonome, et le signe actualise ce système en créant peu à peu sa propre identité, sa propre matière, sa propre vitesse et son propre rythme.

Cette relative autonomie du système nous fait dire que le surgissement du signe est arbitraire et immotivé.

Une note en marge de *La Prose du monde* explicite cette illusion naturelle : « notion du possible : non-surgissement arbitraire, *ex nihilo* – mais apparition latérale d'un appareil de sens qui ne déploie que peu à peu son contenu...» (PM, p. 64 n.) Cette note équivoque semble vouloir dire que le caractère arbitraire du signe est l'effet du déploiement provisoire de l'appareil de sens « dont l'ensemble repose en soi hors du temps » (RC, p. 63). Mais c'est un appareil qui ne se révèle que peu à peu, qui ne peut par principe jamais coïncider avec son contenu matériel, étant toujours en train de s'incarner. Cet écart entre le système et son contenu, entre la première référence et la deuxième, n'est rien d'autre que le lieu de la genèse spontanée du sens. Il ne s'oppose pas au système « durable » mais il est au contraire son foyer virtuel. Cette virtualité ne se ramène pas aux possibilités libres de la création humaine, mais aux possibilités du *monde actuel,* étant « un ingrédient du monde actuel lui-même » (RC, p. 137). Autrement dit, ce sont des possibilités qui ne se reconnaissent que rétrospectivement dans leur actualisation.

La découverte de ce monde possible et inhumain permet de pousser plus loin notre analyse. Le sens de la ligne ou du signe s'institue, répétons-le, au chiasme de deux couches, à savoir la couche différenciée et la couche indifférenciée. Pourtant, une fois le monde possible dévoilé, ces formulations semblent insuffisantes. Il ne faudrait pas peut-être dire comme la pensée « sur fond de néant » (VI, p. 215) que le sens surgit *de* la couche « première » (VI, p. 209), *in*-différenciée, *pré- ou non*-spatiale, - ce qui suppose déjà une certaine hiérarchisation des couches - mais qu'il s'institue par la communication et la rencontre de plusieurs séries de phénomènes. La ligne ainsi comprise n'est pas « l'apparition d'un être sur le vide du fond », mais « restriction, ségrégation, modulation» (OE, p. 77) du monde possible. Par ailleurs, le sens d'un tableau se rapporte toujours à la pluralité des niveaux d'analyse du monde possible (contour, couleur, matérialité, mouvement, titre, *etc*.). Le monde apparaît ainsi comme « un monde à multiples entrées » (VI, p. 212), « un tableau de diverses possibilités complexes, toujours liées à des circonstances locales » (RC, p. 65) .

Essayons de tirer quelques conséquences de notre analyse pour mettre en relief la figure du *sujet instituant* dans ce monde possible. 1) Ainsi comprise, l'articulation interne du phénomène en général n'est pas un refermement sur soi qui rejette dans le hors-de-soi des éléments hétérogènes. Au contraire, chaque fragment d'un tableau ouvre une dimension accessible aux autres en évoquant une série de ses variantes possibles et indéfinies. Il s'agirait donc de l'institution de la frontière entre le dehors et le dedans, le moi et les autres. Mais ce ne sont pas des autres empiriques et déjà présents, ce sont des autres virtuels que l'œuvre d'art pourrait créer à condition que leurs regards soient déjà inscrits dans la profondeur générale de l'œuvre. La première actualisation de ces regards virtuels se fait par l'artiste créateur lui-même. L'artiste est en ce sens le premier spectateur étranger de sa propre œuvre, tout en étant son *origine.* C'est cette *diplopie* du sujet instituant qui lui permet de « coexister avec un autre » (RC, p. 64), mais cette coexistence n'exclut pas pour autant une « mise à l'épreuve de soi par l'autre et de l'autre par soi » (S, p. 150), puisque ce *premier* regard étranger implique déjà le système de ses variantes que sont les regards des autres.

Cette épreuve est celle de l'anthropologue social qui a pour tâche de déchiffrer le signe d'un système social auquel il n'appartient pas. La compréhension d'un mythe exige, comme celle de l'œuvre d'art qui n'est pas encore reconnue, le décryptement « sans même que nous puissions postuler, comme le font les décrypteurs, que le code à retrouver a même structure que le nôtre » (S, p. 151) . Cependant, ce qui guide notre lecture du mythe, c'est uniquement la structure symbolique, c'est-à-dire le rythme et les récurrences qu'on peut constater dans le « paysage historique » (VI, p. 312) du mythe. Par conséquent, « la fonction symbolique doit toujours être en avance sur son objet et ne trouve le réel qu'en le devançant dans l'imaginaire » (S, p. 154) . Le décryptement du signe n'est donc ni le dévoilement du sens caché derrière des apparences, ni la projection de notre catégorie intellectuelle, mais le vaet-vient interminable de l'imaginaire et du réel dans le symbolique qui se précède lui-même, qui se donne les données. L'effort de l'ethnologue (une des variantes du sujet instituant) consiste donc à ouvrir par l'appareil de sens cette dimension discordante où se croisent l 'imaginaire et le réel, l'apparence et la chose elle-même.

Le rôle du sujet instituant en général ne consisterait donc pas à déployer librement les possibilités imaginaires et humaines en opérant activement sur les matériaux réels et vitaux, ni à restituer, contre toutes les décentrations du système, l'unité fonctionnelle du monde, mais à problématiser, à délimiter le champ commun où se cristallisent momentanément diverses possibilités du monde dont il est pour ainsi dire l'effet.

2) Cela implique une autre conséquence. Si le signe s'institue par un croisement provisoire et toujours recommencé du système d'apparences et de la chose elle-même, il est susceptible inévitablement de la pluralité des interprétations que feront des autres virtuels et imminents. Mais cette polysémie du signe n'est pas la polysémie empirique qui s'oppose à l'univocité logique, car les réinterprétations virtuelles sont inscrites dans la structure même du système. Tout se passe comme si c'était « l'œuvre elle-même qui (...) *se* métamorphose et *devient* la suite ; les réinterprétations interminables dont elle est *légitimement* susceptible ne la changent qu'en elle-même » (OE, p. 62). Ainsi comprise, l'œuvre d'art implique en elle-même la possibilité de sa propre altération, elle tend de soi à se multiplier. Il ne s'agit pas d'une multiplicité qui s'oppose à l'Un[4], d'une multiplicité qui renvoie enfin à l'unité synthétique de la conscience ou à la Nature préétablie. L'unité du signe artistique précède cette distinction classique du multiple et de l'Un. De ce point de vue, la notion d'institution pourrait apparaître comme un facteur d'unité en tant qu'elle témoigne de l'historicité sourde sans commencement ni fin, mais elle est aussi le facteur de pluralité, dans la mesure où le sens de l'œuvre d'art s'enrichit

4. Cf. VI pp. 157, 315 ; RC pp. 50, 71, 82, 167.

toujours davantage à mesure qu'elle traverse tous les ordres de l'institution, en faisant en même temps un retour sur elle-même. Parallèlement, on ne peut parler ni de l'unité ni de la dissolution du sujet instituant dans le monde. C'est sa diplopie qui nous interdit de poser d'un côté l'histoire homogène, continue et hiérarchisée, corrélat indispensable à la fonction unificatrice du sujet idéaliste, et de décrire passivement l'histoire purement empirique et discontinue de l'autre côté.

Avant de présenter la théorie de la temporalité que cette discussion déjà implique, tournons les yeux vers le corps humain et son institution.

3) Vers la fin de la section « L'entrelacs – le chiasme » du *visible et l'invisible,* après avoir posé le problème du passage de la chair sensible à la chair du langage, Merleau-Ponty affirme que dans l'architectonique du corps sensible se trouvent déjà données toutes les possibilités du langage qui envahit *rétroactivement* tout le paysage non-langagier (VI, pp. *203-204)* . Ce renversement quasi dialectique de l'analyse signifie d'abord que le corps est le symbolisme *originaire,* mais réciproquement et en même temps, il implique que notre discussion de l'exemple du signe langagier ou artistique doit nous inviter à pousser plus avant notre réflexion sur l'«institution primordiale du corps » (PM, pp. *63* n.) sur laquelle sont fondées toutes les possibilités de l'institution symbolique. Dans le cadre de notre exposé, nous nous bornons à esquisser l'institution du corps sensible dans son rapport à l'espace objectif.

Le corps s'institue comme le corps sentant-sensible, il est être à deux dimensions, à deux feuillets, dit-il dans *Le Visible* (pp. 178-182). Cela implique d'un côté que l'ici absolu de la chair [*Leib*] est, en tant que « définition une fois pour toutes d'un « irrelatif » de toutes les " relativités " de l'expérience», un « fondement de droit » (S, p. 211) pour toutes les déterminations spatiales. Et encore, il est, en tant qu'« origine des distances » (S, p. 210), la norme par rapport à laquelle toutes les choses sensibles seront orientées. Si l'ici de la chair est ainsi l'étalon des conditions spatiales *de droit* par rapport auquel tous les ici et là *de fait* auront sens et orientation, cela implique que la chair n'appartient pas elle-même à l'espace objectif, homogène et isotrope.

Mais de l'autre côté, tout en étant sans espace et sans orientation, la chair est en même temps un champ de localisation où s'installent les sensations et une puissance exploratrice *au milieu* du monde objectif. Mon corps ainsi défini peut occuper virtuellement n'importe quel lieu de l'espace objectif où ici et là sont interchangeables. Comment comprendre cette dualité de mon corps qui est, d'un côté, à jamais ici en tant que zéro de l'orientation, mais de l'autre côté, qui puisse explorer n'importe quel point de l'espace objectif ? Comment se fait-il que le corps phénoménal peut coexister avec le corps objectif ? Quel est le rapport entre ces deux systèmes de corps et comment décrire leur identité et leur différence?

C'est en évoquant l'impensé de Husserl que Merleau-Ponty s'engage dans cette question. Dans « le philosophe et son ombre», à propos du rapport entre l'ici du corps et le là de la chose sensible, la chose proche et la chose lointaine, mon sensible et celui d'autrui, il déclare nettement qu'ils sont dans le rapport de l'originaire au « modifié », non que le là soit un ici dégradé ou affaibli[5], l'autre un *ego* projeté au dehors, mais parce que, selon le prodige de l'expérience charnelle, avec le « ici » , le « proche », le « moi », est posé là-bas le système de leurs « variantes » (S, pp. 221-222). Cela veut dire dans notre perspective que la modification du vécu absolu n'est pas la descente de la présence pure vers le monde objectif et impur, celui-ci est institué *simultanément* avec mon vécu. Cela revient à dire encore que le corps vécu implique en

5. La question du rapport entre le corps objectif et le corps phénoménal est déjà posée dans la PP (p. 123). Mais à cette époque-là, il se contente de déclarer que le corps objectif n'est qu'une « image appauvrie du corps phénoménal » (PP, p. 493). Cf. aussi, PP, p. 518 : « la liberté... se dégrade sans devenir jamais nulle à mesure que diminue la *tolérance* des données corporelles et institutionnelles de notre vie », et PP, pp. 190, 327, 403, 455.

lui-même et dès son origine le champ d'apparences qu'il ne peut pas maîtriser, qu'il ne tient que de loin. Sa présence absolue au monde est simultanément la présence au monde différencié que le corps institue en s'instituant lui-même. « Chaque " ici ", chaque chose proche, chaque moi, vécus en présence absolue, attestent au-delà d'eux-mêmes tous les autres qui, pour moi, sont imcompossibles avec eux, et qui pourtant sont *ailleurs,* en ce moment même, vécus en présence absolue» (S, p. 222) .

L'expression primordiale du corps institue de soi et en ce moment même le système diacritique spatio-temporel où je peux voir circuler n'importe quel point en tant que corps objectif. Le corps humain ainsi compris opère comme un signe du monde sensible auquel il «impose son monogramme» (S 86) et où se trouvent inscrites les traces de son cheminement. Pour continuer l'analogie, de même que le signe se dépasse de lui-même vers ce qu'il signifie, de même le corps nous unit aux choses elles-mêmes et à autrui par sa propre ontogenèse. Cet autodépassement n'est évidemment pas, comme nous l'avons fait remarquer à propos de l'anthropologie sociale, la projection du moi solipsiste, car c'est en même temps une incorporation de ce qui pourrait le détruire et le menacer (la maladie, le regard d'autrui). C'est plutôt le dédoublement indéfini de l'écart entre le *Leib* et le *Korper,* le moi et les autres, le dehors et le dedans, non pas le dédoublement de l'Un, mais de l'autre possible.

Tout cela ne va pas évidemment sans impliquer le problème de la genèse du sens. Mais nous comprendrons que la question de la genèse n'est qu'un autre côté de la question de la structure.

3. L'institution temporelle et le temps mythique

Le problème qui se pose maintenant est de savoir comment on peut repérer la singularité des événements dans le monde. À partir de quel moment des choses visibles s'enchaînent-elles de manière à faire voir le quelque chose, p. ? Que se passe-t- il au moment de l'invention d'un nouveau sens de l'œuvre d'art sur laquelle des interprétations différentes sont possibles ?

Pour que l'institution soit événement dans le monde, il doit y avoir non pas la simple découverte d'une nouvelle propriété jusque-là inconnue de la configuration, mais « changement d'aspect », « comme dans un kaléidoscope » (PM, p. 168)[6]. C'est un moment où une structure instituée se décentre elle-même, donne lieu à une interrogation et se réorganise selon un sens neuf. L'institution temporelle n'est donc pas « une série continuée d'éclatements » (RC, p. 60), c'est-à-dire une série d'événements empiriques et ponctuels, mais l'avènement d'un certain déséquilibre qui bouleverse le paysage.

Est-ce que cette remarque nous conduit au relativisme culturel et à la justification de la liberté infinie de l'interprétation ? Certes, le nouveau sens lui-même n'est *contenu* ni dans l'ancienne structure ni dans la nouvelle. Il n'en reste pas moins que cet événement est motivé et exigé par la nature même de la structure qui le précède. Chacune des démarches de l'invention est « prescrite », « justifiée après coup par les démarches précédentes » (PM, p. 172) . La nouveauté du sens est donc inséparable de la relative stabilité de la structure instituée, mais ce qui est paradoxal, c'est que c'est une inséparabilité avec la structure déjà perdue. Il n'y a donc aucun support psychique ou matériel qui puisse garantir la continuité temporelle. C'est pourquoi nous sommes irrésistiblement tentés de supposer que le nouveau sens transcendant était immanent à l'ancienne structure et d'avoir l'illusion qu'il préexistait en elle, illusion qui nous fait dire que « c'est un nouveau système d'équivalences qui exige précisément ce bouleversement-ci [cette couleur, cette inflexion de la ligne] » (S, p. 71).

6. Nous nous référons ici surtout à l'analyse de l'institution du sens mathématique dans *la Prose du monde* pour éclairer en retour celle des signes langagiers et artistiques. Cf., PM *161* et suiv. Il serait intéressant de confronter cette réflexion avec l'analyse de la dés-illusion dans le *Visible*(pp. 63-66) où Merleau-Ponty examine l'expérience de l'éclatement de l'apparence ancienne et le surgissement de la nouvelle réalité *du même objet* dans le même monde.

Rétrospectivement, tout se passe comme si le nouveau sens *enjambait* l'écart qui sépare les deux systèmes hétérogènes pour retrouver ses matériaux dans le système ancien. Pourtant, – et c'est fort important pour notre propos – cette illusion de la préexistence est une illusion naturelle fondée sur le phénomène authentique, car c'est le retour de l'apparence sur elle-même qui véhicule ce mouvement rétrograde. Pour reprendre l'expression de *l'Éloge de la philosophie*. le sens « s'antidate » lui-même pour « se construire les instruments de sa manifestation » (EP, pp. 42-43). Pour que ce mouvement rétrograde soit possible, il faut qu'il y ait « renvoi intentionnel qui n'est pas seulement du passé au présent de fait, empirique, mais aussi et inversement du présent de fait à un présent dimensionnel, (..) où le passé est " simultané " avec le présent au sens restreint » (VI, p. 297). C'est donc dans ce présent dimensionnel qui déborde *l'Erlebnis* husserlienne que l'événement actuel peut coexister avec le passé qui se constitue lui-même comme passé. C'est un passé tel qu'il fut, et non tel que la conscience de l'avoir vécu le reconquiert par un acte d'évocation. Ainsi compris, le passé au sens large est le réservoir quasi inconscient et indestructible des événements, mais il comporte aussi la possibilité de l'oubli, car rien ne garantit par principe la reprise consciente et complète. L'oubli ne s'oppose donc pas à la mémoire, mais à *l'oubli de l'oubli,* dont la philosophie réflexive et la science sont des conséquences nécessaires.

C'est pourquoi le temps est le modèle des matrices symboliques. L'œuvre d'art, par exemple, s'institue au chiasme de ce rapport spatio-temporel de soi à soi du monde visuel. Elle est le monument qui assure la simultanéité charnelle du passé et de l'avenir, mais cela n'exclut pas qu'il y ait un écart infranchissable de l'événement. De même que l'ubiquité corporelle est liée à une certaine localité, de même la continuité charnelle de l'extension temporelle est « liée »[7] à un certain moment singulier de la

7. VI, p. 258 : « ...le système qu'il [mon corps] constitue est ordonné autour d'une charnière centrale ou d'un pivot qui est ouverture à, ... possibilité liée et non pas libre ». Cf. aussi VI,

temporalisation. Le temps du signe se révèle donc «peu à peu » (RC, p. 63) et à un rythme particulier, avec des lacunes et des détours. Le mode de cette révélation est prescrit par le contenu contingent de la temporalisation, comme par exemple des événements qui ont eu lieu dans une certaine configuration intersubjective peuvent déterminer le rythme de conservation, reprise et dépassement des événements anciens dont les interprétations psychanalytiques sont des expressions discursives.

Cette « transtemporalité qui n'est pas celle de l'idéal » (PM, p. 63 n.), mais liée aux événements singuliers dans le présent monumental, voilà ce que Merleau-Ponty appelle « l'éternité existentielle »[8]. Cette dernière, en transcendant la distinction passé-présent, réalise leur circulation intérieure. Se manifestant peu à peu à travers la pluralité des significations qui se sédimentent et se différencient, elle reste indestructible précisément parce qu'elle est oubliée et gardée dans la profondeur du temps monumental et « mythique » (VI, p. 296).

Dans ce temps mythique qui se situe au-delà du passé empirique et idéal, il y avait une fois l'avènement d'un passé architectonique qui a marqué au cœur de l'Être «la blessure la plus profonde, inguérissable» (PM, p. 63). Cette *première* violence de l'auto-institution impliquait en elle-même les germinations des cristaux qui vont avoir été institués et l'institution primordiale du corps sentant-sensible en est une variante remarquable. Pour reprendre la belle expression de *L'Œil et l'Esprit,* le moment critique où le corps éternel est institué, c'est le moment où « s'allume l'étincelle du sentant-sensible », où « prend ce feu qui ne cessera de brûler, jusqu'à ce que tel accident du corps défasse ce que nul accident n'aurait suffit à faire » (OE, p. 21). Notre tâche serait donc de laisser jaillir cet étincellement pour susciter toujours et partout l'événement

p. 275. Husserl parlait déjà de « l'idéalité liée » propre à la formation culturelle. *Erfahrung und Urteil*, Félix Meiner, Hamburg, 1985, p. 321.

8. PM, pp. 34 note, 56 note ; VI pp. 241, 318, 320-321. Cf aussi PM, p. 63 note.

de l'institution là où et au moment où il doit advenir, non selon notre initiative, mais selon « un programme et une loi » (OE, p. 52) qu'exige le principe barbare.

4. Conclusion : esquisse de la philosophie de l'institution.

Contrairement aux idées que ces expressions (éternité, mythique, monumental) risquent de nous donner, la philosophie de l'institution ne s'oppose pas à l'histoire de l'entendement comme le retour mystique à un fond inconnu et harmonisant s'oppose au regard objectivant qui ne saisit des événements que leur essence.

On objectera peut-être que, échouant à saisir par la méthode phénoménologique l'unité idéale de l'événement et de l'histoire, Merleau-Ponty devait invoquer une origine mystérieuse ou une sorte de raison cachée dans l'histoire. Faute d'avoir uni synthétiquement l'être et l'idée, – ce qui eût permis de comprendre l'activité créatrice de l'homme – il est contraint, dira-t-on, d'associer dans la confusion l'intelligence et la sensibilité, la tradition et l'invention, etc. Nous avons essayé de montrer que la philosophie de l'institution se donne pour tâche première de repérer dans le système diacritique la singularité des événements qui échappe au regard réflexif. Les événements sont des monuments qui témoignent du ressort intermédiaire entre le constituant et le constitué, qui est donc le lieu de la genèse proprement phénoménologique.

L'introduction de la notion de chiasme dans *Le visible et l'invisible* ne marquerait peut-être que le commencement provisoire de la description phénoménologique de cette situation totale dont la philosophie réflexive fait partie. Dans cette perspective, il nous faudra d'abord décrire à tous les niveaux les variantes de ce chiasme spatialisant-temporalisant, pour dévoiler ensuite le fondement ontologique de la vérité non englobante, mais relative à chaque ordre. Le passage à l'ontologie est exigé parce que la description phénoménologique « se borne à déceler le négatif dans le positif et le positif dans le négatif »(RC, p. 293), ce qui nous conduit à justifier « la prolifération indéfinie des écrits » (VI, p. 293) pour ne pas aboutir à la hiérarchisation idéaliste des analyses intentionnelles[9]. Ce n'est pourtant pas le défaut de la méthode phénoménologique, car cet *échec* est fondé sur le phénomène authentique de l'institution. La notion d'institution se profile donc dans le creux où la réflexion phénoménologique trouve sa propre limite et c'est à partir de ce creux que l'ontologie puise son sens et son langage. Ainsi comprise, la notion d'institution permet de retracer la genèse de la conscience et du langage philosophique, qui est aussi la genèse de la vérité elle-même. La dernière tâche du *visible et l'invisible* consisterait en cette « Généalogie du vrai »[10] et la philosophie de l'institution doit enfin poser le problème de l'institution de la philosophie comme art suprême.

9. C'est un problème déjà posé dans *La structure du comportement*. Il s'agissait alors de se démarquer de la philosophie criticiste avec laquelle la phénoménologie est dans un rapport d'homonymie (Fink) (SC 223). La tâche de la phénoménologie de la genèse est, disait-il, de saisir à l'état naissant « un *événement* dans le monde des idées, *l'institution* d'une nouvelle dialectique, *l'ouverture* d'une nouvelle région de phénomènes, *l'établissement* d'une nouvelle couche constitutive qui supprime la précédente comme moment isolé, mais la conserve et l'intègre » (nous soulignons) (SC 224) . Nous avons souligné ailleurs que *Le visible et l'invisible* est en ce sens la reprise de *La structure du comportement,* qui avait pour tâche de *décentrer* la pensée hiérarchisée et homogène du criticisme. surtout la phénoménologie (au sens hégélien) de la forme symbolique de Cassirer. « La structure du discours philosophique chez Merleau-Ponty », Mémoire de maîtrise, Université de Tokyo. 1989.

10. Cf. *Avertissement* de Claude Lefort. VI, p. 9.

MERLEAU-PONTY ET MACHIAVEL

Giovanni INVITTO*

Quand, fin septembre 1949, Merleau-Ponty présente sa communication sur *Machiavélisme et Humanisme*, au Congresso Internazionale di Studi Umanistici qui eut lieu entre Rome et Florence, les polémiques qui avaient fait suite à *Humanisme et Terreur* atteignent leur comble. La rupture avec Albert Camus, qui avait lu le texte merleau-pontien comme une inlassable défense des raisons et des méthodes staliniennes, n'est qu'un signe du fait que la perception générale avait profondément dénaturé l'intention et la lettre originelles de cet écrit.

C'est donc un Merleau-Ponty « au couteau entre les dents », comme Sartre[1] dira ensuite, qui essaie de donner des fondements théoriques et méthodologiques généraux à son discours. Dans son intervention de Rome, enfin, Merleau-Ponty parle, c'est vrai, de Machiavel, mais il élabore en même temps une « philosophie politique » ou une « philosophie de la politique » qui dépasse amplement l'occasion historiographique donnée pour prétexte. Témoin en est la façon dont l'auteur renvoie aux textes de Machiavel. Ceux-ci sont présentés par l'intermédiaire d'une édition en langue française, je le présume, du *Principe* et par l'intermédiaire du texte de A. Renaudet, d'où il tire les passages des *Discorsi*[2].

* Maître de conférence à l'Université de Lecce.

1. Cf. Jean-Paul Sartre, *Merleau-Ponty vivant*, « Les temps modernes », n° 184-185, p. 323.

2. Dans le texte merleau-pontien *Il Principe* est cité comme *Le Prince*, seulement avec l'indication du chapitre, tandis que, pour les *Discorsi*, dont le titre est donné en italien, on écrit : « cité par A. Renaudet, *Machiavel*, p... ». Le texte de Merleau-Ponty paraît dans « Les temps modernes », n° 48, 1949, sous le titre de *Notes sur Machiavel* (titre qu'il gardera dans le recueil *Signes*), tandis que, dans *Umanesimo e scienza politica*, Atti del Congresso Internazionale di Studi Umanistici, par E. Castelli, Milano, 1951, il paraît sous le titre de *Machiavélisme et Humanisme*. Nous citons sur ce dernier volume.

Cela indique à quel point le souci principal du philosophe, à cette occasion, n'était ni d'ordre philologique ni de précision textuelle.

On ne peut point exclure que, parmi les accusations portées contre Merleau-Ponty à l'occasion de la publication de *Humanisme et Terreur*, il n'y ait aussi eu l'accusation de « machiavélisme ». Ce n'est pas un hasard si le texte débute par l'affirmation que « Machiavel est enseveli sous le machiavélisme ». La stratégie d'argumentation du philosophe français consiste à démontrer les paradoxes apparents et la substantielle cohérence de l'écrivain florentin : « Il écrit contre les bons sentiments en politique, mais il est aussi contre la violence. Il déconcerte les croyants du droit comme ceux de la Raison d'État, puisqu'il a l'audace de parler de *vertu* au moment où il blesse durement la morale ordinaire »[3]. Tout en défendant Machiavel des accusations de machiavélisme, Merleau-Ponty repère les limites et les mystifications de ses détracteurs. D'un côté, en effet, il y a les « belles âmes », de l'autre, ceux qui ont radicalement scindé la politique de toute préoccupation éthique : les uns et les autres, antimachiavéliques de toute façon, ne peuvent ou ne veulent pas comprendre la connexion profonde entre politique et morale. Cette connexion exige des compromis et des déviations, puisque la politique, pour être efficace, doit avoir affaire avec la matérialité et la contingence. Il ne suffit donc pas, face à la leçon de Machiavel, de se frapper la poitrine en réclamant la primauté des valeurs : « Il y a une manière de désavouer Machiavel qui est machiavélique, c'est la pieuse ruse de ceux qui dirigent leurs voeux et les nôtres vers le ciel des principes pour les détourner de ce qu'ils font »[4]. Au contraire, Merleau-Ponty ne peut accepter une vision panpolitique d'après laquelle nous pourrions, avec Talleyrand, adopter en politique la formule : « c'est plus qu'un crime, c'est une faute ». Comme Sartre dira ensuite, cette formule affranchit

3. *Machiavélisme et Humanisme*, p. 297.
4. *Ibidem*, p. 308.

l'action de toute appréciation morale ou juridique[5]. En accord avec cette future position sartrienne, Merleau-Ponty avait écrit dans la préface d'*Humanisme et Terreur*, afin de se disculper des accusations qui avaient fait suite à *Le Yogi et le prolétaire*, qu'il n'avait jamais dit que le succès sanctifie tout, ni que l'échec est une faute ; ou encore qu'en politique on n'a pas le droit de se tromper et que seulement le succès rend définitivement raisonnable ce qui auparavant n'était qu'audace et foi[6]. Le refus de tout pragmatisme et de l'éthique du succès, sanctionné par la philosophie de l'histoire hégélienne, entraîne pour Merleau-Ponty la revalorisation de la politique comme projet et comme compromis (*Les mains sales* de Sartre). « Il [Machiavel] a fait le premier la théorie de la "collaboration" et du ralliement des opposants (comme d'ailleurs celle de la "cinquième colonne"), qui sont à la terreur politique ce que la guerre froide est à la guerre »[7].

La nouveauté de Machiavel, donc, d'après la lecture qu'en fait Merleau-Ponty, consiste dans la suprématie de l'appareil qui réalise les valeurs sur la réalisation des valeurs mêmes. Il s'agit-là d'un précepte de politique, mais il pourrait aussi bien être *la règle d'une vraie morale*. D'ailleurs, dit notre auteur, une bonté incapable de *dureté*, une bonté qui ne veut être que bonté, serait une *manière douce* d'ignorer autrui et, certes, de le mépriser[8]. Le discours sur les valeurs, donc, est sous l'étroite dépendance du discours sur l'efficace des valeurs mêmes : « Machiavel avait raison. Il faut avoir des valeurs, mais cela ne suffit pas et il est même dangereux de s'en tenir là ; tant qu'on n'a pas choisi ceux qui ont mission de les porter dans la lutte historique, on n'a rien fait »[9].

5. « Il [Talleyrand] résume très bien la façon dont on a toujours considéré, au cours de l'histoire, les actions politiques ; elles pouvaient être habiles ou maladroites, utiles ou néfastes : elles échappaient toujours à la sanction juridique » ; Sartre, *Le crime*, 1966, dans *Situations VIII, Autour de 68*, Paris, 1972, pp. 29-30.

6. Cf. *Humanisme et Terreur*, Paris, 1947, p. xxx.

7. *Machiavélisme et Humanisme*, p. 299.

8. *Ibidem*, p. 302.

9. *Ibidem*, p. 306.

C'est ici que se situe le problème le plus important du point de vue théorique : même dans la vision élitiste qui est celle de Machiavel, quel est le rapport entre l'individu-sujet historique et le peuple ? N'oublions pas que l'anthropologie merleau-pontienne de cette période semble (mais ce ne sont que des assonances, voulues, peut-être, mais déroutantes au point de vue conceptuel) retentir encore d'échos sartriens. Le rapport entre le pouvoir et ses sujets, entre moi-même et autrui, n'offre pas d'espaces où la rivalité puisse cesser. Il faut subir ou exercer *la contrainte* : « À chaque instant Machiavel parle d'oppression et d'agression. La vie collective est l'enfer »[10]. C'est juste le cas de souligner la substantielle différence entre la désormais célèbre affirmation de *Huis-clos* où *les autres* sont l'enfer et le texte merleau-pontien où l'enfer est constitué non pas par le rapport interpersonnel entre des individus-monades, mais plutôt par la vie collective, où les individualités s'anéantissent et deviennent anonymat, masse. Ce n'est pas par hasard que le philosophe français choisit le mot *peuple* lorsque, dans *Humanisme et Terreur*, il affirme qu'une politique *pour le peuple* doit se réaliser *par le peuple, à travers le peuple*, sans quoi on ne peut pas la réaliser du tout ; il ajoute même que cette affirmation est l'*abc* de toute politique[11].

De même, le rapport de violence, qui constituait le chiffre caractérisant l'univers ontologique de *L'être et le Néant*[12], devient, dans la relation de Merleau-Ponty sur Machiavel, une dialectique qui ne permet pas d'immunité et qui réalise une communauté où la violence retombe sur elle-même et sur ses protagonistes. Dans le texte romain, nous lisons : « Il y a un circuit du moi et d'autrui, une Communion des Saints noire, le mal que je fais, je me le

10. *Ibidem*, p. 297.

11. Cf. *Humanisme et Terreur*, p. 204.

12. Nous nous sommes arrêtés sur ce thème sartrien dans quelques écrits précédents. Cf. Invitto, *Sartre, Dal « gioco dell'essere » al lavoro ermeneutico*, Milano, 1988, ch. II : *Le dialettiche della violenza : l'occhio e lo sguardo*, pp. 25-39.

fais, et c'est aussi bien contre moi-même que je lutte en luttant contre autrui »[13].

Le discours revient ainsi aux valeurs et à l'humanisme. L'idée d'une humanité fortuite, qui n'a pas « cause gagnée » *a priori*, confère, d'après Merleau-Ponty, une valeur absolue à notre vertu. Il s'agit de discerner, parmi *les possibles* du moment, celui qui, du point de vue humain, a de la valeur ; alors, on ne manquera plus de signes, ni de présages. « Quel humanisme est plus radical que celui-là ? Machiavel n'a pas ignoré les valeurs. Il les a vues vivantes, bruissantes comme un chantier ». Pour celui qui achève de telles entreprises, la religion terrestre recouvre les mots d'une autre religion : « Esurientes implevit bonis et divites dimisit inanes »[14].

Mais le philosophe français estime aussi avoir repéré les limites de la charpente théorique de Machiavel. D'abord, il remarque un découragement du secrétaire florentin dans sa définition d'un pouvoir non injuste : cela viendrait du fait que Machiavel croit que les hommes sont immuables et que les régimes se succèdent suivant un cycle. C'est pour cela que, selon sa perspective, il y aura toujours deux espèces d'hommes, « ceux qui vivent et ceux qui font l'histoire ». La théorie de Merleau-Ponty est bien loin de pareille hypothèse : il ne peut accepter l'anticipation machiavélienne des individus cosmico-historiques, les héros, protagonistes qui seront l'emblème de la philosophie de l'histoire de Hegel[15]. Bref, quand Merleau-Ponty critique Machiavel à ce sujet, il critique indirectement la conception idéaliste de l'histoire : « À voir tant d'aveuglement d'un côté, de l'autre un art si naturel de commander, il [Machiavel] est tenté de penser qu'il n'y a pas une humanité, mais des hommes historiques et des patients, et de se ranger du côté des premiers »[16].

13. *Machiavélisme et Humanisme*, p. 298.

14. *Ibidem*, p. 304. Merleau-Ponty fait référence aux *Discorsi* de Machiavel (I, 26).

15. En effet, en 1946, paraît le démystifiant écrit merleau-pontien *Le culte du héros*, « Action », n° 74, pp. 12-13, ensuite : *Le héros, l'homme* in *Sens et non-sens*, Paris, 1948.

16. *Machiavélisme et Humanisme*, p. 306.

L'humanisme attribuable à Machiavel n'est donc pas réductible à un humanitarisme égalitaire, mais plutôt il se rapporte à une innervation historique plus radicale : on ne peut pas avoir d'humanisme qui ne pose pas le problème des moyens de communication et de réalisation comme prioritaire. Dans ce sens, le problème d'un humanisme réel, posé par Machiavel, est repris par Marx[17].

Dans *Humanisme et Terreur*, la cause de l'apparent antihumanisme marxien avait déjà été signalée. Si Marx n'avait pas pris l'homme comme règle immédiate en politique – affirmait Merleau-Ponty – c'est qu'il pensait que, en enseignant la non-violence, on consolide la violence établie. Cependant, continuait le philosophe français, si on rentre dans le jeu de la violence, on risque d'y rester à jamais : la tâche du marxisme aurait dû être celle de rechercher une violence qui se dépasse vers un avenir humain[18]. Mais l'échec du socialisme réel, que Merleau-Ponty stigmatise déjà en 1947, ne peut, d'après lui, qu'accréditer à nouveau la leçon machiavélienne : « Nous pouvons conclure que, cent ans après Marx, le problème d'un humanisme réel reste entier, et donc montrer de l'indulgence envers Machiavel, qui ne pouvait que l'entrevoir »[19].

Revenir à Machiavel signifie, donc, revenir à dessiner les nœuds de la politique, après l'échec du marxisme soviétique. Cela signifie aussi réfléchir sur l'histoire, dans la conviction qu'on ne peut absolument pas scinder politique et morale. Leur chiasme est prouvé : « Il

17. « Il n'y a d'humanisme sérieux que celui qui attend, à travers le monde, la reconnaissance effective de l'homme ; il ne saurait donc précéder le moment où l'humanité se donne les moyens de communication et de communion » *Machiavélisme et Humanisme*, p. 307.

18. Cf. *Humanisme et Terreur*, p. XIV.

19. « En tous cas, maintenant [...] l'expédient de Kronstadt [l'endroit où eut lieu la mutinerie des marins qui marqua le tournant positif de la révolution russe en 1917] est devenu système et [...] le pouvoir révolutionnaire s'est décidément substitué au prolétariat comme couche dirigeante, avec les attributs de puissance d'une élite incontrôlée » ; *Machiavélisme et Humanisme*, p. 308.

[Machiavel] décrit ce nœud de la vie collective où la morale pure peut être cruelle et où la politique pure exige quelque chose comme une morale »[20]. Cela signifie que toute morale pure est une morale terroriste. Dans *Humanisme et Terreur*, l'auteur avait rappelé le jugement hégélien, selon lequel la Terreur était Kant mis en politique[21], et avait d'abord lancé l'affirmation que la pureté des principes non seulement tolère, mais aussi exige des violences[22]. Montaigne aussi est appelé à l'appui de la conviction merleau-pontienne, à travers la citation du passage des *Essais* qui légitime l'emploi de la trahison, du mensonge et du massacre comme instruments quand le bien public est en jeu[23].

La critique de Merleau-Ponty au formalisme démocratique prend appui sur ce ressort théorétique. Dans *Autour du marxisme*, de 1946, il avait déjà repéré la faiblesse de la pensée démocratique dans le fait qu'elle est plus une morale qu'une politique, puisqu'elle ne pose aucun problème de structure sociale et qu'elle considère les conditions d'exercice de la justice comme données avec l'humanité[24].

L'analyse merleau-pontienne revient, d'une plus ferme haleine, à Machiavel, ce Machiavel qui enorgueillira Sartre, quand celui-ci, inclus dans la prestigieuse « Pléïade », deviendra compagnon de collection de l'écrivain florentin[25]. En Machiavel, Merleau-Ponty trouve aussi le filigrane désenchanté du pouvoir : « Le pouvoir, c'est l'ordre du tacite. Les hommes se laissent vivre dans

20. *Machiavélisme et Humanisme*, p. 297.

21. Cf. *Humanisme et Terreur*, p. 161.

22. *Ibidem*, p. IX.

23. *Ibidem*, p. XXXII. Dans le livre II, chapitre XXIII des *Essais* de Montaigne on traite le thème de mauvais moyens utilisés pour de bonnes fins.

24. Cf. *Autour du Marxisme*, « Fontaine », 9, 1946 ; ensuite dans *Sens et non-sens*, cité, p. 180.

25. « Il doit rester quelque chose de ça : on paraît dans la même collection que Machiavel... » ; *Autoportrait à soixante-dix ans*, dans Sartre, *Situations X, Politique et autobiographie*, Paris, 1976, p. 206.

l'horizon de l'État et de la Loi tant que l'injustice ne leur rend pas conscience de ce qu'ils ont d'injustifiable. Le pouvoir qu'on appelle légitime est celui qui réussit à éviter le *mépris* et la *haine* »[26]. Telle est la décharnée phénoménologie du pouvoir produite par Machiavel : le pouvoir est le royaume de l'apparence. Nous lisons dans le *Principe* que « a uno principe, adunque, non è necessario avere in fatto tutte le soprascritte qualità, ma è ben necessario parere di averle. Anzi ardirò didire questo che, avendole e osservandole sempre, sono dannose ; e parendo di averle, sono utili »[27].

Merleau-Ponty commente l'assertion machiavélienne, en la transférant dans un contexte théorique typique de sa philosophie, c'est-à-dire dans l'idée qu'« apparaître à autrui » est comme une condamnation à laquelle on ne peut se dérober, ni comme individus, ni comme peuple, ni comme sujets qui exercent le pouvoir. Ce dernier est entouré d'un halo et de sa « malédiction », comme celle du peuple qui n'arrive pas à se connaître plus à fond : c'est la malédiction de ne pas pouvoir saisir l'image qu'on donne de soi à autrui : « C'est donc une condition fondamentale de la politique de se dérouler dans l'apparence »[28]. Les qualités du Chef, donc, ne sont pas *touchées*, mais *vues*, puisqu'elles ne sont pas connues dans le mouvement de la vie qui les porte, mais plutôt *figées en attitudes historiques*[29]. À cette époque, Sartre écrivait, sans les terminer, les *Cahiers pour une morale*, où les thèmes de l'apparence, de *l'effectivité* historique, de l'insignifiance des « bonnes intentions » face à la juridiction de l'événement de l'événement sont traités systématiquement. Merleau-Ponty en avait, auparavant, indiqué les catégories, très proche de l'*esprit* machiavélien[30].

26. *Machiavélisme et Humanisme*, p. 298.

27. Dans le chapitre XVIII, lu dans l'édition de Vittorio de Caprariis, Machiavelli, *Il Principe e altri scritti*, Bari, 1967.

28. *Machiavélisme et Humanisme*, p. 302.

29. *Ibidem*.

30. Ce thème a été abordé dans notre écrit *Merleau-Ponty politico : l'eresia programmatica*, Manduria, 1971, pp. 37-66.

De même seront encore plus « machiavéliens » d'autres noyaux conceptuels que Merleau-Ponty présente dans sa philosophie de la politique. Songeons au recouvrement de la dialectique entre le bien et le mal que, de toute façon, Machiavel propose dans la figure du Prince : « E però bisogna che egli abbia uno animo disposto a volgersi secondo ch'i venti della fortuna e le variazioni delle cose li comandano e, come di sopra dissi, *non partisti dal bene, potendo, ma sapendo intrare nel male, necessitato* »[31]. Pour l'écrivain français, ce désenchantement de Machiavel, face à la *praxis* politique dépend d'un élément ultérieur : la recherche de la liberté comme valeur : « Comme il arrive quelquefois, le dur politique aime les hommes et la liberté plus véritablement que l'humaniste déclaré : c'est Machiavel qui fait l'éloge de Brutus, et c'est Dante qui le damne »[32].

D'ailleurs, dans les rapports entre le pouvoir et les masses, tout comme dans les rapports entre celui qui exerce une action cruelle et sa victime, se déclenche un moment où l'espace de la communication tacite permet de réaliser l'écart entre le stade de la force bestiale (celle qui n'a pas d'oreilles, comme Merleau-Ponty dira à Sartre à l'occasion de la guerre de Corée) et l'atmosphère humaine. Se souvenant toujours du chapitre XVIII de *Il principe*, Merleau-Ponty introduit cette distinction fondamentale : « Quand la victime s'avoue vaincue, l'homme cruel sent battre à travers ces mots une autre vie, il se trouve devant un autre *lui-même*. Nous sommes loin des relations de pure force qui existent entre les objets. Pour employer le mot de Machiavel, nous sommes passés des “ bêtes ” à “ l'homme ” »[34].

31. *Il Principe*, cité, ch. XVIII.

32. *Machiavélisme et Humanisme*, p. 301.

33. Cf. *Merleau-Ponty vivant*, cité, p. 388.

34. *Machiavélisme et Humanisme*, p. 298. L'argumentation de Machiavel est la suivante : « Dovete adunque sapere come sono dua generazioni di combattere : l'uno con le leggi, l'altro con la forza : quel primo è proprio del'uomo, quel secondo è delle bestie : ma poiché el primo molte volte non basta, conviene recorrere al secondo. Pertanto a uno principe è necessario sapere bene usare la bestia e l'uomo ».

Dérive de cela l'insistance de Merleau-Ponty sur l'humanisme de Machiavel. Si on appelle humanisme une philosophie de l'homme intérieur qui ne trouve aucune difficulté de principe dans ses rapports avec les autres, ni aucune opacité dans le fonctionnement social, et qui remplace la culture politique par l'exhortation morale, Machiavel n'est pas un humaniste. Mais, lisons-nous dans *Machiavélisme et Humanisme*, si on appelle humanisme une philosophie qui aborde comme un problème le rapport de l'homme avec l'homme et la constitution entre les hommes d'une situation et d'une histoire en commun, alors il faut dire que Machiavel a formulé quelques-unes des conditions pour tout humanisme sérieux[35].

L'humanisme machiavélien, tel qu'il est interprété par Merleau-Ponty, ne laisse pas l'histoire à la merci du hasard, ni n'accorde à la *Fortuna* la gestion des événements. L'agencement problématique de toute la théorisation merleau-pontienne fait que, justement, on distingue le hasard de la contingence et qu'on distingue aussi l'action *se faisant* (contingente) de l'action en tant que *fait* (nécessité). Ainsi, même sans en approfondir ou signaler les convergences, Merleau-Ponty s'introduit dans un domaine thématique très proche des historicismes, de l'historicisme italien en particulier. Quoique Croce et Gentile ne soit pas présents dans les écrits du philosophe français, quelques passages de la relation de 1949 rappellent forcément, chez un lecteur attentif et accoutumé à ce langage, des échos du débat italien des premières décennies du vingtième siècle. S'agit-il encore d'un tour joué par le hasard et par la contingence proposés par Machiavel et rappelés par Merleau-Ponty ? Quoi qu'il en soit, la structure est claire : « Le hasard ne prend figure que lorsque nous renonçons à comprendre et à vouloir. [...] S'il paraît y avoir un cours inflexible des choses c'est seulement dans le passé ; si la fortune paraît tantôt favorable et tantôt défavorable, c'est que l'homme tantôt comprend et tantôt ne comprend pas son temps, et les

35. *Machiavélisme et Humanisme*, p. 308.

mêmes qualités font, selon le cas, son succès et sa perte, mais non par hasard »[36].

Cette connexion entre le hasard et la contingence, entre la fortune, en tant que couverture de notre renoncement à la responsabilité historique, et la liberté humaine n'a pas aidé à comprendre Machiavel. Pour Merleau-Ponty, la conjugaison mise en œuvre par l'écrivain florentin entre le sentiment *le plus aigu* de la contingence ou de l'irrationnel dans le monde et le goût pour la conscience ou pour la liberté dans l'homme a préjugé la bonne compréhension et la fortune de Machiavel dans la culture postérieure[37]. L'intérêt de Merleau-Ponty, toutefois est divergent et tolère un strabisme herméneutique : il parle de Machiavel pour critiquer Marx et, au fond, pour renforcer ses thèses sur le marxisme et le communisme stalinien, présentées dans *Humanisme et Terreur*. Alors, notre auteur peut dire avec clarté quelle était l'équivoque de la théorie politique de Marx qui exigeait le pouvoir pour les *sans-pouvoir*. Pour réaliser cela il faut ou que le pouvoir du prolétariat s'abandonne et suive les *fluctuations* de la conscience des masses, comme l'avait indiqué, en 1922-1923, dans un sens constructif, *Geschichte und Klassenbewusstsein* de Gyorgy Lukács, ou alors qu'il se transforme en juge des intérêts du prolétariat. Mais, dans le premier cas, l'imprévisibilité et l'instance libertaire des consciences entraîneraient la démolition du pouvoir prolétaire ; dans le second, ce pouvoir se transformerait en une structure traditionnelle d'appareil, avec une nouvelle classe dirigeante[38].

Alors, avec la critique du marxisme, se pose à nouveau la question d'un pouvoir juste, qui dépasse les conflits et les luttes. Car la métaphore développée par Foscolo afin de montrer les intentions sous-jacentes à *Il Principe* (« di che lacrime grondi e di che sangue »), au delà de la vraisemblance interprétative, confirme la vision de Machiavel comme un théoricien convaincu que

36. *Ibidem*, p. 304.
37. *Ibidem*, p. 303.
38. *Ibidem*, p. 307.

l'histoire est lutte et que la politique est le rapport avec les hommes, plutôt qu'avec des principes. Cette vision a été repoussée par tant de « belles âmes », mais, se demande Merleau-Ponty, y a-t-il, au contraire, quelque chose de plus sûr que cela ?[39] Voilà donc l'urgence de comprendre à nouveau, après plusieurs siècles, la leçon de Machiavel : « En mettant le conflit et la lutte à l'origine du pouvoir social, il [Machiavel] n'a pas voulu dire que l'accord fût impossible, il a voulu souligner la condition d'un pouvoir qui ne soit pas mystifiant et qui est la participation à une situation commune »[40]. Ici émerge à nouveau l'instance communautaire, non pas communiste, que revendiquait une longue tradition ininterrompue dans la philosophie politique de la France : de Pierre-Joseph Proudhon à Pierre Leroux, de Charles Péguy à Emmanuel Mounier, avec ses groupes « Esprit » qui avaient marqué la formation du jeune Maurice[41].

Communitarisme, donc, et primauté des instances du peuple : c'est, pour Merleau-Ponty en 1949, le chiffre d'une politique non injuste, celle qui *contente* le peuple, « non que le peuple sache tout, mais parce que, si quelqu'un est innocent, c'est lui »[42].

S'arrête ici la percée, dans l'attention merleau-pontienne, de l'intérêt vers Niccolò Machiavel. Il était inévitable que ce discours, qui est à la base de la politique moderne, intéresse le philosophe français dans une période caractérisée par la fin de la seconde guerre mondiale, par les premiers documents sur la dégénérescence stalinienne, par le fait de reproposer le système capitaliste des États-Unis comme *le bon Dieu* contre *le Diable*, c'est-à-dire le projet communiste. Cela sollicitait une profonde réflexion sur les rapports entre morale et politique, entre valeurs et instruments historiques, entre vertus éthiques et compétences de gouvernement. À tout cela, il faut ajouter la

39. *Ibidem*, p. 305.

40. *Ibidem*, p. 301.

41. On s'est arrêté sur ces thèmes dans l'essai *« Esprit » e l'esistenzialismo* dans *Leggere « Esprit » cinquant'anni dopo*, « Quaderno filosofico », n° 8, 1983, pp. 107-122.

42. *Machiavélisme et Humanisme*, p. 300.

situation problématique de Merleau-Ponty assiégé par ses amis et par ses ennemis, après ses écrits sur les procès de Moscou.

Le fait de réfléchir sur Machiavel et de le proposer à nouveau à la réflexion d'autrui signifia soulever la nature *ambiguë* de la politique. Elle est un chiasme de *raison* et de *déraison* ; de force nue et de lucidité laïque ; d'héroïsme désenchanté et de condamnation de l'extériorité, de l'apparaître-pour-autrui, de contingence et de liberté, de valeurs et d'instruments matériels avec lesquels nous devons nous salir.

Somme toute, la conclusion de Merleau-Ponty dans son éloge de Machiavel est, encore une fois, une autodéfense avec entêtement, c'est-à-dire le refus du machiavélisme : « Il y a une manière de louer Machiavel qui est tout le contraire du machiavélisme, puisqu'elle honore dans son œuvre une contribution à la clarté politique »[43]. Cette recherche de clarté politique, loin des mythes et des dogmatismes, coûtera à Merleau-Ponty, dans les dernières dix années de son existence, des incompréhensions ironiques et de douloureuses fractures humaines. La requête de clarté, enfin, s'élargira jusqu'à impliquer, dans sa pensée, le noyau de l'existence humaine : la relation avec autrui, avec le monde, avec l'être. Elle n'entraîne pas la présomption d'arriver à la clarté ultime, définitive, mais, plutôt, la conviction d'avoir repéré dans l'attitude de *vigilance* ce qui libère l'homme des monstres de la Raison totalisante, du Système, de l'Utopie.

43. *Ibidem*, p. 308.

Merleau-Ponty entre Husserl et Heidegger
de la phénoménologie à la « topologie de l'Être »

Arion L. Kelkel *

> « Entre une histoire de la philosophie " objective ", qui mutilerait les grands philosophes de ce qu'ils ont donné à penser aux autres, et une méditation déguisée en dialogue, où nous ferions les questions et les réponses, il doit y avoir un milieu, où le philosophe dont on parle et celui qui parle sont ensemble présents, bien qu'il soit, même en droit, impossible de départager à chaque instant ce qui est à chacun ».
> M. Merleau-Ponty, *Le Philosophe et son ombre*.

Si jusqu'à la fin de sa vie, Merleau-Ponty ne s'est pas lassé de scruter les textes les plus importants de Husserl, c'est que, contrairement à Sartre, la phénoménologie était pour lui autre chose qu'une simple étape transitoire de sa pensée, elle était la philosophie elle-même. C'est de façon plus hésitante sans doute qu'il se met à l'écoute des œuvres de Heidegger dont l'obstinée quête de l'Être exercera sur lui une fascination qui ira croissant. Il ne reniera pas pour autant les commencements résolument phénoménologiques qui parcourent tel un fil d'Ariane toute son œuvre. lors même qu'à la fin de sa vie les motifs de rupture se font plus insistants au point qu'il n'hésitera pas à remettre en question une part non négligeable de l'acquis antérieur.

Merleau-Ponty ne renoncera jamais au dialogue qu'il avait dès le début engagé avec la pensée du fondateur de la phénoménologie et il ne cessera jamais de la prendre pour référence[1]. Il interroge et réinterroge sans se lasser les textes publiés et inédits de Husserl qui souvent le

*. Professeur à l'Université Paris XII – Saint Denis.

1. Sans faire l'historique du dialogue que Merleau-Ponty noua dès le début de sa formation avec Husserl, que seule la mort viendra interrompre, rappelons qu'il fut sans doute le premier

guident dans ses propres analyses, il les commente avec fermeté et en proposera une réinterprétation toujours originale : en témoignent nombre de pages de son œuvre, et jusqu'à l'un des derniers cours qu'il professa au Collège de France sous le titre significatif « Husserl aux limites de la phénoménologie », ou le célèbre essai *Le Philosophe et son ombre* qu'il avait conçu comme un hommage de fidélité au penseur tout en sachant qu'il ne saurait en donner meilleure preuve qu'en pensant[2]. Suivant une suggestion de Heidegger qu'il semblait vouloir associer à l'hommage rendu, Merleau-Ponty s'employait à son tour à cerner l'*impensé* de Husserl, qui donne à penser autant et plus que la doctrine expressément avérée et comme authentifiée par les écrits publiés. Et tout au long de sa vie il a gardé un goût prononcé pour ce qu'il nomme lui-même « l'écoute des textes » qu'il scrutait « selon leurs implications latérales, non moins que dans leur signification manifeste et frontale »[3].

visiteur étranger qui, peu avant la guerre, put consulter aux Archives Husserl à Louvain les *Inédits*, en particulier ceux d'*Ideen* II et ceux de la période de la *Krisis* publiés depuis lors dans l'édition des œuvres complètes de Husserl (*Husserliana*, tome VI) sous le titre *Die Krisis der Europaischen Wissenschaften und die transzendentale Phänomenologie*, La Haye, 1954.

2. Dans ce cours de 1959/60 (cf. Merleau-Ponty. *Résumés de cours. Collège de France 1952-1960*, cité plus loin RdC), Merleau-Ponty proposait « une traduction et un commentaire de textes » de la dernière philosophie de Husserl, plus particulièrement de deux textes parus depuis, l'un dans *Krisis* sur *l'Origine de la géométrie* (trad. et introduction par J. Derrida), et l'autre de la même période (1934) publié en 1940 sous le titre *Umsturz der kopernikanischen Lehre* par Marvin Farber dans *Philosophical Essays in Memory of Edmund Husserl*. Ce dernier texte a été traduit en français et édité par Didier Franck sous le titre *La Terre ne se meut pas*, Paris, 1989. Cf. notre compte rendu in *Annuaire Philosophique*, Paris, 1989, pp. 39-66.

3. *RdC*, pp. 160 et 169. Sur le thème de « l'impensé » selon Heidegger, cf. *Der Satz vom Grund* (pp. 123-4) auquel se réfère Merleau-Ponty dans son essai « Le Philosophe et son ombre » *Signes* (cité plus loin SG), p. 202 *sq*.

En réinterrogeant et en réinterprétant les textes, notamment ceux du « dernier » Husserl, Merleau-Ponty tendra vers une « radicalisation de la phénoménologie » et, par une mise à l'épreuve et une révision de ses positions les plus décisives, vers une « phénoménologie de la phénoménologie » proposée jadis comme une tâche par Husserl lui-même ; il finira ainsi par pousser littéralement la phénoménologie à ses limites sans pourtant aller jusqu'à les transgresser une fois pour toutes. Ce faisant il rencontre et rejoint partiellement Heidegger qui le premier, du vivant même de Husserl, s'est engagé dans une telle voie, au risque de se voir désavoué par le « père-fondateur » de la phénoménologie[4].

Que Merleau-Ponty ait été très tôt tenté de prendre ses distances à l'égard de la doctrine husserlienne en laquelle il lui arrivait de dénoncer une survivance de la philosophie de la conscience, il n'y a guère de doute. En revanche, il ne franchit jamais le pas de la rupture définitive et le *tournant* « ontologique » de sa pensée, encore partiellement masqué dans la *Phénoménologie de la perception*, mais qu'annonce la préface de *Signes* et qu'on pourrait, avec les réserves et la prudence qui s'imposent, qualifier de heideggerien ne sera clairement marqué que dans les cours au Collège de France et dans l'ouvrage posthume *Le Visible et l'invisible* où une pensée proprement nouvelle fait irruption tout en surgissant sur fond de quête de soi[5].

4. *Phénoménologie de la perception* (cité plus loin PP), p. 419. Husserl lui-même évoque dès *Ideen* I (1913) la tâche d'une « phénoménologie de la phénoménologie » (au § 65) et plus tard dans *Erste Philosophie*, 2e partie, consacrée à la « Théorie de la réduction phénoménologique ». Heidegger s'engage surtout à partir de ses cours de Marbourg dans une audacieuse réinterprétation de la phénoménologie husserlienne, notamment dans un cours de 1925 intitulé *Prolegomena zur Geschichte des Zeitbegriffs* et en 1927 dans *Grundprobleme der Phänomenologie*, tous deux parus depuis dans la *Gesamtausgabe* de l'œuvre, le second en traduction française sous le titre *Problèmes fondamentaux de la phénoménologie*.

5. SG, p. 30. Merleau-Ponty évoque dans ce texte la philosophie comme « remémoration de l'être », voire « topologie de l'être » Cf. aussi *Le visible et l'invisible* (cité désormais VI), « Notes de travail » p. 219 *sq*.

À qui s'interroge sur le motif initial qui poussa Merleau-Ponty à adopter la démarche phénoménologique, on répondra sans doute que ce fut la conscience qu'il prend de la *crise* dans laquelle sont prises tant la science que la philosophie modernes, dominées qu'elles sont l'une comme l'autre, par ce qu'il nommera plus tard « l'ontologie du *kosmothéoros* » qui traite tout être en objet[6]. C'est le même diagnostic que Husserl avait fait à partir des années trente, et surtout dans les écrits connus sous le titre « la crise des sciences européennes et la phénoménologie transcendantale » dont à l'époque Merleau-Ponty n'avait qu'une connaissance partielle[7]. En effet, pour l'un comme pour l'autre il y avait, d'un côté, une attitude *objectiviste* et naturaliste face aux phénomènes y compris les phénomènes humains qu'on abordait de l'extérieur et qu'on tentait d'intégrer dans une *Nature en soi*, et de l'autre, une approche *subjectiviste* et critique qui entendait appréhender tous les phénomènes de l'intérieur et débouchait sur l'idée d'une conscience pure. L'explication scientifique objectivante non moins que la réflexion philosophique immanente ne pouvaient qu'escamoter le rapport vivant entre la conscience et la Nature[8].

Ni l'une ni l'autre des deux démarches ne satisfont Merleau-Ponty qui juge qu'il faut revenir sur l'extériorisation de la Nature et sa réduction au pur *en-soi* de même que sur l'intériorisation de la conscience et son identification à un pur *pour-soi*. Les deux positions opposées lui paraissent réclamer également une radicale transformation de leur sens et l'issue de l'alternative qu'elles constituent ne pouvoir être trouvée dans le simple retour à un point de vue philosophique pur. Seule était prometteuse d'avenir à ses yeux une transmutation de la

6. VI, p. 32.

7. L'ensemble des textes de la *Krisis* (avec l'article de 1936 et la IIIe partie connue de Merleau-Ponty dès 1938) a été publié par Walter Biemel en 1954 comme tome VI des *Husserliana*.

8. Cf. E. Husserl, *Krisis*, B, § 56 *sq.* et Merleau-Ponty, *La Structure du comportement* et PP, Introduction, surtout ch. IV, de même « les Sciences de l'homme et la phénoménologie » in *Merleau-Ponty à la Sorbonne* résumé de cours 1949-1952, p. 397 *sq.*

philosophie elle-même qui se devait d'aller en quête d'un « terrain commun » à la philosophie et au savoir positif, un terrain en deçà du pur sujet comme du pur objet. En un mot, il s'agissait d'ouvrir l'accès à quelque chose comme une *troisième dimension* où notre activité et notre passivité, notre autonomie et notre dépendance ne se contredisent plus mutuellement[9].

Si la phénoménologie paraissait inaugurer cette nouvelle forme de philosophie qui n'est pas indifférente au savoir positif qu'elle s'efforce de replacer dans l'horizon plus large du monde vécu, du *Lebenswelt* où la science s'enracine mais qu'elle a hâte d'oublier, il reste que peu à peu Merleau-Ponty apercevra dans la phénoménologie elle-même un *résidu* de la philosophie classique centrée sur le primat de la conscience, comme l'attestait sa revendication de « néocartésianisme »[10]. La quête d'une troisième dimension où se fondent les extrêmes de l'objectivisme et du subjectivisme induit un mouvement de médiation qui ouvre un troisième front et un débat avec la pensée existentielle car, dès le départ, Merleau-Ponty exprimera ses réserves à l'égard des philosophes qui croient être dispensés du détour par la confrontation avec le savoir positif empirique. La *Structure du comportement* et la *Phénoménologie de la perception* tracent les contours de cette nouvelle dimension, en deçà du pur sujet et du pur objet, pas au-delà, par un mouvement de questionnement à rebours [*Rückfrage*] et de reprise des différences extrêmes. On connaît le projet de son premier essai : repenser à nouveaux frais les rapports de la conscience et de la Nature, redéfinir le concept de conscience dans la perspective de sa genèse et de sa pluridimensionnalité. Confiant dans l'efficacité pratique de la méthode phéno-

9. *Titres et travaux*, p. 5, cité par T.I. Geraets, *Vers une nouvelle Philosophie transcendantale*. La genèse de la philosophie de Merleau-Ponty jusqu'à la Phénoménologie de la perception. La Haye, 1971, p. 36.

10. E. Husserl, *Krisis*, g 9, h et *sq.* et *Cartesianische Meditationen.*

ménologique, Merleau-Ponty la met à l'épreuve du savoir positif et empirique[11].

Toutefois l'esprit dans lequel il adopte la démarche phénoménologique y est encore fort éloigné de l'appropriation résolue quoique nuancée qui caractérisera l'ouvrage majeur de 1945 se présentant expressément sous l'égide de la phénoménologie. Loin d'aborder le phénomène central de la perception de l'extérieur et comme un banal phénomène psychologique parmi d'autres, ni plus ni moins important, Merleau-Ponty se plaçant littéralement au cœur même du *vécu* perceptif pour l'explorer dans toute sa complexité et toute sa richesse y voit un phénomène exemplaire, fondamental, irréductible. Exemplaire en ce que ses propriétés caractéristiques régissent toutes les strates de l'existence humaine ; fondamental en ce que la perception ouvre un accès éminent à tout ce qui peut apparaître à la conscience, à tout ce qui peut apparaître à l'être. Loin d'être un simple acte de la conscience, la perception constitue le fond sur lequel se prélèvent tous les actes, elle institue un monde, qui n'est pas un objet de connaissance mais le présupposé et le *champ* de toutes nos pensées et perceptions expresses[12].

Sans doute il y a là comme une « surdétermination » du concept de perception dont la signification va bien au-delà de ce que révèle l'analyse phénoménologique, elle résulte plutôt d'une interprétation immanente qui exhibe le phénomène perceptif dans toute sa richesse ontologique. Si on peut parler chez Merleau-Ponty du « primat de la perception » comme chez Husserl du primat de l'intuition, c'est avant tout en vertu de sa fonction de fondation de toute expérience du monde[13]. Mais lors même que la perception est bien ce phénomène fondamental, il ne s'agit

11. *La Structure du comportement*, p. 191 *sq*. et p. 200 *sq*.

12. PP, p. V.

13. Pour Husserl, cf. par ex. *Ideen I*, § 24, « Le principe des principes » et pour Merleau-Ponty, PP, IIe partie, « Le monde perçu », ainsi que « Le primat de la perception », in *Bulletin de la Société française de philosophie*, 41 (1947), p. 119 *sq*. et p. 136.

pas pour autant de tout réduire à elle, loin de là ! La perception est essentiellement contact initial et irréductible avec le Monde, elle constitue un chemin privilégié vers la vérité quoiqu'elle soit en deçà de la distinction du vrai et du faux[14]. Tout n'est pas perception, mais tout change de sens à sa lumière. Concédons-le, pour plus d'un la formule souvent citée : « le savoir absolu du philosophe est la perception » sonne comme un irrecevable paradoxe ; ne revient-il pas à conférer à la perception un privilège phénoménologico-ontologique contestable en ce que se découvrirait en elle « le sens premier de l'être », qui est l'objet même de la philosophie[15] ?

L'effort que fait le philosophe pour fouiller le monde de la perception est précédé d'une « déconstruction », d'une réduction des préjugés hérités de la tradition philosophique ou scientifique. La critique du sensualisme et de l'empirisme tout comme de l'intellectualisme que Merleau-Ponty développe culmine dans le reproche qu'il adresse à ces doctrines de partager le même préjugé d'un monde tout fait, d'un univers en soi ; ce qui, justement, revient à oublier la perception originelle par laquelle le monde surgit toujours inachevé, jamais entièrement déterminé, toujours doté d'un horizon ouvert de perceptibilités nouvelles, parsemé d'acquis de sens partiels[16].

Si Merleau-Ponty refuse l'option idéaliste de la phénoménologie transcendantale, il ne renie pas toute analyse constitutive telle que Husserl en montrait l'exemple dans le second tome des *Ideen*, bien au contraire[17]. La reconstitution du monde perçu s'effectue

14. *Ibid.* p. 133 et 143.

15. *Eloge de la Philosophie*, pp. 25-26.

16. PP, p. 49-51.

17. Merleau-Ponty avait déjà vigoureusement critiqué dans la PP (par ex. p. 430 *sq.*) l'option idéaliste de Husserl qui la rectifie quelque peu dans les analyses du tome II des *Ideen* intitulé *Phänomenologische Untersuchungen zur Konstitution (Husserliana*, Bd. IV). Merleau-Ponty examine ces dernières positions surtout dans « le philosophe et son ombre » (SG, p. 204 *sq.*) et dans ses différents cours à partir de 1956. Toutefois, dans les *Cartesianische*

selon lui à deux niveaux : au premier, en deçà du monde objectif, un *champ phénoménal* se forme au sein duquel se meuvent les sciences humaines pourvu qu'elles se libèrent de la conception objectiviste du monde ; à un second niveau, s'élabore un *champ transcendantal* au sein duquel se constitue le système Moi-Autrui-le-Monde[18]. Voilà comment la phénoménologie de Merleau-Ponty se fait à son tour *philosophie transcendantale*, fût-ce sous une forme renouvelée, qui ne s'enferre plus dans la doctrine d'une conscience constituante en dernière instance. Elle est bien « phénoménologie » en ce qu'elle « étudie *l'apparition* de l'être à la conscience, au lieu d'en supposer la possibilité donnée d'avance »[19].

Dès ce texte s'annonce ainsi la tâche que Merleau-Ponty prescrira plus tard à la philosophie : être une « *généalogie de l'être* » au cœur de laquelle ne règne plus en maîtresse une subjectivité transcendantale autonome, « située partout et nulle part »[20]. Car « une philosophie devient transcendantale, c'est-à-dire radicale, non pas en s'installant dans la conscience absolue mais en se considérant elle-même comme problème, non pas en postulant l'explicitation totale du savoir, mais en reconnaissant comme le problème philosophique fondamental cette *présomption* de la raison »[21]. En d'autres termes, la réflexion *radicale* telle que Merleau-Ponty entend la pratiquer commence là où elle se situe, dans l'expérience perceptive du monde et la philosophie, en dernière analyse, n'est rien de plus qu'« une expérience élucidée »[22].

Tout en revendiquant une forme originale de phénoménologie, Merleau-Ponty s'inspire pour partie des grands textes de Husserl, mais il la découvre aussi pour partie préparée dans l'œuvre de Heidegger. Les thèmes fonda-

Meditationen (cité plus loin CM) et dans *Formale und transzendentale Logik* (cité FTL) de 1929, Husserl réaffirme l'interprétation idéaliste de la subjectivité transcendantale.

18. PP, pp. 73 *sq.*
19. *Ibid.*, p. 74.
20. *Ibid.*,p. 67.
21. *Ibid.*, p. 76.
22. *Ibid.*, p. 77.

mentaux qui résument selon lui l'essence de la phénoménologie telle qu'il croit devoir la définir à la fois confirment le double héritage phénoménologique qu'il assume pleinement, celui de Husserl et celui de Heidegger, et en révélant l'originalité de son interprétation et de sa pratique de la phénoménologie dessinent déjà les contours du site où il installera sa propre pensée. C'est ce qu'illustrent les cinq thèmes principaux à travers lesquels Merleau-Ponty, près d'un demi-siècle après la parution des *Logische Untersuchungen*, répond lui-même à la question initiale qu'il pose : « Qu'est-ce que la phénoménologie ? »[23].

Comme pour le premier Husserl, la phénoménologie pour Merleau-Ponty est avant tout la pratique d'une *méthode* non pas analytique ou explicative, à la manière des sciences positives, mais *descriptive*. L'explication scientifique qui est à la recherche de causes objectives, extérieures, comme l'analyse réflexive qui interroge sur les conditions de possibilité arrivent trop tard pour saisir le sens du monde qui est toujours « déjà là » pour nous, d'ores et déjà prédonné. La phénoménologie est « une description directe de notre expérience telle qu'elle est, et sans égard à sa genèse psychologique et aux explications causales »[24]. Le monde est là avant toute analyse et il est donné au sujet, il n'est pas à construire ni même à *constituer*, comme le croit Husserl, mais simplement à *décrire*[25]. Le monde n'est pas un objet qu'un sujet connaissant posséderait par devers soi, il est « le milieu naturel et le champ de toutes mes pensées et de toutes mes perceptions », écrit Merleau-Ponty, tout comme pour Husserl il était « l'horizon universel » et le sol irréductible de toute expérience[26]. « L'homme est au monde »

23. On se reportera ici à l'ensemble de l'Avant-propos (PP, p. I à XVI), dont on sait que Merleau-Ponty l'a ajouté après coup afin de préciser sa conception générale de la phénoménologie.

24. PP, p. I.

25. *Ibid.*, p. IV.

26. C'est la thèse que Husserl, désormais plus empiriste qu'idéaliste, défend dans les années trente, principalement dans *Krisis* (§ 34 d, et p. 167) et dans *Expérience et Jugement* (§ 7). Cf. Merleau-Ponty, PP, p. V.

conclut Merleau-Ponty en empruntant à Heidegger la formule qui selon ce dernier définit l'essence du *Dasein* humain[27].

La *réduction phénoménologique*, méthode fondamentale de toute démarche philosophique selon Husserl qui en dénonce l'oubli ou la méconnaissance par ses disciples Heidegger ou Max Scheler, Merleau-Ponty à son tour la réinterprète à sa façon, jugeant contre l'auteur des *Ideen* ou des *Méditations cartésiennes* qu'elle ne signifie nullement « un retour à une conscience transcendantale» devant laquelle le monde se déploierait dans «une transparence absolue », une conscience qui opérerait souverainement la « *Sinngebung* » dont le résultat serait «la signification monde »[28]. Certes la réduction est *rupture* avec notre familiarité avec le monde, *suspension* du mouvement qui nous porte irrésistiblement vers le monde, refus de la complicité que nous avons avec lui, pour le regarder « sans y participer » comme le dit souvent Husserl, mais uniquement, précise Merleau-Ponty, afin qu'éclate au regard « le jaillissement immotivé du monde »[29]. D'où la conclusion paradoxale qu'il tire de l'exposé de la réduction et qu'il voit confirmée dans l'inlassable interrogation que Husserl lui-même a poursuivie sur sa possibilité : « Le plus grand enseignement de la réduction est l'impossibilité d'une réduction complète »[30]. Plutôt que de la prendre pour « la formule d'une philosophie idéaliste» il convient d'y voir l'expression d'une « philosophie existentielle » telle que Heidegger l'a développée dans l'analytique de « l'être-au-monde» de *Sein und Zeit*[31].

27. Id. *ibid.* Pour Heidegger et « l'être-au-monde » comme « constitution fondamentale du *Dasein* » cf. *Sein und Zeit* (cité plus loin SZ), ch. II à IV.

28. PP, p. VI.

29. *Ibid.*, p. VIII.

30. *Ibid.*

31. *Ibid.*, p. IX. Merleau-Ponty partage l'interprétation largement répandue à l'époque, qui voyait dans l'œuvre de Heidegger l'expression d'une « philosophie existentielle » sinon la

Husserl avait précisé le statut de la méthode phénoménologique en la définissant en outre par son caractère *eidétique*. Merleau-Ponty s'en souvenant admet lui aussi que « toute réduction... en même temps que transcendantale est nécessairement eidétique » et la phénoménologie « l'étude des essences »[32]. Seulement, si tous les problèmes reviennent à définir des essences, ces dernières ne sont pas le *but* de la recherche phénoménologique, elles n'en sont qu'un *moyen* afin de comprendre notre engagement effectif dans le monde. En vérité, la phénoménologie tend à replacer les essences dans l'existence et à comprendre le monde à partir de ce qu'il est de fait, mais s'il faut néanmoins passer par la quête des essences, c'est parce que « notre existence est trop étroitement prise dans le monde pour se connaître comme telle au moment où elle s'y jette, et qu'elle a besoin du champ de l'idéalité pour connaître et conquérir sa facticité »[33]. Tout nous invite donc à revenir à ce monde de notre perception qui est l'*a priori* auquel nous reconduit la réduction eidétique car « le monde est cela même que nous percevons » et non pas une *idée de monde* que nous construirions, « le monde est non pas ce que je pense, mais ce que je vis » déclare Merleau-Ponty en recourant à une formule que Husserl n'eût pas reniée[34].

Quant à la notion fondamentale d'*intentionnalité* souvent présentée comme « la découverte principale de la

première manifestation de « l'existentialisme » contrairement à l'auteur lui-même qui n'a cessé d'affirmer que c'est une « ontologie fondamentale » une « pensée de l'être » et non de l'existence qu'il entendit inaugurer dans SZ (Cf. *Lettre sur l'humanisme*, Aubier, 1964, p. 71 *sq.* et 151 *sq.*). Sur « la phénoménologie en France » cf. notre contribution à *Doctrines et concepts. 50 ans de Philosophie de langue française* (1937-1987), éd. A. Robinet, Paris, 1988.

32. PP, p. I et IX.

33. *Ibid.*, p. IX.

34. Contrairement à Jean Wahl, Merleau-Ponty ne pense pas que Husserl sépare les essences de l'existence, selon lui, « les essences séparées sont celles du langage » dont c'est la fonction de les faire exister dans l'univers des significations qu'il édifie. *Ibid.*, p. X et XII.

phénoménologie », Merleau-Ponty la juge intelligible seulement à condition qu'on en élargisse le sens jusqu'à y comprendre l'intentionnalité *corporelle*[35]. Elle ne désigne pas le banal rapport à un objet réel ou possible, ce n'est pas simplement une nouvelle formule pour définir la conscience stipulant qu'elle est « conscience de quelque chose », comme on le croit trop facilement en se fiant à une indication de Husserl lui-même. Plutôt que simple intentionnalité d'acte, comme celle qui caractérise nos jugements, elle est « intentionnalité opérante », elle est ce « qui fait l'unité naturelle et antéprédicative du monde et de notre vie», explique Merleau-Ponty[36]. Il s'agit de bien comprendre que le sens du monde n'est pas *constitué* une fois pour toutes, mais qu'il y a quelque chose comme une « genèse du sens » que le phénoménologue a la tâche de décrire[37].

Enfin, on conclura de cette analyse que la plus importante conquête de la phénoménologie selon Merleau-Ponty est d'avoir joint ensemble, dans la notion de monde, « l'extrême subjectivisme et l'extrême objectivisme » car « le monde *phénoménologique*, c'est, non pas de *l'être* pur, mais le sens qui transparaît à l'intersection de mes expériences et à l'intersection de mes expériences et de celles d'autrui, par l'engrenage des unes sur les autres » ; en un mot, la fin de la phénoménologie n'est pas « l'explicitation d'un être préalable, mais la *fondation de l'être* »[38]. Philosopher en phénoménologue revient alors à « réapprendre à voir le monde » à en déchiffrer le sens tel qu'il surgit, c'est « la volonté de saisir le sens du monde... à

35. *Ibid.* Cf. notre article sur « Merleau-Ponty et le problème de l'intentionnalité corporelle » in A.T. Tymieniecka, *M. Merleau-Ponty. Le Psychique et le corporel.* Aubier, Paris, 1988, pp. 15-37.

36. *Ibid.*, p. XIII. Merleau-Ponty se référant à la notion de « fungierende Intentionalität » que Husserl introduisit dans ses leçons sur le *Zeitbewusstsein* (p. 430) et reprend dans FTL (p. 208), la rapproche (PP, p. 478) de ce que Heidegger (*Vom Wesen des Grundes*) nomme « transcendance ».

37. PP, p. XIV. Pour la notion de «Sinngenesis» cf.E. Husserl, op. cit., p. 184.

38. PP, p. XV.

l'état naissant »[39]. Rien d'étonnant dans ces conditions que la phénoménologie comme « révélation du monde » apparaisse comme une tâche sans fin, « une méditation infinie » ; seulement, son *inachèvement*, loin d'être le signe d'un échec, n'est que la confirmation qu'« elle a pour tâche de révéler le mystère du monde »[40]. On entrevoit tout ce que cette définition de la phénoménologie doit à son fondateur, mais aussi tout ce que l'interprétation de Merleau-Ponty y apporte de nouveau et d'original, le déplacement d'accent qu'il opère à l'évidence à la faveur du dernier Husserl contre le premier sans toutefois introduire une césure stricte entre les deux. Il résiste autant que possible à l'assimilation de la phénoménologie à une pure *Wesenslehre* et à la régression à une philosophie de la conscience pure, souverainement donatrice du sens[41]. À la faveur du *décentrement* esquissé, de nouveaux concepts proprement husserliens sont thématisés et placés au premier rang : monde de la vie [*Lebenswelt*], *doxa* originaire, fondation originelle [*Urstiftung*], sédimentation du sens, synthèse passive, *Leib* et pouvoir corporel, etc., en un mot, tout ce qui renvoie à l'idée d'un « *logos* du monde esthétique »[42]. Et en même temps, se reportant explicitement à Heidegger, Merleau-Ponty identifie l'intentionnalité réinterprétée avec ce que « d'autres ont appelé existence » et annonce la mutation de la phénoménologie transcendantale en « phénoménologie existentielle » voire en « ontologie phénoménologique »[43].

39. *Ibid.*, p. XVI.

40. *Ibid.*

41. *Ibid.*, pp. 61, 419, 430, 490.

42. Merleau-Ponty examine dans « Le philosophe et son ombre » (SG, pp. 207 *sq.* et pp. 218 *sq.*) ces nouveaux concepts phénoménologiques que Husserl avait introduits dès *Ideen* II.

43. Dans un article de 1953 « Sur la phénoménologie » (*Esprit*, 21, pp. 821-839, actuellement in P. Ricœur, *À l'École de la phénoménologie*, pp. 141 *sq.*), Paul Ricœur rappelait le chemin du « dépassement » de la phénoménologie qu'emprunteront les héritiers de Husserl, soit en la prolongeant en direction de la ligne prétracée par lui, soit en la « radicalisant » par l'accentuation de la problématique « ontologique » que Heidegger avait suggérée dès le départ ou que Sartre s'est efforcé de réaliser dans *L'Être et le néant*.

Vers une nouvelle ontologie ou « topologie de l'Être »

Dès les années cinquante, Merleau-Ponty s'engage dans une *radicalisation* de la pensée phénoménologique, qui finira par atteindre un point d'inflexion où la rupture avec Husserl et avec ses propres positions initiales deviendra inévitable. Ce mouvement se dessinant et se précisant peu à peu culminera dans l'ouvrage posthume *Le visible et l'invisible*. Il conduira Merleau-Ponty à mettre en question *l'idée* même de phénoménologie en tant qu'elle repose sur le *primat* absolu du « voir » non pour lui substituer purement et simplement, à la manière de Heidegger, celui du *questionner*, mais pour les articuler l'un sur l'autre, indissolublement, dans une approche franchement ontologique. Désormais l'interrogation philosophique se confond avec la pensée elle-même se livrant à ce qui proprement « donne à penser » : la nature, l'histoire, le temps, le monde, le langage, l'Être[44].

Que ce renouvellement de la pensée qu'entreprend Merleau-Ponty le rapproche de Heidegger qui plus qu'aucun autre penseur contemporain a remis en question le statut même de la philosophie ne surprendra guère. Qu'il en appelle en même temps au dernier Husserl dont il fait sienne l'interrogation sur le sens et l'énigme de la philosophie elle-même est à première vue plus déconcertant. Désormais, pour Merleau-Ponty comme pour Heidegger, penser c'est s'exposer, se livrer à ce qui donne à penser[45]. Voilà attitude qui éloigne de toute philosophie de la réflexion, oublieuse de ses propres origines, non moins que

44. VI, p. 19 *sq*.

45. Sur le thème heideggerien du questionner comme « piété de la pensée » cf. l'essai « Was heisst Denken ? » (*Vorträge und Aufsätze*) et l'ouvrage paru en 1954 sous le même titre. Pour Merleau-Ponty, cf. surtout « l'Interrogation philosophique » thème majeur du dernier grand livre dont il a eu le projet et dont l'essentiel a paru dans VI. Il poursuit en même temps dans ses cours au Collège de France (1958/59) sa réflexion sur « la possibilité de la philosophie » à partir du chemin emprunté par le « dernier » Husserl et celui qui a conduit Heidegger à « la pensée de l'Être » *RdC*, pp. 141 *sq*. et 148.

de toute pensée dialectique à la façon dont la pratiquait Sartre et où l'emporte la pure négativité, tout comme elle est loin d'une phénoménologie se confinant dans la sphère de *l'intuition* purement eidétique, en un mot, de toute phénoménologie descriptive encore fondée sur le primat du voir comme unique accès à l'étant, sur « le principe des principes » qu'était pour Husserl « l'intuition donatrice originaire »[46]. Dès *Sein und Zeit*, Heidegger avait montré ce qu'avait de *tautologique* et d'insuffisant la définition initiale de la phénoménologie par la pure description des phénomènes qui se donnent à voir[47]. On ne peut se contenter de décrire, il faut comprendre, « comment il y a *ouverture* » au monde et à l'être, comment il y a occultation et dissimulation de l'être, conjointement, juge de son côté Merleau-Ponty en soulignant qu'il n'y a pas d'autre radicalisme possible pour la pensée que de « prendre pour thème le lien ombilical qui la relie toujours à l'Etre, cet *horizon* inaliénable dont elle est d'ores et déjà circonvenue », la vertu de l'interrogation résidant dans le « rapport ultime à l'Être » qu'elle établit et dont elle serait comme l'« organe *ontologique* »[48].

Pour novatrice que soit la démarche, elle n'empêche pas Merleau-Ponty de renouer avec des thèmes anciens familiers à son lecteur : le corps et le monde, la perception et le langage, le sens et le non-sens, la Nature et l'Histoire ; il les mettra à nouveau à l'épreuve tout en les éclairant autrement, dans une perspective plus ontologique. Ne répugnant pas à ce qui parfois ressemble à une *autocritique*, il reconnaît que les problèmes posés dans ses premiers ouvrages étaient insolubles dès l'instant qu'ils demeuraient tributaires de la distinction conscience/objet, et donc d'une forme de subjectivisme[49]. Les phénomènes décrits auparavant comme résultant d'opérations subjectives se trouvent désormais transférés dans l'Être lui-

46. E. Husserl, *Ideen* I, § 24.

47. *Op. cit.*, p. 35 et aussi les cours professés à Marbourg, par ex. les *Problèmes fondamentaux de la phénoménologie*.

48. VI, pp. 49, 162 et 144.

49. *Ibid.*, p. 253.

même, comme faisant partie d'une « ontogenèse » et relevant de ce qu'il nomme « une nouvelle ontologie », présentée toutefois comme une «ontologie indirecte» et comparée à la « théologie négative » voire caractérisée – ce qui n'est guère moins énigmatique – comme une « intra-ontologie » qui serait comme l'approfondissement et le dépassement de l'ontologie de l'En soi, et en tout état de cause une régression en deçà de l'opposition du sujet et de l'objet pour s'installer dans « la dimensionnalité » même de l'Être[50].

Il s'ensuit une mutation parfois inattendue que subissent des concepts les plus familiers de la pensée de Merleau-Ponty : Monde, perception, corps, sens et langage, fait et essence, sont désormais pensés comme *écarts* et *différences* au sein d'un champ qui, en dernière analyse, se confond avec *le champ de l'être*[51]. De là surtout l'apparition de concepts nouveaux, insolites et énigmatiques tels que chair du monde, chiasme, déhiscence de l'Être, Être brut ou sauvage, ouverture à l'être, ek-stase dans l'Être, pli ou creux de l'Être, dont certains ne cachent pas leur référence heideggerienne.

La « donation de sens », contrairement à la thèse husserlienne, n'est plus une instance localisée dans la sphère égologique des intentionnalités de la conscience, qui visent et représentent des objets, mais dans une intentionnalité opérante, un sujet anonyme voire un *événement* de différenciation fondamentale qui dépossède littéralement la conscience égologique de son pouvoir souverain de constitution. Le Moi, centre de référence absolu dans une égologie transcendantale, est originairement « personne », il est « sans nom » comme « l'anonyme enfoui dans le monde », « l'anonyme, antérieur à toute dénomination » pour être « celui à qui tout cela advient et est donné à voir ou à penser, devant qui *il y a* quelque chose »[52]. Comment s'empêcher de penser ici à la manière dont Heidegger, dans *Sein und Zeit*, avait à sa façon dépossédé le Je de son

50. *Ibid.*, p. 85 et pp. 222, 233 et 280.
51. *Ibid.*, pp. 157 ou 291 et 293.
52. *Ibid.*, p. 299.

égoïté[53] ? Il y a selon Merleau-Ponty comme une « scène », un « théâtre » étranger à la conscience, mais la scène sur laquelle tout se joue, c'est « la scène de l'Être »[54]. Mutation radicale là encore de notre rapport au Monde et aux choses, mutation de notre rapport à l'Être !

Lorsque Merleau-Ponty parle de *chair*, désormais il ne vise plus simplement l'existence corporelle. Le corps à la fois voyant et visible devient le « milieu formateur de l'objet et du sujet », pas seulement « intercorporéité », équivalent de l'intersubjectivité chez Husserl, mais littéralement « chair du monde », véritable « prototype de l'Être »[55]. Voilà réinterprétation inattendue de la « présence charnelle » que Husserl avait conférée aux choses du monde perçu, mais aussi du *Leib* tel qu'il l'avait décrit comme support de toute expérience d'autrui[56]. A présent le corps désigne la visibilité et le devenir visible des choses mêmes, un processus auquel participent aussi bien Moi que les Autres pour autant que nous appartenons au même monde et qu'être pour nous signifie en même temps « en être ». Fini le rapport de face à face avec le monde, nous sommes faits de la même étoffe que lui.

De là surtout la radicale mutation du concept d'être. L'être n'est plus pensé comme un pur « en soi », limite de nos revendications de sens, mais, explique Merleau-Ponty en recourant à une expression qu'il emprunte aux présocratiques, est « l'élément » dans lequel nous nous mouvons[57]. Si l'on peut encore parler d'intentionnalité, ce n'est plus au sens où elle représenterait une opération de la subjectivité, une intentionnalité d'acte sur laquelle l'analyse husserlienne s'est littéralement « bloquée » du fait de son attachement au primat absolu de la conscience, mais au sens où elle est comme « l'intentionnalité intérieure à l'être », déclare Merleau-Ponty sans craindre d'user d'un langage ontologisant que Husserl eût sans

53. Heidegger avait dès 1927 (surtout SZ § 25) initié une critique radicale du concept de « sujet » et du *Je*.

54. VI, pp. 316 *sq.*

55. *Ibid.*, pp. 170, 183-4 et 192.

56. « Leibhaftigen Gegenwart » SG, p. 211.

57. VI, p. 184.

doute refusé[58]. Merleau-Ponty n'en est pas moins parfaitement conscient que pareille « ontologisation » de l'intentionnalité n'est plus compatible avec la « phénoménologie » qu'il dénonce désormais comme une « ontologie qui assujettit tout ce qui n'est pas rien à se présenter à la conscience et comme dérivant d'une donation originaire qui est un acte, *i.e.* un *Erlebnis* parmi d'autres »[59]. La *donation* cède désormais à un « il y a » originaire, à un « il n'y a que l'Être » où l'on reconnaît une expression chère à Heidegger; au philosophe comme au peintre d'en ausculter « la respiration »[60].

C'en est fini de la phénoménologie des vécus qu'il suffirait d'appréhender et d'explorer dans l'immanence du flux de la conscience, il faut faire place à une « ontologie de la transcendance » qui n'est plus comme pour Husserl celle des choses, dimension de la réalité, c'est « l'irreprésentable par excellence, la dimension même du caché » qui met fin à l'illusion d'une réflexion sans reste au profit d'une réflexion plus radicale qualifiée de « surréflexion » en ce qu'elle tend à découvrir la double et conjointe genèse du monde et de la réflexion, de l'être et de la pensée. L'auteur de la *Phénoménologie de la perception* la voyait déjà à l'œuvre dans *Sein und Zeit* de Heidegger, il la considérera plus tard comme *le* problème philosophique fondamental[61]. Au champ du transcendantal toujours centré sur une subjectivité fonctionnant comme « *Nullpunkt* », point-zéro absolu succède un « champ de transcendance », une vérité « qui n'a aucun sens hors du rapport de transcendance, hors de l'*Ueberstieg* vers l'horizon » précise Merleau-Ponty qui se souvient du concept de *transcendance* définissant selon Heidegger le *Dasein* car si « l'être doit se dévoiler », ce n'est plus devant une intentionnalité

58. *Ibid.*, p. 298.

59. *Ibid.*

60. *Ibid.*, p. 91 et *l'Œil et l'esprit*, pp. 31-2. Sur l'interprétation heideggerienne du « es gibt Sein », cf. surtout la conférence de 1962 *Zeit und Sein* parue en 1969 (trad. française in *Questions* IV). On lira aussi avec profit le débat Husserl/Heidegger que J. L. Marion examine dans *Réduction et donation*, Paris, 1989.

61. PP, p. IX et VI, pp. 61 et 70-1.

et donc devant un sujet, « ce sera devant une transcendance »[62].

Tout comme pour Heidegger qui met plus d'une fois l'accent sur le rapport d'obédience de l'homme à l'égard de l'Être qui le requiert, pour Merleau-Ponty aussi « ce n'est pas l'homme qui a l'être, c'est l'être (qui) a l'homme parce que l'homme se donne à lui », parce que « nous sommes dans l'Être »[63]. Le sujet a perdu le pouvoir de se mettre à distance vis-à-vis des choses, lesquelles nous regardent littéralement en accaparant notre regard. « Ce n'est pas nous qui percevons, déclare Merleau-Ponty, c'est la chose qui se perçoit là-bas » et, ajoute-t-il, il faut enfin comprendre que « les choses nous ont, et que ce n'est pas nous qui avons les choses »[64]. Dépossession du sujet qui se voit privé de son pouvoir souverain et de son statut privilégié transférés aux choses, au monde, à l'Être !

Avec l'intrication du visible et de l'invisible, nous quittons le sol d'une philosophie unilatéralement en quête de *Présence* intuitive pour une philosophie de *l'absence*, de la patence cernée de latence ; plutôt que de se donner par profils et esquisses à un regard qui se l'approprie, la chose et le monde se donnent comme une *réserve* inépuisable. L'invisible n'est pas du simple « non-visible » provisoire qui n'est plus ou pas encore ou autrement vu, ou vu par d'autres, c'est une forme d'absence positive qui comme telle fait irréductiblement partie du monde, le visible est « l'invisible *de* ce monde, celui qui l'habite, le soutient et le rend visible »[65]. Ainsi le négatif n'a pas valeur d'un « négatif qui est ailleurs, c'est un *vrai* négatif, *i.e.* une *Unverborgenheit* de la *Verborgenheit* » précise Merleau-Ponty en rappelant expressément la formule énigmatique à travers laquelle Heidegger repense le concept

62. VI, pp. 239 et 263. Heidegger analysera le concept d'*intentionnalité* en termes de « transcendance » dès ses cours de Marbourg, mais surtout dans *Vom Wesen des Grundes*, essai publié en 1929 en hommage à Husserl.

63. VI, pp. 119-120 et 170.

64. *Ibid.*, pp. 239 et 247.

65. *Ibid.*, pp. 198 et 281.

de *vérité* sur le modèle de l'*alètheia* grecque[66]. Voir est toujours « voir plus qu'on ne voit » en même temps qu'un « ne pas voir », la perception s'accompagnant de non-données et de co-implications, comme l'avait déjà bien compris Husserl[67]. Il s'agit d'autre chose que d'une simple inadéquation de notre perception, d'une simple imperfection de notre pouvoir de voir. Déjà l'idée de totale *transparence* et de plénitude intuitive ou de présence exhaustive s'est révélée caduque dès lors que voir plutôt que « coïncidence intentionnelle », fusion avec le donné, ou un certain « mode de pensée ou de présence à soi », est « le moyen qui m'est donné d'être absent de moi-même, d'assister du dedans à la fission de l'Être », comme l'ont toujours su les peintres[68].

On comprend dans ces conditions pourquoi la critique de la phénoménologie husserlienne prend parfois l'allure d'une *auto-critique* que Merleau-Ponty exerce dans ses derniers textes à l'encontre de ses propres positions antérieures[69]. Plus fermement que jamais il se dresse contre toute « philosophie de la conscience », toute « phénoménologie des *Erlebnisse* » qui s'accroche à l'opposition sujet/objet et croit pouvoir appréhender, à la manière de Descartes, dans un *cogito* tacite – auquel il avait lui-même naguère cru pouvoir revenir – une pure « présence à soi »[70] ; il sait à présent qu'il n'y a pas de *cogito* tacite, que le cogito est toujours déjà *parlant* et que pour opérer la réduction, « revenir à l'immanence de la conscience de, il faut disposer de mots »[71]. Dévoiler un peu plus l'horizon

66. *Ibid.*, p. 308. Heidegger introduit le terme d'« *Unverborgenheit* » dès sa conférence de 1930 « Vom Wesen der Wahrheit » publiée en 1943.

67. VI, p. 300. Husserl décrit très tôt (dès *Ideen* I, 1913) l'inadéquation de toute perception « transcendante » mais l'élaborera plus tard, surtout dans les *Méditations cartésiennes* et dans *Expérience et jugement.*

68. *L'Œil et l'esprit*, p. 81.

69. On pourrait relever de nombreux passages, notamment dans les « Notes de travail » publiées à la suite du texte principal, par ex. VI, pp. 229 *sq.*, 232 *sq.*, 253 sq.

70. VI, pp. 229, 235 et 275.

71. *Ibid.*, pp. 224-5.

des « pré-données », des « évidences naturelles », faire resurgir la *doxa* originaire, passer de la position d'un Je absolu au champ transcendantal, de là au champ de transcendance et au rapport à l'être qui se fait à l'intérieur de l'Être lui-même, telle est désormais la tâche prescrite[72]. La philosophie ne peut plus être « rupture avec le Monde », elle n'a pas plus à analyser notre relation avec le monde, à la *défaire* », qu'elle ne peut *reconstruire* les choses et le Monde[73]. Présenter la réduction comme une suspension de l'existence du Monde, comme Husserl croyait à tort pouvoir le faire, c'est retomber dans « le défaut cartésien de l'hypothèse de la *Nichtigkeit* du monde »[74].

Dans sa critique du sens et de la légitimité de la réduction phénoménologique et du statut de la subjectivité, Merleau-Ponty rencontre à nouveau Heidegger. Dans l'inachèvement de la réduction il voit non un obstacle, mais la découverte que ce qui est *premier,* ce n'est pas la conscience intentionnelle ou constituante, c'est l'Être, « le lieu où les modes de conscience s'inscrivent comme des structurations de l'Être »[75]. Le monde perçu de jadis se révèle être une figure de l'Être pensé en mode plus heideggerien que husserlien. L'Être est présent dans l'étant, mais la différence de *l'ontique* et de *l'ontologique*, capitale aux yeux de Heidegger, pour Merleau-Ponty n'a rien d'une différence absolue[76].

Que signifie au bout du compte cette nouvelle ontologie ? approfondissement, radicalisation, dépassement ou simple décentrement de la phénoménologie initiale ? Peut-

72. *Ibid.*, pp. 226, 232, 266.

73. *Ibid.*, p. 135-6.

74. Merleau-Ponty corrige désormais l'exposé « cartésien » de la réduction proposé par Husserl dans *Ideen* I (repris dans CM) par des indications recueillies dans *Ideen* II qui rétablissent les prérogatives de l'attitude naturelle, de la foi primordiale, de l'*Urdoxa*. Il souligne le mystère de l'irréductible *Weltthesis* et l'ouverture au monde (SG, pp. 205 et 221 *sq.*). L'*épochè* ne lui paraît légitime que comme « neutralisation » à l'égard du monde en soi. VI, p. 225.

75. VI, pp. 232 et 307.

76. *Ibid.*, p. 233 et 319 et *RdC*, p. 156.

être tout cela à la fois, reprise et dépassement, le passage par le chemin husserlien du *Lebenswelt* et de la redécouverte de la « foi perceptive » autant que la traversée de la dimension du *Verborgen* heideggerien ? La réponse dépend, en dernière analyse, de la manière dont on interprétera le projet fondamental de la phénoménologie. Si Merleau-Ponty continue de se déclarer phénoménologue, il n'en voit pas moins dans la recherche qu'il entreprend en cette fin des années cinquante une « interprétation », une « explicitation *ontologique* » des résultats de ses travaux antérieurs, la tâche de la nouvelle ontologie impliquant « l'élaboration des notions qui doivent remplacer celle de subjectivité transcendantale, celles de sujet, objet, sens »[77].

Certes le concept husserlien de la *genèse du sens* est encore invoqué ici et là, mais il ne signifie plus l'apparaître de l'être à une conscience ni celle-ci un lieu de pure présence à soi ; l'expérience n'est plus décrite comme visant une totale *Plénitude*, pas même une constante approximation de l'étant qui apparaît sur fond d'un être qui se différencie lui-même tout en se tenant en retrait. L'être n'est plus en face de nous, il est dans notre dos et autour de nous et nous circonvient : Merleau-Ponty le désigne désormais comme « *être brut* » ou « être sauvage » parce qu'il se soustrait à toute domestication et à toute emprise du sens, parce qu'il n'est plus le point de fuite d'un processus d'appropriation se déployant dans le temps et à travers des étapes dialectiques[78].

Plus que jamais, Merleau-Ponty à l'instar de Heidegger tend à s'éloigner de toute espèce d'anthropocentrisme ou d'anthropologie philosophique. Certes, le visible se réalise à travers l'homme, la nature est l'autre face de l'homme, mais comme chair, pas seulement comme matériau à élaborer, le *logos* s'accomplit en l'homme sans être à aucun moment sa propriété[79]. Retrouvant la métaphore célèbre forgée par Heidegger selon laquelle l'homme

77. VI, p. 237.

78. *Ibid.*, pp. 231, 281, 322 et 325.

79. *Ibid.*, p. 328. Heidegger avait pour sa part refusé dès SZ toute interprétation « anthropologiste » de l'« ontologie fondamentale » et de l'analytique du *Dasein*.

habite le langage qui est « la maison de l'Être », Merleau-Ponty renchérit et souligne à son tour le rapport inextricable entre être et langage en notant que « c'est l'être qui parle en nous, et non nous qui parlons de l'être »[80]. Comme Heidegger il ne se lasse pas de célébrer l'éminente *vertu ontologique* du langage qui, loin d'être un simple « masque de l'Être » lui apparaît comme « le plus valable *témoin de l'Être* »[81]. Comment s'étonner qu'il ait pu définir l'œuvre même du philosophe comme « cet effort absurde » de « rejoindre dans l'Être une philosophie qui y est déjà faite », bref, « mettre en mots un certain silence qu'il écoute »[82] ?

Quoi qu'il en soit des *affinités* heideggeriennes qu'on décèle dans le dernier texte inachevé et fragmentaire qui fascine par ses fulgurations de pensée, la *conversion* ontologique ne s'opère pas dans une totale et définitive rupture avec Husserl, l'auteur de la *Krisis* demeurant un interlocuteur privilégié pour Merleau-Ponty lors même qu'il le rapproche de Heidegger plus que Husserl ne l'eût admis et qu'il le lit souvent à travers une grille heideggerienne, lors même que les réserves se font plus nombreuses à l'égard de l'égologie transcendantale ou de « l'essentialisme » husserlien. Plus d'une fois il revient sur le « mythe de la *Wesenschau* » qui suppose un « pur regard », comme un « point zéro de l'Être » expliquant que l'essence « n'est ni au-dessus, ni au-dessous des apparences, mais à leur jointure »[83]. Et il se plaît à évoquer la conception « verbale » du « *Wesen* » qui n'est ni un « être en soi» ni un « être pour soi », mais, n'hésitant pas à reprendre expressément les termes mêmes de Heidegger, il explique que « ce qui *est*, l'être-rose de la rose... ce n'est pas la rose vue par un sujet, ... c'est la roséité s'étendant tout à travers la rose »[84].

80. VI, pp. 247 et 267. C'est la *Lettre sur l'humanisme* qui évoque la célèbre métaphore du langage « Haus des Seins ».

81. VI, p. 167.

82. *Ibid.*, p. 166.

83. *Ibid.*, pp. 152-55.

84. *Ibid.*, pp. 228-9. On retrouve l'exemple de la rose chez Heidegger dans le *Principe de raison*. Quant au sens « verbal » non

Et pourtant, sous sa forme indirecte et négative, l'ontologie primordiale que Merleau-Ponty esquisse à la fin de sa vie demeure malgré tout une « ontologie phénoménologique » qui pousse la conscience de soi jusqu'à ses limites sans sauter par-dessus elle[85]. De mutation en mutation de la *doctrine* phénoménologique à laquelle il prend une part décisive, on s'achemine vers une sorte d'autodépassement amorcé chez le dernier Husserl et le premier Heidegger. Merleau-Ponty accompagne le mouvement pour le conduire à sa façon jusqu'*aux limites de la Phénoménologie*. Aussi bien, au bout du compte, la meilleure façon encore de conclure ces considérations sur le *dialogue* croisé que Merleau-Ponty mena tout au long de son œuvre avec la phénoménologie de Husserl et l'ontologie de Heidegger, serait-elle peut-être de reprendre pour les appliquer à sa propre pensée les termes mêmes, quasi prémonitoires, dans lesquels il a, dans une de ses dernières leçons, rendu hommage à Husserl : « Si la méditation change le sens des notions et même des problèmes, si les conclusions sont le bilan d'un cheminement transformé en « œuvre » par l'interruption, toujours prématurée, du travail d'une vie, la pensée du philosophe ne peut être définie seulement par ce qu'elle a *maîtrisé*, il faut tenir compte de ce qu'elle *essayait* encore à la fin de *penser* »[86].

substantialiste dans lequel il convient de prendre « Wesen » il l'indique plus d'une fois, ainsi à propos de l'essence de la « chose » et du « monde » dans l'essai « Das Ding », in *Vorträge und Aufsatze*.

85. « Le philosophe même qui aujourd'hui... voudrait nous rendre nos rapports avec l'Être tels qu'il ont été avant la conscience de soi, doit justement à la conscience de soi son sens et son goût de l'ontologie primordiale », SG, p. 194.

86. *RdC*, pp. 159-60.

Langage et Signification

Jésus Martinez-Velasco

Le langage, dans un sens large, n'est pas seulement un système cognitif spécial, il est aussi une forme hautement complexe de conduite qui se répercute sur la personnalité, l'état émotionnel, l'interaction personnelle, le développement culturel et la structure sociale. L'étude du langage ne peut, par conséquent, se réduire à quelques explications formelles. La grammaire doit fournir une explication pour savoir comment les aspects physiques de l'équation linguistique sont en relation avec les significations, c'est-à-dire, la phonologie avec la sémantique, et comment la syntaxe sert de pont entre les deux[1].

Chomsky, depuis déjà *Estructuras Sintácticas*, avait affirmé qu'entre les traits formels et sémantiques du langage se trouvent des correspondances indéniables, bien qu'imparfaites, il s'ensuit que l'existence de cette correspondance devrait être étudiée dans une théorie plus générale du langage qui inclurait une théorie de la forme linguistique et une théorie de l'usage du langage comme sous-parties[2]. De fait, chez Chomsky la notion de *grammaticalité* ne peut être identifiée à celle de *significativité*, mais la grammaire, elle, doit mettre en relation les signes avec les interprétations sémantiques de ces signes[3], même si pour le moment il considère que l'aspiration à l'établissement d'une sémantique universelle est encore très légère. Si cela était possible, on devrait pouvoir délimiter l'ensemble de signes pour toute langue humaine et on

* Professseur à l'Université de Valladolid.

1. Chomsky, *Problemas actuales en teoría lingüística*, éd. s.XXI, Mexico, 1978, p. 12. *El lenguaje y el entendiemiento*, Seix Barral, Barcelona, 1980, p. 209.

2. Chomsky, *Estructuras Sintácticas*, éd. s.xxi, Mexico, 1978, pp. 121-122.

3. Chomsky, *Problemas actuales en teoría lingüística*, p. 132.

pourrait parler, dès lors, d'une langue comme un assemblage particulier de signes et de représentations sémantiques. Il est bien entendu que, pour Chomsky, en accord avec Humboldt, la structure profonde est celle qui détermine certains aspects hautement significatifs de l'interprétation sémantique, de sorte que la signification de chaque acte linguistique particulier dépend de sa relation avec la structure sous-jacente, bien que dans *El Lenguaje y el Entendimiento* il précisera qu'il est possible que la structure superficielle contribue aussi, quoique de facon limitée, mais importante, à l'interprétation sémantique[4].

Pour Merleau-Ponty, en revanche, « la clarté du langage n'est pas derrière lui, dans une grammaire universelle que nous porterions par-devers nous, elle est devant lui, dans ce que les gestes infinitésimaux de chaque patte de mouche sur le papier, de chaque inflexion vocale, montrent à l'horizon comme leur sens »[5].

Dans le *Tractatus* Wittgenstein décrit le langage comme un *a priori* à partir duquel sont établies les conditions de possibilité de tout énoncé doté de sens sur des états de choses de sorte que « les limites du langage sont les limites du monde »[6]. Le produit final de l'analyse est de nous mener à quelque chose qui nous mette en contact avec le monde ; et tout ce qui ne peut se dire, à partir de l'application de la syntaxe logique d'un langage universel de la science, manque de sens. Pour le Wittgenstein du *Tractatus*, le langage est un reflet du monde et il partage la croyance traditionnelle, celle selon laquelle la signification d'un nom est l'objet qu'il dénote. Cette conception nominaliste du langage permet seulement une correspondance descriptive entre signes et états de choses et ne rend pas justice à la diversité des modes du langage, puisqu'il existe

4. *op. cit.*, p. 19. *El lenguaje y el entendiemiento*, p. 210.

5. Merleau-Ponty, *La prosa del mundo*, éd. Taurus, Madrid, 1971, p. 58.

6. Wittgenstein, *Tractatus logico-philosophicus*, Alianza, Madrid, 1973, § 5-6.

diverses formes d'application des noms et des signes à la réalité et, de plus, elle n'est pas fixe, il surgit constamment de nouveaux jeux de langage[7]. La notion d'une topographie sémantique fixe, comme dit Mac Whinney, est trop étroite pour offrir un point de vue correct de tout ce qui se passe dans le traitement d'une phrase et il est nécessaire de constater, comme un des traits caractéristiques du langage, sous quelles formes les mots peuvent assumer des nouvelles significations correctes au milieu d'un discours[8] où, comme dit Luria, la signification de la parole subit un développement très complexe, bien que la référence objective de ce mot puisse subsister sans varier et, à l'inverse de Chomsky, il considérera erroné le fait de croire que les formes grammaticales du langage sont survenues tout à coup dans les premières étapes du langage et qu'elles se sont transformées dans le même milieu informatif de pensée abstraite, comme elles le sont actuellement[9].

Merleau-Ponty affirme précisément que les langues ne sont pas capables de se reconnaître dans une structure « catégorielle » unique[10], et en s'appuyant sur les concepts saussuriens de diachronie et de synchronie, il considère que les thèmes centraux qui importent à la signification du langage sont de double nature : d'un côté, rencontrer un sens dans le devenir du langage, et d'un autre côté, comme la synchronie n'est rien d'autre qu'une coupure transversale sur la diachronie, le système qu'il constitue n'est jamais fait de significations absolument univoques et, par conséquent, la possibilité d'une syntaxe qui spécifie dans les langues particulières les relations entre formes de significations idéales et universelles devient problématique.

7. Wittgenstein, *Investigaciones filosóficas*, éd. Crítica, Barcelona, 1988, § 23.

8. Mac Whinney, *Competition in Language and Thought*, (Cahiers de la fondation archives J. Piaget, n° 10, *Language and Cognition*, Genève, 1989, pp. 68-69. Voir *Tractatus*, § 3.323.

9. Luria, *Lenguaje y Pensamiento*, Fontanella, 1980. pp. 41.

10. Merleau-Ponty, *Signos*, éd. Seix Barral, Barcelona, 1973, p. 105.

La nouvelle conception de *l'être* du langage, depuis la phénoménologie, tente de concilier la logique (ou système orienté) et la contingence, par la reprise de ce qui est fortuit dans une totalité qui a un sens, ou ce que Merleau-Ponty nomme, logique « incarnée »[11].

Il se produit donc une extension sémantique, dont la compréhension nous permettra, à son tour, une compréhension plus profonde de la forme de l'espace sémantique, puisque c'est la forme de cet espace et la nature des différents plans qu'il enveloppe qui caractérise et annonce les diverses possibilités de l'extension sémantique.

Dans *La Prose du monde*, Merleau-Ponty défend l'idée que, à partir de certaines significations clefs, nous sommes capables de recomposer n'importe quelle nouvelle signification. Comme il le dit littéralement : « ...une langue, c'est pour nous cet appareil fabuleux qui permet d'exprimer un nombre indéfini de pensées ou de choses avec un nombre fini de signes, parce qu'ils ont été choisis de manière à recomposer exactement tout ce qu'on peut vouloir dire de neuf et à lui communiquer l'évidence des premières désignations de choses »[12].

Dans les langages naturels, la signification d'une expression est déterminée, en partie par sa forme et, en partie, par les traits de la scène (le contexte, les circonstances) qui gardent plus ou moins une relation active avec cette forme et qui exigent une prise en compte de ce que Barwise et Perry nomment *sémantique de la situation*[13], à partir de laquelle s'expliquent les inadéquations de l'approche orthodoxe dans la théorie du modèle. Cela veut dire que des notions absolument sémantiques de référence et de vérité ne peuvent s'appliquer aux langages naturels, car le langage doit être conçu comme un ensemble de pratiques défini par certaines règles qui régissent les diffé-

11. *op. cit.*, pp. 104-105.

12. Merleau-Ponty, *La prosa del mundo*, p. 26.

13. Higginbotham, *Contexts, Models and Meanings : a Note on the Data of Semantics.* Kempson (éd.) *Mental Representation. The Interface between Language and Reality.* Cambridge University Press, Cambridge, 1990, p. 29. Voir aussi Barwise, & Perry, *Situations and Attitudes*, The MIT Press, Cambridge, 1983.

rents usages des mots dans le langage, de sorte que la signification d'un nom dépend de son lieu et de son usage, c'est-à-dire, de sa fonction[14]. Comme dit Merleau-Ponty, « la signification des signes, c'est d'abord leur configuration dans l'usage, le style des relations interhumaines qui en émane »[15].

L'essence du langage serait, donc, dans la forme vivante du parler, dont les expressions sont fréquemment ambiguës ou ambivalentes ; elles ont des contenus implicites, elles peuvent être métaphoriques ou ironiques et avoir l'un ou l'autre style, et tout cela affecte leur interprétation. Merleau-Ponty se réfère à cela lorsqu'il situe la signification d'un mot dans ce qu'il dénomme « la texture même du geste linguistique », qui permet de le modifier quand la parole est affectée par une hésitation ou altération de la voix ou par le choix d'une syntaxe déterminée[16]. Cette forme vivante du parler fait que peuvent surgir de nombreux langages naturels, chacun avec sa grammaire correspondante, ce qui rend difficile le fait que la pragmatique puisse constituer un système « modulaire » qui possède un code pragmatique car, comme disent Wilson et Sperber, les processus pragmatiques sont intimement liés au contexte, dont dépendent, à leur tour, les différentes interprétations et, par conséquent, il est difficile d'établir des algorithmes, principalement quand les expressions sont peu déterminées, comme par exemple, dans les expressions implicites ou métaphoriques, dans les effets stylistiques, *etc*, où l'asymétrie entre le code du locuteur et le processus de décodage de l'auditeur est si large qu'il en résulte l'impossibilité de reproduire les pensées et les intentions de celui qui parle[17].

À plusieurs reprises Merleau-Ponty rappelle qu'il est impossible de parvenir à une expression parfaite ni à un

14. Wittgenstein, *Investigaciones filosóficas*, §§ 293, 38, 40 et 496.

15. Merleau-Ponty, *La prosa del mundo*, p. 68.

16. Merleau-Ponty, *Signos*, p. 106.

17. Voir Wilson and Sperber, *Pragmatics and Modularity*, (Cahiers de la fondation archives J. Piaget, n°10, *op. cit.* pp. 139-157).

sens pur. En accord avec le caractère général de sa pensée philosophique, enveloppé dans la riche idée de l'ambiguïté, il considère inacceptable d'admettre que tant l'expression que ce qui est exprimé le soit de façon absolue ; donc ni le langage ni la vérité ne seront jamais possédés, mais ils deviendront uniquement transparents « à travers la logique brouillée d'un système d'expression qui porte les traces d'un autre passé et les germes d'un autre avenir »[18].

Les idées de sens pur et de texte original, dont la version chiffrée serait notre langage, sont remplacées par l'idée d'un sens compris comme « le mouvement total de la parole »[19]. Par conséquent, tout langage est allusif et indirect, oblique et autonome. Merleau-Ponty renonce à une conception universelle et abstraite d'une grammaire capable de nous procurer l'essence de tous les langages en faveur de l'universalité concrète d'un langage « qui se différencie de lui-même sans jamais se renier ouvertement »[20].

Ni pour celui qui parle ni pour celui qui écoute il ne doit exister une symétrie de codification et de décodification dans le but de chercher des significations complètement faites.

L'aspect créateur est consubstantiel au langage ; son usage empirique ne sera rien de plus qu'un résultat. Merleau-Ponty se fait l'écho de la comparaison que Malraux établit entre la peinture et le langage quand il dit qu'ils coïncident seulement dans l'expression créatrice[21]. Merleau-Ponty croit que les algorithmes réalisent le projet d'une langue universelle, « la révolte contre le langage donné »[22], et il se montre hostile au « mythe d'un langage des choses ou d'une langue universelle », cornme si les

18. Merleau-Ponty, *La prosa del mundo*, p. 68-69.

19. Merleau-Ponty, *Signos*, p. 53.

20. Merleau-Ponty, *La prosa del mundo*, p. 72.

21. Merleau-Ponty, *Signos*, p. 57, in *Fenomelología de la percepción*, éd. Península, Barcelona, 1975, p. 400, dit littéralement : « La expresión es, en todas partes, creadora y lo expresado es siempre inseparable de ella ».

22. Merleau-Ponty, *La prosa del mundo*, p. 28.

mots possédaient un pouvoir occulte (algorithme), dont la possession nous permettrait de comprendre ce qui se dit, de sorte que nous puissions seulement comprendre ce que nous savons déjà. En réalité, pour Merleau-Ponty, la perfection du langage consiste à disparaître car il a laissé une pensée, et son triomphe sera celui de nous donner accès, au-delà des mots, à la pensée même de l'auteur[23]. Or, le fait que le langage manque d'un algorithme capable de contenir en lui-même et d'expliquer de lui-même tout le pouvoir expressif et de le prêter aux langages historiques n'est pas un obstacle, à son sens, pour que nous puissions trouver dans la même diachronie de la langue ce qui rend encore possible la communication et le sens[24].

En effet, la communication peut être possible en l'absence d'un code, si bien qu'il n'est ni nécessaire ni plausible de postuler dans les processus pragmatiques un système « modulaire », qui serait susceptible d'une étude scientifique[25].

Wilson et Sperber cherchent, cependant, une théorie pragmatique explicative répondant à ce qui, à leur sens, constitue un fait basique de la cognition humaine, à savoir, le principe de « *relevance* » et sa « maximisation », selon lequel nous tendons à prêter attention aux phénomènes disponibles les plus remarquables possibles, à construire les représentations les plus remarquables possibles de ces phénomènes et à les traiter dans un contexte qui maximise leur « relevance »[26]. Une information serait remarquable dans la mesure où elle aurait des effets contextuels, de sorte que dans une communication, celui qui parle ait la garantie que ce qu'il dit aura des effets contextuels, qui assurent l'attention de l'auditeur et, de plus, que ce dernier n'ait pas à réaliser un effort de traitement injustifiable, car

23. *op. cit.* p. 34.

24. *op. cit.* pp. 49-50.

25. Voir Wilson, *Modularity of Mind*, The MIT Press, Cambridge, 1981.

26. Voir Wilson, and Sperber, *op. cit.* Et aussi son ouvrage *Relevance : communication and cognition*. Basil Blackwell, Oxford, 1986. Luria, *op. cit.* p. 32. Enfin Kempson, *The relation between language, mind and reality*. (in Kempson éd., *op. cit.* pp. 19-20.

cela risquerait de rabaisser le niveau de « relevance » et par conséquent, d'augmenter le risque d'incompréhension. Quand ces deux conditions se réalisent dans une expression ou dans un acte de communication (effets contextuels et effort *minimum* de traitement justifiable) on peut affirmer que c'est parfaitement remarquable.

Cela nous mène immédiatement au problème de la référence et de la signification dans le sens de Quine. Celle-là s'occuperait de la vérité, de la dénotation et de l'extension, celle-ci de l'intension, de l'analyticité et de la synonymie. Ou, comme dit Luria, dans chaque mot résident deux fonctions : a) la référence objective ou désignation d'objets (avec le mot nous nous référons aux objets en leur absence), et b) la signification des mots, qui consistera à analyser les objets, souligner leurs propriétés essentielles et les situer dans une catégorie déterminée[27]. Dans la *Phénoménologie de la Perception*, Merleau-Ponty disait que « nommer un objet, c'est l'arracher à ce qu'il a d'individuel et d'unique pour voir en lui le représentant d'une essence ou d'une catégorie »[28].

Chaque parole a donc une signification complexe, constituée par des composants figuratifs directs et par d'autres abstraits et généralisateurs.

Le problème de la catégorisation est commun aux hommes et aux animaux ; ces derniers catégorisent aussi des stimulations avec des caractéristiques communes, mais Lenneberg insiste sur le fait que les animaux supérieurs, en plus de catégoriser, ont une capacité de discriminer à l'intérieur de la catégorie globale et d'établir des interrelations entre les catégories. Cette fonction catégorisatrice, quand l'homme l'exerce, nous la dénommons *formation des concepts*, de sorte que les mots, plus que des écriteaux d'objets physiques seraient des étiquettes de concepts, mais de concepts non parfaits. Il s'ensuit qu'il serait préférable de parler d'un *processus* de catégorisation dans lequel les référents des mots pourraient changer, les

27. Luria, *op. cit.* p. 27.
28. Merleau-Ponty, *Fenomelología de la percepción*, p. 193.

significations s'étendre et les catégories rester à l'état ouvert[29].

Mc Whinney parvient même à dire que, avant l'acquisition du langage, des fonctions sous-jacentes aux formes du langage peuvent se développer, lesquelles constituent la topographie sémantique sur laquelle les mots forment leurs acceptions usuelles. L'acquisition du lexique serait commandée par un intérêt préalable de l'enfant à exprimer une signification[30]. Cependant, pour Merleau-Ponty, le langage comme système autonome de signification permet, nous l'avons déjà dit, de comprendre l'expérience sans aucune référence à un *ego*. Comprendre le langage n'exige pas non plus un lexique antérieur. Il n'y a pas de langage antérieur au langage, le mot se parle depuis le mot, ce n'est jamais un moyen pour exprimer quelque chose qui n'est pas lui même. Comme dit Merleau-Ponty, il n'existe pas de subordination entre langage et sens et ce que nous voulons dire n'est pas non plus en dehors de toute parole, comme une signification pure[31].

Il existe donc une certaine liberté pour catégoriser, et le fait de nommer est plus une méthode et un processus qu'une relation rigidement établie. D'un autre côté, si le fait de nommer c'est catégoriser, il est évident qu'il fait référence à un processus cognitif consistant à généraliser une réponse à diverses situations, chaque fois que nous sommes capables d'y trouver des dénominateurs communs. De cette façon, les significations ont été traitées comme des concepts, comme des entités platoniques, comme des objets et comme des conduites. C'est ce qui a permis à Austin de dire qu'« on ne peut parler de significations *per se* ». De plus, il partage avec Frege l'idée de différencier la signification des noms propres et celle des noms généraux ou communs. La signification de ceux-là est l'objet même désigné ou dénoté par lui, la signification de

29. Lenneberg, *Fundamentos biológicos del lenguaje*, Alianza, Madrid, 1981, pp. 372-374.
30. Mac Whinney, *op. cit.* p. 65.
31. Merleau-Ponty, *Signos*, p. 97.

ceux-ci ne réside ni en un objet ni en plusieurs, mais en un concept, bien que Frege ajoutera qu'en ce qui concerne un concept nous pouvons nous demander si derrière lui se trouve un objet, ou plusieurs, ou aucun[32] car les concepts sont des manières d'ordonner ou de traiter avec les données sensorielles et sont superposés à ce qui est physiquement donné.

Mais Frege fait initialement une double distinction entre la signification [*Bedeutung*] d'un signe ou ce qu'il désigne (appelé référence) et le sens du signe [*Sinn*] dans lequel est contenu le mode de présentation. De cette façon, la signification (référence) des mots est habituellement ce dont on veut parler, le sens [*Sinn*] aurait à voir avec la connotation, mais en soulignant l'élément conceptuel, qui peut être propriété commune de beaucoup, et la représentation serait l'image subjective que nous pouvons posséder d'un objet. Entre la subjectivité de la représentation et l'objectivité de la signification ou référence, se trouverait, donc, le sens qui n'est plus subjectif comme la représentation, et qui n'est pas non plus l'objet même[33].

Si nous nous attachons à la représentation, personne ne met en doute, à cet instant, que le langage est une activité mentale représentative, dont la relation avec les processus référentiels et de régulation est, selon Culioli, un prérequis pour toute activité conceptuelle symbolique, seulement accessible à travers des séquences de textes que les sujets produisent et reconnaissent comme formes interprétables douées de sens. La représentation comme les processus référentiels exigent respectivement un schéma dynamique de localisation et des objets linguistiques localisables, sans compter que le prérequis pour assigner une référence est la construction d'un système coordonné intersubjectif complexe et d'un espace référentiel. La régulation intersubjective consisterait à ajuster des cadres de réfé-

32. Austin, *Cómo hacer cosas con palabras ?* Paidos, Barcelona, 1982, pp. 75-76. Frege, *Escritos lógico-semánticos*, Tecnos, Madrid, 1974, pp. 34 et 59.

33. Frege, *op. cit.* p. 34.

rence et de représentation, en validant une expression par rapport à un état de fait ou une classe d'états de fait[34]. La représentation étant une activité mentale, ne peut-on pas dire que les états mentaux se réfèrent à des choses dans le monde dans le même sens qu'y réfèrent les discours du langage naturel ?

Dans son article : *Husserl and the Rrepresentational Theory of Mind*, Mc Intyre compare Husserl, précurseur de cette théorie, et Fodor, son plus fort défenseur actuel. À part leurs différences, pour Mac Intyre, tous deux coïncident pour montrer une antipathie spéciale envers la psychologie naturaliste, qui insisterait sur le fait que les états mentaux ne peuvent être identifiés sans considérer leurs causes et les contextes où ils apparaissent. Au contraire, leur objectif est de trouver des analyses générales abstraites de ce qui est impliqué dans différents types d'activité mentale bien que tous deux discutent le fait de savoir si les traits sémantiques des états mentaux (leur capacité pour représenter, signifier ou référer) sont externes ou internes à ces états. Selon Mc Intyre, pour Fodor existe une explication de la représentation mentale modelée par la dite théorie causale de référence linguistique, en accord avec laquelle la relation fondamentale entre langage et monde est causale et, de cette manière, les propriétés sémantiques de tout état mental donné consistent en leurs relations avec des objets extra-mentaux ou des états de choses. En revanche, pour Husserl, les traits sémantiques d'un état mental sont des propriétés intrinsèques non relationnelles, c'est-à-dire, les états mentaux ne nous placent pas dans une relation nécessairement causale avec l'entourage. L'intentionnalité d'un état mental est un trait inhérent au propre état mental, indépendant des relations de fait avec les choses extramentales ou les états de choses. À ce propos, Emmett fait la

34. Culioli, *Representation, referential precesses, and regulation. Language activity as form production and recognition* (Cahiers de la fondation archives J. Piaget, n°10, *op. cit.* pp. 99-100).

distinction entre le caractère intentionnel d'un état mental et ses relations intentionnelles avec les objets dans le monde[35].

Pour Fodor, l'objet référent ou intentionnel serait déterminé par ses relations intentionnelles externes et, pour Husserl, en revanche, par le caractère intentionnel de cet état, qui le renvoie à un *Sinn* noématique, qui est ce qui détermine les propriétés représentationnelles ou intentionnelles et au travers duquel nous nous référons à une chose ou un état de choses, généralement extra-mental. Un état mental représente un objet seulement à travers son noème. La différence, par conséquent, entre les représentations mentales de Fodor et les *Sinne* noématiques de Husserl est que celles-là sont des symboles qui ont une signification, tandis que ceux-ci sont des significations, en dépit de quoi Mac Intyre croit que les *Sinne* noématiques sont aussi conçus (comme les représentations mentales) en analogie avec le langage. Pour Husserl, les significations que nous exprimons oralement ou à l'écrit sont essentiellement les mêmes entités (*Sinne* noématiques) qui rendent possible les épisodes mentaux significatifs[36]. Fodor considère qu'il existe une analogie entre les relations syntaxiques et sémantiques des représentations mentales et celles qui existent entre les discours. En ce sens, le langage naturel est « l'expression de la pensée », le transfert des représentations mentales à un milieu public de communication linguistique[37]. De cette façon, chez Fodor, nous dirions que nous pensons à des mots mentaux que nous arrivons à transférer à un langage public quand nous parlons ou

35. Fodor, *Methodological Solipsism Considered as a Research Strategy in Cognitive Psychology* (The Behavioral and Brain Sciences, 3, pp. 63-109).

36. Emmett, *Meaning and Mental Representation*, (Otto, and Tuedio, *Perspectives on Mind*, Reidel, Dordrecht, 1988, pp. 77 et suivantes).

37. Mac Intyre, *Husserl and the Representational Theory of Mind* (Otto, and Tuedio, *op. cit.* p. 64).

écrivons, tandis que suivant la version de Husserl, nous pensons à des significations que nous parvenons à exprimer dans un langage public[38].

Pour Merleau-Ponty, le mot n'est ni un signe de la pensée, ni son habit ou son enveloppe, mais son emblème ou son corps[39]. On dira que le mot est la présence de la pensée dans le monde sensible, de sorte qu'expression et pensée se constituent simultanément. La pensée est dans les mots, ce n'est pas quelque chose d'intérieur, ce n'est pas quelque chose qui est hors du monde. Les mots doivent cesser d'être une manière de désigner l'objet ou la pensée pour se convertir en un geste qui contient en lui un sens dont la compréhension et, par conséquent la possibilité de communication, s'obtient avec la réciprocité de mes intentions et des gestes d'autrui, de mes gestes et des intentions intelligibles dans la conduite d'autrui[40]. De cette facon, il n'existe pas une pensée pure, seulement des mots où se contracte toute l'histoire d'une langue et qui rendent possible la communication au milieu de perpétuels hasards linguistiques.

La théorie représentationnelle de l'esprit de Fodor est donc dans la tradition rationaliste. De ce point de vue, les mécanismes cognitifs extraient une information du monde externe, emmagasinent et récupèrent cette information à travers un système internalisé de représentation appelé « langage de la pensée »[41]. Ces représentations internes ont un contenu sémantique réel dans le sens où elles sont des représentations d'entités externes à l'appareil cognitif. En revanche, les opérations internes qui régissent la conduite sont internes à l'organisme et, par conséquent, les relations entre ces représentations internes doivent

38. Fodor, *Mental Representation : An Introduction*, Photocopy of Colloquium presentation ar the University of California, Irvine, 1984.

39. Mac Intyre, *op. cit.* p. 64.

40. Merleau-Ponty, *Fenomelología de la percepción*, p. 199.

41. *op. cit.* p. 202.

s'établir en raison de leurs propriétés syntaxiques formelles et non de leur contenu sémantique extérieurement définissable.

Mais si avec le mot nous désignons un objet ou nous formons un concept, nous ne pouvons pas encore formuler une pensée. Pour cela, l'union ou le lien de plusieurs mots ou syntagmes, qui donne lien à tout un discours ou énoncé est nécessaire.

En effet, Merleau-Ponty dira que le sens des signes se livre dans l'intersection des mots, puisque, à son avis, c'est la relation ou la liaison latérale de signe à signe qui les rend chacun significatif et constitue la base finale de la relation du signe au sens[42]. Les signes isolément ne signifient rien. Signifient seulement les *architectures de signes*, c'est-à-dire, la manière de se comporter les uns à côté des autres et de se distinguer les uns par rapport aux autres. De cette façon, si le signe dit seulement quelque chose dans la mesure où il se profile vis-à-vis des autres signes, cela veut dire que son sens est toujours inclus dans le langage qui est significatif dans le mouvement de son opération. Le mot précède toujours la parole, c'est comme un pli dans l'immense tissu du « parler ». Comme le résume Merleau-Ponty dans *La prose du monde* « ce que nous avons trouvé, c'est que les signes, les morphèmes, les paroles une à une ne signifient rien, qu'ils n'en viennent à porter signification que par leur assemblage, et qu'enfin la communication va du tout de la langue parlée au tout de la langue entendue »[43].

Comme nous l'avons déjà rappelé, suivant Wittgenstein, si la finalité du langage est d'exprimer des pensées, celle d'un discours est d'exprimer une pensée. En revanche, Merleau-Ponty précise en disant que le langage plutôt qu'exprimer des pensées, « présente ou plutôt est la

42. Merleau-Ponty, *Signos*, pp. 50 et 52.
43. Merleau-Ponty, *La prosa del mundo*, p. 75.

prise de position du sujet dans le monde des significations »[44]. Le langage ne copierait aucune pensée, il serait porteur de son sens.

Dans le contexte de la sémantique de Frege, il est légitime de parler autant du sens que de la signification d'une proposition. Le sens coïnciderait avec la pensée, non comprise comme le « faire » subjectif mais comme son contenu objectif capable d'être propriété commune à beaucoup. Cependant, tous ne partageraient pas l'avis de Frege qui qualifie ainsi la pensée. L'école de Würzburg parlait d'une pensée sans images, c'est-à-dire, d'une pensée pure, qui fait abstraction d'images et de mots. Pour la psychologie matérialiste, en revanche, la pensée est précédée par un motif initial et suivie par le discours manifeste, de sorte qu'elle reste incertaine, selon Luria, jusqu'à ce qu'elle acquière des contours précis dans le langage, grâce à quoi s'établit un lien indivisible entre pensée et langage, celle-ci étant « le schème général du contenu qui doit s'incarner dans l'énoncé et qui, avant de le faire, présente un caractère plus général, flou et diffus, c'est pourquoi il est en général difficile de l'interpréter et de le formuler »[45]. Le langage consomme la pensée ou, comme dit Vygotsky, le langage est principalement une communication avec lui-même, dont la forme la plus avancée serait le langage intériorisé dont le langage égocentrique serait seulement une partie intermédiaire. Pour Piaget, en revanche, le développement du langage, en faisant partie du développement cognitif général, provient du stade égocentrique (des monologues individuels et collectifs) à une étape, dont la caractéristique principale serait la communication. Peut-être l'erreur de Piaget a consisté à ne pas considérer tant l'usage communicatif que l'usage égocentrique du langage comme sociaux et à encadrer, ainsi, le langage à l'intérieur d'un contexte plus large (psychologique et culturel) où il a lieu. Chez Merleau-

44. Merleau-Ponty, *Fenomelología de la percepción*, p. 210.
45. Luria, *op. cit.* pp. 82-83.

Ponty, penser c'est toujours parler, puisque derrière le langage il n'y a pas une pensée transcendantale, «mais que la pensée se transcende dans la parole »[46].

Un autre problème consiste à se demander à propos de la signification d'un énoncé discursif, si ce que nous voulons c'est, comme dit Frege, aspirer à la vérité de ce même énoncé[47], ou si comme le croit Davidson, la base correcte d'une théorie de la signification pour un langage naturel est une théorie de la vérité de ce langage[48]. Or, avant de déterminer la signification d'un discours, il est nécessaire d'établir un ensemble de règles sémantiques qui expriment, comme dit Kempson, d'une manière composée, à partir des valeurs assignées aux éléments terminaux, la valeur étendue de l'expression comme un tout[49]. Cela suppose que les significations des discours sont déterminées par les significations de leurs constituants élémentaires. Les deux idées, la compositivité et la sémantique conditionnelle de la vérité, sont à la base de la majorité des recherches sémantiques qui se réalisent aujourd'hui depuis le domaine de la science cognitive et qui apparaissent développées par Frege. Ce dernier dit littéralement : « pour une proposition il y a toujours une signification à chercher si ce qui intéresse est la signification des parties composantes, et cela arrive si, et seulement si, on s'interroge sur la valeur de vérité. Donc, nous reconnaissons la valeur de vérité dans sa signification si l'on comprend en tant que valeur de vérité les circonstances qui font qu'elle soit vraie ou fausse »[50].

La valeur sémantique d'une phrase dépend, premièrement, de la composition des valeurs sémantiques de ses constituants et, deuxièmement, des conditions de vérité. Comme dit Larson, « in modern linguistic semantics...the knowledge of meaning might fruitfully be viewed as

46. Merleau-Ponty, *Fenomelología de la percepción*, p. 401.

47. Frege, *op. cit.*, p. 37.

48. Davidson, « Truth and Meaning », *Sunthese*, 17, 1967, pp. 304-323.

49. Kempson, *The Relation Between Language, Mind and Reality*, *op. cit.*, p. 7.

50. Frege, *op. cit.* p. 37.

knowledge of truth-conditions... knowing the meaning seems to be largely captured in terms of knowing the truth-conditions »[51].

Les théories conditionnelles de vérité adoptent le point de vue que la signification est principalement une relation entre le langage et le monde. L'interprétation implique systématiquement des discours qui se mettent en rapport avec le monde à travers la notion de vérité. Par conséquent, quand nous formulons une question au sujet de la vérité, il ne suffit pas, dans le schéma de Frege, de s'en tenir uniquement au sens, sinon qu'il est obligatoire de s'en tenir à la signification d'un mot ou d'une phrase. Comme la signification d'un terme ou énoncé est la chose ou l'état de choses, le sens d'un mot est un aspect de la signification d'un mot au moyen duquel nous le comprenons ou ce que l'esprit entend quand il comprend une expression.

L'idée de sens est plus abstraite que celle de référence. Le sens d'une phrase n'est pas sa valeur de vérité mais ce qui la rend véritable ou fausse, c'est-à-dire, ce que le monde serait s'il était véritable, si bien qu'il semble nécessaire d'introduire, à l'intérieur de la tradition de Frege, le concept de sémantique des mondes possibles, où la sémantique théorique de modèles appliquée aux langages naturels, dont la fécondité est immédiatement perçue par Montague[52]. La théorie du modèle étudie la relation entre langage et monde d'une manière formelle et essaie de s'occuper des bases des langages intentionnels donnant à la notion d'intention un statut rigoureux à l'intérieur d'une théorie de la référence. Dans ce cadre, le concept de monde possible est ajouté au répertoire d'extension, de référence et de vérité. Un monde possible serait une manière dont le monde aurait été consistant avec la logique. On dira, alors, que le sens d'un discours (ou

51. Larson, *Semantics* (Osheron, and Lasnik éd. *An Invitation to Cognitive Science*, vol. 1. : *Language*, The MIT Press. Cambridge, 1990, pp. 26 et 27).

52. Voir Montague, *Formal Philosophy*, édité avec une introduction de Thomason, New Haven, Zale University Press, 1974.

proposition) est cet ensemble de mondes où la proposition est véritable, même s'il peut paraître étrange d'identifier la signification d'une proposition avec un ensemble de mondes possibles. Mais il faut préciser ce que cela signifie. Si nous prononçons la phrase suivante, l'herbe est verte, sa vérité dans le monde actuel dépend de son appartenance à l'ensemble de mondes où l'herbe est verte ; si quelqu'un avait dit que l'herbe est rouge, nous l'aurions considérée comme fausse, car le monde actuel n'est pas dans l'ensemble de mondes d'herbe rouge. Mais on pourrait considérer cette phrase comme véritable pour un des mondes possibles d'herbe rouge. En utilisant le langage de mondes possibles, nous pouvons dire que ce que nous comprenons est ce qui qualifie comme membre dans l'ensemble de choses rouges ou vertes, dans tout monde possible. De sorte que, lorsque nous comprenons rouge et vert, nous serions capables d'identifier l'ensemble de choses rouges ou vertes dans ce monde. De ce point de vue, nous dirions que lorsque nous comprenons la signification d'une expression nous comprenons non pas sa référence, mais son sens, qui est celui qui détermine sa référence. Il s'ensuit qu'une proposition et les faits déterminent une valeur de vérité, laquelle constitue, selon Frege, la signification d'une proposition.

La dette symbolique de la *Phénoménologie de la perception*

Kasuo Masuda

I

À l'instar de Husserl, Merleau-Ponty affiche une attitude de « désaveu » (PP, p. ii) à l'égard du monde analysé et construit à l'aide des concepts : loin d'avoir un caractère réel et concret, un tel monde ne serait que le produit des habitudes et des leurres des pensées traditionnelles. La nouvelle philosophie transcendantale, qui choisit le slogan : « C'est l'expérience (...) [*sic*] muette encore qu'il s'agit d'amener à l'expression pure de son propre sens » (PP, p. x), tente une remontée vers l'originaire afin d'éclaircir le « problème de la constitution du monde » (PP, p. 73). D'où une innovation du programme par rapport aux pensées déjà existantes : pour la *Phénoménologie de la perception,* le « premier acte philosophique » consiste désormais à revenir au monde vécu en deçà du monde objectif » (PP, p. 69). Davantage, le centre même de la philosophie se trouve déplacé : « le centre de la philosophie n'est plus une subjectivité transcendantale autonome, située partout et nulle part, il se trouve dans le commencement perpétuel de la réflexion à ce point où une vie individuelle se met à réfléchir sur elle-même. La réflexion n'est vraiment réflexion que si elle ne s'emporte pas hors d'elle-même, se connaît comme réflexion-sur-un-irréfléchi, [...] » (PP, p. 75 *sq*.).

Le sujet devient un champ d'expériences ouvert par le corps, lequel se caractérise par son mode d'être originaire qui est la perception. La tâche de la philosophie consiste désormais à *décrire* l'expérience de ce sujet pris dans l'opacité du fait. La description est ici le mode d'approche approprié ; essayer de penser ou d'expliquer reviendrait à déformer toute la scène de l'irréfléchi. Il faut respecter la nature du rapport que le corps entretient avec le monde : « Mon corps a son monde ou comprend son monde sans avoir à passer par des “ représentations ”, sans se subordonner à une “ fonction symbolique ” ou “ objectivante ” » (PP, p. 164).

Retenons bien ce que dit cette phrase qui va nous servir de point de départ : la perception ou l'intentionnalité corporelle *ne passe pas par*, *n'est pas fondée sur* la fonction symbolique ou objectivante.

II

Merleau-Ponty se serait intéressé dès sa jeunesse à Bergson. Ce dernier écrit au début de son *Introduction à la métaphysique* que la tradition a toujours distingué deux manières de connaître une chose : la première s'effectuerait d'un point de vue *extérieur* à l'objet et passerait par des symboles. Il s'agirait là d'une manière relative parce que dépendante du point de vue ainsi que des symboles sur lesquels elle s'appuie. La seconde, par contre, se ferait de l'intérieur de l'objet et n'aurait recours à aucun de ces facteurs qui introduisent la contingence. Elle serait par conséquent absolue[1]. Et le premier paragraphe de ce texte qui insiste sur la nécessité d'*entrer* dans l'objet et d'en avoir une saisie intuitive – autant de principes essentiels de la pensée bergsonienne – se clôt sur cette formule qui se trouve d'ailleurs soulignée : « La métaphysique est donc la science qui prétend se passer de symboles »[2]. L'axiologie en œuvre y est donc très nette : l'intériorité, l'immédiateté et l'intuition sont préférées aux dépens de l'extériorité, du médiat et du symbole.

Bien qu'il n'en retienne pas tous les traits, Merleau-Ponty semble hériter l'essentiel de cette axiologie, mais selon une stratégie assez complexe. Depuis le début, son entreprise consistait à se frayer une voie entre l'empirisme et l'intellectualisme, mais il doit désormais ouvrir un troi-

1. V. Henri Bergson, « Introduction à la Métaphysique », in *Œuvres*, Édition du centenaire, PUF, 1959, p. 1393.

2. *Ibid.*, p. 1396.

sième front en face de la pensée des « données immédiates ». C'est ainsi que dans la *Phénoménologie,* et notamment dans le chapitre sur le « champ phénoménal », Bergson est présenté comme l'erreur opposée mais symétrique à la philosophie réflexive. Tous les deux manqueraient à décrire la conscience véritable : alors que la seconde propose une conscience transcendantale absolue, le premier prétend qu'une coïncidence fusionnelle se produit entre le sujet et l'objet. Or, cette fusion recèle une difficulté ; il est vrai qu'un contact direct semble s'établir entre le sujet et l'objet, et en ce sens le bergsonisme a raison. Mais cette fois, le sujet ne peut plus en rendre compte sans abandonner l'état fusionnel. Et en sortant de cet état, il lui faudrait *penser* l'impression qu'il vient d'éprouver, la *remémorer,* ce qui reviendrait inévitablement à la déformer. En d'autres termes, l'expression exigerait, pour être authentique, qu'il n'y ait aucune solution de continuité entre ce qui est à exprimer, le sujet de l'expression et l'exprimé.

La perception vient fournir la solution. Le sens et l'expression sont toujours déjà en germe en elle : on perçoit un objet quand on le « "comprend" par une sorte d'appropriation » (PP, p. 70). Cependant, comme on s'en apercevra aisément en lisant la *Phénoménologie,* tout le discours est gouverné par une chaîne axiologique et sémantique très proche de celle de Bergson. Aussi, l'intérêt de la critique réside-t-il moins dans la négation pure et simple de *l'immédiat* que dans la quête d'un *immédiat* qui n'en soit pas vraiment un, d'un *immédiat* pour ainsi dire à la deuxième puissance. Le sujet de la *compréhension* est non pas l'esprit mais le corps. Celui-ci, « médiateur d'un monde » (PP, p. 169), possède la particularité d'accomplir cette médiation sur le mode de l'immédiat ; ce qui a lieu est plutôt une *im-médiation.* En aucune manière, celle-ci n'est réductible à ce qu'on appelle une « intellection », qui relève de l'ordre du jugement ou de la représentation. Pour bien distinguer cette *immédiation,* Merleau-Ponty entreprend la restauration des valeurs d'*immédiat* et d'*intérieur* dans la page même où il vient de les condamner : la compréhension est celle d'un « objet immédiat comme ensemble imprégné d'une signification immanente » (PP, p. 70). Mais cette immédiateté ne sera plus la même que celle de Bergson, car elle en sera séparée par une mince différence, qui est celle du *sens* ou de la structure :

« [...] est désormais immédiat non plus l'impression, l'objet qui ne fait qu'un avec le sujet, mais le sens, la structure, l'arrangement spontané des parties » (*ibidem*).

La valeur d'*intériorité* est non moins importante. Elle est associée à la valeur de *vie*. Dès *La Structure du comportement*, c'est l'« apparition d'un "intérieur" dans l'"extérieur" » (SC, p. 175) qui annonçait la vie, l'organisme possédant une « norme intérieure » (SC, p. 167) d'activité. Dans la *Phénoménologie*, les rapports que le sujet peut avoir avec l'objet, le monde ou autrui sont constamment qualifiés d'intérieurs ou d'internes, à tel point que ces termes deviennent des valeurs garantissant à elles seules l'authenticité d'un rapport :

« Être une conscience ou plutôt être *une expérience*, c'est communiquer intérieurement avec le monde, le corps et les autres, être avec eux au lieu d'être à côté d'eux » (PP, p. 113).

« Une chose n'est donc pas effectivement *donnée* dans la perception, elle est reprise intérieurement par nous [...] » (PP, p. 377).

« Entre ma conscience et mon corps tel que je le vis, entre ce corps phénoménal et celui d'autrui, tel que je le vois du dehors, il existe une relation interne qui fait apparaître autrui comme l'achèvement du système » (PP, p. 405).

De ce point de vue, la phénoménologie se présente donc comme une philosophie qui propose l'idée d'un rapport immédiat, intérieur, mais de *sens*. Ce dernier point ne doit pas être oublié, puisque c'est lui qui sépare la phénoménologie du bergsonisme. Réserve précaire cependant, du moins lorsqu'on se penche sur l'idiome merleau-pontyen. En effet, cette mince pellicule de sens est loin d'envelopper toute la surface du discours. On n'y rencontrera pas, il est vrai, les notions de *fusion* ou de *coïncidence*, mais en revanche, l'idée de *communion*, associée à celle de *communication,* semble sous-tendre toutes les descriptions :

« [...] toute perception est une *communication* ou une *communion,* la reprise ou l'achèvement par nous d'une intention étrangère ou inversement l'accomplissement au dehors de nos puissances perceptives et comme un *accouplement* de notre corps avec les choses » (PP, p. 370 ; je souligne).

Précisons qu'il ne s'agit nullement là d'une simple figure visant à illustrer l'expérience de la perception chez le sujet. Cette communion est à prendre « à la lettre » (PP, p. 246). La perception serait donc *im-médiate*, se ferait de l'intérieur, elle serait une assimilation à peine différenciante de la chose, effectuée par le corps phénoménal, une *quasi-incorporation.*

Le bénéfice du *sens* ou de la *structure* aura été immense. C'est qu'en remplaçant *données immédiates* et *intuition* par *perception* et *compréhension,* on résout plusieurs problèmes dont celui de l'expression. La *compréhension* relève non plus de l'intellect mais du corps ; d'autre part, l'*expression* est elle aussi redéfinie dans un vocabulaire *corporel* : le corps effectue une « opération primordiale de signification » (PP, p. 193).

Une remarquable continuité est désormais instaurée entre le corporel et le spirituel, le perceptif et le langagier. Le corps déjà exprime, déjà il comprend. La notion de *parole* vient s'aligner à son tour sur celles élargies d'*expression* et de *compréhension* : l'analogie du langage et du geste est soulignée, et la parole qualifiée de « geste linguistique » (PP, p. 217) se caractérisant d'abord par une « signification gestuelle » (PP, p. 209). Témoins parmi d'autres, ces deux passages :

« La parole est un véritable geste et elle contient son sens comme le geste contient le sien » (PP, p. 214).

« Le geste phonétique réalise, pour le sujet parlant et pour ceux qui l'écoutent, une certaine structuration de l'expérience, une certaine modulation de l'existence, exactement comme un comportement de mon corps investit pour moi et pour autrui les objets qui m'entourent d'une certaine signification » (PP, p. 225).

Donc, très nombreux sont les passages où le langage est décrit en termes de geste ou de perception. Cependant, et c'est ce que je me proposerai de montrer, cet *avant* du langage se tient lui-même sur une autre couche qui semble lui disputer l'antériorité. Cette couche n'est autre que ce que je désignerai du nom de *symbole*. Difficilement lisible dans le discours même, on peut néanmoins en soupçonner les traces dans l'osmose entre les valeurs concernant le langage et la perception. Car, à y regarder de plus près, on ne tardera pas à s'apercevoir, comme le fait remarquer G. Hottois, que le « vecteur analogique »[3] – celui qui assimile le langage au geste et à la perception – n'a un effet persuasif que parce que tout un contexte, constitué par une série d'analogies inverses, le conditionne et le prépare. Ainsi, la perception serait déjà un « langage muet » (PP, p. 60) et la vision ou le toucher serait « comme un langage qui s'enseignerait lui-même » (PP, p. 369). La possibilité de cette analogie est même la condition de la perception *normale* :

« Chez le normal, l'objet est "parlant" et significatif, l'arrangement des couleurs "veut dire" d'emblée quelque chose, tandis que chez le malade la signification doit être apportée d'ailleurs par un véritable acte d'interprétation » (PP, p. 153)

À ce stade de la pensée, la perception apparaît comme la référence dernière, milieu entre l'en-soi et le pour-soi, mais aussi comme la clef de voûte du discours lui-même à laquelle reconduisent toutes les avancées de l'investigation. Mais cette perception à son tour doit recourir à toute une série de descriptions effectuées dans un vocabulaire emprunté à la sphère du langage. Ce vocabulaire et la nécessité de son intervention ne sont jamais interrogés pour eux-mêmes. Que veut donc dire cette osmose terminologique ? Ne signifie-t-elle pas que, malgré le privilège accordé à l'axiologie de l'*im-médiat,* la

3. Gilbert Hottois, *L'Inflation du langage dans la philosophie contemporaine,* Éditions de l'Université de Bruxelles, 1979, p. 92.

perception suppose déjà une structure de type sémiologique ? Qu'elle ne peut se passer d'une certaine mise en forme ou d'une certaine « fonction symbolique » ? En tout cas, que la thèse du « primat de la perception »[4] est beaucoup plus relative que ne laisse entendre le discours immédiatement lisible de Merleau-Ponty ?

Pour répondre à ces questions, il faudra remonter de quelques années et revoir comment la perception a émergé dans *La Structure du comportement.*

III

La *Phénoménologie* affirme : « Tout le savoir s'installe dans les horizons ouverts par la perception » (PP, p. 240). Mais comme ce savoir issu de la perception assume, à son tour, la tâche d'expliciter le monde perçu, la perception occupe non seulement la place de l'*archè* mais aussi du *telos*. Elle couvre tout notre champ d'action ; tout se joue sur fond perceptif et tout, jusqu'aux connaissances pures de la physique et de la mathématique, doit lui revenir.

La perception est une compréhension ou une mise en forme. Et le monde objectif ne peut être désigné comme but valable de notre connaissance que parce que le corps, déjà, est *phénoménal,* et qu'il n'a pas à répondre aux sollicitations d'un monde en soi et que, par conséquent, il y a originarité du phénomène à l'égard du monde objectif. Le « monde naturel » (PP, p. 45 *sqq.*), désigné comme corrélat de ce corps phénoménal et percevant, reste irréductible au monde en soi. L'en-soi pur n'est pas une notion tenable, et ce que l'on tient pour tel n'est qu'un « en-soi-pour-nous » (PP, p. 372). Or, ce « nous » est le « nous » comme horizon de l'humanité : le monde dont parle Merleau-Ponty n'est

4. Une partie du titre de la conférence au cours de laquelle Merleau-Ponty présenta les résultats de sa Thèse devant la Société française de philosophie. Ces circonstances nous permettent de supposer que ce titre condense l'essentiel de son projet. V. « Le Primat de la perception et ses conséquences philosophiques », in *Bulletin de la société française de philosophie,* 41 : 4 oct.-déc.1947, pp. 119-153.

autre qu'*un monde de sens humain.* La *Phénoménologie* apparaît comme un livre exempt de toute célébration pompeuse de *l'humanité,* l'homme n'y est pas explicitement décrit comme cet être dominant toute la chaîne des étants et la mettant à son entière disposition. Pourtant, à suivre la lecture que nous venons d'entamer, il se révèle que si l'homme n'a pas à proclamer sa souveraineté, s'il peut même renoncer à la maîtrise intellectuelle du monde, ce n'est que parce qu'il s'est déjà assuré un monde intimement sien, un monde d'où le non-humain est exclu. La perception ne serait première que dans le monde naturel déjà constitué sur la mesure de l'homme, dans cette *physis* appartenant à l'homme ou dans cette *anthropophysique*[5].

Ce monopole du monde, la constitution de cet horizon de sens humain coextensif à tout l'espace discursif de Merleau-Ponty, n'aura pas été possible sans une séparation de l'homme d'avec le reste. Cette remarque peut surprendre car un certain mode de lecture nous a habitués à lire Merleau-Ponty d'abord à travers la *Phénoménologie,* prescrivant par là une certaine interprétation. On a tendance à laisser de côté *La structure du comportement* mais, à mon sens, ces deux ouvrages relèvent d'une même stratégie philosophique. Dans *Titres et travaux,* un inédit dans lequel il présente ses travaux en vue de sa candidature au Collège de France, le philosophe explique les points de vue adoptés dans ses deux premiers ouvrages : la Thèse de 1945 aurait été écrite d'un point de vue situé à l'« intérieur du sujet », alors que le livre précédent l'aurait été du « point de vue du spectateur étranger »[6]. Mais ce qui m'intéresse ici, c'est le fait qu'il souligne l'impossibilité de « renoncer à aucune de ces deux perspectives »[7].

5. Ce terme est employé par Jacques Derrida à la page 283 de « La Mythologie blanche » (in *Marges,* Minuit, 1972). Je l'ai détourné – à peine – de son sens pour lui faire dire non pas la « nature *de l'homme »,* mais la *« nature de* l'homme », c'est-à-dire la nature selon l'homme.

6. *Titres et travaux – Projet d'enseignement,* inédit conservé au Collège de France, p. 6. Je dois à Shoishi Matsuba de pouvoir disposer de ce texte.

7. *Ibid.*, p. 4.

Si *La Phénoménologie* ne comporte que de pauvres traces de la monopolisation du monde par l'homme, c'est parce que cette opération a été pour ainsi dire sous-traitée par *La structure*. Il faut revoir comment ce livre procède à la séparation homme/animal. Cette séparation nous rappelle la tradition où s'inscrivent le geste d'Aristote ouvrant sa *Métaphysique* ainsi que celui lisible dans le paragraphe 34 d'*Être et Temps* de Heidegger. Problème constant et moment incontournable dans un discours de type philosophique, puisqu'on le retrouve non seulement dans un texte qui inaugure toute une tradition en lui imposant un nom mais aussi dans un autre qui en propose la « destruction »[8]. Aristote caractérise l'homme par l'art [*technè*] et par le raisonnement [*logismos*], mais reconnaît que tous les animaux, y compris les hommes, possèdent la sensation [*aisthésis*][9]. Heidegger, quant à lui, loue la perspicacité des Grecs qui ont su définir l'homme comme *zôon logon ekon,* mais critique l'interprétation latine d'*animal rationale* et, ce faisant, soustrait l'homme de la catégorie du simple être vivant :

« L'interprétation postérieure de cette définition de l'homme au sens de l'*animal rationale,* de l'" être vivant raisonnable ", n'est certes point " fausse ", mais elle recouvre le sol phénoménal où cette définition du *Dasein* avait été puisée. L'homme se montre comme un étant qui parle [*das Seiendes, das redet*]. Cela ne signifie pas qu'il a en propre la possibilité de l'ébruitement vocal, mais que cet étant est selon la guise de la découverte du monde et du *Dasein* lui-même »[10].

Merleau-Ponty admet lui aussi une césure profonde entre l'homme et l'animal. La raison en est évidente : il propose une philosophie de la structure dans laquelle l'homme possède une unité propre et indécomposable. Cette attitude le conduit devant une double difficulté : d'abord, il ne peut souscrire au schéma de type aristotélicien parce que le sujet merleau-pontyen est défini comme

8. Martin Heidegger, *Être et temps,* tr. fr. E. Martineau, Authentica, 1985, p. 39.

9. Aristote, *La Métaphysique,* livre A 1, 980-b, tr. fr. J. Tricot, Vrin, 1986, p. 2.

10. M. Heidegger, *op. cit.*, p. 131.

un sujet percevant, et que par conséquent, il doit le distinguer de l'animal *dès la perception*. Dans ce contexte, l'homme ne peut être un animal qui possède la raison *en plus de* la perception, laquelle serait commune à tous. Mais par ailleurs, l'animal n'étant pas réductible à un mécanisme sans unité ni intériorité, Merleau-Ponty est forcé de lui reconnaître une sorte de perception; c'est d'ailleurs ce qu'il fait depuis le début du livre. Voici d'abord ce qu'il est dit de l'homme : « L'esprit n'est pas une différence spécifique qui viendrait s'ajouter à l'être vital ou psychique pour en faire un homme. L'homme n'est pas un animal raisonnable » (SC, p. 196).

L'homme diffère de l'animal dans sa totalité, et la perception ne fait pas exception. C'est pourquoi d'ailleurs le phénoménologue souligne la nécessité d'étudier la perception *humaine* pour elle-même. Tous les comportements, du plus simple au plus complexe, révèlent une « dialectique » propre dont les caractéristiques sont les suivantes : «Ces actes de la dialectique humaine révèlent tous la même essence : la capacité de s'orienter par rapport au possible, au médiat, et non par rapport à un milieu limité, – ce que nous appelions plus haut avec Goldstein l'attitude catégoriale » (SC, p. 190).

L'homme jouit d'une plus grande liberté d'action. Mais contrairement à ce qui se passe dans la *Phénoménologie,* il se trouve lié à une chaîne sémantique commandée par l'«attitude catégoriale», chaîne non pas de l'*actuel* et de l'*immédiat* mais du *possible* et du *médiat*. C'est par ces derniers traits que le comportement humain se distingue non seulement du comportement animal mais aussi du comportement pathologique. En effet, l'« attitude catégoriale » est utilisée pour la première fois à propos de l'aphasie et de l'apraxie, et associée dans un rapport de quasi-synonymie à deux autres termes qui sont la « fonction de médiatisation [*darstellende Funktion*] » de Woerkom et le pouvoir d'« expression symbolique » de Head[11]. Dans un

11. Ces termes se trouvent mentionnés à la page 69. Et tous sont cités d'une même page de *La Structure de l'organisme* de Goldstein.

livre qui repose sur l'idée que l'action et la perception doivent être étroitement rapportées entre elles, ces trois termes qui qualifient l'action valent aussi pour la perception. Et c'est grâce à eux que Merleau-Ponty parviendra à dégager l'humain du reste du vivant. Cette opération a lieu dans le sous-chapitre qui porte le titre du livre lui-même, et plus précisément dans une section qui traite de la distinction entre les « formes syncrétiques », « amovibles » et « symboliques » du comportement.

Voici ce que l'on trouve dans le passage sur les « formes amovibles ». Un chimpanzé, qui possède un admirable sens d'équilibre lorsqu'il s'agit de son corps propre, perd cette faculté quand il a pour tâche de maintenir une construction perpendiculaire par rapport au sol. Cette maladresse était traditionnellement attribuée à l'« infirmité visuelle » de l'animal, mais Merleau-Ponty corrige cette conclusion en faisant remarquer que l'infirmité n'est elle-même qu'un résultat :

« L'infirmité visuelle n'exprime que l'insuffisance des relations d'expression réciproque, du comportement symbolique ou encore de la " structure chose ". La vision n'est imparfaite que parce qu'elle est le sens du virtuel », SC, p. 129).

Cette affirmation est importante : l'animal semble atteint d'une infirmité visuelle parce qu'il ne dispose pas d'une forme de comportement qui rende possible une perception adéquate au genre de problème qu'il doit résoudre. Sa vision semble imparfaite parce qu'il lui manque la dimension du virtuel qui, chez l'homme, constitue la vision proprement dite.

Encore une fois, l'*immédiat* n'est nullement associé à la perception humaine. C'est au contraire l'animal qui aurait un « comportement adapté à l'immédiat et non au virtuel, aux valeurs fonctionnelles et non aux choses » (SC, p. 130). La fin de la section conclut en soulignant la nécessité d'admettre, au-dessus des « formes " amovibles " », le « comportement symbolique où devient possible la structure chose » (*ibid*).

La perception supposerait donc cette fonction générale. En elle se trouverait déjà inscrit le *symbole*, la possibilité de l'espacement ou du retrait. C'est en vertu de ce pouvoir que l'homme peut se détacher des aspects partiels et immédiats que lui offre l'objet et en saisir l'unité – d'où la *chose*. Mais que signifie *aussi* cette argumentation ? L'homme, le sujet percevant humain, n'a-t-il pas contracté une énorme dette envers le *symbole* et la chaîne axiologico-sémantique qu'il commande ? Peut-on, à partir de là, élaborer une philosophie de la perception, surtout celle qui méconnaît l'importance du *symbole* en déclarant que le corps comprend son monde sans passer par la fonction symbolique ?

IV

Dans les dernières pages, *La structure du comportement* amorce le passage vers le point de vue intérieur et se clôt en rappelant l'importance du problème de la perception. N'est-on pas, toutefois, en droit d'attendre dans le livre suivant, un *homo percipiens* qui soit en même temps un *animal symbolicum*[12] ? Il n'en sera rien cependant. Malgré quelques convergences, il demeurera une différence d'attitude fondamentale entre Merleau-Ponty et un philosophe des « formes symboliques ». Même s'il s'intéresse à la perception, un Cassirer vise à décrire l'ébauche des significations pures, affranchies des formes concrètes et du milieu immédiat. Il s'agit pour lui de retracer une sorte de phénoménologie de l'esprit qui tendrait vers les formes de connaissances pures s'exprimant par des systèmes de symboles. Merleau-Ponty, quant à lui, reconnaît bien une « " téléologie " de la conscience » (PP, p. 453) dans le mouvement de transcendance du corps. Cette téléologie dépasse les structures existantes vers des structures de plus en plus perfectionnées. L'auteur restera cependant fasciné par l'ombre qui sous-tend les réalisations lumineuses de la raison, ce

12. Je renvoie ici à Cassirer. On le sait, toute *La Philosophie des formes symboliques* repose sur cette même vision de l'homme. Voir aussi *Essai sur l'homme*, tr. fr. Norbert Massa, Minuit, Paris, 1975, p. 45.

qui le reconduit perpétuellement à prêcher le retour à la perception. De plus, son attitude à l'égard du kantisme semble s'être durcie depuis la rédaction du livre précédent ou, plus précisément, depuis son étude approfondie de la phénoménologie husserlienne. Il prend conscience de la problématique de la constitution du monde et qualifie, en s'autorisant d'un article d'Eugen Fink[13], la philosophie kantienne de « philosophie "mondaine" et dogmatique » (PP, p. 40, n.1).

D'un livre à l'autre, on observe donc un renversement des valeurs. Dans la *Phénoménologie*, la *fonction symbolique* et la catégorie se voient privées de leur statut de fondement. On découvre, dans le chapitre intitulé « la spatialité du corps propre », que la « fonction symbolique repose sur la vision comme sur un sol [...] (PP, p. 147) ou que la « pensée vivante ne consiste [...] pas à subsumer sous une catégorie » (PP, p. 149). C'est que tout le chapitre tente d'élaborer une description du comportement humain en termes d'intentionnalité corporelle, ce qui est un des effets solidaires de cette redéfinition de la conscience : « La conscience est originairement non pas un " je pense que ", mais " un je peux " » (PP, p. 160).

Symbole et *catégorie* ne sont plus les signes de la normalité humaine. La différence est de taille. Elle l'est à tel point que le lecteur peut avoir du mal à associer ces termes avec leurs homonymes de *La Structure*. On peut même en venir à douter de la légitimité de les identifier. Leurs sources, leurs acceptions et leurs valeurs sont-elles les mêmes ? Les termes employés dans le premier livre proviennent des textes de biologie, alors que les seconds sont étroitement rapportés à la pensée de Cassirer. Ne comparerait-on pas alors ce qui est incomparable ? Ces doutes me paraissent légitimes. Aussi, bien que je n'accorde pas un grand crédit à la recherche des sources,

13. Il s'agit de « Die Phänomenologische Philosophie Husserls in der gegenwärtigen Kritik », publiée d'abord dans les *Kant-Studien* XXXVII, 1933, pp. 321-383, puis tirée à part à Berlin, chez Pan-Verlag, 1934.

entrerai-je dans ce jeu jusqu'à un certain point. Voici, très schématiquement, mon argument : 1° dans *La Structure*, les quasi-synonymes de « fonction symbolique », de « fonction de médiatisation » et d'« attitude catégoriale » sont tous les trois cités de la même page de *La Structure de l'organisme,* laquelle constitue alors l'une des références les plus importantes ; 2° la *Phénoménologie* cite aussi des termes synonymes dans les pages 140-141. Elle remplace certains termes par d'autres termes similaires des mêmes auteurs : l'« expression symbolique » de Head par sa « fonction symbolique » et la « fonction de médiatisation » de Woerkom par sa « puissance de " projection " ». Elle ajoute un nouveau terme qui est la « fonction représentative» de Bouman et Grünbaum. En tout cas, les auteurs cités dans les passages de *La structure du comportement* y figurent tous ; 3° dans la Thèse de 1945, il est vrai que Cassirer est visé à travers la dévalorisation de ces termes. On pourrait alors être tenté d'objecter que, dans le livre de 1942, Merleau-Ponty ne connaissait pas la réinterprétation de ces notions dans le troisième tome de *La Philosophie des formes symboliques* (1929) – je précise le tome, car c'est le seul qu'il mentionne à la fin de sa Thèse –, et que les notions des savants n'ont rien à voir avec cette reprise intellectualiste. Cet argument ne tient pas à cause de cet espace philosophique soutenu par une économie très active d'emprunts, d'appropriations ou de détournements. Et si Merleau-Ponty ne semble pas avoir lu, à l'époque, l'ouvrage de Cassirer, Goldstein le cite dans sa *Structure de l'organisme* (1934), y présente la notion de « symbole » et l'interprète même en termes de *gestalt.* Tous ces auteurs sont donc dans une complicité profonde. Merleau-Ponty le sait bien d'ailleurs, puisque c'est en bloc qu'ils sont acceptés ou rejetés. Leur dévalorisation dans la *Phénoménologie* semble moins motivée par une nouvelle découverte – en l'occurrence la lecture de l'ouvrage de Cassirer – que par un changement d'attitude du philosophe lui-même[14] ; 4° une dernière objection reste encore

14. Je n'exclus pas toute possibilité de lecture de *La Philosophie des formes symboliques* par Merleau-Ponty avant 1938

possible : avait-on le droit d'assimiler, dans *La Structure du comportement,* le « comportement symbolique» aux autres termes ? Je répondrai par l'affirmative : le comportement symbolique ouvrait la possibilité de la "structure chose" tout comme les notions énumérées dans la *Phénoménologie* se rapportent à la « constitution des " choses " » (PP, p. 141).

Classé comme une notion intellectualiste, le *symbole* voit sa portée et sa valeur diminuées. L'explication par le *symbole* serait « moins fausse qu'abstraite » (PP, p. 145), mais cette abstraction dissimulerait un autre sol, ce qui disqualifie le *symbole* en tant que terme dernier des investigations :

« La " fonction symbolique " ou la " fonction de représentation" sous-tend bien nos mouvements, mais elle n'est pas un terme dernier pour l'analyse, elle repose à son tour sur un certain sol [...] » (*ibid.*).

Et ce sol, nous l'avons vu, est la *vision* qui, dans le livre précédent, supposait le « comportement symbolique ». Il y a donc renversement. Ce geste a peut-être été motivé par l'urgence de répondre à l'intellectualisme, surtout à celui de Cassirer qui propose, dans le troisième tome de sa *Philosophie des formes symboliques,* une « Phénoménologie de la connaissance ». La proximité motivant parfois l'éloignement, cette urgence semble prévaloir même si, comme il le reconnaît dans une note,

et, par conséquent d'un *emprunt* direct de la notion de symbole. Pour deux raisons : d'une part, il arrive que même les ouvrages cités dans la *Phénoménologie* ne soient pas mentionnés dans la bibliographie ; d'autre part, à cause d'une phrase de Hegel à laquelle l'auteur se réfère à deux reprises. On lit à la page 224 de *La Structure :* « Pour la vie comme pour l'esprit, il n'y a pas de passé absolument passé, " les moments que l'esprit paraît avoir derrière lui, il les porte aussi dans sa profondeur présente " », avec comme référence « Hegel, *Vorlesungen über die Philosophie der Geschichte* » lesquelles ne sont d'ailleurs pas mentionnées dans la bibliographie. Or, on trouve dans le troisième tome de Cassirer, à la page 95, le même passage, bien que cité plus longuement. La *Phénoménologie* y fera de nouveau allusion dans une note (p. 148), mais, cette fois, en tant que parole de Hegel reprise par Cassirer.

Merleau-Ponty doit recourir aux « analyses phénoménologiques et même existentielles » (PP, p. 148, n.2) que contient ce livre. De plus, élargir la notion de *symbole,* la récupérer en l'interprétant comme une *Gestalt* – comme le propose Goldstein – semble chose aisée. Mais Merleau-Ponty préfère ici marquer la différence et établir le primat de la perception à l'égard de la *fonction symbolique*. Entre ces deux instances, il n'y a certes pas rapport de causalité, mais rapport de *Fundierung*. Et c'est dans ce contexte que la révélation du nouveau sol se trouve insérée :

« Le rapport de la matière et de la forme est celui que la phénoménologie appelle un rapport de *Fundierung* : la fonction symbolique repose sur la vision comme sur un sol, non que la vision en soit la cause, mais parce qu'elle est ce don de la nature que l'Esprit devait utiliser au-delà de tout espoir, auquel il devait donner un sens radicalement neuf et dont cependant il avait besoin non seulement pour s'incarner, mais encore pour être » (PP, p. 147).[15]

La *Fundierung* est un « rapport à double sens » (PP, p. 451). Mais ce double sens n'est pas une pure réciprocité. C'est ce qu'atteste un commentaire sur le « Je pense, je suis ». Il y aurait « équivalence » entre les deux parties de la proposition, mais, simplement, c'est « le Je pense qui est réintégré au mouvement de transcendance du Je suis et la conscience à l'existence» (PP, p. 439). Autre manière de déclarer le primat du corps en tant que sujet percevant.

De *La structure* à la *Phénoménologie*, il y a passage de l'extérieur à l'intérieur, du médiat à l'immédiat. Avec ce tournant de la pensée, une seconde conversion a lieu, qui porte sur la valeur de *symbole*. Merleau-Ponty ne s'explique pas vraiment sur cette mutation axiologique, et ce silence n'est sans doute pas étranger aux interrogations constamment suscitées à propos de la continuité entre les

15. Cassirer s'interroge à propos du *prius* et du *posterius* entre langage et perception dans des termes qui frappent par leur analogie avec ceux de Merleau-Ponty. La réponse en est également très voisine. Voir E. Cassirer, *La Philosophie des formes symboliques,* tome III , tr. fr., Claude Fronty, Minuit, Paris, 1972, p. 257*sqq.*

deux ouvrages. Pourquoi donc ce changement ? Faire comme si les arguments de *La structure* s'auto-détruisaient d'eux-mêmes à la lumière de la nouvelle philosophie transcendantale, n'est-ce pas oublier que la préparation d'un horizon de perception *humaine* était nécessaire ? On pourra certes alléguer que ce genre d'objection se trouve d'avance réfuté par la réponse de l'auteur aux accusations d'anthropomorphisme adressées à la *Gestalttheorie*[16] ; que c'est à juste titre qu'il parle, en usant d'un puissant idiome de l'*intérieur*, à partir de la perspective humaine qui ne voit que spontanéité et immédiateté dans l'acte perceptif. Il reste que le *symbole* de *La Structure* est bel et bien associé à la perception, et on voit assez mal comment, en passant à un ordre supérieur, on peut l'évacuer au nom de cette même perception. D'ailleurs, en oubliant cet accès à l'humain, ce seuil qui sépare un dedans d'un dehors, Merleau-Ponty ne contredit-il pas la conviction exprimée dans *Titres et travaux,* à savoir l'impossibilité de renoncer à aucune des deux perspectives intérieure et extérieure ?

V

Cette lecture qui tourne autour de la valeur de *symbole* est sans doute inhabituelle. Elle est liée à la préoccupation visant à déceler une continuité ainsi qu'une difficulté au sein de la pensée merleau-pontyenne.

D'une part, le *symbole* pourrait être lu comme une anticipation hospitalière du diacritique du signe, comme l'une des variantes de cet *avant* du langage ou même de la perception – une sorte d'*outre-langage* ou d'*outre-perception* qui ne leur est pourtant pas extérieur –, lequel ne cesse de hanter les textes de Merleau-Ponty. L'idée saussurienne de diacritique du signe fera son apparition au début des années cinquante, débordera très vite la sphère linguistique proprement dite et finira par apporter dans *Le visible et l'invisible* l'idée de la perception comme « système diacritique, relatif, oppositif » (VI, p. 267) ou

16. V. SC, p. 52 et 112 *sq*.

« comme écart par rapport à un *niveau,* c'est-à-dire l'idée de l'Être primordial, de la Convention des conventions, de la parole avant la parole » (VI, p. 255). Par sa place en-deçà de la parole proférée mais déjà prégnant de sens prêt à être recueilli dans le langage, le *« logos endiathetos »* (VI, p. 224) pourrait être compris comme une lointaine traduction du *symbole* ainsi que la phrase suivante sur l'architectonique du corps et le monde muet :

« En un sens, si l'on explicitait complètement l'architectonique du corps humain, son bâti ontologique, et comment il se voit et s'entend, on verrait que la structure de son monde muet est telle que toutes les possibilités du langage y sont déjà données » (VI, p. 203).

Considérée sous cet angle, l'occultation du *symbole* semble indiquer davantage un changement dans la stratégie consciente de l'auteur plutôt que dans le *corps* même de la pensée qui, lui, poursuit silencieusement sa démarche et débouche sur l'ontologie des dernières années.

L'autre préoccupation de cette lecture est celle qui consiste à dévoiler une sorte de clôture ou une sélection constante dans le discours merleau-pontyen. L'occultation ou du moins la dévalorisation du *symbole* semble symptomatique d'une attitude rejetant toute forme de signe qui ne soit pas activée par une intentionnalité vivante. L'idée qu'on trouverait « toutes les originalités de la vie humaine »[17] dans la perception explicitée est à coup sûr valable et originale, mais elle semble interdire les recherches fondées sur une tout autre perspective. Puisque j'ai cité Cassirer à plusieurs reprises – sans vouloir, d'ailleurs, lui accorder une supériorité –, voici une autre phrase de ce philosophe qu'on ne pourra jamais imaginer sortir de la plume de Merleau-Ponty :

« Il faut détruire la dernière apparence d'identité, médiate ou immédiate, entre la réalité et le symbole ; faire grandir autant qu'il se peut la tension entre ces deux pôles, pour qu'elle rende manifeste la fécondité spécifique de

17. « Le primat de la perception et ses conséquences philosophiques », in *Bulletin de la société française de philosophie,* 41:4, oct.-déc.1947, p.150.

l'expression symbolique et la valeur de chaque forme symbolique »[18].

Ainsi, dans la pensée de la perception, non seulement le positivisme logique sera condamné quasiment sans autre forme de procès, l'une des rares tentatives de réflexion sur l'algorithme sera abandonnée au cours de la rédaction. Il s'agit de *La Prose du monde* qui, remaniée, sera publiée sous le titre de « Le Langage indirect et les voix du silence », sans sa partie sur l'algorithme. Et dans la dernière ontologie, où résonne la Parole à la fois généreuse et narcissique de l'Être, très peu de place est réservée pour l'ustensilité, la machine, la technique. Autant de signes trahissant les difficultés rencontrées par la pensée.

Mais peut-être le philosophe était-il sur le point d'aborder ces questions ? On lit en effet à la dernière ligne des Notes de travail : « Matière-ouvrée-homme = *chiasme* » (VI, p. 328). Et, de même, allait-il revenir dans ce « monde habituel » (VI, p. 208), lui qui disait cette parole admirable – rappel d'une autre responsabilité philosophique – dans le texte même où il semblait annoncer son retrait de la politique ?

« La question dans un monde ensorcelé n'est pas de savoir qui a raison, qui va le plus droit, mais qui est à la mesure du Grand Trompeur, quelle action sera assez souple, assez dure pour le mettre à la raison » (S, p. 43).

18. E. Cassirer, *La Philosophie des formes symboliques*, tome I, tr. fr., O. Hansen-Love, Minuit, 1972, p.139. Je souligne.

L'ambiguïté de la liberté

La liberté, en particulier chez Leibniz, de Merleau-Ponty

*Shoichi Matsuba**

Merleau-Ponty a donné pour titre à l'enregistrement de ses cours de l'années scolaire 1946-47 à l'Université de Lyon : « Liberté chez Leibniz » . Mais le contenu n'en était pas encore connu. Madame Merleau-Ponty a bien voulu nous permettre de consulter des manuscrits des années 1945-49[1]. Nous y avons découvert un manuscrit intitulé « La liberté, en particulier chez Leibniz » qu'on peut considérer comme le texte de ces cours.

1 Ces manuscrits ne sont pas actuellement accessibles au public. Il y avait déjà une transcription inédite par Monsieur Kerry Whiteside et son étude sur la base de cette transcription : *Merleau-Ponty and the Foundation for an Existential Politics* (Princeton University Press, 1988).

La transcription de Monsieur Whiteside, qu'il a bien voulu nous permettre de consulter, n'en couvre qu'à peu près la moitié, et il y a des mots qui sont restés illisibles. En ce sens, ces manuscrits, surtout l'autre moitié y compris notre texte, attendent d'autres recherches dans l'avenir.

Ces manuscrits sont écrits à la main ou dactylographiés sur 363 feuilles diverses. La plupart sont intitulés par le philosophe lui-même. Considérant le contenu et l'état de conservation, la période d'écriture peut être située entre la publication de la *Phénoménologie de la perception*, et le commencement de l'enseignement à la Sorbonne en 1949. Dans cette période, Merleau-Ponty enseignait à l'École Normale Supérieure et à l'Université de Lyon, en même temps qu'il était de fait chef d'édition des *Temps Modernes*. Les manuscrits se divisent en deux parties selon ces deux domaines d'activité : les études de philosophie phénoménologique, surtout de la perception et les études de philosophie historico-politique. Celles-ci se divisent aussi en études sur la pensée de Hegel et Marx et études sur l'aspect politique de la philosophie existentielle.

Les titres sont comme suit. La pagination et les titres entre guillemets sont de Monsieur Whiteside.

(1) Les aspects politiques et sociaux de l'existentialisme, pp. 1-6, (2) L'existentialisme et la politique, pp. 7-14, (3) L'individu

* Chargé de cours à l'Université Doshiba.

Après avoir consacré quelques lignes à la notion de liberté chez Leibniz, Merleau-Ponty commence par discuter la notion de liberté surtout chez Descartes. En

et l'histoire, pp. 15-24, (4) Le problème d'hier et d'aujourd'hui de Gide à Sartre, pp. 25-36, (5) Le monde de la perception, pp. 37-38, (6) Conférences de Mexico, pp. 39-102 : 1– introduction : la perception et le monde culturel, 2– L'expression et le monde culturel, 3– La pluralité des consciences, 4– L'antinomie de la moralité et de la religion, 5– L'antinomie de l'esprit et de la politique, 6– La spontanéité, la philosophie comme art (arte) de perception, (7) Esthétique, p. 103, (8) Le problème de la genèse, pp. 104-107, (9) La genèse de la vérité, l'origine de la vérité, pp. 108-9, (10) Ponge, (11) Marxisme et philosophie marxiste, pp. 111-2, (12) « Le symbolisme », pp. 113-5, (13) « Sur *la phénoménologie de l'esprit de Hegel* », pp. 116-135 : 1– Maître et esclave , 2– *Leçons sur la philosophie de l'histoire*, (14) « Hegel – monde Romain, monde chrétien, monde germanique » 136-154, (15) La croyance comme fait philosophique et opération rationnelle 155-157, (16) Critique de la philosophie de l'état de Hegel, pp. 158-9, (17) Marx-Contribution à la critique de la philosophie du droit de Hegel, pp. 160-3, (18) « De Hegel à Marx », p. 164, (19) De Hegel à Marx, pp. 165-7, (20) Passage de l'humanisme à la violence, p. 168, (21) *Idéologie allemande*, p. 169, (22) « Les problèmes de la philosophie de l'histoire » 170-171, (23) Le problème de la philosophie de l'histoire 172-182, (24) Humanisme et Terreur, pp. 183-186, (25) « Montaigne », pp. 187-201, (26) *«Matière et mémoire»* , pp. 202-207, (27) L'administration de la preuve, pp. 208-209, (28) Problèmes posés, Droit et fait, pp. 210-211, (29) Hegel, La musique 212-213, (30) « Marxisme et existentialisme », pp. 214-215, (31) « Antilibéralisme » 216-217, (32) La signification de l'existentialisme français, pp. 218-221, (33) L'Expérience au XXe siècle, pp. 222-233, (34) Conférence sur la perception, devant la New York Philosophical Society, pp. 234-238, (35) La tradition française et l'existentialisme, pp. 239-245, (36) La liberté en particulier chez Leibniz, pp. 246-260, (37) Le monde perçu et le monde de la science, pp. 261-306, 1 – Le monde perçu et le monde de la science, 2 – Exploration du monde perçu : L'Espace, 3 – Exploration du monde perçu : Les choses sensibles , 4 – Exploration du monde perçu : L'Animalité , 5 – L'Homme vu du dehors , 6 – L'art et le monde perçu , 7 – Monde classique et le monde moderne. (38) « Esquisse pour cours, Lyon », pp. 307-308, (39) « Hegel » 310, (40) Problème d'hier et d'aujourd'hui, pp. 311-314 , (41) Optimisme + pessimisme = Existentialisme, pp. 315-322 , (42) Aveux sous torture, Baissac : les grands jours de la sorcellerie, pp. 323-324, (43) Conflits moraux et politiques vs Philosophie de l'existence, pp. 325-

analysant *La liberté chez Descartes et la théologie* de E. Gilson[2], il examine deux conceptions cartésiennes : la « liberté d'indifférence » et la « liberté rationnelle ». Merleau-Ponty avoue que « ce qui n'est pas bon dans la conclusion de ma thèse est qu'il y a, mêlées, deux conceptions de la liberté. [...] Mais est-ce là un défaut ? La liberté n'est-elle pas justement cette ambiguïté ? » (NI, p. 257). Ici, Merleau-Ponty critique sa propre notion de la liberté dans la *Phénoménologie de la perception,* et essaie de créer en considérant les deux conceptions cartésiennes de liberté, une notion originale de la liberté que l'on peut nommer la « liberté ambiguë ».

Le texte que nous nous proposons d'étudier se divise en trois parties. Quatre pages parmi les quinze sont consacrées à la première partie. Les neuf pages suivantes sont consacrées principalement aux citations et à l'analyse de Gilson. Merleau-Ponty y traite, entre autres, de la notion cartésienne de libre arbitre dans les *Meditationes* et de la notion de liberté dans les deux lettres destinées à Mesland. Pour conclure, se référant à la notion sartrienne de la liberté[3], il résume les discussions en deux pages.

Dans la première partie, après avoir examiné brièvement les thématiques de Merleau-Ponty concernant la liberté, nous allons donc considérer l'analyse merleau-

329, (44) Lukacs, *Der junge Hegel*, pp. 330-331, (45) Esthétique de Hegel, pp. 332-339, (46) *L'état et la révolution*, pp. 340-341, (47) Problèmes de la philosophie et de l'histoire, pp. 342-352, (48) *Le manuscrit de 1844*, pp. 353-360, (49) Montaigne, pp. 361-363.

2. E. Gilson, *La liberté chez Descartes, et la théologie,* Alcan, 1917.

3. J.-P. Sartre, « La liberté cartésienne », in *Situations, I,* Gallimard, 1947. En rappelant dans cet article les deux conceptions de la liberté cartésienne «adhésion positive » et « exclusion radicale» qui correspondent à la « liberté rationnelle » et à la « liberté d'indifférence comme pouvoi r», Sartre a apprécié celle-ci (J.-P. Sartre, La liberté cartésienne, in *Situation,* I, p. 290) . Dans notre manuscrit, Merleau-Ponty se réfère souvent à cet article, et l'apprécie en écrivant : « d'accord avec Sartre » (NI, p. 260) . En effet, même quand il critiquera encore une fois la notion de liberté chez Sartre dans *Les aventure de la dialectique,* Merleau-Ponty tiendra compte de ce point.

pontienne sur deux couples de conceptions cartésiennes de la liberté dans les deux périodes : « liberté rationnelle » et « liberté d'indifférence » dans la « quatrième méditation », et « liberté d'indifférence comme état » et « liberté d'indifférence comme pouvoir » dans les deux lettres destinées à Mesland. Dans la deuxième partie, nous vérifierons d'abord la conception de la « liberté ambiguë » ou la « liberté d'engagement » que Merleau-Ponty a proposée en critiquant ces notions cartésiennes. Ensuite, pour bien savoir l'importance de cette notion de liberté dans notre manuscrit, nous la comparerons avec la précédente et la postérieure, à savoir celle de la *Phénoménologie de la perception* (1945) et celle des *Aventures de la dialectique* (1955) .

1. La « liberté rationnelle » et les deux sortes de « liberté d'indifférence »

Ce manuscrit commence ainsi : « Pourquoi problème de la liberté : parce que c'est le problème de l'homme *i.e.* la contradiction de l'homme lié et de l'homme créateur, l'homme comme dieu impuissant, naturant et naturé » (NI, p. 246). C'est-à-dire qu'il ne s'agit ni de la liberté absolue de la nature naturante ni de la nécessité absolue de la nature naturée, mais de l'ambiguïté de l'homme comme « naturant et naturé » . Ce problème a trait à un thème constant dans la pensée de l'auteur depuis la *Structure du comportement*[4]. En critiquant le dualisme entre la nature et la conscience, entre l'en-soi et le pour-soi, Merleau-Ponty a toujours essayé de trouver une troisième dimension en deçà de ce dualisme classique. Il s'agit toujours de recherches « qui finiront par nous révéler en deçà du sujet et de l'objet pur, une troisième dimension où notre activité et notre passivité, notre autonomie et dépen-

4. « Le fait de la liberté humaine est déjà référé, au début de sa carrière, *i.e.* quand il a commencé à étudier la relation entre la nature et la conscience » (M. R. Barral, *Merleau-Ponty – The Role of the Body-Subject in Interpersonal Relations,* Duquesne University Press, 1965, p. 249).

dance, cesseraient d'être contradictoires » (TT, p. 5)[5]. En effet, comme nous le verrons plus tard, Merleau-Ponty, dans la conclusion intitulée «la liberté» de la *Phénoménologie de la perception,* en critiquant le dualisme entre la liberté absolue et le déterminisme, a formulé la « liberté située » (PP, p. 518). Dans notre texte aussi, en deçà de la dichotomie classique entre la grâce et la liberté, Merleau-Ponty découvre « Dieu en nous » (NI, p. 250) dans la notion cartésienne de la liberté. Nous allons donc suivre l'analyse du problème de l'erreur dans la « quatrième méditation », en prenant nos citations dans le livre classique de Gilson, et en donnant chaque fois la référence du chapitre et celle de la page.

Après avoir attesté que la cause des erreurs ne saurait résider en Dieu qui est parfait, Descartes en cherche la cause dans les facultés humaines, surtout dans la relation entre l'entendement et la volonté. Pour juger si quelque chose est vrai ou faux, il faut qu'il y ait en même temps l'entendement et la volonté (I, p. 34). C'est-à-dire le jugement « *A* est *B* » ne consiste pas seulement dans l'entendement, mais aussi dans la volonté d'affirmer ou nier ce jugement (VIII, p. 383). Or l'entendement et la volonté ne sont pas la cause des erreurs parce qu'ils sont eux-mêmes parfaits comme facultés. Pourquoi alors des erreurs se produisent-elles ? C'est à cause de la différence de portée de ces deux facultés. L'entendement est fini parce qu'il y a beaucoup de choses qui sont inconcevables (IX, p. 45). Mais la volonté est infinie parce qu'il n'y a pas de choses qui ne puissent être jugées (VII, p. 56-57). Il y a donc des choses qui sont inconcevables mais jugeables. C'est en ce qui concerne ces choses-là que nous commettons l'erreur : quand nous utilisons la volonté sur les choses qui ne sont pas couvertes par l'entendement, en

5. Dans la première période, Merleau-Ponty cherche cette troisième dimension au niveau pré-nominal. Mais dans la dernière période il la trouve dans le domaine intermédiaire. Cf. Shoichi Matsuba, « La structure et la signification chez Merleau-Ponty », *Tetsugaku Ronkyu (Recherches philosophiques)*, n° 8, mars 1989.

d'autres termes quand nous jugeons les choses que nous n'avons pas bien comprises. Ainsi, pour éviter des erreurs, il ne faut pas juger les choses qui ne sont pas bien comprises, en d'autres termes, il ne faut pas affirmer ou nier à propos des choses qui ne sont pas comprises clairement et distinctement par l'entendement (VII, p. 59, IX, p. 1-47).

Telle est la discussion sur les erreurs dans la « quatrième méditation ». Ce qui est important pour nous, c'est que Descartes a affirmé que la volonté humaine était libre. Il a dit en effet qu'« il n'y a point de différence entre ce qui est volontaire et ce qui est libre » (VII, p. 57) et qu' il n'y a que la seule volonté ou le libre arbitre que j'expérimente en moi être si grande, [...] en sorte que c'est elle principalement qui me fait connaître que je porte l'image et la ressemblance de Dieu » (VII, p. 57). Descartes a-t-il alors considéré que la volonté humaine était absolument libre comme chez Dieu ? Descartes a insisté, par ailleurs, sur la différence entre la liberté divine et la liberté humaine. Il a appelé la liberté divine « liberté d'indifférence » en ce sens que Dieu est libre de faire ou ne pas faire quelque chose. Cela est évident si nous considérons la création divine. La création divine n'a pas suivi des lois préexistantes. Elle était parfaitement libre. Par exemple, « Dieu a été libre et indifférent de faire qu'il ne fût pas vrai que les trois angles d'un triangle fussent égaux à deux droits » (I, p. 152, IV, p. 118, VII, p. 432). Mais cela n'a pas été le cas, parce que « bien qu'il [Dieu] ait agi d'une manière très indifférente, il a pourtant agi d'une manière très nécessaire » (V, p. 166).

Cependant, pour les hommes, créatures, la « liberté d'indifférence » comme Dieu est impossible ou encore « l'indifférence n'est point de l'essence de la liberté humaine » (VII, p. 433). Descartes a confirmé que dans le cas de l'homme, la volonté doit être orientée par Dieu dans la direction de l'évidence, *i.e.* du bien et de la vérité (VII, pp. 59-60). Quand Descartes dit que la volonté humaine est libre, cela ne veut donc pas dire que la volonté humaine est libre indépendamment de l'évidence, mais que la volonté humaine suit *volontairement* ou *« sans contrainte* » la direction de l'évidence indiquée par l'entendement (VII, pp. 59, 377, IX, pp. 47, 52, 113). La liberté humaine et la liberté divine sont différentes en tant que la divine est indifférente et que l'humaine ne l'est pas. Mais elles sont semblables en tant qu'elles sont nécessairement inclinées dans la direction de l'évidence. Merleau-Ponty appelle cette liberté humaine « liberté de libération » en ce sens qu'elle est « libérée de la contrainte », ou bien « liberté rationnelle », en ce sens qu'elle va dans la direction de l'évidence indiquée par l'entendement (NI, p. 252). C'est ces deux notions de liberté, c'est-à-dire la « liberté d'indifférence » et la « liberté rationnelle », qui ont manqué, d'après Merleau-Ponty, dans la *Phénoménologie de la perception.*

Bien entendu, ces deux notions de liberté étaient discutées depuis longtemps sous le titre de la Grâce et de la liberté. Merleau-Ponty en a suivi l'histoire détaillée selon Gilson. Merleau-Ponty en conclut que Descartes a pris en compte ces deux positions : concernant la liberté divine, Descartes a tenu compte de la « liberté d'indifférence » de Molina, et concernant la liberté humaine, il a tenu compte de la « liberté rationnelle » de Gibieuf. Descartes a-t-il alors accordé la même importance à ces deux notions de liberté ? Ou bien a-t-il donné plus d'importance à l'une des deux ? Sur ce problème souvent discuté[6] Merleau-Ponty conclut, d'après Gilson[7], qu'au moins dans cette période, Descartes a donné l'importance à la « liberté rationnelle », et non pas à la « liberté d'indifférence

6. Gilson, *op. cit*, p. 310.
H. Gouhier, *La pensée religieuse de Descartes*, Vrin, 1924, p. 261 *sq*. Laporte, *Rationalisme de Descartes*, PUF, 1945, p. 271. Laporte, « Liberté selon Descartes », *Revue de Métaphysique et de morale*, 1937, p.13.

7. Mais Merleau-Ponty n'admet pas entièrement les vues de Gilson, qui veut situer Descartes parmi les thomistes. Comme nous le verrons plus tard, Merleau-Ponty atteste que l'attitude de Descartes face à l'indifférence a changé entre la période des *Meditationes* et celle des *Principes de la philosophie* (Cf. F. Alquié, *La découverte métaphysique de l'homme chez Descartes*, PUF, 1950, p. 285 ss).

rence ». Comme nous l'avons vu, « liberté rationnelle » indique la situation ou la volonté suit volontairement la direction de l'évidence indiquée par l'entendement. Par contre, la « liberté d'indifférence » pour les êtres humains signifierait la situation où, malgré l'évidence indiquée par l'entendement, la volonté ne la suivrait pas. Or, Merleau-Ponty atteste que l'objet essentiel de Descartes dans les *Meditationes* était d'affirmer la priorité de l'entendement sur la volonté. Donc Descartes a donné l'importance à « la liberté rationnelle » et il a nié la « liberté d'indifférence » pour les hommes. Mais, ce qui est important, c'est que Descartes allait donner une nouvelle signification à la « liberté d'indifférence » quatre ans après les *Meditationes* et que Merleau-Ponty trouve dans cette conception l'aspect positif de la liberté.

Dans les lettres du 2 mai 1644 et du 9 février 1645, Descartes a répondu aux questions du père Mesland sur le problème de la liberté dans la « quatrième méditation ». Dans la lettre de 1645, il distingue deux sortes d'indifférence. L'une se définit comme suit : « l'état où se trouve la volonté lorsqu'aucune perception du vrai ou du bien ne l'entraîne vers un parti plutôt qu'un autre » (IV, p. 173). En d'autres termes c'est la situation où la volonté ne peut pas prendre de décision parce qu'il n'y a pas d'évidence indiquée par l'entendement. Nous l'appelons « l'indifférence comme état ». L'autre indifférence se définit ainsi : « le pouvoir positif de se déterminer à l'un quelconque de deux contraires, c'est-à-dire de poursuivre ou fuir, d'affirmer ou nier l'un d'entre deux. « Puissance active qui peut faire les deux » (IV, p. 173) . Nous appelons celle-ci « l'indifférence comme pouvoir ».

L'attitude de Descartes face à ces deux indifférences est très claire. Descartes a trouvé dans « l'indifférence comme pouvoir », le pouvoir de cesser d'obéir à l'évidence et le fondement de la possibilité du doute méthodique. Par contre, Descartes a évidemment nié « l'indifférence comme état » parce que c'est un simple manque de décision volontaire. Ainsi la « liberté d'indifférence » qui avait été niée pour les hommes dans la «quatrième méditation », est dans cette période, d'une part aussi niée comme « liberté d'indifférence comme état », mais d'autre part il lui a été donné une signification positive comme « liberté d'indifférence comme pouvoir ».

Mais Descartes n'a pas abandonné la « liberté rationnelle » dans cette période. Il a répété que l'entendement devait précéder la volonté (IV, pp. 115-117, 332-333). Mais, comme Merleau-Ponty l'indique, il y a évidemment contradiction entre ces deux libertés. Parce que la « liberté rationnelle » consiste à obéir à l'évidence indiquée par l'entendement, alors que la « liberté d'indifférence comme pouvoir » est le pouvoir de ne pas obéir à cette évidence. Comment Descartes concilie-t-il ces deux libertés ?

Dans la lettre de 1645 destinée à Mesland, Descartes a essayé de répondre à cette question, en distinguant deux moments de la liberté : avant l'accomplissement de l'action de la volonté et pendant son accomplissement, c'est-à-dire le moment qui précède l'exercice de la volonté et le moment où la volonté est en train de s'exercer (III, pp. 379-381). Avant de se décider, la volonté a toujours le pouvoir de choisir l'une ou l'autre de deux choses contradictoires. Mais, quand elle décide, la volonté ne tolère aucune indifférence, elle obéit à l'évidence indiquée par l'entendement. Parce que « ce qui est fait ne peut pas demeurer non fait, étant donné qu'on le fait » (III, p. 380). De cette description de Descartes, nous pouvons conclure qu'avant la décision volontaire il y a la « liberté d'indifférence comme pouvoir », et qu'après la décision il y a la « liberté rationnelle ».Quelle position Merleau-Ponty prend-t-il alors face à ces deux libertés ? Il a suivi jusqu'ici les considérations cartésiennes, il commence désormais à discuter sa propre notion de liberté.

2. Liberté ambiguë

Merleau-Ponty conclut qu'il ne peut finalement accepter ni la « liberté d'indifférence comme pouvoir » ni la « liberté rationnelle ». C'est premièrement parce que toutes les deux ne comprennent qu'un seul aspect de la volonté. D'une part la « liberté d'indifférence comme pouvoir » supposerait que la volonté peut faire un choix entièrement libre avant la décision. Mais cela est impossible, parce que « la volonté est volonté de faire et dans cette mesure s'ancre dans le monde et qu'ainsi elle n'est pas indifférente puisqu'elle s'anticipe dans le monde et s'y attache » (NI, p. 256). C'est-à-dire que, même avant la décision, la volonté est au monde et déterminée par le monde. Comme le dit la conclusion de la *Phénoménologie de la perception*, pour que la liberté soit concrète, il faut que la liberté soit située dans le monde. Cela ne veut pas dire pourtant que la volonté ne puisse faire qu'adhérer au monde, obéir à l'évidence indiquée par l'entendement. D'autre part, en critiquant la « liberté rationnelle » qui ne peut faire qu'obéir à l'évidence, Merleau-Ponty confirme que la liberté ne peut pas se séparer de la « puissance » (AD, pp. 217, 264), et que la liberté est le « pouvoir d'aller au delà », « puissance de nous faire » (NI, p. 255) réaliser ce qui n'est pas encore réalisé. Merleau-Ponty refuse ainsi les deux notions ci-dessus, parce qu'aucune d'entre elles n'admet que « la volonté soit ambiguë » (NI, p. 256) .

Deuxièmement, Merleau-Ponty critique ces deux libertés, parce qu'elles supposent l'évidence claire et distincte indiquée par l'entendement. Il est bien clair que la « liberté rationnelle » dépend de l'évidence, parce qu'elle consiste à lui obéir volontairement. Mais Descartes a attesté que même la « liberté d'indifférence comme pouvoir » qui consiste à nier l'évidence, augmente à mesure que l'évidence augmente. Car plus il y a d'inclination à l'évidence, plus il y aura de liberté contre cette inclination. Quoi qu'il en soit, une plus grande liberté accompagne toujours une plus grande évidence, que celle-ci soit affirmée ou niée. Merleau-Ponty dit que c'est le génie de Descartes qui a voulu tout fonder sur l'entendement (NI, p. 257). Mais pour Merleau-Ponty, l'évidence n'est pas donnée par l'entendement (NI, p. 256). Comme nous l'avons vu, l'évidence pour Merleau-Ponty n'est déterminée ni par une loi transcendante, ni par la réflexion interne, mais par la situation. Ainsi, Merleau-Ponty refuse non seulement la « liberté d'indifférence comme pouvoir » qui est « liberté arbitraire » (NI, p. 260), mais aussi la « liberté rationnelle » qui est la « liberté qui consiste à consentir au vrai et au bien qui sont donnés, qui donc représentent notre destinée, notre nature » (NI, p. 260).

Ensuite, il définit sa propre notion de liberté comme « liberté d'engagement » (NI, p. 257) ou bien « liberté ambiguë ». Comme la *Phénoménologie de la perception* l'a mis en évidence, en ayant son corps propre, l'existant est jeté au monde aussi bien qu'il s'y projette. En d'autres termes l'existant est situé au monde, mais en même temps il peut librement changer le monde en le niant. Nous pouvons comparer cette notion de liberté à la relation entre la langue et la parole (S, p. 121). En utilisant les significations disponibles dans la langue, et en composant librement ces significations, le sujet parlant crée une nouvelle signification, sédimente ces significations et enfin change la langue. De même, étant conditionné par le monde et l'histoire, le sujet peut changer le monde et l'histoire en les niant.

Merleau-Ponty élabore cette « liberté ambiguë » en mettant en évidence deux aspects de la liberté : l'aspect positif qui a été souligné dans la *Phénoménologie de la perception* et l'aspect actif de la liberté sur lequel il insiste dans notre texte. Pour élucider cette notion nouvelle, nous allons vérifier la notion de liberté dans la *Phénoménologie de la perception* et la comparer avec celle de notre texte.

Merleau-Ponty a commencé dans la conclusion de la *Phénoménologie de la perception* en critiquant le dualisme concernant la liberté. Si l'on pense le problème de la liberté en opposant la liberté absolue avec la décision absolue, ne sont impossibles ni le comportement ni le choix. D'une part, au point de vue du déterminisme scientifique, le comportement est réduit à un simple réflexe. Mais, comme *La structure du comportement* l'a mis en évidence, les comportements des êtres biologiques à tous les niveaux dépendent de leur choix (SC, p. 240). D'autre part, si tous les hommes sont condamnés à la liberté absolue, comme l'a dit *L'Être et le néant*, la liberté est aussi impossible. Car il en résulte que « l'esclave témoigne autant de liberté en vivant dans la crainte qu'en brisant ses fers » (PP, p. 499)[8]. Merleau-Ponty en conclut que la liberté est toujours conditionnée par le monde et l'histoire, et que l'on ne peut penser la liberté qu'à partir de ces conditions. Pour que la liberté soit concrète, il faut dire qu'elle « n'est pas en deçà du monde, mais en contact avec lui » (SNS, p. 261). Dans cette mesure Merleau-Ponty affirme la « liberté située » dans la *Phénoménologie de la perception*[9].

D'autre part, dans notre texte, il accorde plutôt l'importance à l'aspect actif de la liberté, c'est-à-dire l'acte de nier l'évidence de la « liberté d'indifférence comme pouvoir ». Et dix ans après notre texte, Merleau-Ponty trouvera dans cette « liberté d'indifférence comme pouvoir », l'origine de sa « pensée négative ». « Descartes avait entrevu dans un éclair la possibilité d'une pensée négative. [...] Il avait mesuré du regard ce pouvoir de faire et de ne pas faire, qui, disait-il, ne comporte pas de degré, qui donc est infini dans l'homme comme en Dieu, et infini de négation, puisque, dans une liberté qui est de ne pas faire aussi bien que de faire, la position ne pourra jamais être que négation niée » (S, p. 188). Bien entendu, le mot « négative » signifie ici la « puissance positive de nier l'évidence ». Merleau-Ponty trouve dans cette puissance cartésienne la forme originale de la « philosophie négative » qui marquera le projet philosophique de sa dernière période (VI, p. 233, PN, p. 88).

8. Cette critique merleau-pontienne a soulevé beaucoup d'objections. Par exemple, Detmer affirme que Merleau-Ponty a négligé la distinction sartrienne entre la liberté pratique et la liberté théorique (David Detmer, *Freedom as a Value*, Open Court, 1986, pp. 85-93. Cf. A. De Wahlhens, *Une philosophie de l'ambiguïté*, Louvain, 1951, p. 313).

9. « Il est dommage que le chapitre de la liberté soit écrit comme un dialogue avec Sartre. Car c'est pourquoi, l'objet essentiel de la discussion était le caractère « situé » de la liberté, et enfin il n'a pas posé la question de ce qu'est la liberté » (Remy C. Kwant, *The Phenomenological Philosophy of Merleau-Ponty*, Duquesne University Press, 1963, p. 210).

Dans *Les aventures de la dialectique,* Merleau-Ponty critique aussi la notion de liberté chez Sartre. Il commence par critiquer la notion d'engagement chez Sartre. La notion sartrienne d'engagement est définie comme suit : « on est libre de s'engager, et on *s'engage pour être libre* » (AD, p. 255). C'est l'automatisme de l'être pour-soi. Il n'y a donc aucun lien avec le monde (AD, p. 260). L'engagement pour Sartre est donc une méthode « pour se défaire du monde » (AD, p. 256) ou « une manière de nous mettre en règle avec le monde plutôt que d'y entrer, et, plutôt qu'un art d'intervenir, un art de circonscrire l'intervention » (AD 259).

Par contre, l'engagement pour Merleau-Ponty est avant tout une relation avec le monde. C'est une méthode pour changer le monde en s'ancrant au monde. Dans cette mesure l'engagement a deux aspects : l'aspect passif d'être engagé au monde et l'aspect actif de s'engager au monde. Merleau-Ponty les nomme « engagement de fait » et « engagement au sens actif ». L'« engagement de fait » est défini comme la situation où «quand je m'éveille à la vie, je me découvre responsable de quantité de choses que je n'ai pourtant pas faites, mais que je reprends à mon compte en vivant » (AD, p. 260). L'« engagement au sens actif » consiste « à me construire, a me choisir, à effacer mes compromissions natales, à les choisir, à me racheter par la suite que j'invente de leur donner, à me recommencer et à recommencer l'histoire aussi » (AD 261).

Merleau-Ponty dit qu'il y a deux sens de la liberté derrière ces deux notions d'engagement. La notion sartrienne de liberté derrière sa notion d'engagement est définie comme « pur pouvoir de faire ou ne pas faire, dont parle Descartes » (AD, p. 264). Bien qu'elle soit nommée « pouvoir », elle n'est jamais « un faire », elle « ne se fait jamais chair, n'a jamais d'acquis et ne se compromet jamais avec la puissance, c'est en réalité la liberté de juger, celle que garde l'esclave dans les fers » (AD, p. 264). Parce qu'elle n'a aucune relation avec le monde. C'est précisément ce que nous avons appelé la « liberté d'indifférence comme état ». L'autre liberté se définit aussi comme « pur pouvoir de faire ou ne pas faire », mais c'est

« le pouvoir d'interrompre » (AD, p. 264) et, « un pouvoir infini que nous constaterions en nous » (AD, pp. 216-217). C'est la « liberté d'indifférence comme pouvoir ».

Merleau-Ponty critique ainsi la notion sartrienne de liberté, parce qu'elle n'est que l'attribut de l'être pour-soi séparé du monde, et qu'elle n'a pas de puissance positive pour agir sur le monde. En d'autres termes, en critiquant la « liberté d'indifférence comme état », il affirme la « liberté d'indifférence comme pouvoir ». Il n'affirme cependant pas seulement l'aspect positif de la liberté. Certes la vie, l'histoire, sont là dans leur mode propre, mais ces infrastructures ne sont pas un destin. Ma vie peut les transformer, mais ce n'est pas « en décidant de donner à ma vie ce sens-ci ou ce sens-là, c'est en tâchant de vivre naïvement ce qui s'offre à moi, sans ruser avec la logique de l'entreprise, sans l'enfermer par avance dans les limites d'une signification préméditée » (AD, p. 265).

Dans *Les aventures de la dialectique,* comme dans la *Phénoménologie de la perception*, Merleau-Ponty critique la notion de liberté chez Sartre, alors que dans la *Phénoménologie de la perception*, il n'en a souligné que l'aspect passif, la « liberté située ». Mais dans *Les aventures de la dialectiques,* il affirme aussi l'aspect actif de la liberté comme « puissance », de sorte qu'il atteste la « liberté ambiguë ». Nous pouvons dire que ce changement est prouvé par notre manuscrit.

Voici notre conclusion. Comme nous l'avons vu, le point capital de la discussion dans la *Phénoménologie de la perception* était l'aspect passif de la liberté, c'est-à-dire le fait que la liberté était conditionnée, et cela parce que l'objet principal y était la critique de la notion de liberté absolue chez Sartre. Mais dans notre texte, le point essentiel porte sur l'aspect actif de la liberté, le pouvoir de nier l'évidence donnée. En d'autres termes l'objet essentiel est transféré, d'un aspect de la liberté d'engagement à l'autre, à savoir d'*être jeté* à *se projeter*. En élucidant ainsi non seulement l'aspect passif de la liberté, mais aussi son aspect actif, Merleau-Ponty atteste l'ambiguïté de la liberté. Il en arrive à la considération de la « liberté concrète » (NT, p. 50). Dans les autres manuscrits des années 40, *Humanisme et terreur,* et surtout dans *Les aventures de la dialectique,* à partir de la considération du libre-arbitre de notre texte, il considérera la liberté pratique, la liberté dans l'histoire. Nous les analyserons dans une autre occasion.

La peinture : une alchimie corporelle

Jean-Yves Mercury*

Merleau-Ponty n'a eu de cesse, au cours de son travail philosophique, de faire de la peinture une dimension fondamentale. Celle-ci, présente dès le magdalénien sur les parois de Lascaux – et ininterrompue depuis – demeure bien le lieu d'une expression et d'une expressivité qui devraient nous permettre de mieux approcher, et par là même de mieux comprendre, les mystères du langage, du rapport de l'homme au monde et à l'être, de la dimension symbolique.

S'il est banal de rendre compte de la peinture comme d'un langage[1], particulier certes, il est plus enrichissant d'interroger ces chemins de la création et ces « voix du silence », d'être attentif au travail du corps, à l'échange de chair, à l'intelligence de la main, à la naissance de ce sur-visible qui délivre fragmentairement le monde de son mutisme : bref à la naissance de l'expression.

Rappelons les textes décisifs qui cheminent et qui vivent de ce silence bruissant de signification :

« Le doute de Cézanne », *Fontaine*, 8, 1945, pp. 80-100 ; repris in *Sens et non sens*, Paris, Nagel, 1948.

« Le langage indirect et les voix du silence », 1e partie, *Les temps modernes*, 7. 80, 1952, pp. 2113-2144.

« Le langage indirect et les voix du silence », 2e partie, *Les temps modernes*, 8. 80, 1952, pp. 70-94. Ce texte sera repris sous le même titre, et publié dans *Signes*, Paris, Gallimard, 1960.

* Doctorant.

1. Dans la PM, p. 66, Merleau-Ponty remarque que traiter la peinture comme un langage est : « un des lieux communs de notre temps ». Mais, justement, pour mettre à l'épreuve ce lieu commun, « il faut reconnaître que *le parallèle est un principe légitime* ». Nous soulignons.

L'Œil et l'esprit, Art de France 1 : 1, 1961. Ce texte sera lui aussi repris et publié sous le même titre, *L'Œil et l'esprit*, Paris, Gallimard, 1961.

Enfin, nous tenons à indiquer tout particulièrement le *Cézanne* de Joachim Gasquet, éd. Bernheim-jeune, 1921 et 1926, que Merleau-Ponty a longuement médité.

Le titre, quant à lui, requiert quelques explications. Il est indéniable que le concept d'alchimie est chargé d'une forte connotation mythique qui transforme la peinture en opération mystérieuse, secrète, voire magique et, ce, grâce au peintre, mais aussi malgré lui. Bien que Merleau-Ponty, notamment dans *L'Œil et l'esprit*[2], emploie souvent ces qualificatifs, notre intention consiste à nous glisser de son côté, sans pour autant sombrer dans l'ésotérisme ou l'irrationalisme. Ce concept d'alchimie a, selon nous, le mérite d'approcher la création picturale de biais, sans lui plaquer artificiellement, et de l'extérieur, certaines idées reçues ou « solutions » dogmatiques. Reconnaître que nous ne « savons » pas clairement ce qui fait la puissance créatrice de la peinture, parce que nous ne pensons pas le monde en peinture, ne nous interdit nullement de nous mettre à son « écoute » afin d'en élucider la genèse et le devenir. Nous sentons bien pourtant que la transparence ne sera jamais totale.

Nous avons pris le parti délibéré de *re-penser* une démarche philosophique *de l'intérieur* en l'éclairant, autant que possible, par des « obliques » extérieures qui s'y rapportent et s'y nouent. Une telle attitude ne va pas sans rencontrer certaines difficultés. La plus dangereuse consiste sans doute à se laisser aller à la paraphrase. De fait, certains textes ou certaines formules de Merleau-Ponty sont difficilement « dépassables », de sorte que le recours à la citation semble la seule voie... Telle est, sans conteste, la marque d'un philosophe qui est aussi un grand écrivain : son style s'impose et résiste.

2. *Œ*, p. 15 : « Quelle est donc cette *science secrète* qu'il a ou qu'il cherche ? » Et encore p. 26 : « ...la peinture ne célèbre jamais d'autre *énigme* que celle de la visibilité ». Nous soulignons.

Enfin, une telle tentative ne peut que tenir compte d'une philosophie qui a résolument choisi le chemin et le mode de la *description*[3]. Décrire, voilà ce qu'il faut, non seulement penser, mais aussi réaliser. Philosophie mouvante qui remet en cause l'idée d'un sujet transcendantal et qui demeure, de surcroît, inachevée.

Il nous reste donc à comprendre ce que peindre veut dire, en nous mettant à l'écoute de ces voix du silence, en nous risquant du côté du peintre au travail.

Trois questions gouverneront cette étude :

Qu'exprime donc le silence du monde pour que le peintre y réponde par des toiles expressives ?

Qu'est-ce réellement que peindre ? Une « alchimie » de la vision, du geste, de l'émotion et de la pensée ?

Que vaut la rencontre de l'œil, de la chose et de l'esprit ?

1. Le peintre et le silence du monde

Comme l'oracle de Delphes, le peintre ne parle pas. Il se contente de signifier, oserions-nous dire, car il a pris résolument le parti du silence. À ceux qui voulaient vraiment devenir peintres, Matisse, dans son atelier, faisait l'injonction suivante : privez-vous de la parole, parlez et pensez avec vos mains !

De fait, avec la peinture nous entrons dans un silence – celui de la configuration visible – qui nous réunit et nous loge au creux même de l'univers silencieux des choses et des objets. Tout ici n'est qu'affaire de regard, de toucher, d'espace, de formes, de couleurs et de lumière. En ce sens la peinture constitue bien une approche silencieuse du monde mais elle « libère », pour ainsi dire, le silence têtu et obscène du monde et des choses en les transformant, par l'acte même de la création picturale, en

3. La phénoménologie est une philosophie descriptive : « il s'agit de *décrire* et non pas d'expliquer ni d'analyser ». Et encore : « le réel est à *décrire*, et non pas à construire ou à constituer », in PP, p. IV de l'avant propos, nous soulignons.

silence bruissant de « paroles », de sens, d'expression. Alors, par une opération quasi alchimique, le mystère du non-dit, de l'inexprimable, ne trouve pas une réponse, encore moins une solution, tout au plus une voix silencieuse qui répercute ce silence originel de la terre, cette immanence repliée sur elle-même.

Nous devons ici revenir à Lascaux, à cette aurore dans la nuit des temps qui déchire pour la première fois cette intimité absolue et aveugle du monde en faisant surgir la dimension esthétique et donc par là même la création et la transcendance : signes palpables de l'humanité. Lascaux est, à ce titre, un point de repère décisif pour essayer de comprendre comment la peinture, qui se loge au sein même de l'immanence et de l'unité de son silence, peut rompre cette intimité pour mieux la retrouver. Deux événements ont marqué le cours du monde : la naissance de l'outil (travail de la pierre) et la naissance de l'art. Bien que les peintres de Lascaux aient été subordonnés pour une grande part à la dimension de l'utile, leurs peintures sont les preuves tangibles de l'émergence de la dimension du jeu : « dans la pénombre de la grotte, à la lueur d'église des lampes, le peintre *excédait* ce qui avait existé jusqu'alors, en *créant ce qui n'était pas l'instant d'avant* »[4]. Comprenons bien Lascaux comme une fissure dans l'immédiateté, dans l'immanence absolue, dans ce silence originel et intime du monde, mais une fissure qui n'a pu se faire que de manière oblique, indirecte, en ayant recours à un autre silence dont la qualité fondamentale n'est autre que l'expression d'un sens. C'est donc bien par la médiation de la représentation picturale que « l'indicible » peut être communiqué. Sans doute Lascaux garde-t-elle ses secrets, mais elle accouche d'un tel prodige, sans cesse repris : la confrontation muette du peintre – se faisant voyant – avec un visible auquel il se prête, dans lequel il se fond, pour mieux écouter ces

4. Georges Bataille in *Lascaux ou la naissance de l'art*. Nous soulignons. Cette notion d'excès ainsi mise en avant témoigne de la définition même de la culture et de la conscience comme « jeu de la supplémentarité ».

silences du monde, pour les restituer en un sur-visible. Tout ici revêt l'apparence du mutisme qui, loin d'être une infirmité, se révèle condition et chemin de communication. Merleau-Ponty l'avait bien compris lui qui affirmait qu'une telle communication ne pouvait qu'emprunter les voix du silence : le peintre prête son corps aux choses et les restitue ainsi en visible[5].

Tout semble donc affaire de regard, de voyant et de visible et, bien sûr, de lumière. Alors que faire des mots : un obstacle entre l'homme-peintre et le monde ? Remarquons ici que nombreux sont les peintres qui n'arrivent pas à parler de leur peinture comme si elle se suffisait à elle-même. C'est même une certaine infirmité du mot, de la communication verbale, qui pousse le peintre à se reconnaître « ailleurs », en d'autres espaces, à partir et au travers de ses toiles. Ne commettons pas l'erreur de croire qu'il s'agit là d'une fatalité mais reconnaissons simplement que pour nous, « les nantis du verbe » et de la chaleur du mot, nous ne voyons pas les choses et le monde tels que le peintre voit. Il s'agit bien au contraire d'un choix délibéré, d'une lutte, « je me suis fait voyant » disait Rimbaud dans sa fameuse lettre à Paul Demeny et il en va ainsi pour le peintre : *il vit et pense le monde en peinture*, car il possède cette science secrète qui le loge au sein même de l'univers silencieux des choses. Alchimiste s'il en est, le peintre est à l'écoute du monde, prisonnier de la chair du sensible se muant en lui en puissance de voir, à cause de cette proximité, car son corps n'est rien d'autre que son inhérence au monde. Le peintre est là et ailleurs, épars et cristallisé, voyant et visible, sentant et sensible ; ce n'est pas son esprit qui peint, c'est sa main. Il et *elle* sait le monde car ils sont de la même texture, bref de la même chair, enracinée au cœur même de ce monde brut.

5. Œ, p. 16 : « Le peintre apporte son corps, dit Valéry. C'est en *prêtant* son corps au monde que le peintre *change* le monde en peinture ». Nous soulignons. Ce prêt ou cet échange est semble-t-il décisif pour comprendre la peinture et il repose sur une nouvelle interprétation du corps, en deçà et au-delà de ce qu'en font la science et la philosophie réflexive.

Et, inlassablement, en voulant aller toujours « plus loin »[6], en peignant encore et toujours, le peintre rumine le monde, le transsubstantialise, l'enferme sur un espace restreint qui ne cessera de fuir et d'aller provoquer le regard du spectateur. N'y a-t-il pas là, non une simple communication, mais une véritable communion où se diluent les barrières de l'intérieur et de l'extérieur, du subjectif et de l'objectif ? Instants fugaces et magiques à la fois où le travail n'est plus hésitation, lutte, conquête, mais délivrance d'un silence qui se sait lui-même ouvert au monde et aux autres.

« Il [le peintre] est là, fort ou faible dans la vie, mais souverain sans conteste dans sa rumination du monde, sans autre " technique " que celle que ses yeux et ses mains se donnent à force de voir, à force de peindre, acharné à tirer de ce monde [...] des toiles »[7]. Quelle sensibilité faut-il avoir pour devenir et être peintre ? Quel secret « principe » de voir faut-il être en mesure d'exercer ? Car enfin, la toile n'est qu'un emprunt fragile sur ce monde déjà-là qui semble inépuisable, sur cette nature qui se donne à voir et qui pourtant se dérobe. Tout acte de peindre n'implique-t-il pas consubstantiellement ce sentiment intime de l'inachèvement, de la reprise indéfinie, d'une vision qui cherche toujours à « mieux voir ». Peuvent en témoigner ici toutes les toiles, dessins et aquarelles qui, chez Cézanne[8], cherchent, reprennent, ruminent la montagne Sainte Victoire. Cette montagne qui est vraiment là-bas, à distance, spectacle qui s'offre au peintre ; est en même temps pure intériorité car elle hante Cézanne, le submerge, l'interroge, le force à mieux voir

6. L'expression est de Van Gogh et reviendra maintes fois dans ses lettres à son frère Théo.

7. Œ, p. 16. Ces lignes se suffisent à elles-mêmes tant par leur intensité que par leur sens poétique. On peut toutefois y « voir » la volonté du travail, inlassable souffrance et délivrance, qui enchaîne le peintre à cette couche de sens brut. Chaque toile n'est qu'un point de vue sur le monde et elle est dynamisée par un style qui n'est rien d'autre qu'un principe de voir singulier.

8. Cézanne a peint et dessiné la montagne Sainte Victoire une soixantaine de fois.

et, tout cela, non pas avec des mots et des phrases mais avec de la couleur, de la lumière, de l'espace. Il faut, disait-il, « pénétrer ce qu'on a devant soi », avec le regard, le cœur et la pensée. Effort sans cesse repris... car le mystère de la peinture naît au cœur même du visible, du non-dit. Rumination silencieuse du monde, la peinture témoigne d'une étrange alchimie car, si les choses « parlent », cela n'est possible que dans l'exacte mesure où elles éveillent un écho dans la chair du peintre, parce que son corps leur fait *accueil*, les loge en lui. Ainsi nous pouvons oser dire que si le peintre habite le monde et les choses elles l'habitent tout autant. Tout se passe pour lui dans cette volonté de traduire et de restituer « cette formule charnelle de leur présence que les choses suscitent »[9]. Qu'est donc la toile ? Une sorte de visible à la seconde puissance, un sur-visible qui se tient là, muet, et qui rayonne pourtant par sa seule présence ; preuve indubitable de la réversibilité du voyant en visible, du visible en sur-visible, du dehors en dedans, et réciproquement. Une fois encore suivons Cézanne qui essaie de traduire le sens de sa quête par ces mots : « Ce que j'essaie de vous traduire est plus mystérieux, s'enchevêtre aux racines mêmes de l'être, à la source impalpable des sensations »[10].

Comment ne pas alors comprendre que c'est bien au sein de cet univers silencieux qu'est la peinture que naît un silence à la seconde puissance, qui n'est en rien un double du premier puisque, comme par « enchantement », il célèbre le monde et l'ouvre ainsi au sens. Face au tableau je peux dire que « je vois *selon lui* ou *avec lui* plutôt que je ne le vois »[11]. En effet, lorsque je regarde un tableau, j'ai bien la position du spectateur, et, en ce sens, je suis extérieur à lui. Toutefois ce n'est pas simplement un objet ou

9. Œ, p. 22, nous soulignons. Là est sans doute un des « secrets » de la peinture.

10. J. Gasquet : *Cézanne* ; lucidité et obsession se disent ici avec le même acharnement à voir et à comprendre, à interroger le monde et ses énigmes. Reste malgré tout cet indicible ou cet « impalpable » que traque toute peinture et qu'elle ne peut dire que silencieusement.

11. Œ, p. 23, nous soulignons.

une chose qui s'offre ainsi à mon regard, c'est tout au contraire, comme condensé, une grille de lecture du monde ou, mieux encore, une *équivalence* harmonieuse qui, d'un monde (celui d'un peintre) m'ouvre et me renvoie au monde. De sorte que je glisse ainsi à l'intérieur d'un monde singulier et unique, dont le sens rayonne à travers toutes les parties[12], à un monde : le monde, lieu de mon enracinement perceptif. Merleau-Ponty est en cela plus proche de la puissance créatrice de la peinture lorsqu'il affirme que « je vois selon lui ou avec lui ». Question de regard sans doute, mais aussi et surtout d'émotion, de réceptivité et de disponibilité. Rilke lui-même insistait sur cet accueil que seul le *cœur* peut donner à une œuvre d'art[13]. Cette triangulation muette (peintre-tableau-spectateur) accouche par la médiation de l'émotion d'un véritable « miracle » : l'aspiration à l'intérieur d'un monde singulier et solitaire qui, parce qu'il a été lui-même touché et ému par le monde[14], s'est informé en un style qui donne à voir – au travers même de son unicité – le monde qui nous est en *commun*. Ce monde que nous habitons tous, plus ou moins poétiquement[15], et qui nous « parle » bien que nous ne sachions pas forcément le voir.

Tel est sans doute le pouvoir de la peinture : réveiller en nous ce monde inaugural, véritable primat de la perception, habitude primordiale et « naturelle ». Alors, et seulement alors, notre cécité quotidienne nous quitte. Nous ne sommes plus trop près des choses et/ou trop à distance, nous sommes avec elles dans un contact latéral et oblique. Leur « étrangeté » même nous provoque et, en regardant la toile, c'est aussi à l'intérieur de nous que nous

12. Ce qui pourrait être une approche de l'œuvre d'art en général.

13. Rilke, *Lettres à un jeune poète* : « Les œuvres d'art sont d'une *infinie solitude* ; rien n'est pire que la critique pour les aborder. Seul *l'amour* peut les *saisir, les garder, être juste* envers elles », p. 33, éd. Grasset, nous soulignons.

14. « Le peintre ne restitue pas simplement ce qu'il a vu, mais ce par quoi il a été ému », Œ.

15. Allusion à Heidegger ; « L'homme habite le monde en poète ».

regardons s'éveiller cette puissance de voir, jusque là oubliée.

« Presque tout ce qui arrive est inexprimable et s'accomplit dans une région que jamais parole n'a foulée »[16].

C'est donc bien ce silence de la peinture qui nous réconcilie avec le sens brut du monde et il nous redonne alors cette attention au/du monde.

Mais pour bien comprendre ce qui se « joue », se crée et se transforme dans l'acte même de peindre, il faut nous arrêter sur le « travail » du corps ou sur le corps au travail car : c'est bien « la main qui peint non l'esprit »[17].

2. Le corps au travail

Nous avons déjà esquissé, dans les pages précédentes, ce que requiert une telle analyse : un nouveau statut du corps, une autre approche de la vision et, enfin, une autre conception du sensible qui, de l'investigation phénoménologique dans *La phénoménologie de la perception*, s'engage résolument vers l'ontologie dans *L'Œil et l'esprit* et *Le visible et l'invisible*. Est-ce à dire que Merleau-Ponty abandonne ses anciennes recherches ? Faut-il alors parler en termes de rupture ? Non sans doute car Merleau-Ponty s'est toujours attaché à montrer la continuité de ses anciennes et de ses nouvelles recherches, comme en témoigne d'ailleurs la constance du double refus[18].

16. Rilke, *Lettres à un jeune poète*, p. 16.

17. Œ. Une telle affirmation n'est pas en contradiction avec la formule suivante : le peintre pense le monde en peinture. La main n'est peut-être pas ici un *simple instrument*. Elle est sans doute aussi le point de contact charnel où le voir devient visible.

18. Cette constance, que l'on retrouve comme démarche préalable à la pensée propre de Merleau-Ponty, écarte la philosophie réflexive (ou idéalisme) comme son pendant l'ontologie objectiviste. Elle montre d'une manière indubitable l'unité d'une pensée et, ce, de la *Phénoménologie de la perception* à *Signes* puis au *Visible et l'invisible*.

Comprenons bien ici que l'acte de peindre n'est pas seulement un exemple mais plutôt une approche qui peut nous mieux faire comprendre les imbrications du sentant et du sensible, du voyant et du visible, du corps et de l'esprit, du paraître et de l'être.

Tout se passe, s'actualise et se sublime dans et par la chair.

a. L'échange de chair

« Il y a le monde », telle est l'évidence perceptive première et en un sens indépassable. Mais, pour le peintre, cette évidence est tout autant une énigme qu'une interrogation, une sensation, une intériorité, voire une obsession. Peut-être que nous comprendrons mieux encore le travail du peintre si nous nous glissons de son côté. Nul besoin ici d'analyser et d'expliquer, mais nécessité est requise de *décrire* ce qui se noue dans cet échange charnel. Sans doute pourrons-nous parler de « communion » dans le sens où le peintre ingère le monde, le dévore et le digère tout autant qu'il l'est par lui. Prenons garde ici à ne pas plaquer artificiellement une théorie de l'acte de peindre sur une opération, par essence secrète et alchimique : « le peintre *concrète*, au moyen du dessin et de la couleur, ses sensations, ses perceptions »[19]. Tout s'effectue donc par la médiation du corps mais non d'un corps objet, pas plus d'ailleurs que d'un corps sujet. Le corps est là et ailleurs, présent aux choses et au monde, en prise directe avec lui et elles. Il n'est plus simplement *corps-propre*, médiateur entre le monde et moi, il est au contraire le *lieu* même où la distinction entre le sujet et l'objet est nulle et non avenue parce que réellement *brouillée*. Le corps, lieu de notre incarnation dans le monde, prise dans et sur le sensible, ne fait que refléter un optimum beaucoup plus vaste, beaucoup plus général que lui : « la chair du sensible »[20].

19. J. Gasquet, *Cézanne*, p. 144. Nous soulignons.

20. S, p. 211, nous sommes ici au seuil de la problématique du VI et de l'Œ tournant de la phénoménologie vers l'ontologie, rendue possible par la notion de *chair*.

Le peintre le « sait » bien lui qui vit cet échange au quotidien, lui qui l'expérimente « naturellement », à force de travail, d'obstination et de désir : « l'étude réelle et prodigieuse à entreprendre, c'est la diversité du tableau de la nature. J'en reviens toujours à ceci : le peintre doit se consacrer entièrement à l'étude de la nature et *produire* des tableaux qui soient un *enseignement* »[21].

De quel enseignement s'agit-il donc ? Il semble aller de soi que les toiles ne peuvent être réduites à un « calque » des choses et du monde – simple double stylistique – « copie » et/ou *mimesis* dont le but inavouable serait de rivaliser avec l'original. Si tel était le cas, la peinture serait morte d'elle-même, et ce, depuis bien longtemps. Cet « enseignement » ne peut donc se comprendre que sous le mode de la transfiguration créatrice, sur le mode de l'accouchement au sens premier de *délivrance*. C'est que le tableau obéit, en réalité, à une logique interne qui lui est propre et qui en fait réellement un point de vue sur le monde. Mais le plus surprenant, c'est que dans ce tableau, comme concentré et cristallisé, *il y a le monde* ; ou plus encore : un chemin singulier qui conduit au monde. Sans doute faut-il reconnaître que la nature qui s'offre au voyant demeure inépuisable, toujours à voir, mais cette nature n'a de sens esthétique que par l'acte de peindre, que par ce miroir révélateur que laisse le tableau. Miroir, le mot ne s'entend pas sans évoquer la « réflexion », au travers même de sa polysémie. Merleau-Ponty l'exprime en ces termes : « le miroir apparaît parce que je suis voyant-visible, parce qu'il y a une réflexivité du sensible, il la traduit et la redouble » (Œ, p. 33). Lorsque je me regarde dans un miroir, ce visage spéculaire qui m'apparaît est certes un double objectif, un dehors qui pourtant me complète et me permet de me *reconnaître* (pouvons-nous faire allusion ici au stade du miroir chez Lacan ?). Ma propre intériorité glisse ainsi à l'extériorité et elles prennent sens réciproquement.

Miroir car le monde s'y réfléchit, y prend sens, chair, couleurs, lumière. Mais ce miroir est tout autant une

21. J. Gasquet, *opus cit.*, p. 149. Nous soulignons.

fenêtre par la puissance même de l'équivalence intérieure qu'il dévoile, qui se fait extériorité et qui ouvre sur le monde. Si la peinture et les peintres laissent des « tableaux qui soient un enseignement », ils demeurent tels à la condition expresse que leurs limites mêmes, leur style, leur traitement de l'espace et des lignes, leur architectonique du voir, soient l'écho « objectif » d'une chair générale, texture commune et vitale de notre enracinement perceptif.

Tout, absolument tout, reprend, rassemble et exprime cet échange de chair. À la limite, peu importe le motif : seule compte la captation et la « sédimentation » de cette Chair générale du monde qui, par prouesse technique, se trouve appelée par le tableau, « peinte » par lui, livrée ainsi à d'autres, du moins à ceux et celles qui « sauraient voir » et qui retrouveront dans leur âme et leur corps l'appel de la Chair du sensible. La peinture « convoque » bien, d'une certaine manière cet horizon général que nous ne quitterons jamais.

Que se passe-t-il donc entre ce corps voyant et ces corps visibles qui sont là-bas et à distance, tout autant qu'ils sont en nous ? Quels liens secrets et impalpables se tissent et nous réunissent ainsi aux choses ? Est-ce dire que par mon corps, par l'expérience même de la chair qui constitue la texture de mon être propre et personnel je peux « comprendre » les corps, tous ces autres corps, qu'ils soient naturels, objets ou humains ? Ces questions qui toutes ouvrent sur l'alchimie de la chair, ne font-elles pas vaciller les catégories de la philosophie dans la mesure même où elles se révèlent inopérantes parce que *brouillées*. Nous ne pouvons que refuser – ou tenter de surmonter – les dichotomies toutes faites entre sensation et intelligence, chaos et ordre, apparaître et être. C'est en effet en ce sens que le peintre retrouve la nature que nous avons perdue, une nature naturante fidèle à elle-même... Une nature originelle à travers son identité même, le *selbstandig*, le *grund*, chair primordiale que le peintre célèbre parce qu'elle vibre en lui, marque son corps et sa vision, hante sa pensée et sa sensibilité. Nous pouvons alors comprendre l'acte de peindre comme un effort « respectueux » qui vise à laisser être les choses telles qu'elles sont, qui se refuse à les transformer en objets plats et dociles, inertes et expérimentables à loisir.

Car enfin dans la perception *première* les distinctions du toucher et de la vue n'existent pas. Ensuite, et seulement ensuite, elles sont rapportées par la connaissance objective que nous avons de nos sens. C'est là tout le mystère commun de la perception, repris et démultiplié par la peinture, célébré par cet échange de chairs qui s'imbriquent et se réfléchissent mutuellement. Où est le peintre : à ce carrefour même, à cet enjambement, à ce point de contact intime où les choses communiquent entre elles, où l'esprit se fait chair et réciproquement. Merleau-Ponty « voit » juste lorsqu'il écrit : « La chose vécue n'est pas retrouvée ou construite à partir des données des sens, mais *s'offre d'emblée comme le centre d'où elles rayonnent* »[22].

Prenons le risque, allons jusqu'à dire que le réel est une totalité, une plénitude indivise et indépassable de sorte que le *traitement* que le peintre lui impose se heurte à cette évidence massive et inentamable : « il y a » dans sa nudité absolue. Le peintre lutte alors avec ce tout indivisible car il veut l'exprimer. Désir et besoin impérieux qui mine ses yeux, ronge son âme, entame sa chair. La peinture, rappelons-le, n'est pas une copie, n'est pas non plus simple allusion. Elle est équivalence, chemin de traverse au sein même des déformations et chaque touche porte en elle une infinité de conditions car chaque touche est une *condensation* qui doit contenir « l'air, la lumière, l'objet, le plan, le caractère, le dessin, le style »[23]. Elle est à elle-même un il y a, non pas simple réduction du « il y a » primitif mais équivalence expressive et rayonnante. Ainsi nous comprenons mieux qu'un des paris insensés de la peinture

22. SNS, p. 26, nous soulignons. Ce rayonnement n'est pas autre chose qu'une métaphore qui donne à voir le mystère de la perception et de la peinture. Il s'agit bien d'une *description*, non d'une explication, encore moins d'une architectonique de la raison. Il y a rayonnement de sens, d'un sens brut ou sauvage qui appelle l'expression. Le peintre vit cet échange, cette « incantation » du visible qui se dévoile pour lui voyant. Il ne peut le restituer qu'en créant un sur-visible ou un sur-paraître.

23. SNS, p. 26, Merleau-Ponty cite Bernard.

c'est de donner à voir non seulement la profondeur, la velouté, la mollesse, mais encore la dureté et pourquoi pas, « *l'odeur et le goût* des objets ». L'expression est de Cézanne lui-même et nous est rapportée par Joachim Gasquet. Paradoxe que de voir une odeur. Y a-t-il ici usurpation, mensonge des mots ? Tout au plus pouvons-nous parler de quête de « l'absolu » ou d'obsession. Mais c'est ce type même d'obsession qui rend la peinture *crédible*, qui en fait un art et une passion : aller au-delà de l'apparence, « plonger » au sein de ce rayonnement pour dire son être et ce, sans renoncer à l'apparaître lui-même. La peinture, si elle ressort de *l'interprétation* et de la *lecture* de l'apparaître – et si elle est vraiment peinture – ne peut que délivrer l'être au travers même de son paraître. Ici encore il y a réversibilité.

La peinture n'est en cela qu'un frisson charnel, elle n'est pas une idée. Elle veut au contraire mettre de la *chair* sur les idées et, seuls les grands peintres y parviennent. Ceux qui « resteront » car ils auront ouvert une voie supplémentaire vers le monde, vers l'intériorité du paraître. Cézanne, encore lui, le savait bien qui affirmait presque comme un cri de colère et un défi : « que voulez-vous on ne peint pas des âmes. On peint des *corps* ; et quand les corps sont bien peints, foutre ! l'âme, s'ils en avaient une, l'âme de toutes parts rayonne et transparaît »[24].

Comment ne comprendrions-nous pas que la peinture vit ces troubles et ces passions des corps qui, fixés sur la toile, parviennent presque à s'en défaire. Nous les voyons vibrer de toute la vie qui est en eux car la couleur est elle-même chair. Le peintre reprend et convertit à l'aide du dessin, de sa palette, de son style, la vibration des apparences qui est le berceau des choses. Cette vibration de l'été, dûe à la brume de chaleur, nous livre une voie d'approche car elle fait que les choses et les paysages dansent, chatoyés qu'ils sont par cette brume d'où ils semblent naître. Perception – encore et toujours – mais qui n'exclut nullement le rapport à la pensée. Toutefois, il y a,

24. Cézanne cité par J. Gasquet in *Cézanne*. Il s'agit bien d'un défi.

entre la chair et l'esprit une réversibilité « parfaite », disons même vitale, car le paysage dans son altérité, son inhumanité naturelle, son étrangeté originelle, *se pense* à l'intérieur de *la chair* du peintre qui en devient ainsi *sa conscience.*

C'est bien la main qui peint mais elle ne tient pas seulement au corps, elle exprime, prolonge et continue une pensée/vision/savoir qu'il faut saisir. Opération d'expression s'il en est, tant dans son être que dans son devenir : elle donne du sens. Mais elle ne le peut que parce que les choses « parlent » à l'œil, à l'âme, à la chair.

Comme le souligne Merleau-Ponty dans *L'Œil et l'esprit* : « ils [les peintres] reconnaissaient la *métamorphose du voyant et du visible* »[25], leur imbrication mutuelle, et c'est en cela qu'ils dévoilent l'invisible, ou la texture charnelle qui fait que les objets et les corps tiennent ensemble sur un même monde, s'enracinent sur un même *logos* primordial et infini : matrice et berceau de notre perception.

Voilà pourquoi, à certaines occasions, nous perdons notre cécité, touchés que nous sommes dans notre chair et dans notre âme par le rayonnement mystérieux de telle ou telle toile, dessin ou aquarelle qui capture notre regard, ré-éveille des échos émotionnels et charnels, nous contamine par une occulte vibration, fait sourdre en nous l'émotion du cœur.

« Essence et existence, imaginaire et réel, visible et invisible, la peinture brouille toutes nos catégories en déployant son univers onirique d'essences charnelles, de ressemblances efficaces, de significations muettes » (Œ, p. 35).

Ces lignes se suffisent à elles-mêmes pour évoquer la puissance de la peinture et les troubles qu'elle crée. Pascal, quant à lui, ne parlait, à propos de ces mêmes ressemblances, que de *vanité.* Il oubliait que la peinture n'est pas un trompe l'œil, un simple calque ou une fragile allusion : elle est avant tout *création.*

25. Œ, p. 34, nous soulignons.

b. La vision : être avec les choses, en leur creux

Un peintre disait, à qui l'interrogeait sur cette expérience aussi banale qu'est la vision que, lorsqu'il regardait sa compagne, « il voyait un dessin » et ce, sans renoncer à l'émotion et à l'intensité de ses sentiments. Il ne pouvait pas s'empêcher de la voir ainsi et il ajoutait : « comprenez bien, c'est *terrible* en un sens mais *c'est ainsi* ».

Bien que nous puissions nous sentir partiellement, ou à certains moments, totalements « étrangers » à une telle approche et compréhension des choses et des corps, elle n'en demeure pas moins l'expression vivante de cette singularité qui fait du peintre celui qui voit, vit et pense le monde en peinture. Il nous semble donc nécessaire de *revenir* à cette puissance du/de voir, véritable témoin d'un « retour aux choses-mêmes ». Évidence perceptive qui requiert toute notre attention car son apparente simplicité révèle une opacité fondamentale qui peut nous livrer une approche de l'Être. Voir : puissance, acte, travail inlassable qui s'origine au sein même du rapport intime et complexe entre voyant-visible et sentant-sensible. Cette imbrication du voyant et du visible demeure indissociable mais elle ne reflète, semble-t-il, qu'une face de la *réversibilité* dont la peinture vit et accouche. Pour mieux comprendre et pour davantage de complétude, peut-être faut-il adjoindre à la première cette seconde imbrication : *invisible-sur-visible*. Loin de nous toute prétention d'épuiser le problème en « sa » solution, mais nous pensons qu'il y a dans le voir des implications beaucoup plus profondes et « indicibles ». En effet, si le voyant est celui/celle qui voit, et si le visible est ce qui se donne à voir, ce qui s'offre dans sa « nudité » originelle (la nature) ; nous avons dit que loin de constituer une figure paradigmatique, ce couple de notions fait surgir la réversibilité. Nous proposons alors une dynamique créatrice qui fait intervenir *l'invisible* comme ce qui rayonne, émane du sein même du visible, et le *sur-visible* : la toile, cet objet achevé qui, lui aussi, donne à voir et qui ne se « suffit » que dans la mesure où il appelle l'autre regard, celui du spectateur.

C'est donc toute la vision qu'il nous faut interroger, au seul risque d'apprendre *autrement* la nature, les choses et les objets, car, comme le souligne Paul Klee : « l'art ne reproduit pas le visible, *il rend visible* » Nous savons que Merleau-Ponty « ébauche » une philosophie de la vision dans *L'œil et l'esprit* qui, constance oblige, débute par une réfutation de la philosophie cartésienne (construite sur le modèle réflexif, elle fait de la vision une construction mentale) et de la conception scientifique (réduite à une simple physique optique). Merleau-Ponty veut en effet montrer qu'en réalité on ne peut amputer – sans en perdre le sens ontologique – la vision de cette « ubiquité »[26] qui en fait toute la difficulté mais aussi la richesse.

En vérité, il ne faut pas assimiler la vision à une pensée du voir qui conférerait une extériorité radicale au monde et aux choses ; lesquelles seraient alors reconstruites par un acte de l'entendement selon le modèle qu'il s'en donne. Une telle interprétation n'obéit, en dernier ressort, qu'au modèle de la transparence qu'impose toute conscience légiférante. Tout se passe en effet comme si le monde et les choses étaient un texte intelligible[27] dont la lecture se ferait du dehors, en gommant *l'inhérence* centrale du corps au monde ou, comme le dit Merleau-Ponty, « la *promiscuité* du voyant et du visible »[28].

Cet « échec » de l'interprétation, ou plus encore de la conception, cartésienne de la peinture n'exprime peut-être que la cécité d'une philosophie gouvernée par la volonté de la possession intellectuelle et de l'évidence, elle-même nourrie et cloîtrée par une « idée » de la peinture réduite au dessin, à la ressemblance, à la perspective, au réalisme et à l'espace en soi.

Il en va de même pour la science qui opère un réductionnisme ruineux en *aplatissant* l'être à son objectivité. Pour l'ontologie objectiviste, en effet, être c'est être objet et, il n'y a dans le monde, que des rapports d'objets à objets. Seulement voilà : la lumière, la profondeur et la couleur ne sont pas de simples objets dont la neutralité

26. *Ibid.*, p. 37, nous soulignons.

27. Ce modèle normatif de la vision rejoint peut-être en cela l'obsession qui veut que l'esprit arrive à lire à livre ouvert « dans le grand livre du monde ».

28. Œ, p. 40, nous soulignons.

assurerait à la fois la définition et l'explication. Nous pouvons même congédier les explications scientifiques – de la théorie ondulatoire de la lumière à la physique quantique des particules – car elles sont aveugles justement à ce qu'est la couleur : d'abord et avant tout une *qualité*. Quant à la lumière, elle ne vient pas simplement du dehors frapper mon œil et exciter ensuite mon cerveau en créant des images. Le traitement du monde et des choses qu'opère l'ontologie objectiviste ne va pas sans l'inévitable atrophie qu'elle engendre. En effet, elle ne peut me faire comprendre que la lumière n'est pas seulement ce qui est vu, mais ce qui justement *fait voir* et donne à voir. En ce sens la lumière est bien cette qualité invisible qui rend visible. Plus encore, la lumière naît des choses elles-mêmes, comme d'ailleurs elles naissent d'elle. Nous pouvons peut-être la comprendre comme une véritable irradiation, amplifiée et « rayonnée » par la couleur, les lignes, les formes et bien sûr les ombres. Le peintre le sait d'expérience, presque par « nature », au fond même de ce secret intime[29] qui l'habite, qui le fait voyant : la lumière est *irisation*, invisibilité tout autant que rayonnement.

Quel est donc le rapport, ou la complicité, du peintre voyant aux choses visibles ?

Nous devons d'emblée nous prémunir contre une idée reçue : le peintre n'est pas un « voyeur », les choses ne sont pas devant lui, offertes dans leur identité/altérité, étalées comme de purs spectacles perceptifs. Tout au contraire, le peintre « sait », pour l'avoir maintes fois vécu et expérimenté dans sa chair même, que les choses n'ont de valeur et de « sens » qu'en fonction de leur *épaisseur*, de leur *opacité*, voire de leur *gravité*[30]. Ainsi, le peintre ne peut voir les choses que comme des structures, des membrures de l'Être qui se tiennent là et à distance, simplement parce qu'être voyant c'est entrer et participer

29. Ce secret qui lui permet justement de faire l'épreuve de la *promiscuité* et de l'éloignement des choses. Elles sont là-bas tout autant qu'il les porte en lui.

30. Le mot exprime ici sa polysémie car les choses font question.

au mystère même de la perception. C'est intimement savoir que voir « c'est *toujours voir plus loin qu'on ne voit* »[31].

Merleau-Ponty expliquera qu'il s'agit de comprendre qu'il existe dans tout visible un invisible de principe. La perception, en effet, est bien ce « qui m'assure d'un *inaperçu* »[32]. Quel peut donc être le statut de cet invisible ? Il n'est pas un autre visible possible par moi ou par un autre que moi. Il est précisément cette absence qui compte au monde et, en cela, il est constitutif du visible, puissance qui le hante et le traverse et qui se dérobe pourtant. Nous pouvons aller jusqu'à dire que cet invisible est le *creux* de la chose, son dedans qui nécessairement s'apparaît en un dehors. Alors, si le peintre est attentif à l'apparaître des choses, il ne peut que chercher à les voir et à les comprendre en leur creux. Il traque par l'interrogation de son voir l'épaisseur même de la chair du monde qui se retient au creux des choses tout en s'offrant à leur surface ; et ce parce qu'il est indissociablement voyant et visible. Tout se passe donc comme si les choses étaient des fruits : la peau retenant captive la pulpe, tout en annonçant au dehors la suavité de sa chair, elle-même ramassée autour de son centre qu'est l'amande[33].

Si nous pouvons comprendre l'apparence comme une peau, nous devons pourtant nous interdire de la penser simplement et seulement comme ce qui enferme son dedans en le dérobant ainsi au dehors. En réalité, l'intérieur et l'extérieur communiquent par cette membrane[34]

31. VI, p. 300, nous soulignons. Il faut bien comprendre que c'est la visibilité même qui comporte une invisibilité.

32. *Ibidem*, p. 274, nous soulignons.

33. Cette « série » de métaphores peut-être mise en rapport avec le poème de Paul Valéry, « Aurore » in *Poésies* : « *Tout m'est pulpe, tout amande,/ Tout calice me demande/ Que j'attende pour son fruit* ». Si les choses sont des fruits, leur pulpe même, retenue par la peau, est promesse de plaisir. Mais, la pulpe consommée, il reste le noyau et en son sein l'amande : véritable être-là absent du fruit. En fait, le noyau n'est-il pas la chair de la chair, la chair en creux...?

34. Nous parlons de membrane pour évoquer la finesse de ce qui sépare et tient ensemble l'intérieur et l'extérieur. Merleau-Ponty parle, quant à lui, de « membrure » in Œ, ce qui ne peut

qu'est l'apparaître qui ne s'appartient pas en propre. Il oblitère et révèle en même temps l'être en creux de la chose mondaine, en d'autres termes son *invisible*. C'est sans doute précisément en ce sens que la chose diffère fondamentalement de l'objet puisqu'elle apporte et révèle son altérité, son enracinement dans le monde perçu, vu...

Elle [la chose] n'a de sens que sur/par un horizon de monde qui ne la fait « être » que dans la mesure où elle appartient et manifeste la chair du monde. Elle n'a de « valeur » que relative à l'expression de son *ipséité*. Oserons-nous parler de son « inhumanité » bien que par notre corps nous sommes ouverts à elle ? Sans doute y a-t-il ici un nœud qui constitue la richesse même de la perception, son dynamisme créateur car les choses ne gisent pas dans l'inerte, mais surgissent toujours à l'intérieur d'un « rayon de monde ». Ce dernier peut être compris non comme une « tranche » de monde objectif, mais plutôt comme *un axe d'équivalences*.

Ainsi la chose n'est pas tant perçue par un sujet ou, ce qui revient ici au même, une conscience légiférante. La chose se perçoit là-bas comme « le tissu conjonctif d'un dedans et d'un dehors qui empiètent l'un sur l'autre »[35] ; de sorte que le corps n'est pas l'instrument qui perçoit, il est comme bâti autour de la perception.

Le peintre, décidément, s'inscrit dans une telle ouverture au monde, à partir d'un cheminement : l'incarnation de ce voyant singulier qu'il ne peut manquer d'être. Il nous invite alors à participer à cette alchimie[36] de l'invisible, du visible, du voyant et du sur-visible. Par quels

s'entendre que métaphoriquement et poétiquement. C'est à ces moments là que sa philosophie devient « parlante » et descriptive mais en même temps oblique et indirecte comme l'Être lui-même, ce qui la rend difficile.

35. Marc Richir « Phénoménalisation, distorsion, logologie », in *Textures*, n° 72, 4/5.

36. Alchimie, le mot ne s'entend pas sans évoquer un certain ésotérisme. C'est pourtant bien la chair qui est le creuset de cette expressivité par le corps, la vision, le geste, l'émotion. Puissances évocatrices de ce que, faute de mieux, nous qualifions « d'alchimie ».

chemins de traverse est-ce donc possible ? Par notre corps qui n'est pas un simple morceau du visible puisqu'il est « par nature » entouré par le visible et comme immergé en lui, et parce qu'il se voit voyant. Le peintre, à travers sa vision des choses, par le détour de son style, multiplie indéfiniment, inlassablement, ces mystères de la perception. Il n'opère pas un déplacement qui déterritorialise les choses, de sorte qu'elles ne quittent pas leur sol nourricier. Si déplacement il y a, il est *révélateur* et les choses apparaissent alors sur la toile de manière plus authentique : dans leur invisible présence et leur altérité. Cette mise en scène du monde qu'est la peinture (qui fait d'ailleurs l'éloge de la superficialité) nous « livre » cette complicité active et créatrice qui, de la chose vue à la chose possible, se cristallise en une vision et un faire singuliers. En ce sens, les pommes de Cézanne, la fontaine de cuivre de Chardin et les cyprès de Van Gogh n'appartiennent qu'à eux seuls. Du moins se révèlent-ils tels dans leur sur-paraître même.

Sommes-nous donc exclus, définitivement repoussés à l'extérieur ? Non sans doute, car ces toiles, par leur désignation des choses nous appartiennent aussi. Que peut donc valoir une telle revendication ? N'est-elle pas le signe d'une certaine frustration ? Cette volonté de réappropriation témoigne d'une ambiguïté, expression conjointe d'une forme de dépit et de fascination : l'art est à tous... même si nous sommes bien loin de rivaliser avec les artistes.

C'est que, malgré tout, les œuvres invoquent le regard du spectateur et nous invitent à nous glisser de leur côté, presque obliquement. Que pouvons-nous faire, si ce n'est nous laisser aller sur ces chemins de traverse qui nous ramènent aux choses-mêmes. Loin d'épuiser le sens et la chair des choses, les toiles les font rayonner et pour ainsi dire les diffractent.

Face à ces toiles, nous sommes bien d'une certaine manière, des voyeurs de la pire espèce puisque nous n'arrivons jamais qu'au terme d'une entreprise débarrassée de ses hésitations et parfois de ses échecs. L'œuvre est toujours là, en effet, *achevée*.

Mais nous sommes aussi des voyants car l'œuvre éveille en nous une puissance de voir qui, jusque-là, semblait engluée dans la vision quotidienne et habituelle. Captive de cette opération quasi mécanique qui me fait voir mais qui ne me donne pas à voir. Or, c'est là une des « réussites » incontestables de la peinture : elle réactive et réveille pour ainsi dire notre vision[37], elle lui redonne le sens de la profondeur, l'émotion du cœur, l'étonnement et l'interrogation face à ce qui est et qui en même temps se dérobe. Nous parlons de « réussites » de la peinture car la vision du peintre, toute « solipsiste »[38] qu'elle est, n'en appelle pas moins à autrui.

Nous disons que la peinture redonne le sens de la profondeur et, là encore nous devons prendre certaines précautions. Il ne s'agit pas d'une troisième dimension, miracle technique de la peinture, venant s'ajouter aux deux autres[39]. La profondeur dont accouche la peinture est celle du monde lui-même, car le regard du peintre ne s'exerce pas sur un dehors absolument dévoilé, pas plus que sur un « devant soi » à restituer. Il fouille les choses et cherche précisément à en *percer*[40] l'apparaître, à faire advenir leur creux. Ainsi, comme le souligne Merleau-Ponty, la profondeur est l'expérience « d'une *réversibilité* des dimensions, d'une *localité* globale où tout est à la fois, [...] d'une *voluminosité* qu'on exprime d'un mot en disant qu'une chose est là »[41].

37. « La vision reprend son pouvoir fondamental de *manifester*, de montrer plus qu'elle-même », Œ, p. 59. Nous soulignons. Ce pouvoir de manifester est ouverture [*Offenheit*], immixtion dans le visible.

38. Nous reprendrons cette analyse dans l'investissement du style. Disons simplement que le style est justement un principe « individuel et individuant » comme le définit Mikel Dufrenne ; mais sa solitude se réfléchit et s'ouvre à l'intersubjectivité.

39 Si tel était le cas nous retomberions dans la dimension du *simulacre* et/ou de la vanité, de la ressemblance. La peinture s'immobiliserait alors en artifice, ce qu'elle n'est pas.

40. Henri Michaux, « crever la peau des choses ».

41. Œ, p. 65, nous soulignons.

Cette vision engage la totalité du corps, de la perception et devient par la-même *visionnaire*, chargée d'un avenir, promesse d'un voir autrement. Voir, pour le peintre, n'est autre que cet effort « violent » et passionné pour se mettre au monde, pour s'immiscer du côté des choses. Non pour les prendre ou les prélever mais pour les comprendre, pour saisir ces croisements qui les nouent entre elles. Travail d'expression qui vise ces réseaux où lignes, formes et couleurs s'autogénèrent et s'individualisent.

Finalement, c'est bien la vision seule qui peut nous apprendre et nous révéler que des êtres extérieurs[42] l'un à l'autre, ou même étrangers, sont *pourtant ensemble*, membrures d'un même Être : la Chair du monde. Plus encore, c'est la vision qui nous enseigne que le propre du visible « est d'avoir une doublure d'invisible au sens strict, qu'il rend présent comme une certaine absence »[43].

L'obsession de la peinture n'est-elle pas de « dire » et de restituer cette absence même qui nourrit le tangible et le visible ?

c. L'acte de peindre : un savoir du corps

« Les deux lèvres du corps : la masse sensible qu'il est et la masse du sensible où il naît, par ségrégation, et à laquelle comme voyant il reste ouvert. C'est lui et lui seul, parce qu'il est un être à deux dimensions, qui peut nous mener aux choses mêmes, qui ne sont pas elles-mêmes des êtres plats, mais des êtres en profondeur... », in VI, p. 179.

Chacun sait bien que peindre est un travail (une *praxis*), une activité qui mobilise un ensemble de dispositions et qui manifeste également certaines obscurités. Qu'un peintre, planté face à sa toile, se mette à y porter le pinceau, nous ne voyons rien d'étrange dans cette « opération ». C'est son activité et il n'est rien hors d'elle.

42. Nous retrouvons l'idée cartésienne de l'étendue où les choses ne peuvent être que *partes extra partes* mais s'arrêter à ce constat revient immanquablement à rater ce qui rend les choses compossibles entre elles : leur texture charnelle, sorte de tissu conjonctif.

43. Œ, p. 85.

Il couvre sa toile de lignes, de touches qui s'ordonnent et créent une expression du monde.

Nous entendons par « acte de peindre » ce moment précis, intense et fugace parfois où la *vision se fait geste*[44]. Nous ne devons pas nous contenter de l'œuvre achevée, reposant dans son intimité et dans la clôture de ce qui en fait une totalité. C'est à l'œuvre en train de se faire, là, devant nous, sous nos yeux, que nous nous attacherons. L'acte de peindre est bien une équivalence entre l'inhérence du voyant au visible et l'apparition de la chose ou du paysage sur la toile. Cette équivalence importe avec elle ses secrets, ses ruptures et ses déformations.

La peinture en acte n'exprime-t-elle pas ce que nous avions déjà évoqué : une *transsubstantiation* ?

Quant au *savoir du corps*, cette expression engage un nouveau statut de la corporéité et ne peut se comprendre qu'à deux conditions. D'une part il ne s'agit en aucun cas d'une simple substitution qui ferait du corps le *sujet* de la perception en lieu et place de la conscience[45]. D'autre part, le savoir du corps n'est pas – comme d'aucuns ont pu le croire – instrumental mais bien *habituel* ou plus encore : *relationnel*.

Enfin, et pour être tout à fait clair, la conscience n'est pas purement et simplement exclue, mais elle n'a de sens que parce qu'elle est *métissée*[46].

Il va de soi que le corps, véhicule de mon être-au-monde, n'est pas plus dans le temps que dans l'espace. Il est fondamentalement prise sur l'espace et le temps, ouverture et réversibilité. En toute rigueur il faudrait donc

44. « L'acte d'où part la peinture et qui la définit : un être dressé devant un rectangle blanc, un bras tendu maniant un pinceau », Max Loreau : « le peintre dans la trame de la toile » in *Textures*, n° 72, 4/5.

45. Les substitutions n'innovent pas et reconduisent les mêmes paradigmes ou les mêmes apories que nous voulons précisément éviter. Le corps est ainsi « autant un *acteur* de la perception que son *dépositaire* », Œ, p. 58, nous soulignons.

46. La conscience est elle-même corporelle comme le dira le VI : « il y a un corps de l'esprit et un esprit du corps » dont les relations et les imbrications restent à élucider.

dire que, par mon corps, je suis *à* l'espace et *au* temps, immergé en eux tout autant qu'ouvert à eux. Allons plus loin encore dans cette réévaluation du corps. Il n'est pas non plus simple nature[47] dans l'exacte mesure où il est porteur d'une intentionnalité, véhicule d'un *style* d'être-au-monde, expression d'un *entre-deux* où justement nature et culture communiquent, se réfléchissent. En bref, le corps importe avec lui un savoir du monde et des choses, « un nombre indéfini de systèmes symboliques »[48], de sorte que le paradoxe et le « miracle » de l'incarnation, c'est précisément de brouiller les frontières entre le naturel et le culturel, la matière et l'esprit, le biologique et l'acquis.

Disons que le peintre, peut-être mieux que quiconque, « sait » tout cela pour la seule et bonne raison qu'il vit cet échange, cette imbrication, jusque dans son faire. Bien sûr, il ne le sait peut-être pas de ce savoir là[49], mais son contact avec les choses le lui impose, au prix parfois de doutes et d'écartèlements « terribles ».

Qu'est-ce donc que peindre ? Que vaut cet acte qui, à lui seul, semble reprendre – mais à neuf – toute l'histoire de la peinture ? Sans doute faudrait-il avoir observé le peintre au travail face à sa toile et en prise directe avec le monde, pour saisir cet instant fugace où la vision se mute en geste, où le pinceau semble comme hésiter avant de se

47. L'usage qu'un homme fait de son corps lui est « transcendant ».

48. RC, p. 18, nous donnons la phrase *in extenso* : « Le corps est le porteur d'un nombre indéfini de systèmes symboliques dont le développement intrinsèque *excède* assurément la signification des gestes « naturels », mais qui *s'effondrent* si le corps cesse d'en ponctuer l'exercice et de *les installer dans le monde et dans notre vie* ». Nous soulignons. Cette notion *d'excès* exprime bien à elle seule les sublimations ou mutations qui transforment le naturel en culturel. Nous savons bien que Merleau-Ponty s'est toujours refusé à *superposer* chez l'homme la nature et la culture, ce qui reviendrait à s'interdire leur compréhension, leur enjambement. Rappel précieux, s'il en est, qui lutte encore et toujours contre la clôture du dualisme.

49. Ce « savoir là » n'est pas théorique puisqu'il n'obéit pas au modèle de la réflexivité. Il n'est pas davantage immédiat ou intuitif parce qu'il est le fruit d'un faire. Ce savoir là, le peintre le porte dans sa chair.

poser là sur la toile et nullement ailleurs. Tout se passe comme si le geste, par lequel la couleur est fixée sur la toile, était *un choix* entre plusieurs possibles indéfinis et un possible nécessaire. Merleau-Ponty rapporte d'ailleurs dans « le langage indirect et les voix du silence »[50] une expérience originale et révélatrice à plus d'un titre : une caméra a enregistré *au ralenti* le travail de Matisse. C'est bien le ralenti, et lui seul, qui permet de dévoiler ce qui demeurait invisible à l'œil nu. Il s'agit donc bien d'une expérience qui nous immisce dans l'équivalence d'une vision en geste, tout en restant malgré tout un peu artificielle.

Revenons au texte lui-même : « Ce même pinceau qui, vu à l'œil nu, sautait d'un acte à l'autre, on le voyait *méditer*, dans un temps dilaté et solennel, dans une imminence de commencement du monde, *tenter* dix mouvements possibles, *danser* devant la toile, la *frôler* plusieurs fois, et *s'abattre* enfin comme l'éclair sur *le seul tracé nécessaire* »[51].

Miracle et mensonge du ralenti car Matisse n'agit pas comme un démiurge. Il est provoqué à lui-même, à ce geste là, par une exigence – voire une nécessité – qui témoigne de son interrogation du visible et du travail qui n'en est que l'expression ou, mieux encore : la *conversion*. Le mot semble un peu faible alors qu'il évoque justement un indicible, une transmutation du voir en faire, du visible

50. S, p. 57. Cette expérience n'a pas cessé de nous surprendre et de nous étonner, au sens philosophique du terme.

51. S : « le langage indirect et les voix du silence », p. 57, nous soulignons. Plusieurs remarques sont à faire ici, indépendamment de la beauté du texte. On pourrait croire que le geste qui se décide et se réalise obéit à un choix original, moment précis d'une liberté créatrice qui se réalise. Soit, mais cet acte est à la fois autonome, tout en étant captif et appelé par l'exigence finale du tableau. D'autre part, et le vocabulaire employé par Merleau-Ponty l'exprime implicitement, tout se passe comme s'il s'agissait d'une vision libre et « abstraite », dégagée de son enracinement corporel et qui, telle un rapace, fondrait sur sa proie momentanée : la chose à peindre. Nous savons bien qu'il n'en va pas ainsi car le geste en acte est appelé – et comme issu – d'une exigence intérieure du peintre : *son style*.

en tangible. Ce dernier ouvre et institue un autre visible que nous avons déjà qualifié de *sur-visible*. C'est bien lui d'ailleurs qui est *création* et qui s'impose comme tel : résultat d'une nécessité interne (le style) et d'une liberté créatrice originale.

Disons simplement que le tableau qui est en train de naître, de se faire, n'est pas la somme ou la simple juxtaposition de ces multiples touches de couleurs, gestes épars qui auraient un sens en eux-mêmes. Nous nous interdisons une telle approche car, nous manquerions inévitablement ce qu'est un tableau et, surtout, *l'expressivité* de la peinture. En effet, vouloir faire d'une totalité expressive une collection de moments distincts, fûssent-ils autant de choix délibérés et créateurs, revient à méconnaître le mystère même de l'expression : son cheminement allusif et latéral vers l'Être. De plus, nous nous retrouverions acculés à une interprétation de la peinture qui la condamnerait à n'être qu'une copie d'un « texte » déjà écrit.

Face à de telles dérives nous affirmons que la peinture n'est pas, n'a décidément jamais été, une simple opération de traduction d'un original[52], en droit et en fait inaccessible. Tout au contraire, si la peinture a du sens, de la « valeur », et si elle « sait » le monde, il faut lui redonner son enracinement au sein de ce sol originaire qu'est la perception[53]. Il faut l'investir de cette puissance en acte de voir l'invisible, justement parce que l'acte de peindre est un échange et une « alchimie » de chairs.

En ce sens, tout peintre *authentique*, et non « honoraire », est créateur, innovateur. Mais, encore une fois, tout s'échange et passe par ce « carrefour » du corps qui est enjambement et empiètement. Si nous reprenons l'exemple de Matisse, c'est la main qui trace, dessine, hésite, va et vient et se pose, enfin, de manière décisoire... Autant dire

52. De même que le langage n'est pas la traduction d'une pensée déjà toute faite qui n'attendrait plus que l'habit des mots pour se dire ; la peinture n'est pas inféodée à une nature en soi. C'est donc bien l'idée de prééminence que nous récusons.

53. « Tout s'est passé dans le monde humain de la perception et du geste », SP, p. 57.

que ce n'est pas l'esprit ou la conscience qui peint. Comment pourrait-il en être autrement d'ailleurs ?

Qu'est-ce donc qu'un peintre ?

Celui/celle qui passe son temps à peindre, à vivre et à opérer cette transmutation du visible en geste[54], et à se reconnaître comme peintre, à se vouloir et à se réaliser dans son faire même. Le peintre, avec ses toiles, ne « dit » donc pas autre chose que sa *rencontre* avec le monde. Mais, cette expression là est comme un impact, une nécessité et non une traduction. Le peintre, en effet, ne traduit ni n'épelle la nature, il la *recrée* par ses œuvres et lui donne ainsi sens et « vie ». Injonction nous est faite de comprendre et de goûter la peinture en tant que création vivante et indivise, mêlée intimement à une chair et à un esprit qui font plus que cohabiter, imbriqués et entre-mêlés qu'ils sont à la recherche et à l'écoute même de l'Être.

Il y a *commerce* avec le monde ! Voilà ce que la peinture exprime, n'a cessé et ne cessera d'exprimer. Mais ce commerce là n'est jamais que perceptif, sensible et émotionnel. Le peintre « apporte son corps » disait Valéry, tout autant que son « âme » ce qui ici n'est rien d'autre que sa capacité à être ému ou bouleversé par ce qu'il voit.

Reconnaître à la corporéité une telle importance ne peut se comprendre que parce que la chair est conjointement ouverture, immixtion, miroir et distance aux choses. C'est le Sensible qui vibre tout entier, par et à travers ce corps doué d'intentionnalité et d'émotion. C'est que le corps n'est pas simplement « instrument » (ordonné et régenté par un esprit pur) ; mais pas davantage simple matière/matérialité. Il est, à la fois et intimement, *être à deux dimensions*. Il est là, présent aux choses et comme parmi elles, tout en étant ailleurs et à distance par la *ségrégation* même qu'il implique.

54. Parfois, c'est même le geste qui va plus loin que le regard, preuve s'il en est de la réversibilité. Car le geste sait le monde et, tout se passe, comme s'il l'avait apprivoisé, intériorisé, avant de pouvoir le recréer.

C'est réellement en peignant que la peinture accouche à la fois d'elle-même et de la *diffraction*[55] du secret de la perception, en vérifiant *in situ* la délivrance de l'expression qui se fait jour en elle. De plus, elle « concrétise » la transsubstantiation qui fait du style le principe du voir par lequel le visible se « réversibilise » en geste et réciproquement.

Peintre au travail, peinture en acte, au contact des choses, sont les témoignages incessants d'un effort toujours repris et réassumé depuis Lascaux : le monde est là, il est encore et toujours à peindre pour ceux et celles qui se sont reconnus voyants. Travail inlassable, source de joies, de forces et de souffrances que Van Gogh exprimait en ces termes : « la notion de couleur se fait *jour en moi pendant* que je peins »[56]. Merleau-Ponty tente de résumer cet effort poignant en une phrase qui n'en finit pas de rebondir : « Si le peintre prend le pinceau, c'est qu'en un sens la peinture est encore à faire »[57].

C'est en investissant le style, pierre angulaire de la création, que nous espérons mieux comprendre encore cette identité de la peinture.

55. Diffraction : le terme peut sembler allusif, voire impropre. Pourtant, l'œuvre d'un peintre n'est pas immobile puisque la mort seule, en un sens, y mettra une fin. Chaque toile apparaît alors comme un moment précis, doué d'une certaine « autonomie », où se condense ce secret de la perception pour être ensuite diffracté. Chaque toile joue, d'une certaine manière, le rôle d'un *prisme* qui renvoie et décompose ce savoir du monde en l'éclairant d'une autre lumière.

56. Cité par V. Forrester in *Van Gogh ou l'enterrement des blés*, p. 155, nous soulignons.

57. S, p. 99.

TOPOLOGIE PHÉNOMÉNALE :
Sur l'actualité scientifique de la phusis *phénoménologique de Merleau-Ponty*

Jean PETITOT *

J'aimerais remercier vivement le professeur François Heidsieck et le professeur Jacques Merleau-Ponty pour l'honneur et la joie qu'ils me font en me permettant de vous présenter quelques remarques sur l'actualité scientifique de la pensée phénoménologique de Maurice Merleau-Ponty.

Introduction

Bien des choses ont évidemment changé depuis l'époque où Maurice Merleau-Ponty parlait de phénoménologie, de sciences de la nature et de psychologie. Malgré cela, certains des développements les plus significatifs des sciences contemporaines depuis une vingtaine d'années – qu'il s'agisse des sciences physico-mathématiques ou des sciences neuro-cognitives – confirment néanmoins sur bien des points les analyses philosophiques de Maurice Merleau-Ponty. Il s'agit là d'un fait remarquable. Disons, pour faire bref, que ces développements ont jeté les bases d'une *naturalisation de la phénoménologie*. En ce sens, il y a bien une *actualité scientifique* de la phénoménologie.

Quelle est la signification réelle d'une telle affirmation, qui paraîtra peut-être un peu excessive ? D'abord, il faut tout de suite souligner qu'elle ne concerne que les problèmes les plus *élémentaires* – mais déjà considérables – de la phénoménologie, comme ceux posés :

(i) par l'organisation et l'auto-organisation des formes naturelles, la dynamique de l'intériorité substantielle de la matière, l'émergence de structures morpholo-

* École des Hautes Etudes en Sciences Sociales et Ecole Polytechnique.

giques qualitatives macroscopiques et structurellement stables hors de la physique des substrats, ainsi que

(ii) par la perception des formes en tant que *Gestalten* expressives.

Il s'agit donc d'un côté des thèmes de la *Naturphilosophie* et d'un autre côté de ceux de la phénoménologie de la perception.

Le nœud où se sont noués chez Maurice Merleau-Ponty la *Gestalttheorie,* la phénoménologie, le structuralisme et un certain regain de la *Naturphilosophie* s'est dernièrement trouvé soumis à un processus progressif de constitution, de détermination et de construction qui a conduit à son *objectivation* dans le cadre des sciences naturelles. Objectivation présuppose modélisation mathématique, explication à partir de bases physiques, expérimentation et simulation informatique.

Un tel progrès n'a évidemment pu être possible que parce que les sciences naturelles ont considérablement élargi le domaine où elles légifèrent. Elles l'ont fait à partir d'un vaste ensemble de théories physico-mathématiques que j'appellerai *morphodynamiques* : théories dynamiques de la technique de production de formes naturelles, qu'il s'agisse de formes naturelles externes ou de formes naturelles internes (mentales, par exemple au sens de la *Gestalttheorie*). Ces théories sont désormais bien connues : théorie qualitative des systèmes dynamiques, de leurs attracteurs, de leurs bifurcations, thermodynamique de non équilibre et structures dissipatives, chaos déterministe, turbulence, synergétique, pour ne parler ni de la plus philosophiquement significative, à savoir la théorie des catastrophes, ni des nouvelles orientations des sciences cognitives comme le connexionnisme[2].

Ces théories sont fort connues. Elles ont fait l'objet de nombreuses présentations dans toutes les revues scientifiques. Toutefois, on n'a en général pas insisté suffisamment, me semble-t-il, sur leurs conséquences philosophiques remarquables. Et pourtant *le passage d'une mécanique des forces à une dynamique des formes* est bien un événement à la fois scientifique et philosophique de première grandeur, un *factum rationis* qui devrait être aussi important pour notre temps que celui de la mécanique newtonienne pour l'époque classique.

Pour ma part, j'ai tenté de montrer dans un certain nombre de travaux que ce qui se trouve mis en jeu à la fois scientifiquement et philosophiquement dans ces diverses théories, convergentes, des formes et des structures est la *constitution*, au sens d'une théorie transcendantale de la constitution des objectivités, d'un nouveau niveau de réalité et d'objectivité, celui de l'objectivité *morphologique-structurale*[3]. Une telle constitution *élargit le concept de la Nature*. Elle permet de passer, pour employer les termes de Kant dans la *Critique du Jugement*, du concept de la Nature comme simple mécanisme au concept de la Nature *comme technique de production de formes*. Ce faisant, *elle résout l'antinomie de la dialectique du jugement téléologique*. Cette antinomie, des plus profondes et des plus importantes, concerne une « architectonique disjonctive » où se concentre l'essentiel du conflit ayant opposé de façon récurrente depuis Leibniz les divers néo-aristotélismes au concept moderne d'objectivité[4].

Dans son ouvrage magistral *Architectonique disjonctive, Automates systémiques et Idéalité transcendantale dans l'œuvre de G.W. Leibniz*[5], André Robinet a montré en détail comment l'œuvre de Leibniz est dominée dans son ensemble par le conflit entre le mécanisme physicaliste et la réhabilitation des concepts aristotéliciens de forme substantielle et d'entéléchie. Le conflit dialectique de base oppose les deux hypothèses suivantes (notations d'A. Robinet).

2. Pour une introduction à ces théories, cf. Petitot [1989a], [1991d], [1992] et leurs bibliographies.

3. Cf. Petitot [1985b], [1988], [1991b], [1992].

4. Cassirer l'a admirablement montré dans son analyse de la *Critique du Jugement*, cf. Cassirer [1918] et [1923].

5. Robinet [1986].

D1. Les corps ne sont pas des substances. En tant que composés, ce ne sont que des êtres apparents. Ils n'existent que comme phénomènes congruents bien fondés, comme assemblages spatiaux, sans unité propre, de monades composantes. Leur unité et leur individuation ne sont que nominales. Elles résultent de la perception et du langage – donc de la métaphysique du mental – qui découpent dans la réalité des unités organiques qui, ontologiquement, ne sont que des agrégats. Il n'existe donc pas de substances composées ni de matière première et seules les monades sont des substances. Tous les phénomènes morphodynamiques sont réductibles au seul mouvement local et l'unique fondement de l'apparaître se trouve dans le sujet.

D2. Il existe des substances composées qui ne se réduisent pas à des substances simples nominalement composées et qui possèdent des corrélats ontologiques *per se*. Il existe un fondement ontologique de la composition morphodynamique de la manifestation. Les corps composés sont des substances résultant de l'union d'une forme et d'une matière première au moyen de formes substantielles. Leur phénomène est bien fondé, véritable, lié à la matière seconde (pp. 13-15).

André Robinet a étudié à fond les quatre principales versions de D2 élaborées successivement par Leibniz au cours d'un « effort intellectuel incommensurable » (p. 200) consacré à la compréhension de la « corporéité actuante » (p. 225).

(i) La réhabilitation des *formes substantielles*, à partir de 1679, dans la correspondance avec Arnauld (elles avaient été rejetées entre 1668 et 1671 au profit d'un pan-mécanisme fondé uniquement sur la grandeur, la figure et le mouvement). Les FS sont l'*ens per se* des substances composées, leur principe d'individuation. Leur expression assure l'intelligibilité de leur action (cf. pp. 39-52).

(ii) La réhabilitation des *entéléchies* en 1691. Comme acte de la force, l'entéléchie conjugue forme substantielle et force. Elle permet à Leibniz de fonder *la Dynamique*. L'entéléchie est "le principe de l'actualité et de la réalité dont la forme substantielle n'est plus que l'application aux substances vivantes et aux substances corporelles" (p. 64). En 1695, Leibniz introduit dans le *Système nouveau de la Nature* le concept de *forces primitives* (différentes des forces mécaniques dérivées) comme principe intérieur de l'action analogue à un principe vital organique.

(iii) A partir de 1696, *la théorie monadologique* permet de faire la synthèse entre l'entéléchie et *la matière première* et d'élaborer les concepts d'action et d'énergie (cf. p. 73).

(iv) Enfin, entre 1712 et 1716, principalement dans la correspondance avec des Bosses, le *vinculum substantiale* permet de comprendre comment un lien susbstantiel entre monades, lien interprétable naturellement et physiquement, en arrive à constituer *la matière seconde*. Alors que les formes substantielles, les entéléchies et les monades ne font que "conférer l'unité de la forme à la matière première" (p. 89), le *vinculum substantiale* permet de penser les corps comme d'authentiques "automates systémiques".

L'ensemble de ces théories successives provient de la constatation par Leibniz qu'il est impossible, seulement par la grandeur, la figure et le mouvement, de rendre compte de la diversité et de la structure des formes comme complexes de "discontinuités observées dans la matière-étendue" (p. 29). Je cite souvent à ce propos ce passage remarquable d'une lettre au Révérend Père des Bosses du 2 février 1706 :

« Si l'on pose la plénitude des choses (comme font les cartésiens) et l'uniformité de la matière, et si l'on ajoute seulement le mouvement, on obtient toujours une succession de choses équivalentes ; (...) et ainsi, nul ne peut distinguer l'état d'un moment de l'état de l'autre, pas même un Ange ; et donc, on ne pourrait trouver aucune variété dans les phénomènes ; partant, outre la figure, la grandeur et le mouvement, il faut admettre des formes au moyen desquelles la différence des apparences surgisse dans la matière, formes qu'on ne peut intelligiblement chercher, me semble-t-il, qu'à partir des Entéléchies ».

Cette architectonique disjonctive leibnizienne qui

hante comme un refoulé le concept moderne (transcendantal et post-transcendantal) d'objectivité fait retour dans les dernières œuvres de Kant. Mais elle y subit évidemment un déplacement notable. La voie D2 étant définitivement barrée par l'obstruction transcendantale qu'est la chose en soi, c'est une autre voie D3, elle-même dédoublée, qui s'oppose désormais à D1. La voie D3(a) est celle de la *Critique du Jugement*. Elle reformule D2 en termes de jugement réfléchissant, de finalité, d'analogie, de *als ob*. La voie D3 (b) est celle de l'*Opus Postumum*. Elle reformule D2 en termes de jugement déterminant, de dynamique fondamentale, de phénomène du phénomène, de *parce que* (cf. plus bas § I. 3).

Mais, bien que notablement déplacée, l'architectonique disjonctive subsiste. Elle est léguée par Kant à l'avenir. C'est elle qui a été en partie *résolue* par les avancées scientifiques que nous avons évoquées.

Une conséquence de ce nouveau *factum rationis* est que le dualisme matière/esprit opposant un mécanisme physicaliste atomiste à un logicisme mentaliste des représentations et des significations se trouve actuellement en passe d'être doublement dépassé, à la fois côté matière et côté esprit. Cela change de façon profonde la conception que l'on peut se faire des rapports entre les sciences naturelles et les sciences de l'esprit. La médiation entre les deux types de sciences s'effectue essentiellement au niveau des formes et de leur perception, les formes étant à la fois, comme Kant l'avait déjà admirablement vu, le phénomène de l'auto-organisation de la matière *et* la fondation des significations.

Évidemment, par rapport à ce qui s'est dit *philosophiquement* pendant des siècles sur ces questions, la *naturalisation* et l'*objectivation* conduisent à une *inversion* du *type* de connaissance qu'on leur applique. Il ne s'agit plus de penser spéculativement ou de décrire phénoménologiquement, comme cela s'était fait jusqu'ici, la présentation, la présence, l'émergence de la manifestation phénoménale de formes et de structures qualitatives données dans une immédiateté proto-objective, anté-prédicative et pré-judicative. Il s'agit désormais d'*objectiver* et d'*expliquer* sur des bases *physiques* ce phénomène naturel très particulier qu'est *la phénoménalisation même de l'être physique objectif*. La manifestation, la phénoménalisation, doivent être conçues *elles-mêmes* comme un processus naturel susceptible d'objectivation. Comme phénomène, la phénoménalisation de l'être physique objectif s'identifie à ce que Kant appelait dans l'*Opus Postumum* le phénomène du phénomène et c'est ce phénomène *du second ordre* qu'il s'agit de légaliser transcendantalement et de déterminer mathématiquement.

L'objectivation du phénomène du phénomène relève d'une *morphodynamique post-physique* et non plus d'une phénoménologie *pré*-physique. Une telle thèse est la contrepartie objective d'une description phénoménologique des vécus. Elle va à l'encontre de la thèse husserlienne, rappelée par Maurice Merleau-Ponty dans *Phénoménologie de la Perception*, sur l'impossibilité de constituer une science objective de la forme pour autant que la forme "est l'apparition même du monde et non sa condition de possibilité" (p.74). Mais, selon moi, c'est précisément la remise en cause de telles affirmations d'impossibilité qui donne tout son sens philosophique à la "Nouvelle Alliance" entre les Sciences de la Nature et la Philosophie de l'Esprit. Même s'ils sont traités différemment (description phénoménologique VS explication objective), les problèmes traités sont les mêmes. Ce sont ceux thématisés avec une acuité remarquable, souvent visionnaire il faut le dire, par Maurice Merleau-Ponty. J'aimerais le montrer, l'esquisser plutôt, à propos de deux d'entre eux :

(i) le concept de Nature et le problème d'une dynamique des formes ;

(ii) la phénoménologie de la perception et la critique du cognitivisme symbolique.

A. Le concept de Nature et le problème d'une dynamique des formes

1. Quelques remarques de Maurice Merleau-Ponty. Commençons par quelques remarques de Maurice Merleau-Ponty extraites de ses *Résumés de Cours* au Collège de France.

Maurice Merleau-Ponty a souvent insisté sur la nécessité qu'il y avait à traiter le « thème inactuel » (année 56-57, p. 91) du concept de Nature. Une ontologie sans philosophie de la Nature conduit, dit-il, à « une image fantastique de l'homme, de l'esprit et de l'histoire » (p. 91). Car nous venons de la Nature et la présence du monde, notre présence au monde « comprennent l'immémorial originaire de la Nature » (p. 93). Mais comment faire droit à cette présence, à cet immémorial venant du fond de la nature ? Maurice Merleau-Ponty a analysé ce problème dans les conceptions modernes de l'objectivité, depuis Descartes jusqu'à des philosophes néo-kantiens comme Cassirer. Je ne reviens pas sur ce point. Je me bornerai à noter que l'une des principales caractéristiques de ces conceptions se rencontre dans l'élimination des questions concernant ce que Cassirer, après tant d'autres, appelait « *das Innere der Natur* », l'intériorité de la Nature, questions considérées comme *non* scientifiques, comme exclues des procédures possibles d'objectivation scientifique parce que *nouménales*. Cette exclusion a permis d'élaborer depuis Kant une doctrine constructiviste de l'objectivité. Mais, comme Kant l'a développé dans la Critique du Jugement téléologique (à laquelle Maurice Merleau-Ponty a consacré, on le sait, de nombreuses analyses), la question de l'organisation n'en demeure pas moins philosophiquement ouverte. Ainsi que le note Maurice Merleau-Ponty, avec l'organisation on retrouve l'intériorité, une intériorité qui n'est pas celle de la conscience mais celle de la nature et qui fait de la Nature plus qu'un objet. Et il pose à ce propos la question : « comment fonder ces totalités naturelles ? » (p. 102). C'est la question même de la *Critique du Jugement*.

Pour y répondre, on ne peut pas se borner, comme le fait Kant dans ce texte, à maintenir côte à côte deux ordres incommensurables de compréhension des phénomènes, deux maximes du jugement, celle de l'explication causale d'un côté et celle de la description téléologique de l'autre. Il faut les penser *ensemble*. Mais comment cela est-il possible sans reconvoquer, comme le faisait Leibniz, les concepts de la métaphysique substantialiste ? Comment peut-on résoudre scientifiquement l'énigme de la totalité organique qui est « celle d'une production naturelle où la forme et les matériaux ont même origine et qui par là conteste toute analogie avec la technique humaine » (p. 103)[6].

Comme on le sait, dans la critique du jugement téléologique la finalité n'est pas et ne peut pas être constitutive de l'objectivité. Elle relève du jugement réfléchissant et non pas du jugement déterminant. Maurice Merleau-Ponty y insiste, c'est le concept de *la liberté* qui lui donne sens : « la téléologie de la Nature est un reflet de l'homme noumène », « la vérité du finalisme c'est la conscience de la liberté, la projection de *l'autonomie* dans la Nature » (p. 104)[7].

Comment dépasser cette limite transcendantale ? La *Naturphilosophie* et le vitalisme, de Gœthe et de Schelling jusqu'à l'embryogenèse idéaliste d'un Driesch ou d'un Spemann, ne sont pas viables. Reste alors *la description phénoménologique*. Il s'agit de dévoiler la vie intentionnelle pré-théorique, anté-prédicative, pré-réflexive, proto-scientifique, sous-jacente à l'objectivation de la Nature, « la couche primordiale » « des êtres pré-objectifs corré-

6 Valéry ne dira pas autre chose, par exemple dans *L'Homme et la Coquille* : la vie « ne sépare pas sa géométrie de sa physique », « le moindre coquillage me fait voir (...) [une] liaison indissoluble et réciproque de la figure avec la matière ».

7 On connaît l'importance de ces thèmes chez Maurice Merleau-Ponty sur le plan de la philosophie politique. Toute sa dénonciation du marxisme est liée à la critique de la projection de l'autonomie dans la Nature. Le point est admirablement traité dans ce haut lieu de l'honneur de l'esprit humain que sont *Les aventures de la Dialectique*.

latifs de la communauté des corps percevants » (p. 115), bref, ce que Husserl appelait « le flux héraclitéen des essences morphologiques vagues », anexactes, dans leur présence originaire, leur *Urpräsenz*. Autrement dit, il s'agit, par *réflexion*, de retrouver *compréhensivement* la nature comme technique productrice de formes. Et comme y insiste Maurice Merleau-Ponty dans la *Phénoménologie de la Perception*, « le phénomène du phénomène » relève d'une réflexion du deuxième degré qui « convertit le champ phénoménal en champ transcendantal » (p. 77). La réduction eidétique et la réduction transcendantale doivent permettre de constituer l'apparaître même du monde, sa phénoménalité en tant que telle, et non pas seulement son objectivité. En ce sens, l'*époché* husserlienne n'est pas idéaliste. Comme le souligne fort justement Maurice Merleau-Ponty, "la réduction eidétique, (...) c'est l'ambition *d'égaler la réflexion à la vie irréfléchie de la conscience* » (p. XI).

Mais pour comprendre le lien organisation-présence-présentation-manifestation-vécu-sens, on a besoin, outre d'une description phénoménologique, d'une *philosophie de la structure*, d'un *structuralisme dynamique permettant* de comprendre sur des bases physiques, biochimiques, thermodynamiques, et même « cybernétiques » comme on disait à l'époque, les « flux de détermination », les « gradients morphogénétiques » des organisations morphologiques naturelles, la façon dont l'organisation « réinvestit l'espace physique » ainsi que « *l'émergence entre les micro-phénomènes, de macro-phénomènes originaux, lieux singuliers de l'espace* ». Bref, on a besoin, comme le formule admirablement Maurice Merleau-Ponty, d'une "*topologie phénoménale*"" (année 59-60, pp. 172-178).

Qui plus est, c'est dans une phénoménologie se dépassant dans une topologie phénoménale naturaliste et une physique macroscopique émergentielle qu'il faut fonder la théorie *de la signification et de l'expression*. Les formes naturelles organisées et les *Gestalten* perceptives corrélatives sont en effet *intrinsèquement expressives et intrinsèquement significatives*. Elles constituent *un langage figuratif naturel* – Gœthe le disait déjà dans la *Métamorphose des Plantes* –, elles manifestent dans leurs « moments figuraux » le même paradoxe « d'une *force* lisible dans une *forme* », « d'une trace ou d'une signature du temps dans l'espace » (année 52-53, p. 20).

2. Le problème des rapports entre phénoménologie et naturalisme.

On voit donc opérer chez Maurice Merleau-Ponty une tension entre phénoménologie et naturalisme. D'où la discussion de Husserl. J'ai rappelé très brièvement que la phénoménologie constitutive est une phénoménologie transcendantale où ce qui se trouve constitué est l'apparaître lui-même. Le débat qui porte sur le statut de la constitution transcendantale de l'*eidos* de l'apparaître est essentiel. Mais je ne puis l'analyser ici. Je me borne à rappeler que Husserl n'a jamais tenté de penser le phénomène comme *émergence* à partir du monde. Pour lui, il y aurait eu là une hypostase *réaliste* d'une transcendance eidétique sur une transcendance réelle indémontrable. Cette hypostase aurait réenclenché le piège de la métaphysique de la représentation en tant que mode aliéné de l'intentionnalité. Mais la conséquence en a été, chez lui, une désubstantialisation et une déréalisation du phénomène par réduction qui soulèvent d'inextricables difficultés lorsqu'il s'agit d'en revenir à une réalité qui est celle d'une objectivité physique dont la constitution transcendantale même interdit la phénoménalisation. Bien que reconquis comme présence sur cette objectivité, l'apparaître « ne tient pas tout seul ». Il est sans stabilité ontologique. Il ne « tient » que grâce à l'autarcie de l'égologie transcendantale.[8]

Maurice Merleau-Ponty a déconstruit cette autarcie pour réorienter la question phénoménologique dans une direction naturaliste. La transcendance de l'apparaître se trouve chez lui progressivement naturalisée, ce qui conduit à ce que le phénoménologue Roger Chambon appelle, dans

8 Pour des précisions, cf. Petitot [1992].

Le Monde comme Perception et Réalité [9], « une étonnante mutation de la phénoménologie (...) en une nouvelle "physique" » (p. 324). Chez Maurice Merleau-Ponty, la transcendance de l'apparaître s'inscrit dans l'horizon du monde (le « rapt du visible » et le « chiasme » de la parution). Elle n'est pas constituée sur la base de la transcendance d'acte de l'intentionnalité. L'apparaître de l'objet n'est pas un corrélat noématique. C'est, comme l'explique Chambon, une « puissance formante qui travaille en lui, règne en ses qualités et contours et l'empêche précisément de se réduire à n'être qu'un simple ob-jet » (p. 331). Cette puissance formante, la *bildende Kraft* de Kant, possède bien, comme le noème, le statut d'idéalité d'un sens, mais son idéalité n'est pas logico-formelle. Elle est celle, *dynamique*, d'une structure morphologique et d'une organisation spatio-temporelle. C'est, comme dit Chambon, une idéalité « phusique », une « potentialité active », un logos interne à l'objet et non pas immanent au sujet. Avec elle, la présence devient *une intentionnalité interne à l'être même* (p. 332), principe néo-vitaliste que Maurice Merleau-Ponty appelait son « principe barbare ».

Ce sont de telles considérations, à la fois phénoménologiques et, dans une certaine mesure, quelque peu néo-vitalistes inspirées qu'elles sont de la *Naturphilosophie*, qui sont devenues accessibles à l'objectivation grâce à certaines sciences contemporaines.

Avant d'en venir à ce thème, j'aimerais brièvement remarquer que l'idée d'une physique des formes n'est pas nouvelle puisqu'on la trouve dans un ensemble de réflexions vertigineuses de Kant dans l'*Opus Postumum* qui inverse sur ce point la plupart des thèses de la *Critique du Jugement*.

9 Chambon [1974].

*3. L'*Opus Postumum *et la physique des formations phénoménales.*

Comme y insiste le père François Marty, l'*Opus Postumum* traite essentiellement de l'origine du phénomène en tant que ce qui apparaît, en tant que « l'apparaître du lieu de l'apparaître » (p. XV).[10] Dans la théorie du phénomène du phénomène que j'évoquais plus haut, il s'agit non plus tant de légalisation objective des phénomènes que de leur origine, de leur genèse à partir d'un fondement. Et ce fondement qui, jusque-là, était considéré par Kant comme d'ordre nouménal se convertit en fondement physique. Le geste kantien est étonnant. Les conditions de possibilité de l'expérience et de ses objets en arrivent à devenir les conditions de possibilité de la phénoménalité et de la « corporéité actuante » qui manifestent les objets physiques. Elles doivent permettre, comme le dit le père Marty, « de comprendre ce qu'est un réel manifesté » (p. 378).

Kant reprend donc l'héritage leibnizien qu'il avait jusque là rejeté, mais en développant l'idée inouïe d'une physique des forces primitives motrices internes à la matière, physique différente de celle des forces mécaniques, dérivatives et secondes. Grâce à ces forces primitives, il cherche à comprendre la *présence*, la *formation* et la *composition* des corps. Selon lui, « elles forment des corps qui déterminent eux-mêmes leur espace, selon la quantité et la qualité » (p. 39). Elles expliquent « une matière déterminant elle-même par ses propres forces sa figure et sa structure [son organisation], et résistant à leur changement, originellement et de manière uniforme [stabilité structurelle] » (p. 47). Cette *formation* de la matière est une auto-formation, une auto-organisation, une spontanéité.

On assiste ainsi dans l'*Opus Postumum* à une véritable *genèse physique du synthétique* a priori *lui-même*. Ce qui résout l'architectonique disjonctive héritée de Leibniz. Le phénomène du phénomène est ce par quoi l'objet caté-

10 Cf. Kant [1796-1803] et Marty [1986].

gorialement légalisé peut se manifester dans son apparaître. Autrement dit, il est ce par quoi l'objectivité physique qui, dans un premier temps, légalise et détermine les phénomènes sensibles empiriquement donnés devient, dans un second temps, le principe même de la phénoménalisation, de la donation, de la présentation, de la présence. Comme le dit Kant, la physique doit en arriver à ce point ultime « de produire le singulier de la représentation sensible dans l'universel selon la forme, dans l'intuition sensible pour le sujet » (p. 83).

Il y avait déjà là, sur un plan très spéculatif, très visionnaire, très anticipateur, une voie royale pour une phénoménologie conçue comme une « phusis » de la manifestation. Je pense que Maurice Merleau-Ponty a prospecté philosophiquement cette voie avec une vigilance scientifique exemplaire. De nombreux éléments des sciences contemporaines lui donnent raison.

4. Physique et Morphodynamique.

Il ne m'est pas possible d'introduire ici aux éléments d'une physique des formes. Je me permets de renvoyer aux multiples ouvrages déjà existants[11]. Je me bornerai donc à quelques brèves indications.

Qu'est-ce qu'une forme ? En ce qui concerne une description phénoménologique pure, on peut en revenir aux descriptions des gestaltistes et de Husserl, par exemple dans la troisième Recherche Logique (où Husserl reprend d'ailleurs des idées de Carl Stumpf). Essentiellement, une forme est un *système de discontinuités qualitatives saillantes sur un espace substrat*[12]. Des grandeurs intensives représentent les qualités sensibles et manifestent des discontinuités à la traversée de certains lieux géométriques

11 Cf. Thom [1972], [1980], [1988] ainsi que, par exemple, la bibliographie de l'article *Forme* de l'*Encyclopædia Universalis*.

12 On notera la similitude de cette définition moderne avec la définition leibnizienne évoquée dans l'Introduction : une forme est "un complexe de discontinuités observées dans la matière-étendue".

singuliers. Ces discontinuités des qualités sensibles relativement à la continuité de l'extension spatio-temporelle produisent la saillance phénoménologique de la forme et en permettent l'appréhension gestaltiste. Une telle description phénoménologique pure est scientifiquement juste. Elle a été confirmée, dans sa dialectique de la continuité quantitative et de la discontinuité qualitative, par les travaux de René Thom qui lui ont donné un contenu mathématique topologico-géométrique rigoureux.[13] Avec Thom, la « topologie phénoménale » anticipée par Maurice Merleau-Ponty est devenue une réalité scientifique de première importance.

La description phénoménologique des formes peut donc être convertie en une description topologico-géométrique. Mais une telle description ne suffit évidemment pas. Il faut de plus comprendre *la genèse physique* des formes comme ensembles de discontinuités qualitatives, c'est-à-dire, pour reprendre les termes de Maurice Merleau-Ponty, la genèse physique, « l'émergence » de ces « macro-phénomènes originaux » que sont l'apparition de « lieux singuliers » dans les espaces substrats. Pour ce faire, il faut répondre à trois questions qui sont toutes trois scientifiquement difficiles.

(i) Il faut d'abord élaborer, nous venons de le voir, une physique des formes qui permettent d'expliquer comment des discontinuités qualitatives peuvent émerger des substrats physiques.

(ii) Il faut ensuite disposer d'une optique morphologique qui permette de comprendre comment ces discontinuités objectives peuvent être véhiculées par le signal lumineux et atteindre nos organes sensoriels.

(iii) Enfin, il faut développer une théorie de la cognition visuelle qui montre comment le système visuel détecte ces morphologies singulières et, sur cette base, édifie et construit des représentations plus abstraites.

Dans ces trois domaines, on dispose désormais d'outils scientifiques fondamentaux et convaincants.[14]

13 Cf. Petitot [1988], [1992].
14 Cf. Petitot [1992].

En ce qui concerne la physique des formes, on dispose en particulier des modèles morphodynamiques. Ils reposent sur les hypothèses :

(i) que, dans tout substrat matériel, il existe un processus physique *interne* qui détermine le *régime local* du substrat en chaque point,

(ii) que les qualités sensibles manifestent ces régimes locaux et

(iii) que les discontinuités qualitatives présentées par les qualités sensibles sont donc des transitions brusques de régimes locaux à la traversée de valeurs, dites *critiques*, de l'extension spatio-temporelle.

La théorie des transitions brusques entre régimes locaux est une théorie actuellement bien développée, celle *des bifurcations d'attracteurs* (les attracteurs étant ceux des systèmes dynamiques mathématisant les régimes locaux). Le concept dynamique fondamental de bifurcation d'attracteurs fournit par conséquent une *explication physique* de la genèse objective – de la technique de production – des discontinuités qualitatives constitutives des formes. Il est par conséquent désormais possible de coupler les descriptions phénoménologiques pures à des explications en termes de causalité physique. Ce que Husserl déniait catégoriquement dans la troisième Recherche Logique.

B. Phénoménologie de la Perception et Critique du Cognitivisme symbolique

1. Quelques affirmations de Maurice Merleau-Ponty

Commençons par quelques affirmations de Maurice Merleau-Ponty. Contrairement à la plupart des philosophes contemporains qui restent centrés sur le problème des *significations*, Maurice Merleau-Ponty a toujours insisté sur le fait qu'il est impossible d'élaborer une philosophie de la conscience, une philosophie du langage, une philosophie des significations, sans au préalable avoir pris en compte *la perception* comme « phénomène original ». On ne doit pas récuser la finitude sensible comme naturaliste et définir le sujet « par le pur pouvoir de conférer des significations » (année 52-53, p. 11). En effet, l'expression et le langage « reprennent et amplifient » une autre expression, celle de « l'archéologie » du monde perçu (p. 13). Dans la *Phénoménologie de la Perception*, l'un des principaux aspects de la perception qui se trouve traité est celui des formes et des *Gestalten*. Comme l'affirme Maurice Merleau-Ponty, la plus simple des sensations est déjà une *Gestalt*. Elle est déjà une figure, un rapport forme/fond (p. 9). Ce rapport forme/fond contient plus que les qualités actuellement données. Les *contours* d'une forme n'appartiennent *ni au fond ni à la forme mais*, en se détachant, produisent la saillance perceptive. Nous retrouvons les descriptions pures de Husserl et de Stumpf. Cette organisation morphologique constituée de *singularités géométriques* (car les contours apparents sont les lieux singuliers des projections des objets sur des plans de projection[15]) a déjà un sens. Elle est intrinsèquement significative. Et « la question est de savoir de quoi est fait ce sens, ce que veulent dire les mots de “bord” et de “contour”, ce qui se passe quand un ensemble de qualités est *appréhendé* comme figure sur un fond » (p. 20). « Dans chaque perception, c'est la matière même qui prend sens et forme » (p. 374). Parmi les philosophes de ce siècle, Maurice Merleau-Ponty est certainement celui qui, à la suite de Husserl, a le mieux compris qu'avant d'être signification sémantique, *le sens est une couche d'être qui s'édifie sur la couche d'être de la forme*.

D'où sa critique radicale des thèses empiristes du sensualisme et de l'associationnisme, ainsi que des thèses de l'intellectualisme qui en est corrélatif. Selon lui, la perception ne se réduit pas à des synthèses, des actes, des jugements, des prédications opérant sur une matière sensorielle. Les sensations ne sont pas des éléments de conscience ayant le statut objectif « d'atomes » qu'une mécanique perceptive agrègerait. Les concepts empiriques

15 Cf. Petitot [1990]

ne sont donc pas issus de complexes de sensations. Cet empirisme est, comme il l'affirme, « une cécité mentale » et « le système le moins capable d'épuiser l'expérience révélée ». Il est « aveugle à la question de la présence » (p. 33), de la présentation et de l'organisation qualitative du monde dans la perception. La réduction qu'il opère de la perception à un atomisme des sensations conduit à faire de la perception *un jugement et une inférence*. « La perception devient une « interprétation » des signes que la sensibilité fournit conformément aux *stimuli* corporels, une « hypothèse » que l'esprit fait pour « s'expliquer » ses impressions » (p. 42). Or, dans la mesure où ces jugements *ne sont pas constituants* (*i.e.* ne relèvent pas d'une activité transcendantale) mais seulement « logiques », il en résulte que « l'analyse intellectualiste » solidaire de l'empirisme « finit par rendre incompréhensibles les phénomènes perceptifs qu'elle est faite pour éclairer » (p.43). Il faut par conséquent penser la perception comme « phénomène original » *constitutif* de la conscience, phénomène qui, comme le schématisme kantien, est un « art caché ». Mais un « art caché qui fait surgir un sens dans les "profondeurs de la nature" » (p.49) et non pas, comme chez Kant, des profondeurs de l'âme.

2. *Le cognitivisme symbolique*

Ces remarques me conduisent au cognitivisme symbolique contemporain. La critique effectuée par Maurice Merleau-Ponty de la conception de la perception comme une physique des sensations sur laquelle viendrait opérer une logique des représentations, peut en effet être facilement généralisée au paradigme dominant des sciences cognitives contemporaines, dit paradigme symbolique.[16]

Ce paradigme est computationnel, symbolique et fonctionnaliste. Il postule d'abord l'existence de représentations mentales qui sont neurologiquement implémentées dans des états neuronaux. Il postule ensuite que ces repré-

16 Cf. par exemple Fodor [1984] et Pylyshyn [1986].

sentations mentales sont de nature symbolique – il s'agit là d'une thèse fondamentale – c'est-à-dire qu'elles appartiennent à un langage mental interne possédant la structure d'un langage formel avec ses symboles, ses expressions symboliques, ses règles d'inférence. Penser c'est donc calculer sur des représentations symboliques, comme en logique. Enfin, ce paradigme est fonctionaliste. Le fonctionalisme a été introduit par Hilary Putnam et vient d'être déconstruit par Hilary Putnam lui-même dans son ouvrage *Representation and Reality* traduit par Claudine Engel.[17] Il postule que, comme en informatique, on peut découpler les problèmes de matériel (de *hardware*) et les problèmes de logiciel (de *software*), et que les représentations mentales symboliques sont, en ce qui concerne leur structure formelle et leur contenu informationnel, indépendantes de leur implémentation dans un substrat physique (magnétique, neuronal, *etc.*).

Pour le paradigme symbolique, les sciences cognitives doivent par conséquent se fonder dans une théorie computationnelle des manipulations formelles de représentations symboliques. Ces représentations sont supposées traiter de l'information, et en particulier de l'information physique venant du monde externe. On retrouve donc une situation analogue à celle que critiquait en son temps Maurice Merleau-Ponty. On part d'une physique élémentaire réductionniste faisant du monde un chaos d'atomes, de rayonnements, d'ondes sonores, *etc.* On pose ensuite que la transduction sensorielle met cette information externe *non* significative dans un *format* approprié pour son traitement par le système nerveux. On admet enfin que des représentations symboliques de niveau supérieur calculent sur ces entrées sensorielles et que se trouvent ainsi construites les formes du monde externe.

Philosophiquement, un tel point de vue soulève d'énormes difficultés. La plus évidente vient de ce qu'il réactive un *dualisme* – le dualisme dit « du physique et du symbolique » – posant une altérité ontologique, une incommensurabilité, entre le monde physique externe et les compu-

17 Putnam [1988].

tations internes.[18] Cela vient du fait que, côté physique, il se fonde sur une physique classique ne tenant aucun compte des progrès spectaculaires de la physique macroscopique que j'ai évoqués et que, côté mental, il utilise la métaphore de l'ordinateur pour réduire le cognitif à l'implémentation de langages formels dans des substrats neuronaux.

Le dualisme du physique et du symbolique tombe sous le coup des critiques de Maurice Merleau-Ponty, en particulier en ce qui concerne la thèse *inférentielle* sur la perception. Pour le voir, on peut prendre en exemple un article de Jerry Fodor et Zenon Pylyshyn paru dans *Cognition* au début des années 81.[19] Dans ce remarquable travail, les auteurs réfutent ce que l'on appelle le point de vue « écologique », à la James Gibson, sur la perception, point de vue selon lequel :[20]

(i) il existe des structures morphologiques macroscopiques objectives dans l'environnement (l'environnement est qualitativement organisé de façon objective en choses et en états de choses), et

(ii) la perception peut *extraire* cette organisation morphologique du flux optique.

Leur argument principal est le suivant. Quand on dit que la lumière véhicule de l'information sur le monde externe, on dit qu'il existe une corrélation entre certains faits physiques du monde externe et certains événements mentaux internes. Or la corrélation est une relation *sémantique*. Il s'agit là d'une thèse fondamentale. La conséquence en est que le système perceptif ne peut fonctionner que par inférence. Il fait des hypothèses et il confirme ces hypothèses. Il fait des inférences et il confirme le résultat de ces inférences.

Mais il existe des théories alternatives au paradigme symbolique, théories qui vont dans le sens d'une phénoménologie de la perception au sens de Maurice Merleau-Ponty. Je ne puis pas exposer ici ce qui concerne le connexionnisme[21] et je me bornerai à quelques brèves

18 Cf. Pylyshyn [1986].

19 Fodor-Pylyshyn [1981].

20 Cf. Gibson [1979].

21 Pour quelques éléments, cf. Amit [1989], Smolensky [1988], Visetti [1990] et Petitot [1991d].

remarques à propos de l'une des théories les plus importantes des années 80, celle de David Marr.[22]

Pour David Marr, la « quintessence » de la vision est d'extraire de l'information sur les objets du monde externe à partir du flux optique, c'est-à-dire à partir de la façon dont la lumière réfléchie par les surfaces physiques engendre des *patterns* rétiniens bidimensionnels. Marr insiste sur le fait que, dès le niveau rétinien, l'analyse visuelle consiste essentiellement à extraire des discontinuités qualitatives qui sont objectivement encodées dans le signal lumineux et proviennent d'une organisation objective du monde. Cette thèse a été considérablement clarifiée et approfondie mathématiquement ces dernières années. L'analyse rétinienne du signal optique par les cellules ganglionnaires est une analyse *en série d'ondelettes*. Dit très brièvement, il s'agit d'une sorte d'analyse de Fourier qui, contrairement à l'analyse de Fourier classique, est *locale* et *multiéchelle*. Sa fonction principale est précisément *d'extraire* du signal les discontinuités qualitatives qui s'y trouvent encodées.[23] La découverte du fait que le système rétinien effectue une analyse en série d'ondelettes du signal optique est, je pense, à ranger parmi les plus importantes découvertes de ces dernières années. En se situant à l'interface de la neurophysiologie, des technologies d'analyse du signal et des mathématiques pures (analyse fonctionnelle et théorie des singularités), elle montre en effet *comment les signaux peuvent véhiculer de la géométrie* et comment cette géométrie peut en être extraite. Le concept morphologique clef est, nous l'avons vu, celui de discontinuité qualitative. Il est devenu également un concept clef de la théorie du signal. Ce fait fondamental commence à expliquer l'une des grandes énigmes de la perception, énigme autour de laquelle tournaient la *Gestalttheorie*, Maurice Merleau-Ponty et quelques autres : comment une analyse sensorielle (*i.e.* une analyse du signal) peut-elle être en même temps une construction géométrique de formes, une « topologie phénoménale » ?

22 Cf. Marr [1982].
23 Cf. Meyer [1988], [1989] et Mallat-Zhong [1989].

Voilà quelques éléments qui me font penser qu'il est désormais possible de naturaliser la phénoménologie. Bien sûr, tout reste à faire dans ce domaine et avant qu'on en arrive, par exemple, à une naturalisation du *Leibkörper* et de la chair, il faudra sans doute longtemps. Mais en ce qui concerne les problèmes de base, un progrès décisif a incontestablement été accompli en direction d'une compréhension scientifique de la phénoménologie comme *phusis de la manifestation* au sens de Maurice Merleau-Ponty.

Discussion

Jacques Merleau-Ponty – À la fin de votre intervention, vous avez parlé de *patterns* bidimensionnels de la rétine. Il me semble que c'est un point de vue un peu étroit parce qu'il y a le temps. C'est donc tridimensionnel. Du point de vue de la phénoménologie de la perception, c'est très important.

Jean Petitot – Oui, bien sûr. Les images sont bidimensionnelles au niveau spatial. Mais elles évoluent dans le temps. Elles constituent un flux optique tridimensionnel que le système visuel convertit en évolution dans un espace-temps quadridimensionnel. Au niveau des cellules ganglionnaires de la rétine, il existe deux types fondamentaux de cellules, les *X* et les *Y*. Les cellules *X* font essentiellement du traitement spatial et les cellules *Y* du traitement temporel. Les résultats de ce double traitement se trouvent intégrés aux niveaux de traitement supérieurs. Mais le problème fondamental reste celui du saut dimensionnel 2D Æ 3D. Il ne peut être traité en termes de géométrie euclidienne naïve. S'il n'existait pas d'analyse morphologique – d'extraction de discontinuités saillantes *phénoménologiquement dominantes* – dès les bas niveaux rétiniens, il n'y aurait pas de processus visuel. Ce fait est lié non seulement à des problèmes physiques mais également à des problèmes informationnels. Il existe un compactage, une compression de l'information qui est considérable au niveau de la rétine. Des photorécepteurs (cônes et bâtonnets) aux fibres du nerf optique (qui sont les axones des cellules ganglionnaires), le rapport est d'environ 1 à 1000. La compression de l'information contenue dans des formes géométriques – qui sont *a priori* informationnellement infinies puisque fondées dans le continu – peut être effectuée soit de façon "stupide" et extrinsèque par des algorithmes n'entretenant aucun rapport avec la structure de l'image analysée, soit de façon « intelligente » et intrinsèque par des algorithmes qui tiennent compte de la structure morphologique de l'image : la compression sera importante au niveau des plages continues mais en revanche faible au voisinage des discontinuités qualitatives qui concentrent l'information morphologique singulière permettant de reconstruire l'image.

Jacques Merleau-Ponty – C'est cela qui est très merleau-pontien.

Jean Petitot – Effectivement.

Jean Deprun – Il y a une thèse qui me paraît soustendre toute la partie rédigée du *Visible et l'invisible*. C'est celle-ci : toute réalité a un feuillet externe et un feuillet interne. Ce qui nous conduirait, à la limite, à une sorte de pan-psychisme, à l'idée que même les structures non organisées ont quelque chose comme un intérieur. Est-ce que toutes les avancées de la science contemporaine dont vous faites état ne nous conduiraient pas de ce côté ?

Jean Petitot – Certainement pas. J'ai insisté sur le fait que les progrès dont j'ai parlé sont, côté externe, des progrès de la physique macroscopique et, côté interne, des progrès des sciences cognitives. Les progrès de la microphysique fondamentale vont clairement dans l'autre sens, dans le sens d'une désubstantialisation toujours plus poussée et effective de la matière. Mais du côté de la physique macroscopique on comprend de mieux en mieux les états physiques de la matière, les phénomènes de transition de phases, la façon dont ces transitions peuvent provoquer des effets d'auto-organisation *etc.*, bref ce que Maurice Merleau-Ponty appelait les « macro-phénomènes originaux » émergeant des micro-phénomènes.

Ce n'est qu'à ces niveaux macroscopiques que l'on peut parler en droit d'intériorité. Morphodynamiquement, l'intériorité substantielle est décrite par un processus physique interne « micro » qui est, lui, sans intériorité. On peut faire le parallèle avec la thermodynamique. Au niveau moléculaire il y a le chaos moléculaire. C'est de la mécanique. Mais, par passage au « macro », on en dérive des propriétés thermodynamiques qui, elles, ne sont pas directement mécaniques. Il y a eu un changement de niveau de réalité « micro » Æ « macro ». Ce qui est remarquable est que les théories macroscopiques émergentielles de type thermodynamique sont devenues actuellement à même de dire quelque chose d'essentiel sur l'organisation, c'est-à-dire sur un problème philosophico-scientifique demeuré en souffrance depuis la troisième Critique de Kant. J'ai parlé de Gœthe, j'ai parlé de Schelling, on pourrait parler aussi d'un philosophe comme Peirce qui a écrit des pages admirables sur les organisations naturelles et sur la nécessité de réintroduire, comme le faisait Leibniz, les concepts aristotéliciens « d'entéléchie » et de « forme substantielle ».

En ce qui concerne maintenant la thèse que toute réalité possède un feuillet externe et un feuillet interne, j'ai expliqué que la description morphologique pure d'une forme comme ensemble de discontinuités qualitatives correspond exactement à une *interface* externe/interne. Nous avons vu que si l'on veut naturaliser cette description, alors, du côté externe, il faut montrer comment des processus physiques objectifs internes à la matière peuvent engendrer des discontinuités qualitatives et, du côté interne, il faut élaborer une thermodynamique neuronale du mental qui permette de comprendre comment les discontinuités peuvent être extraites de signaux et traitées mentalement. Des deux côtés on objectivera, mais de façons essentiellement *différentes* et en maintenant l'interface phénoménologique pure *ni* externe *ni* interne, *ni* physique *ni* mentale, qu'est l'interface morphologique.

Renaud Barbaras – Vous avez dit que le point de vue vitaliste Gœthe-Schelling-Driesch n'était pas viable. Je vous demanderai de l'expliciter un peu et puis également, si vous le savez, ou si Monsieur Jacques Merleau-Ponty le sait, quelle était l'attitude de Maurice Merleau-Ponty par rapport à Raymond Ruyer et son *Essai de Philosophie de la Structure* qui, je crois, est de 1934.

Jacques Merleau-Ponty – Je sais que c'est équivoque. L'attitude de Maurice Merleau-Ponty à l'égard de Ruyer est équivoque. A certains moments cela l'intéressait, mais à d'autres moments, il considérait que Ruyer allait au-delà de ce qui était raisonnable.

Jean Petitot – Le problème du vitalisme avait déjà été parfaitement bien analysé par Kant. La transgression de Kant par le vitalisme et l'idéalisme spéculatif post-kantiens a été anticipé par Kant lui-même. Les vitalistes spéculatifs ont été obligés d'admettre que des Idées (des concepts non déterminants) possèdent la capacité de se déployer spatio-temporellement et sont susceptibles d'un efficace causal. Ils ont donc dû introduire comme Schelling le monstre philosophique de *concept intuitif*. Les conséquences scientifiques en sont bien connues et désastreuses. C'est d'ailleurs pourquoi le vitalisme a été interdit à la fin du siècle dernier par l'Association Internationale de Biologie.

Driesch était sans doute le plus grand embryologiste de son temps. Pourtant son idéalisme n'est pas scientifiquement viable. Il en va de même pour Ruyer. J'ai parlé de Roger Chambon. Quand il analyse la *Gestalttheorie* de Husserl ou de Maurice Merleau-Ponty, son travail est remarquable. Quand il parle de Ruyer en revanche, ses thèses ne sont guère convaincantes. Le vitalisme n'est pas viable scientifiquement car il refuse le lien avec le conditionnement constitutif de toute connaissance objective qu'est le principe spatio-temporel d'extériorité. S'il est si difficile de traiter des problèmes de structure et d'organisation c'est qu'il ne faut pas faire appel à un principe d'intériorité substantiel d'ordre nouménal, c'est-à-dire à l'intelligible au sens métaphysique du terme. On ne peut réintroduire dans la connaissance physique une intériorité que si l'on dispose, nous venons de le voir, d'au moins deux échelles de type micro-macro. Ce n'est que dans ce cas que l'on peut thématiser une intériorité du niveau macrophysique car celle-ci peut être décrite au niveau microphysique sans introduire d'intériorité substantielle nouménale. Nous avons vu que Kant avait profondément pensé cette possibilité dans l'*Opus Postumum*.

Jacques Merleau-Ponty – Le concept d'intériorité est un concept relationnel.

Jean Petitot – Exactement. Et c'est aussi un concept de la réflexion. Il est relationnel et c'est pour cela qu'il présuppose deux niveaux d'objectivité.

M. X – Je ferai deux brèves remarques sur l'orthodoxie merleau-pontienne. Vous avez dit que Maurice Merleau-Ponty naturalise la phénoménologie husserlienne. Oui, si vous entendez par *Nature* la Nature dans un sens large... (suite inaudible).

Jean Petitot – Je n'ai pas vraiment dit que Maurice Merleau-Ponty naturalisait la phénoménologie husserlienne. J'ai dit, d'une part, qu'il y avait chez lui une tension entre phénoménologie et naturalisme et, d'autre part, qu'il y avait une actualité scientifique certaine de ses remarques qui allait dans le sens d'une naturalisation de la phénoménologie. Ce que j'appelle la naturalisation de la phénoménologie est un programme de recherche *actuel*. J'ai insisté à ce propos sur le fait qu'une telle thèse allait clairement contre des affirmations radicales de Husserl et même de Maurice Merleau-Ponty sur l'impossibilité d'objectiver la manifestation. J'espère donc n'avoir pas trop décalé Maurice Merleau-Ponty du côté des sciences contemporaines. Mais il n'en demeure pas moins que les convergences sont remarquables, vraiment remarquables, entre certaines de ses descriptions et certaines avancées morphodynamiques actuelles. J'ai conclu en soulignant que, précisément en ce qui concerne le *Leibkörper* et la chair, il faudrait travailler encore très longtemps.

Quant à la question philosophique du naturalisme, elle est si difficile ! J'ai ôté de mon exposé une section concernant la théorie husserlienne des esquisses [*Abschattungslehre*]. Une telle théorie est exemplairement symptomatique de ces difficultés. Dans les *Ideen*, Husserl fait de la perception, comme présentation immédiate de la présence, le résultat d'une *aperception* transcendantale. Noématiquement, l'appréhension perceptive [*Erfassung*] est une construction interprétative [*Auffassung*], une opération où se conjuguent l'intuition (non constructive) des contenus sensibles et l'intentionnalité active (constructive) d'un « calcul » sur les contenus. Dans ce cadre, Husserl fait des esquisses des *vécus*. Pour lui, ce sont des contenus immanents où s'esquissent des bords, des contours, etc. Autrement dit, comme lieux singuliers, ce sont des entités *spatio-temporelles*. Les penser comme des vécus interdit de les recouvrer côté noématique comme phénomènes spatio-temporels. C'est d'ailleurs pourquoi la phénoménologie de la perception est déjà chez Husserl cognitiviste au sens symbolique actuel. Ce sont les noèses qui commandent, instaurent, instituent les modes d'apparition transformant *interprétativement* la *hylé* des esquisses en l'unité objective d'un phénomène. Du coup, parce que les esquisses sont du vécu, le noème se trouve déréalisé et identifié à une structure idéelle de sens. Roger Chambon a fort bien commenté ce point : « à partir du moment où l'esquisse sensible est entendue comme une donnée immanente inétendue, l'esquissé (la propriété soi-disant objective et transcendante) ne peut plus être qu'un "sens" produit intuitivement par la noèse » (p. 99). C'est l'identification de l'*Abschattung* et de l'*Erlebnis* qui constitue « le point névralgique » où s'opère la mutation de la réduction phénoménologique en constitution transcendantale.

Hubert Dreyfus l'a bien noté. C'est même pour cela qu'il a fait du « second Husserl » – celui de la corrélation noético-noématique – le père précurseur du cognitivisme computationaliste contemporain. Husserl ne peut penser l'objectivité du perçu, les corrélats objectifs des noèses perceptives, que de façon noématique et donc à partir de structures *de sens* sur lesquelles opèrent des opérations symboliques. Maurice Merleau-Ponty, avec d'autres phénoménologues « réalistes » comme Linke ou Daubert, a mis en lumière le fait que l'organisation des formes, dont les corrélats mentaux sont des *Gestalten* perceptives, est la manifestation d'un logos *interne* à l'objet et doit donc être pensée autrement qu'en termes de structures vécues immanentes à la conscience. C'est en ce sens que j'ai parlé de naturalisme et de *Naturphilosophie*.

Jacques Merleau-Ponty – Si je puis me permettre encore un mot... Une remarque qui va dans le sens de la question de Monsieur Barbaras. Je suis sûr d'avoir entendu Maurice Merleau-Ponty dire dans son cours du Collège de France que le concept de Nature devait être repensé.

Bibliographie

Allison, H.E., 1983. *Kant's Transcendental Idealism. An Interpretation and Defense*, New-Haven, Yale University Press.

Amit, D., 1989. *Modeling Brain Function*, Cambridge University Press.

Buser, P., Imbert, M., 1987. *Vision*, Paris, Hermann.

Cassirer, E., 1910. *Substanzbegriff und Funktionbegriff*, Berlin. *Substance et Fonction* (trad. P. Caussat), Paris, Editions de Minuit, 1977.

Cassirer, E., 1918. *Kants Leben und Lehre, Kant's Life and Thought* (trad.J. Haden), Yale University Press, 1981.

Cassirer, E., 1923. *Les Systèmes post-kantiens* (trad. Collège de Philosophie), Presses Universitaires de Lille, 1983. Vol. 3 de *Das Erkenntnisproblem in der Philosophie und der Wissenschaft der neueren Zeit*, Berlin.

Chambon, R., 1974. *Le Monde comme Perception et Réalité*, Paris, Vrin.

Chedin, O., 1982. *Sur l'Esthétique de Kant et la théorie critique de la représentation*, Paris, Vrin.

Chuchland, P.M., 1984. *Matter and Consciousness*, Cambridge, MIT Press.

Fodor, J.A., 1984. *The Modularity of Mind*, Cambridge, MIT Press.

Fodor, J.A., Pylyshyn, Z.W., 1981. « How direct is visual perception? Some reflections on Gibson's "ecological approach », *Cognition*, 9, pp. 139-196.

Gibson, J.J., 1979. *The Ecological Approach to Visual Perception*, Boston, Houghton-Mifflin.

Gœthe, J.W. von, 1780-1830. *La Métamorphose des Plantes* (trad. H. Bideau), Paris, Triades, 1975.

Husserl, E., 1950. *Idées Directrices pour une Phénoménologie*, (trad. P. Ricœur), Paris, Gallimard, 1982.

Husserl, E., 1969-1974. *Recherches Logiques*, Paris, Presses Universitaires de France.

Husserl, E., 1982. *Idées directrices pour une Phénoménologie II : Recherches phénoménologiques pour la Constitution*, (trad. E. Escoubas), Paris, Presses Universitaires de France.

Jackendoff, R.,1987. *Consciousness and the Computational Mind*, Cambridge, MIT Press.

Kant, E, 1979. *Critique de la Faculté de Juger*, trad. A. Philonenko, Paris, Vrin.

Kant, E, 1980-1986. *Œuvres philosophiques* (F. Alquié ed.), Paris, Bibliothèque de la Pléïade, Gallimard.

Kant, I., 1790. *Kritik der Urtheilskraft*, Kants gesammelte Schriften, Band V, Preussische Akademie der Wissenschaften, Berlin, Georg Reimer, 1913.

Kant, I., 1796-1803. *Opus Postumum*, trad. F. Marty, Paris, Presses Universitaires de France, 1986.

Koenderink, J.J., Van Doorn, A.J., 1986. « Dynamic Shape »", *Biological Cybernetics*, pp. 53, 383-396.

Langacker, R., 1987. *Foundations of Cognitive Grammar*, Stanford University Press.

Mallat, S.G., Zhong, S., 1989. « Complete Signal Representation with Multiscale Edges », *Technical Report n° 483*, Department of Computer Sciences, New-York University.

Marr, D., 1982. *Vision*, San Francisco, Freeman.

Marty, F., 1986. Préface à *Kant [1796-1803]*.

Merleau-Ponty, M, 1945. *Phénoménologie de la Perception*, Paris, Gallimard.

Merleau-Ponty, M, 1968. *Résumés de Cours. Collège de France 1952-1960*, Paris, Gallimard.

Meyer, Y., 1988. *Ondelettes et Opérateurs*, Paris, Hermann.

Meyer, Y., 1989. « Ondelettes, filtres miroirs en quadrature et traitement numérique de l'image », *Gazette des Mathématiciens*, pp. 40, 31-42.

Petitot, J., 1985a. « Jugement esthétique et Sémiotique du monde naturel chez Kant et Husserl », *Actes Sémiotiques*, VIII, pp. 35, 24-33.

Petitot, J., 1985b. *Morphogenèse du Sens. Pour un Schématisme de la Structure*, Presses Universitaires de France, Paris.

Petitot, J., 1988. « Structuralisme et Phénoménologie : la théorie des catastrophes et la part maudite de la Raison », *Logos et Théorie des Catastrophes*, 345-376, Editions Patiño, Genève.

Petitot, J., 1989a. « Forme », *Encyclopædia Universalis*, XI, 712-728, Paris.

Petitot, J., 1989b. « Hypothèse localiste, Modèles morphodynamiques et Théories cognitives : Remarques sur une note de 1975 », *Semiotica*, pp. 77,1/3, 65-119.

Petitot, J., 1989c. »Modèles morphodynamiques pour la Grammaire cognitive et la Sémiotique modale », *Recherches Sémiotiques/ Semiotic Inquiry*, 9, 1-2-3, 17-51.

Petitot, J., 1990. « Le Physique, le Morphologique, le Symbolique. Remarques sur la Vision », *Revue de Synthèse*, 1-2, 139-183.

Petitot, J., 1991a. « Idéalités mathématiques et Réalité objective. Approche transcendantale », *Hommage à Jean-Toussaint Desanti*, (G. Granel ed.), pp. 213-282, Editions TER, Mauvezin.

Petitot, J., 1991b. *La Philosophie transcendantale et le Problème de l'Objectivité*, Paris, Editions Osiris.

Petitot, J., 1991c. « Syntaxe topologique et Grammaire cognitive », *Langages*, pp. 103, 97-128.

Petitot, J., 1991d. « Why Connectionism is such a Good Thing. A Criticism of Fodor's and Pylyshyn's Criticism of Smolensky », *Philosophica*, pp. 47, 49-79.

Petitot, J., 1992. *Physique du Sens*, Éditions du CNRS, Paris.

Putnam, H., 1988. *Representation and Reality*, MIT Press, (trad. française par C. Engel-Tiercelin, Gallimard, 1990).

Pylyshyn, Z., 1986. *Computation and Cognition*, Cambridge, MIT Press.

Robinet, A., 1986. *Architectonique disjonctive, Automates systémiques et Idéalité transcendantale dans l'œuvre de G. W. Leibniz*, Paris, Vrin.

Smolensky, P., 1988. « On the Proper Treatment of Connectionism », *The Behavioral and Brain Sciences*, pp. 11, 1-23.

Stillings, N.A., et al., 1987. *Cognitive Science. An Introduction*, Cambridge, MIT Press.

Thom, R., 1972. *Stabilité structurelle et Morphogenèse*, New-York, Benjamin, Paris, Ediscience.

Thom, R., 1980. *Modèles mathématiques de la Morphogenèse*, Paris, Christian Bourgois.

Thom, R., 1988. *Esquisse d'une Sémiophysique*, Paris, InterEditions.

Visetti, Y.M., 1990. « Modèles connexionnistes et représentations structurées », *Modèles Connexionnistes* (D. Memmi, Y.M. Visetti eds.), *Intellectica*, 9-10, 167-212.

Merleau-Ponty et l'histoire de la philosophie

*André Robinet**

Un colloque sur « Merleau-Ponty et le langage » implique une réflexion passant par ces corpus langagiers que sont les œuvres de ceux que l'auteur appelait « les grands philosophes ». Merleau-Ponty a développé deux types de recherche : l'une qui relève proprement des approches de l'histoire de la philosophie et qui l'engage même vers des procédures précises ; l'autre qui intègre plus à une philosophie de l'histoire la considération que l'on peut entreprendre d'une œuvre ou d'un courant. Que le second point de vue commande le premier, cela ne fait aucun doute, Merleau-Ponty s'étant toujours considéré comme théoricien et jamais comme historien de la philosophie. Mais qu'il ait été attentif au message délivré dans l'histoire de la philosophie ne fait aucun doute si l'on veut bien prendre en compte tout ce qu'il a tenté pour que le philosophe de l'histoire ne patine pas dans l'azur des concepts fantaisistes. Ce langage muet, recueilli noir sur blanc dans la paléographique philosophique a fait l'objet d'une indéniable tentative de réveil et a entraîné de multiples réflexions concernant l'approche du corpus historique. Cette *praxis* engagée face aux textes des philosophes avait fort à faire avec un *theorein* qui s'est largement exprimé, qui est source d'une ambiguïté permanente, sinon d'une incompatibilité radicale, en raison même d'un concept de l'historicité qui prend trop tôt la relève des approches procédurières de l'histoire de la philosophie. Quoiqu'il en soit, Merleau-Ponty a navigué entre le *Charybde* de l'objectivation et le *Scylla* des herméneutiques mantiques, entre le *Verstehen* et l'*Erklären*, pour reprendre les concepts jaspersiens qui déterminèrent la rupture d'avec le marxisme déterministe à cette époque.

* Professeur à l'Université libre de Bruxelles

Le premier écueil est dénoncé sous l'appellation d'« histoire de la philosophie objective ». Le préambule des premières leçons recueillies par Deprun stigmatise le premier danger : être aveugle, commenter littéralement les textes, se dispenser de les repenser (*Union*, 10-11). *Signes* (p. 201) y revenait dans *Le philosophe et son ombre* : « entre une histoire de la philosophie *objective*, qui mutilerait les grands philosophes de ce qu'ils ont donné à penser aux autres... ». Sont dénoncés : la reprise littérale qui résume les textes ; la finalité universitaire qui décide de ce qui y est et de ce qui n'y est pas, comme si l'on pouvait se mettre à posséder des objets de pensée ; l'observation analytique visant à établir des rapports empiriques entre les textes et le « milieu » ou le « contexte » ; les présupposés de notions limitativement définies, d'arguments arrêtés entre des questions fixes et des réponses conclusives (*Collège*, pp.159-160). Aussi, à force de vouloir être objective, l'histoire de la philosophie deviendra « insignifiante ». Tout texte doit pouvoir être « repensé » selon les premiers écrits de l'auteur et « pensé » selon les écrits terminaux de Merleau. Cette différence capitale traduit bien l'ambiguïté que nous déterminons : « repensé » pose comme objectivé, sinon objet, le texte décrypté ; « pensé » n'en fait plus qu'un « à propos » dont peut se contenter l'herméneutique spiritualiste.

Le second écueil est dénoncé comme histoire de la philosophie « subjective », dès la première leçon sur l'âme et le corps. Le philosophe investit sa propre « méditation déguisée en dialogue », juge plus en philosophe qu'en historien, procède à des « déformations » par sa réflexion libre, aboutit à l'arbitraire qui conduit à apprécier une œuvre selon nos propres estimations, bref provoque une « isolation » du sujet réfléchissant qui annule la considération textuelle (*Signes*, pp. 201-202). Si c'est plutôt vers une attitude de ce genre que Merleau fera pencher son œuvre propre en passant du « repensé » au « pensé », il convient de se souvenir qu'il refuse l'assimilation à l'ouverture d'une herméneutique mantique entièrement libérée des contraintes de la lettre.

Entre histoire de la philosophie objective et histoire de la philosophie subjective « il doit y avoir un milieu », « une réponse personnelle par le philosophe du problème qu'il étudie », à laquelle doivent concourir « doctrine et philosophie, narration et réflexion ». Mais quel « milieu » ?

À l'époque de *l'Union*, Merleau conçoit un milieu dialectique, comme concours des opposés. Il exprime ainsi cette « compréhension dialectique » à laquelle se livre l'histoire de la philosophie : « L'objectivité de l'histoire de la philosophie ne se trouve que dans l'exercice de la subjectivité. Le moyen de comprendre un système, c'est de lui poser les questions dont nous nous soucions nous-mêmes. C'est ainsi que les systèmes apparaissent avec leurs différences, qu'ils attestent si nos questions sont identiques à celles que se posaient leurs auteurs ».

À quoi s'oppose la conception d'un milieu ontique dans les œuvres tardives : « le philosophe dont on parle et celui qui parle sont ensemble présents, bien qu'il soit, même en droit, impossible de départager à chaque instant ce qui est à chacun » (*Signes*, p. 202). Dans l'œuvre il n'y a pas que ce qui y est : « il y a aussi ce qui n'y est pas, ce qui vient vers nous comme jamais encore pensé », « l'impensé » de Husserl. La théorie mûre de la perception fournit son modèle à l'interprétation : « le monde perçu ne tient que par les reflets, les ombres, les niveaux, les horizons entre les choses... de même l'œuvre et la pensée d'un philosophe sont faites aussi de certaines articulations entre les choses dites ; on les détruirait en les soumettant à l'observation analytique ou à la pensée isolante » (*Signes*, p. 202). L'*Union* (p. 14) diagnostiquait déjà « une vérité qui ne s'offre pas à la pure méthode objective... C'est ensemble la totalité de ce qu'un auteur a écrit et la façon dont il a vécu, reliés par l'intuition que nous pouvons avoir d'une vérité qu'il a cherché à exprimer ».

Si tel est le *situs* global, la première direction vers une herméneutique scientifique, aux procédures objectivantes, fait l'objet de multiples préceptes et recommandations qui contribuent à assainir le concept d'objectivité.

Merleau-Ponty réclame la constitution d'une lettre intégrale, d'œuvres complètes afin que le discours de l'auteur puisse être considéré dans son ensemble. Il ne saurait être question d'être objectif puisque, au moment où Merleau écrit, le *Nachlass* d'Husserl « n'est pas complètement publié ». Il faut attendre pour disposer de l'ensemble des textes existants. En cas d'analyse d'une œuvre partiellement révélée, il y a trop de risques de sous-entendus, que peuvent lever des œuvres complètes. Le sous-entendu est pris ici en un premier sens d'incomplétude.

Toutefois cette intention va trop loin vers l'objectivité : même une fois les œuvres complètes publiées, aurons-nous par leur lecture objective « la pensée d'Husserl » ? Même en présence d'une totalisation graphique, la totalisation analytique laissera de côté le sous-entendu, pris cette fois au sens second de l'impensé, qui nous vient non plus par la lecture, mais par « l'écoute des textes ». Avec cette remarque complémentaire (*Collège*, pp. 159-160) : « recourir à l'écoute des textes que l'édition complète validera seule comme interprétation, mais dont elle ne dispensera pas ». Ainsi il revient à l'édition savante de valider, sans pour autant supplanter « l'écoute ». On saisit bien là la difficulté inhérente à toute sollicitation simultanée de l'herméneutique scientifique et de l'herméneutique mantique.

Des œuvres complètes ont l'avantage de permettre la distinction de différentes « époques » dans les discours d'un auteur. Le cheminement empiriste de Bergson face à ses exigences réflexives, explique l'évolution de sa philosophie après l'*Essai* : Bergson a entrevu, mais manqué, une synthèse de l'explication et de la réflexion (*Union*, p. 75).

Le recours aux variantes ne lui est pas indifférent. Les œuvres de Malebranche lui permettent de déceler « une hésitation de sa pensée », concernant par exemple l'analyse des textes sur le jugement naturel avant et après la *Recherche* et ses *Eclaircissements*, la vision en Dieu de tous les corps ou seulement de l'étendue intelligible. Ces problèmes constitués par Bréhier, Gouhier, Gueroult, ne pouvaient le laisser indifférent. Merleau diagnostique aussi dans Bergson des « oscillations de pensée plutôt que des changements », sur l'intuition notamment où sont comparés quatre textes de dates différentes. Cependant, en général et plus particulièrement pour Maine de Biran, Merleau mélange allègrement des textes d'époque différente, notamment à propos de la « dualité originaire », dont il a malheureusement ignoré le travail de préparation par Ancillon, aussi bien que les notes de Biran à ce sujet.

Merleau recourt volontiers à l'analyse lexicale. Par exemple sur l'extension du mot «intuition» ches Bergson, il distingue quatre conduits de sens : conscience immédiate, conscience en général, vie, matière organisée (*Union*, pp. 110-111).

Il pratique la dénonciation de certaines apories (*Union*, p. 16), sans toutefois les remettre dans leur contexte : admettons la *Sixième Méditation*, comment la *Première* est-elle possible ?

Il s'aide des perspectives ouvertes par les interprètes (*Union*, p. 9). Brunschvicg commente Malebranche dans la perspective de Spinoza, comme résistance au spinozisme ; il aventure « le sens freudien » de cette « résistance » au spinozisme. Ces « perspectives » lui permettent de recourir à la notion de « série », qu'il tenait vraisemblablement de Cournot : un auteur appartient à « une série », Malebranche à la série cartésienne, Biran et Bergson à la série pascalienne. Il ouvre aussi des parallèles, Maine de Biran avec Malebranche (*Union*, p. 46), des dissymétries, dûes à Brunschvicg (*Union*, p. 48), des comparaisons, Descartes avec Malebranche (*Union*, p. 1).

Merleau ne pouvait ignorer, vu l'entourage immédiat de la Sorbonne ou du Collège de France, que de telles approches étaient compatibles avec la phénoménologie « de nos jours », notamment dans le rôle que la psychologie de la forme a joué pour que l'attention se porte sur les « structures » du langage et du pensé. C'est ainsi qu'il convient de constater que « la situation historique du philosophe délimite ce à quoi il peut penser avec certitude, mais non ce à quoi il peut essayer de penser » (*Union*, p. 21). Le danger est que l'anthropomorphisme l'emporte en histoire de la philosophie. Car l'analyse est telle que l'être apparaît comme étant l'être du sujet ou bien comme un résidu (*Union*, p. 12). L'histoire de la philosophie ne risque-t-elle pas d'être conçue comme une confrontation avec les systèmes analogue à celle que nous avons effectivement avec les hommes ? Ainsi chaque choix philosophique se détache sur le fond de ce qui n'a pas été choisi, et c'est par là que les philosophes communiquent. C'est ce résidu qui maintient le dialogue entre les hommes, et par conséquent l'histoire de la philosophie. « Descartes fait apparaître le lien intérieur entre pensée et être (dont M. Gueroult réduit, semble-t-il la portée, en n'y voyant que la saisie d'une liaison, idéelle, entre deux natures simples). Je serais alors moi-même ce lien et les natures relèvent d'une idéalité transcendantale plus que d'une transcendance. Mais comme l'écrit, très justement cette fois, M. Gueroult, le *cogito* est une certitude à l'égard de cette certitude même ». Il n'empêche que l'être dépend encore plus du *cogito*, que le *cogito* de l'être. La liaison entre analyse et anthropomorphisme ainsi dénoncée, on commence à saisir que le *situs* de l'histoire de la philosophie doit être l'ontologie et que l'herméneutique objectivante ne se suffit pas à elle-même.

Au terme de ces remarques attentives au travail de l'historien de la philosophie, j'isole l'attitude de Merleau au sujet du traitement du langage.

De premières indications sont apportées par la *Phénoménologie* et par les leçons dispensées avant le Collège de France. D'une manière globale, l'histoire de la philosophie est encore considérée comme l'appropriation de la pensée d'autrui. L'expérience du penser de l'autre passe par le dévoilement langagier, qui par son expression dans l'œuvre, devient nôtre (PP, p. 207). Le mot, qui a du sens, ne traduit pas une pensée déjà faite, mais l'accomplit. Or « seul le motif central d'une philosophie, une fois compris, donne aux textes du philosophe la valeur de signes adéquats ». Le sens vient aux mots par la compréhension qu'on en prend à partir de l'intuition de la pensée d'autrui, « à travers la parole ». De plus la parole surplombe le langage : « Il faut bien ici que le sens des mots soit finalement induit par les mots eux-mêmes, ou plus exactement que leur signification conceptuelle se forme par prélèvement sur une signification gestuelle, qui, elle, est immanente à la parole ». C'est un certain « style », « un style d'être avec le monde visé », qui commande la signification : « je commence à comprendre une philosophie en me glissant dans la manière d'exister de cette pensée, en reproduisant le ton, l'accent du philosophe ».

Comment faciliter cette mimétique ? N'y a-t-il aucune recommandation méthodique autre que l'invocation des *Einfühlungen*, du *nachdenken*, du *nachvollziehen* ? Quoiqu'il en soit, l'histoire de la philosophie est alors une communication entre deux sujets, qui s'instaure au niveau d'une signification existentielle qui habite des paroles et en est inséparable.

Car ce n'est pas d'emblée que Merleau a aperçu la relation féconde de l'histoire de la philosophie avec la linguistique. Un tournant intéressant figure dans l'*Éloge de la philosophie* de 1953 quand se trouve invoquée « la théorie du signe, telle que la linguistique l'élabore ». Or la *Phénoménologie* de 1945 ignorait tout de la linguistique et la liste des ouvrages cités en est totalement défaillante. Or la linguistique (mais quelle théorie du signe ?) serait susceptible d'apporter un adjuvant à la conception du « milieu ». « La théorie du signe, telle que la linguistique l'élabore, implique peut-être une théorie du sens historique qui passe outre à l'alternative des choses et des consciences » (*Éloge*, p. 74). L'acte de parler témoigne à la fois de l'autonomie du sujet et de son adhésion à une communauté langagière. La relation de l'individu à l'institution s'entend ou se lit dans la parole, dans le discours. C'est l'exigence de communication qui commande à des faits contingents bien connus du linguiste. « Il y a là, ajoute Merleau (p. 75), une rationalité dans la contingence, une logique vécue, une auto-constitution dont nous avons précisément besoin pour comprendre en l'histoire l'union de la contingence et du sens, et Saussure pourrait bien avoir esquissé une nouvelle philosophie de l'histoire ».

Passons sur les énormes « à peu près » d'un tel texte qui confond de plus histoire de la philosophie et philosophie de l'histoire, en s'arc-boutant au seul Saussure. Nous croisons là des propositions hypothétiques qui allaient s'enrichir de pratiques plus fécondes. La philosophie comme « architecture de signes » (p. 77) se situe en pleine zone d'échange avec les autres symboliques. Et s'énonçait cette règle du philosopher : « La philosophie se retourne vers l'activité symbolique anonyme d'où nous émergeons et dans le discours personnel qui se construit en nous-même, qui est nous... elle essaie de saisir les moments féconds où un sens prend possession de lui-même ».

J'utiliserai sur cette question le vocabulaire merleau-pontien dont j'étais parti dans *Le Défi cybernétique* : « machine à penser », « machine de langage » (*Collège*, pp.14, 23). L'automate parlant-pensant du *Discours de la méthode* a fait son entrée dans la techno-science contemporaine. Le « faire » du langage est par là dénudé, avec les approches de simulation. Merleau n'en ignore pas les tentations et il estime qu'il faudrait pour cela une maîtrise des signes que nous n'aurons peut-être jamais. Il terminera les notes du *Visible*, p. 252 avec cette remarque : « à considérer le langage, même philosophique, non comme une somme d'énoncés ou de solutions, mais comme un voile soulevé, une chaîne verbale tramée ». Mais il n'aborde pas la question : « comment soulever le voile ? ». Quelle trame tisser ? Là commence véritablement le travail de l'historien de la philosophie, à contre-texte si je puis dire. Car qu'est-ce que lire un texte philosophique ?

Cette lecture nous n'avons pas seulement à « la prendre », nous avons surtout à « l'apprendre ». À quelles conditions ce que Merleau appelle « notre droit de reprise sur le passé » (*Éloge*, p. 43) peut-il répondre à une jurisprudence ? Dans quelle mesure pouvons-nous faire progresser la saisie du symbolique constitué, à le façonner ? Il est bien évident que Merleau restait un homme de l'*Atomzeithalter*. Qui donc en 1961 connaissait le mot « informatique », qui donc était au courant des premiers balbutiements de la lexicographie statistique automatisée ? On ne commencera à entrer dans l'*Informatikzeithalter*, que j'oppose au concept heideggerien d'*Atomzeithalter*, que vers 1970. Si les puissances du calcul permettent de surprendre la vie des signes se faisant, on peut alors espérer lever un interdit : introduire la mesure en histoire de la philosophie. Les procédures objectivantes gagnant leur propre souplesse à partir du principe de raison suffisante, l'histoire de la philosophie armée mettait alors à son service un triple arsenal : les dispositions diachroniques dans les œuvres grâce aux éditions scientifiques analysant les variantes ; la compilation des structures langagières caractéristiques d'un « style » et des articulations argumentatives ; la comparative portant précisément sur les relations qui existent dans le symbolique entre les diversités de la synchronie. Aussi l'approche philosophique, en raison même de l'exigence du respect du texte, passait-elle de plus en plus par une distanciation permettant de poursuivre l'analyse des reliefs lexicaux, des conduits de sens et des constitutions verbales, bien avant toute tentative de signification. Le travail sur le signifiant précède à titre heuristique les amplifications du signifié, qui ne saurait transgresser les linéaments de l'analyse armée, faute de tomber dans le *Scylla* dénoncé par Merleau-Ponty.

Le charme brisé, le « style » démonté, l'historien de la philosophie en tant que tel n'a pas à chercher à recoller les morceaux éclatés. Il n'y a pas à oublier ce que l'on a saisi durant la distanciation objectivante, pour s'ouvrir à nouveau à l'incantation. L'historien de la philosophie fait en sorte que le discours lucide de l'herméneutique scientifique suffit pour cerner la vérité du texte, cette *vérité historiée* qu'il m'était arrivé de décrire dans l'œuvre de Merleau. Le signe ne nous conduit pas par sa magie ensorcelante, mais par ses conduits de sens à démêler. Et peut-être est-ce là la plus véridique illustration de ce buissonnement de l'être que Merleau traquait dans les plages linguistiques, sans savoir encore qu'il résidait dans le langage même. La charge signifiante des mots n'est pas quelconque : elle met à l'œuvre une multitude de composantes dénombrables et mesurables. Merleau pensait encore le langage à la Bergson comme corrompu par l'étendue : il n'avait pas accédé à cette dimension jauréssienne de la réalité du monde sensible où il faut bien reconnaître qu'il y a une mesure dans la durée et dans l'étendue concrète puisque sans mesure le sensible est vécu selon le *topos* quantitatif, selon le prédicament dialectique du plus et du moins, avant même toute mensuration, dans l'expérience de l'intensité que la thèse de Jaurès opposait à l'*Essai*. Une telle expérience ne peut advenir que parce que le plus ou moins n'est pas l'ennemi de la relation de cause à effet et que, au demeurant, c'est plutôt l'accent mis sur le qualitatif qui coupe l'être de la réalité, qui fait de Bergson celui que Jaurès appelait « l'ermite du moi ».

Malgré ces ouvertures et ces pratiques, Merleau-Ponty ne concède pas grand chose aux historiens de la philosophie qui l'entourent. Il prend tardivement conscience de l'enjeu qui se poursuit entre ses pairs. La montée en puissance de l'école française d'histoire de la philosophie d'après-guerre commençait à solliciter des œuvres qui n'étaient plus de simples répétitions ni des résumés de « système » : on entrait dans l'ère des architectoniques.

L'opposition à Gueroult dans l' *Eloge de la phil sophie* s'accommode des propos de circonstances : « M. Gueroult montrait ici même l'an dernier que le secret et le centre d'une philosophie n'est pas dans une inspiration prénatale, qu'il se déplace à mesure que l'œuvre progresse, qu'elle est en un sens un devenir qui se construit lui-même en accord avec lui-même, et en réaction contre lui-même, qu'une philosophie est nécessairement une histoire (philosophique), un échange entre problèmes et solutions, chaque solution partielle transformant le problème initial, de sorte que le sens de l'ensemble ne lui préexiste pas... » (*Éloge*, p. 29). On voit par cette formulation générale qu'on est loin des précisions qu'apportera l'avenir sur la relation entre structure et diachronie, ou pour parler merleau-pontien, entre système et existence.

À quelques pages de là (p. 65), Merleau en vient « à l'autre thème des discussions contemporaines, c'est-à-dire l'histoire ». « La philosophie semble désespérer d'elle-même, car les uns voient dans l'histoire un destin extérieur entraînant la suppression de la philosophie comme telle, et les autres s'en sortent en détachant la philosophie de la circonstance ».

À propos de Gueroult, le virage est aisé à saisir quand le *Visible* apporte d'ultimes remarques datant de 1959-1960 (pp. 23-232). Merleau revient sur « la circularité histoire-philosophie ». L'opposition à Gueroult est décidée, puisque Merleau-Ponty n'y voit plus qu'une « histoire objective qui est un rationalisme dogmatique ». C'est une philosophie, « et non pas ce qu'elle prétend être, histoire de ce qui est ». Il y oppose radicalement l'histoire Dichtung héritée de la *Krisis*, en estimant qu'elle l'exprime, «mais ne m'exprime pas complètement, qu'elle me modifie encore. L'histoire de la philosophie comme la science est *communis opinio* ». Il y aurait en face une *singularis opinio*, celle qui nous mettrait en face de l'« être vertical ». Cette fois le pas vers l'herméneutique mantique est bel et bien franchi.

La mise en garde avancée par H. Gouhier sera méditée tardivement. Car on ne peut que s'élever contre cette allégation de Merleau que l'histoire de la philosophie sera insignifiante à force d'être objective. Peut-on imposer nos problèmes à une philosophie passée ? En dépouillant *L'Histoire et sa Philosophie* (*Visible*, pp. 239-252), Merleau *convient* qu'il *convient* « de distinguer leurs problèmes (Descartes, Malebranche) tels qu'ils les pensent, et les problèmes qui les meuvent vraiment, et que nous formulons ». Il faut que les philosophies « renvoient l'une à l'autre » sous prétexte qu'il s'agit quand même « du même Être ». Que signifie cette identité : l'avènement de « l'histoire verticale » (*Visible*, p. 240) « qui montrerait comment la projection d'une pensée dans l'autre laisse apparaître un noyau d'être ». L'interprétation de Descartes par Gueroult comporte toujours une mise en perspective subjective : « le subjectif est ici précisément la présupposition que la philosophie est faite de problèmes ». Or ces problèmes sont intérieurs à celui de l'Être, car « la philosophie est située dans l'ensemble hiératique de l'Être et l'éternité existentielle ». Il semble que, désormais, l'histoire de la philosophie nous détourne de cet Être vertical, car qu'est-ce alors que cette « histoire verticale » sinon celle qui s'énonce dans le contexte d'une ontologie et d'une herméneutique de la nescience ?

Pourtant l'histoire de la philosophie peut avoir raison contre Merleau-Ponty. Quand celui-ci lit dans la *Deuxième Méditation* : « C'est bien de moi qu'il y est question, mais d'un moi en idée qui n'est proprement ni le mien, ni d'ailleurs celui de Descartes, mais celui de tous les hommes réfléchissant. En suivant le sens des mots et le lien des idées, j'arrive à cette conclusion qu'en effet, puisque je pense, je suis, mais c'est là un *Cogito* sur parole. Je n'ai saisi ma pensée et mon existence qu'à travers le *medium* du langage et la vraie formule de ce *Cogito* serait : « on pense, on est » La merveille du langage est qu'il se fait oublier : je suis des yeux les lignes sur le papier, à partir du moment où je suis pris par ce qu'elles signifient, je ne les vois plus » ; « L'expression s'efface devant l'exprimé, et c'est pourquoi son rôle médiateur peut passer inapercu, c'est pourquoi Descartes ne le mentionne nulle part ». Ceci dans la *Phénoménologie*, p. 459, c'est-à-dire à un moment où les historiens de la philosophie approfondissaient effectivement le sens du *cogito* lors des polémiques entre Gueroult, Gouhier et Alquié. Mais c'est sur cet autre point que j'attire l'attention : « Descartes ne mentionne pas même le langage comme condition du *Cogito* lu » (p. 460). Il y a là une interprétation bien arrêtée. Pourtant l'annonce de la seconde Méditation sur le *cogito, sum* comporte expressément sa saisie par le biais du langage : « De sorte qu'après y avoir bien pensé, et avoir soigneusement examiné toutes choses, enfin il faut conclure que cette proposition je suis, j'existe, est nécessairement vraie toutes les fois *que je la prononce*, ou que je la conçois en mon esprit *quoties a me profertur, vel mente concipitur* ».

Pourquoi ne retenir que la formulation intellectualiste du cogito, et pas sa primauté parolière ? Si la prolation nous livre cette expérience de l'existence, c'est que le langage a une autre portée que significative, qu'il ouvre sur cette existence, que c'est une prolation à portée existentielle. Il y aurait eu tout avantage dans la perspective qu'ouvrira le *Visible*, p. 233, à relier cette proposition de l'histoire de la philosophie avec précisément ce *logos proforikos* que Merleau exploite. Ce n'est pas là, selon une autre expression cartésienne « exprimer de bouche nos pensées ». Entre cet usage transmissif du savoir et l'investissement de la prolation dans l'existentiel, il y a un abîme, fort bien repéré par Descartes. Le *Traité des passions* (§ 50) précisera que les paroles proférées autrement que par habitude mais en pensant à ce qu'elles signifient, font concevoir la signification plutôt que la figure de leurs lettres ou le son de leurs syllabes. Ainsi, dans l'intentionnalité pensante, la proposition « je suis, j'existe » correspond immédiatement à une affirmation de vérité, puisque le pensé et l'existence sont l'objet d'une même intuition, d'une même *fulguration*, comme dirait Merleau en empruntant cet *hapax* leibnizien.

Selon la seconde direction ontique imprimée à l'histoire de la philosophie, qui la soumet à une certaine philosophie de l'histoire, se manifeste de plein fouet l'esthétisme de la perception. S'il n'y a plus de différence créatrice entre objectivité et subjectivité, c'est que la recherche de la troisième voie s'ouvre par accès direct à l'Être, à travers toutes ses manifestations, y compris textuelles. Ainsi le langage apparaît comme embarras, le silence comme tentateur. L'*ego* et l'*alter* s'estompent dans ce que Merleau appelle le « style », qui outrepasse la problématique du sens. La picturalisation à la Cézanne importée dans la méthodologie de l'histoire de la philosophie conduit à se demander si l'intentionnalité de la vision de la pomme est du même ordre que celle qui accompagne la lecture d'un texte. Cette cézannisation du texte se trompe d'objet, de langage, de méthode, de

« style ». Ce qu'il conviendrait d'entreprendre sur ce point, c'est la description phénoménologique différentielle entre perception d'un tableau et perception d'un texte. La peinture n'est langage que métaphoriquement ; un texte est en langue naturelle, laquelle a ses propres structures. On avouera quand même que c'est une bizarre « conception de l'histoire de la philosophie » (sic, *Visible*, notes p. 242) que celle qui aboutit à « lire entre les lignes ». C'est vraisemblablement là l'espace blanc qu'affectionne le théoréticien, mais l'historien de la philosophie s'attache, lui au parcours noir qui compose les lignes et qui fait directement signe par un signifiant volontariste. Autant méditer sur des pages blanches ! L'entre-les-lignes entraîne les remarques croissantes sur le « sous-entendu », où se côtoieraient l'essence et l'existence. Que la philosophie soit dans son intégralité interrogation, question, pensée interrogative, ne conduit pas nécessairement à faire bon marché de tout ce que la philosophie a construit comme réponse, comme argumentation, comme pensée discursive et comme investissement langagier.

Par exemple, l'apport de la lexicographie est le contraire même du repos dans le linceul du mot. Elle est tentative pour reprendre l'éclatement du sens, pour surprendre les vecteurs de sens en pleine action communicante, c'est-à-dire précisément entre *ego* et *alter*. Admettons cet impensé. « Cet impensé doit, bien entendu, être attesté par des mots qui le délimitent ou le cernent. Mais les mots ici doivent être compris selon leurs implications latérales, non moins que dans leur manifestation manifeste et frontale » (*Collège*, pp.159-160). Comment comprendre ces implications latérales ?

Les procédures objectivantes d'aujourd'hui, loin de voiler le se faisant, l'activent, lui confèrent son épaisseur, j'allais dire sa chair, qui manque terriblement dans les commentaires de Merleau, trop pressé d'en affirmer la présence alors que, pour reprendre son expression, il n'en a vu que l'ombre. Ces analyses de l'histoire de la philosophie armée éclairent les structures épaisses du pensant, bien au-delà de la logique des pensées. Le repérage de la logique du pensant a été rendu possible grâce à l'attention portée aux architectoniques, bien au-delà des systèmes qui n'en sont que le phénomène de surface. L'architectonique fait jouer de pair la synchronique du discours, dont Merleau avait la hantise, et le diachronique, qu'il souhaitait sans posséder encore l'armement scientifique suffisant.

Quant à l'œuvre se faisant, que ce soit celle de Bergson ou d'Husserl, je ne vois pas en quoi les recherches diachroniques de haute précision, portant sur les superpositions des structures pensantes, sur l'évolution des argumentations, sur les déplacements lexicographiques, sur les changements rhétoriques de prédicament, sur les procédés logiques employés, portent atteinte au se faisant. Par ces procédures, on embrasse plus d'ambiguïté, plus de concepts interférants, plus d'arguments latéraux. Dira-t-on encore que l'analyse déconstruit la belle assurance de l'œuvre ? Mais alors au nom de quoi parlait-on des changements dans l'œuvre de Descartes, d'un Malebranche d'avant ou d'après la *Recherche*, d'un premier et d'un second Husserl ? Il a bien fallu s'en rendre compte, apprécier l'écart, mesurer la distance, différencier les moments.

Reste-t-il un impensé ? Certes la pensée sur le texte n'est pas la pensée de l'auteur du texte. Mais quelle *Einfühlung* nous rassurera jamais sur l'adéquation de notre saisie, sinon dans l'extralangage des herméneutiques devineresses. La philosophie néantiste a-t-elle encore besoin de l'histoire de la philosophie, a-t-elle même besoin de l'histoire pour abolir les déterminations ? La *Zeitlichkeit* n'est-elle pas l'une des plus dangereuses déterminations qui intervienne contre le projet d'éternisation ? Que vient faire l'écoute du texte sinon saisir l'Être dans la perception du cube ? Car si l'absolu s'est monnayé, quelle chance nous reste-t-il d'en appréhender autre chose que des éclats ? Cette illusion de théâtre qui consiste à « prêter la parole » au texte, qui a sa propre parole, résistante à la nôtre, ne nous introduit-elle pas au pire sens de la médiumnité ?

En rompant les charmes de l'Être vague, l'historien de la philosophie ramène à l'être du monde et de la communication, il rompt avec le chiasme spontané. Libre à chacun d'investir dans la *Zeitlichkeit* et d'y trouver l'éternité. Cette poétique qui accompagne la dernière œuvre exprime à quel prix pour l'histoire de la philosophie, Merleau-Ponty s'est installé dans l'Être. Or ses difficultés sur le concept même de vérité prouvent à la fois qu'on pouvait creuser la différence entre *Da-Sein* et *Wissenschaft* sans pour autant abandonner les principes de la raison, notamment suffisante, propre à l'histoire. L'histoire de la philosophie n'est pas compatible avec une aimable lecture du texte. Et c'est du concept même d'historicité qu'il faudrait repartir pour tenter de justifier l'ultime position de Merleau-Ponty à cet égard.

Mais on entre alors dans un domaine où le texte n'est plus qu'un prétexte.

La possibilité de la réflexion philosophique

*Urs Schällibaum**

Je voudrais partir du titre du thème proposé pour ce colloque : « Possibilité de la philosophie. Sa légitimation dans l'écriture philosophique de Merleau-Ponty ». En suivant sa double articulation, on pourrait aborder ce thème, d'un point de vue formel ou logique, par les alternatives suivantes : ou la possibilité de la philosophie est légitimée par elle-même, ce qui revient à une possibilité de fait ; on montrerait que la philosophie est possible en la pratiquant, en l'opérant puisqu'il n'y a d'autre instance à côté ou au-dessus de ce discours qui thématise la possibilité de tous les autres – ce qui revient aussi bien à une auto-constitution philosophique. Ou la possibilité de la philosophie est légitimée par quelque chose d'autre qui exigerait la nécessité de la philosophie plutôt que sa possibilité, ou qui garantirait sa possibilité *de jure*, dans une sorte de réflexion transcendantale.

Dans les alternatives esquissées, on reconnaît plusieurs types de la tradition philosophique qui sont également – au moins en ce qui concerne les déclarations explicites – critiqués par Merleau-Ponty. Or, si l'itinéraire de Merleau-Ponty, dès la *Phénoménologie de la perception* jusqu'à la voie entamée dans ses derniers textes, a consisté en un « ni…ni… » refusant toutes les alternatives traditionnelles, et si ce « ni…ni… » n'a pas exclu un passage *à travers* ces positions traditionnelles, en y visant un autre niveau sans pourtant aboutir à un processus historico-dialectique de la philosophie (au sens d'une synthèse, d'une identité de l'identité et de la non-identité), alors il faudrait se demander ce que provoque ce « ni…ni… » à propos de la question de la possibilité de la philosophie elle-même. Est-ce que cela veut dire que la philosophie est illégitime ou illégitimable, ou plutôt, que la question de la

* Assistant à l'Université de Zürich.

légitimation de la philosophie – et même celle de la légitimation de la possibilité de la philosophie (ce qui ne revient pas au même) – est mal posée ? Il se peut bien qu'apparaisse, à travers cette question, un autre problème – et la philosophie, selon Merleau-Ponty, ne pose pas seulement des questions auxquelles elle est déjà en état de répondre et dont elle connaît déjà le sens[1].

Mais de prime abord, il faudrait remarquer que, dans la question merleau-pontyenne de la possibilité de la philosophie, tout ce que disent les textes sur la relation entre le sujet et le monde doit être transposé au niveau même de la relation entre le discours philosophique et son langage, sa relation avec lui-même en tant que langage opérant et thème. Je voudrais désormais appeler *réflexivité* la structure générale de la mise en relation du thématisé à l'égard de sa thématisation. C'est aussi et surtout à cet égard que doit s'avérer sa force ou sa vérité. De même, il faudrait faire face à ce qu'il s'agira ici, nécessairement et malgré elle, d'une sorte de question transcendantale ou, en tout cas, de quelque chose comme une question « méta-philosophique ». En même temps, il faudrait tenir compte de ce que c'est justement la possibilité d'un tel « méta » ou d'un dehors qui est au centre de la critique merleau-pontyenne. Bien sûr, la construction d'un deuxième degré réflexif sur... ou méta... est toujours possible, mais il n'explique pas, et surtout, il ne sort pas de ce qu'il est supposé expliquer. La question de la possibilité de la philosophie ne se pose donc que dans une situation d'une réflexivité où semble dominer ce paradoxe, le paradoxe entre la prétention merleau-pontyenne à une réflexion philosophique sur la philosophie et la critique merleau-pontyenne de la réflexion philosophique traditionnelle.

Je voudrais montrer dans ma communication, d'une manière générale et très modeste, que la question de la possibilité de la philosophie, en tant que thème pour ainsi dire méta-philosophique, n'appartient pourtant pas à une réflexion au deuxième degré, et que cette question n'aboutit pas à un paradoxe logique, mais qu'elle est, dans

1. Cf. *Le visible et l'invisible*, p. 161.

les textes de Merleau-Ponty en général, posée d'une manière singulière dont il faut affronter le sens encore ouvert. Le problème qui est amorcé dans le titre : « possibilité de la philosophie et sa légitimation », c'est-à-dire la « réflexivité philosophique », je vais essayer de la soustraire à la « réflexion philosophique » et de la comparer avec le motif de la *réversibilité* dans les derniers textes de Merleau-Ponty (surtout *Le visible et l'invisible*).

Afin de conclure cette introduction, j'aimerais y joindre quelques remarques préliminaires, puisque ce que je vais dire n'exclut pas une certaine ambiguïté. En tout cas, il ne s'agira nullement de revendiquer des résidus idéalistes même dans les derniers textes de Merleau-Ponty. La tentative d'une telle critique serait ridicule, parce que ce penseur a lui-même mis en question et un dépassement et une conservation simple de la tradition, et même la réalisation ou le dépassement de la philosophie vers une non-philosophie[2]. Beaucoup de passages entre la PP et VI décrivent le processus historique des positions philosophiques de sorte qu'il n'y ait jamais identité close (mais peut-être singularité) de ce que dit telle ou telle position. Il n'y a donc ni position ni opposition pure dans le domaine de la philosophie. Au contraire, c'est seulement l'*impensé immanent* à une « position », c'est-à-dire d'une certaine manière réflexive, qui en fait naître une autre. Penser cet impensé (le pouvoir, devoir ou vouloir), c'est évidemment déjà un mode de la possibilité de la philosophie. Mais l'immanence de cet impensé a un sens très précis dont il ne faudrait pas abuser : c'est que cet impensé ne peut être trouvé du dehors, dans une absence du dit explicite ou implicite d'un texte, mais dans une couche *entre le dit et le dire*. C'est là qu'apparaissent les problèmes proprement philosophiques. Cette réflexivité exige à la fois une ambiguïté et une responsabilité vis-à-vis de cet impensé, surtout s'il s'agit d'une position qui réfléchit aussi et déjà sur le processus de l'« impensé » même.

2. Cf. à ce propos par exemple « la possibilité de la philosophie », in *Résumés des cours 1952-1961* et « Philosophie et non-philosophie depuis Hegel », in *Textures*, , n°s 8-9 1974 et n°s 10-11, 1975.

La question de la tradition philosophique, sa relecture, est donc liée inséparablement à celle de la réflexivité philosophique, et on peut constater que la relecture pratiquée par Merleau-Ponty et sa voie à travers la tradition est parfaitement conforme à ce qu'il en dit lui-même en général, à l'égard de la tradition et à l'égard de la parole et de la perception[3]. Il y a donc aussi à ce niveau une réflexivité ou un *Ineinander* dont le sens reste à expliquer. En tout cas, cette réflexivité est loin d'être le signe d'une vérité en acte, ou d'une adéquation heureuse du thématisé et de sa thématisation. (Pour des raisons bien claires, je laisse de côté toute la question de la tradition et de la relecture, autre thème proposé pour ce colloque).

En insistant sur cette réflexivité, il ne s'agira donc nullement de critiquer Merleau-Ponty ou de découvrir son impensé à lui, comme si ce processus pourrait être répété simplement une fois qu'il est thématisé. Mais d'autre part, cette thématisation n'implique pas encore et nécessairement sa fin. Je ne voudrais retenir, de ce problème thématisé par Merleau-Ponty même de façon explicite, que la nécessité de transposer ce que je crois y avoir appris, à la lecture même que j'essaie d'en faire, c'est-à-dire encore une fois de manière réflexive[4].

Pour montrer une certaine adéquation entre la thématisation pratiquée et ce qui y est thématisé, il faudrait, bien sûr, des longues analyses des textes. Cela aurait affaire aussi à quelque chose comme le « style » philosophique tel qu'il est exposé par Merleau-Ponty lui-même. Par rapport à la thématique proposée et la transposition pratiquée ici, on pourrait analyser par exemple des expressions répétées plusieurs fois dans VI, comme

3. Cf. par exemple VI, p. 251. La « logique » de Merleau-Ponty (le ni-ni, et-et, à travers) peut être appliquée à divers niveaux à la fois. À cet égard aussi, *La prose du monde* et *Signes* sont d'une richesse infinie.

4. En faisant cela, je ne crois pas seulement être fidèle à Merleau-Ponty, mais encore expliquer une possibilité de ce que Merleau-Ponty « nous a donné à penser », comme on dit. Mais le fait d'être impliqué dans cela même que j'essaie de thématiser n'est point une garantie de vérité, au contraire ; mais peut-être de sincérité.

« métaphore », « à la lettre », ou des figures comme « la philosophie » ou « le philosophe » (qu'il s'agît de Husserl ou non, ou de « Husserl » devenu figure), surtout si l'on envisage la possibilité ou la nécessité de transcrire la notion classique de « sujet » dans quelque chose comme « *la* philosophie ».

Mais il s'agira ici non pas de lire les textes de Merleau-Ponty dans les détails – et il ne suffit pas de découvrir et de constater cette réflexivité chaque fois qu'elle surgit – mais, en ce qui concerne la relation entre la philosophie et *son* langage, d'en articuler quelque chose comme la *logique* – si ce terme a ici encore un sens.

La réflexivité et la possibilité de la surréflexion

En déplaçant la question de la légitimation de la philosophie et de la possibilité de la philosophie vers celle d'une logique de la réflexivité, j'aimerais d'abord partir de la *surréflexion*. En suivant le propos de Merleau-Ponty lui-même, je ne me demanderai pas si elle est [*an sit*], mais plutôt ce qu'elle est [*quid sit*], c'est-à-dire, *sur quoi* et *à partir de quoi* elle est possible[5].

Comme dans tout discours réfléchissant sur quelque chose, on peut distinguer aussi dans le discours philosophique un côté de la thématisation et un côté du thématisé ou, si l'on veut, de l'opératoire et du thématique, du langage opérant du philosophe et du (langage) thématisé par le philosophe[6]. Bien sûr, ce modèle formel ou structurel n'est possible lui-même que dans un discours thématisant et réflexif, et il peut aussitôt être mis en question, par exemple en le soumettant à ses propres règles. À propos de ce modèle autant que de sa critique, on pourrait alors parler d'une réflexion au deuxième degré, en ce sens que cette distinction retourne sur elle-même. Mais cela ne

5. Cf. VI, pp. 144, 145.

6. En plus, ce modèle est superposé chez Merleau-Ponty par la distinction célèbre d'Eugen Fink entre langage parlé et langage parlant, distinction pas tout à fait identique.

se fait jamais sans le *fait* ou la possibilité d'une réflexibilité qui *précède* aussi la réflexion au deuxième degré. Cette réflexivité n'est plus le résultat, l'acte ou la puissance de la réflexion, sinon il s'agira d'une répétition de la pensée idéaliste, elle n'est pas une réflexivité *de* la pensée. Il reste à se demander si le problème de la réflexivité ne coïncide avec la surréflexion puisqu'elle aussi « est amenée à s'interroger sur ce qui la précède... avant toute réflexion » (VI, p. 104). En tout cas, cette priorité structurelle avant la réflexion a un statut quasi-transcendantal. Mais celui-ci n'a jamais été envisagé pour la thématisation philosophique du transcendantal elle-même. « Le transcendantal » dans le discours de la tradition ne regarde que la correspondance entre la connaissance et les choses *etc.*, et qu'indirectement la possibilité de la philosophie. Bien sûr, pour des raisons structurelles, cet écart peut être thématisé à son tour, et la réflexion sur le côté opératoire reste possible, mais sous le signe d'une répétition à l'infini. De même, il ne faut pas oublier que le retour sur les conditions de la possibilité de... était déjà l'affaire de l'idéalisme, et si on regarde de près, de toute la tradition philosophique. Même la distinction opératoire-thématique, en tant que modèle objectif, y reste inscrite (par exemple dans la distinction *idea-ideatum*). N'y change pas beaucoup le fait que la réflexion merleau-pontyenne se conçoit immanente dans cela même qu'elle pense. Ce qui y reste, c'est la possibilité spécifique de ce retour qui, pour les mêmes raisons structurelles, ne peut plus être pensée dans un ordre réflexif ou immanent. Si la réflexivité, en tant que condition de possibilité de la réflexion, la précède, ce n'est donc pas seulement en tant que structure objective ou transcendantale (puisqu'elle pourrait la rendre possible aussi bien qu'impossible, par exemple dans la forme du paradoxe ou de l'antinomie). Comment sortir de cette répétition – et il est bien clair que Merleau-Ponty l'a fait – sinon en affirmant, dans un premier pas, que la réflexion sur la réflexivité ne soit plus jamais une réflexion à quelque degré que ce soit. On ne peut plus situer la réflexivité comme une structure *dans* la réflexion même. Il semble que c'est là le sens profond ou la force de la surréflexion merleau-pontyenne. Cependant, il existe des passages dans VI qui eux aussi parlent d'une réflexion au deuxième degré ou d'un retour à, d'un revenir sur... Mais la surréflexion n'est jamais ni une réflexion méthodique, ni une réflexion sur les conditions de sa propre possibilité, ni une ouverture sur l'immédiat, l'originel ou l'Être tout court (de manière qu'on puisse parler simplement d'ontologie, plutôt, ce serait une réflexion sur l'ouverture qui la rend possible, avec ou contre Heidegger), ni sur la transcendance ou le silence des choses ou la différence ontologique, mais, selon la logique de Merleau-Ponty et selon la longue et célèbre définition de la surréflexion (VI, p. 61), tout cela inséparablement et à la fois[7].

Cette définition de la surréflexion correspond parfaitement à celle de l'hyperdialectique (VI, p. 129), qui « envisage la pluralité des rapports et ce qu'on a appelé l'ambiguïté ». La surréflexion serait donc, d'une manière à préciser, la réflexion sur la réflexivité – mais il ne faudrait pas parler de « sur » parce que c'est une réflexion sur ce qui la rend possible sans être de la réflexion ni de son opposé, l'immédiat, *etc.*, mais *dans* des rapports qui sont la possibilité même de l'ambiguïté. Ces rapports-là sont bien sûr des relations à plusieurs dimensions, ou la dimensionalité des dimensions, et ainsi, la surréflexion serait à la fois réflexion dans, de (provenant de, produit par) et sur... l'entrelacs, l'ambiguïté, la réversibilité *etc.* – voilà tous les termes connus.

La question : à partir de quoi et sur quoi une telle surréflexion est-elle possible ? devient alors la question de la possibilité même de l'ambiguïté. Et il ne faudra pas oublier que les dimensions de la surréflexion où elle se trouve ne coïncident pas simplement avec la pluralité des rapports qu'elle cherche à thématiser, autrement dit, que la surréflexion ne coïncide pas simplement avec ce sur quoi

7. D'ailleurs, on pourrait comparer cette logique avec l'articulation de la dialectique du jeune Hegel, dans la *Differenzschrift* : « ni l'un ni l'autre et l'un aussi bien que l'autre ». En outre, il faudrait se rendre compte, en parlant de « dialectique » chez Merleau-Ponty, des sens très divers que ce terme peut prendre.

elle réfléchit, à savoir la réversibilité, à moins de tomber encore dans le piège, critiqué par Merleau-Ponty lui-même, de la coïncidence ou l'adéquation. Il s'agit là, pour ainsi dire, de l'impensé de la surréflexion, au niveau de sa possibilité. Mais cet impensé-là est structurel, c'est-à-dire, il constitue la surréflexion en tant que son problème, sa question[8].

Afin d'articuler mieux cette question, il ne faudrait donc surtout pas vouloir partir d'une réversibilité générale, mais d'abord 1° distinguer aussi loin que possible la notion de réflexivité telle que je l'ai esquissée et la notion de réversibilité telle qu'elle est thématisée dans VI, et 2° distinguer aussi loin que possible un côté du dire et un côté du dit philosophique, même dans les derniers textes de Merleau-Ponty.

En maintenant cette distinction, je voudrais illustrer la question de la possibilité de la surréflexion par deux paradigmes qui apparaissent surtout dans les deux derniers chapitres de VI. Ce n'est pas seulement parce que, comme on l'a remarqué plusieurs fois, dans la fin de VI s'articule-t-il un accès plus immédiat après les premiers chapitres qui semblent être conçus plutôt comme introduction critique et négation d'une certaine tradition[9]. Mais « l'entrelacs et le chiasme », par exemple, pratique aussi, en suivant là une tradition classique, quelque chose comme une auto-réflexion ou auto-interprétation de l'accès entamé auparavant[10]. Un autre indice en est que dans la dernière

8. Il y a, de l'autre côté de cet impensé, l'apparence d'un paradoxe ou d'un différend entre la réversibilité à ce niveau et la critique de la coïncidence, entre l'entrelacs et la nécessité de distinguer des niveaux, des aspects, des dimensions *etc.* Ce paradoxe n'est pas seulement méthodique, mais il provient de la prétention merleau-pontyenne à une immanence radicale de la réflexion philosophique. Celle-ci ne peut être que radicalisée encore.

9. Si cette critique n'est que stratégique ou imaginaire ou injustifiée, est une autre question.

10. C'est-à-dire aussi que par exemple la notion de « chair » ne nomme pas d'abord une chose ontologique ou réelle, mais articule pour ainsi dire la « notion réflexive » de ce texte, avec toute son amphibologie, au sens de « la critique de la raison pure » kantienne, qui distingue les catégories (entre lesquelles, d'ailleurs, figure aussi

partie de VI sont posées immédiatement des questions qui manquent dans le début. Or, je voudrais commencer cette illustration sur le côté du dire, en choisissant le motif de la relation question-réponse elle-même.

La légitimation de la philosophie et l'interrogation à partir de...

Si « la philosophie ne pose pas des questions et n'apporte pas des réponses qui combleraient peu à peu les lacunes », et si « elle se retourne [...] pour chercher l'origine et le sens des questions et celui des réponses et l'identité de celui qui questionne, et, par là, accède à l'interrogation » (VI, p. 142), alors il ne s'agit là nullement d'une réflexion sur soi-même. C'est au contraire l'expression d'une transcendance et d'une différence infranchissable. La philosophie ne pose pas des questions, c'est-à-dire, les questions sont posées par ailleurs (qui ou quoi que ce soit, du moins, ce n'est pas nécessairement au titre de l'Être ou de la différence ontologique, mais aussi bien de l'historicité ou d'Autrui). La philosophie y est exposée plus qu'elle ne pose.

De plus, elle ne répond pas à des questions, mais si de toute façon réponse il y a, elle en apporte en tant qu'interrogation. La lacune vraiment laissée ouverte serait donc ce qui pose ou a posé la question, ou si l'on veut, « l'origine des questions ». Et voilà l'objet même de l'interrogation, selon ce passage, à laquelle la philosophie n'accède que par une *torsion* de la relation entre question et réponse. C'est pourquoi elle ne connaît même pas, à la limite, le sens de ses questions et de ses réponses. Autrement dit, la réponse philosophique en tant que dit ou

la *Wechselbeziehung*, la réciprocité) des notions réflexives, telles que identité-différence, dedans-dehors ou matière-forme, et qui par cela même évite le problème de la réflexivité des catégories dans leur relation entre elles (par exemple, la catégorie de l'unité ne se distingue de la pluralité pas par elle-même, mais par la notion réflexive de l'identité-différence). C'est peut-être aussi dans ce sens que « la chair » est « notion dernière » et « pensable par elle-même ». Je reviendrai sur ce problème. Il me semble que Merleau-Ponty ne l'ait pas évité.

thème n'est pas une réponse à la question en tant que dire ou thématisation, au sens où celle-ci en est le motif et la genèse. Mais c'est à travers, par le biais, au détour d'une question posée que la philosophie s'interroge sur cette situation même, en répondant de sa situation. La philosophie, en tant que retour sur la question, au double sens (au niveau du dire et du dit devenu thème I), est exposée à une réflexivité dont elle ne dispose pas et qui est à la fois *non-correspondance*.

Si la question de l'origine de la question, voire de la genèse de l'interrogation dont elle provient par une torsion ou un pliage plus que par une réflexion, et le problème thématisé par la réflexion philosophique en tant que réponse coïncident – ce qui semble être le cas de la surréflexion –, alors il y a une sorte de discours *spéculatif*. Mais ce serait un discours spéculatif qui implique, par la rupture du paradigme question-réponse, un écart, un biais, une non-correspondance ou *non-réversibilité* fondamentale. Fondamentale parce que, d'une certaine façon, elle rend possible la philosophie. À moins qu'il y ait « oubli de la question » (VI, p. 160), oubli de *cette* question, la philosophie est exposée ni à l'Être ni à soi-même ni à la tradition ni à Autrui, mais à quelque chose entre eux, une différence, une structure opérante, une réflexivité[11].

De même, la philosophie ne retrouve pas simplement l'irréfléchi ou l'Être, mais « en revient » (p. 161). C'est donc l'irréfléchi – qui n'est pas équivalent ou pas encore réfléchi – qui aurait posé la question sur laquelle la réponse philosophique revient en tant qu'interrogation de sa propre genèse. Autrement dit, selon un autre passage (p. 168), ce sont « les voix du silence » qui *appellent* le discours philosophique, et si la parole est rupture du silence et que ce silence rompu est découvert comme ayant été déjà voix, la réponse à cet appel ne peut plus répéter ce qu'il disait parce qu'elle a déjà commencé à

11. Le terme « chair » serait donc le nom de cette réflexivité ; sinon, par exemple comme structure de l'Être, ce serait encore une pure généralisation dont la critique est esquissée dans le même passage, VI, p. 142.

parler, c'est déjà *dit*[12]. Il y a donc dans la surréflexion la structure d'un revenir sur... sans qu'elle puisse aborder ce sur quoi elle revient, sans qu'elle puisse dire si le langage opérant appartient à elle ou à l'autre. C'est là la lacune, le non-lieu, l'insituable origine du langage opérant dans et pour la réflexion. Ce geste impliqué dans l'expression « appel des voix du silence » me semble être incontournable. En général, il signifie qu'il n'y a pas de réversibilité, de correspondance et à la fois, il y a, dans ce phénomène d'après coup, une sorte de réflexivité qui prescrit que l'opération, la genèse ou l'origine n'existe, dans son retrait, que pour la réflexion. En ce qui concerne plus spécifiquement ma question, ce geste signifie même que les voix du silence ne permettent en rien une légitimation de la réponse. C'est exactement l'idée d'une destinée de la pensée, la justification par un appel de la destinée de l'Être *etc.* qui est réduite à nul. Si la philosophie est, selon Merleau-Ponty, essentiellement interrogation, il n'y aurait donc plus lieu de la légitimer par une ou des questions préalablement posées, il n'y a – à ce niveau, bien entendu – rien qui demande à être dit, rien qui se donne à penser, et il n'y a rien qui exige la nécessité de telle ou telle philosophie. Mais cela n'exclut pas, pour cela même, la *responsabilité* du philosophe, et cela n'exclut pas encore la légitimation de la possibilité d'une telle interrogation[13].

Entre la question et la réponse philosophique, il n'y a pas de médiation, et ce n'est surtout pas la surréflexion qui la fournirait. Même si elle réussit à penser sa propre genèse, elle y rencontre une différence insurmontable.

12. Ainsi, l'effort de la philosophie de questionner son propre « à partir de... », en est un des moments les plus fascinants, mais il ne se réalise guère sans l'intention d'une auto-justification.

13. Évidemment, la distinction dire-dit d'Emmanuel Lévinas (*Autrement qu'être*) peut s'appliquer au dire et au dit philosophiques. En tout cas, la philosophie se retrouve, comme un Moi envers Autrui, à la place de l'allocutaire (VI, p. 202) qui est décrite dans les très belles pages de « La perception d'Autrui et le dialogue » in *Prose du Monde*, p. 185, comme « jamais de face ». La question vient de côté ou par derrière.

C'est cela que j'ai été amené à appeler la réflexivité, ou par un premier abord, l'*ambivalence* au lieu de l'ambiguïté lorsque celle-ci ne nomme, si je ne me trompe, que la pluralité des côtés, des aspects ou des dimensions de la surréflexion en tant que son thème. La question « comment la surréflexion sur l'ambiguïté elle-même est-elle possible ? » renvoie donc à la question : Comment une réflexion sur l'ambivalence ou la réflexivité qui rend possible la réflexion sur l'ambiguïté, est-elle possible ?

La légitimation de la possibilité de la philosophie et la réflexion sur...

Je continue cette illustration sur le côté du dit, de la thématisation devenue thème, en choisissant les motifs bien connus de la réciprocité et de la réversibilité. Il y a bien sûr correspondance ou réversibilité, malgré la distinction, comme pour le langage en général, aussi entre le dire et le dit philosophiques. Mais s'agissant de la possibilité de la surréflexion même, cette correspondance ne peut s'appuyer sur une coïncidence, une union originaire et indistincte, ou une réversibilité établie dans la thématisation. Elle implique un décalage, une différence originaire avant la réflexion, qui en serait la genèse ou l'opération qui devrait être pensée à son tour. C'est dans cette intention que, par exemple, « la philosophie doit accompagner cet éclatement, cette non-coïncidence, cette différenciation » (VI, p. 165). Mais une affirmation explicite, c'est-à-dire thématisée, n'est jamais une garantie sur le côté de l'opération. Certes, la « réversibilité » merleau-pontyenne a un sens très clair, et elle ne constitue pas une totalité indifférenciée, ou, selon une articulation devenue classique, elle n'est « jamais réalisée en fait », et « elle s'éclipse au moment de se faire » (VI, p. 194). Mais cette preuve de la non-totalité, l'impossibilité de fait de la réalisation, au double sens, c'est-à-dire aussi l'impossibilité d'envisager une opération dans sa naissance, ne fait que répéter la distinction entre le transcendantal et l'empirique. L'impuissance de la réflexion empirique de saisir le transcendantal qui néanmoins est supposé la constituer, ne détruit nullement la croyance en quelque chose comme un fond, une constitution originaire, un je ne sais pas quoi transcendantal. Son retrait, sa dérobade, sa répétition, ne fait que renforcer, par voie négative, l'idée d'un acte opératoire qui resterait toujours derrière, hors de la visée de la réflexion. Mais ce n'est pas le geste essentiel de Merleau-Ponty, sinon qu'il transpose cette immanence radicale au niveau même de la réflexion sur la réflexion sur l'opératoire.

Je n'insiste pas sur ce problème bien difficile, mais je me bornerai à l'analyser au niveau de la réflexion devenue thème et même devenue concept. Il se présente aussi dans la relation *entre* des concepts tels que réversibilité, entrelacs *etc.* Bref, si la surréflexion vise, « par une sorte de diplopie » (p. 160) et les choses et elle-même et son immanence, alors cette diplopie thématise quelque chose comme la réversibilité *etc.* D'un côté, selon la critique de Merleau-Ponty, ces termes-là, en tant que concepts thématisés, ne seraient que des généralisations. Par contre, ils devraient être analysés entre eux de manière qu'ils reflètent, en leur déplacement et leur transformation, la singularité de leur genèse dans le texte[14]. Ainsi, l'entrelacs, l'enlacement, l'enjambement, l'enveloppement, l'accointance, la jointure, l'accouplement, la participation, la texture, le pli, le tissu, la trame, les feuillets *etc.*, ne présentent pas seulement ni la même signification ni la même structure, mais ils portent encore avec eux le procès de leur signification et du signifier philosophique.

Mais il y a un autre problème qui touche au cœur de la possibilité de la surréflexion. Ces termes-là peuvent être analysés entre eux aussi à l'égard de ce dont ils sont objectivement l'expression. Il n'y a pas seulement, surtout dans la deuxième partie de « L'entrelacs et le chiasme », une série de ces termes, mais aussi une série d'enlacements,

14. Ce travail est déjà entamé, et je ne le reprendrai pas ici. En tout cas, cela justifierait aussi une certaine ambiguïté ou contradiction entre ces termes, et cela signifie aussi que l'« *Arbeit des Begriff* n'est pas terminé », chez Merleau-Ponty.

d'entrelacs entre les couples questions-réponses, Moi-Autrui, réflexion-irréfléchi, voyant-visible, visible-tangible, visible-invisible, parole opérante et langage opéré, parole-signification, locutaire-allocutaire *etc*. J'en cite des exemples : « Comme il y a une réflexivité du toucher, de la vue et du système toucher-vision, il y a une réflexivité des mouvements de phonation et de l'ouïe... Cette nouvelle réversibilité et l'émergence de la chair comme expression sont le point d'insertion du parler et du penser dans le monde du silence » (p. 190). « Comme il y a une réversibilité du voyant et du visible, et comme, au point où se croisent les deux métamorphoses, naît ce qu'on appelle perception, de même, il y a une réversibilité de la parole et de ce qu'elle signifie... » (p. 202). Il y a donc, dans ce « comme..., de même... », dans cette analogie, non seulement une série de réversibilités, mais encore pour ainsi dire, un enlacement d'enlacements entre... Certes, on pourrait désigner cet enlacement au deuxième degré par le terme du « chiasme ». Cependant, dans les passages cités, ce deuxième enlacement est opéré et généré par les autres réversibilités, ce n'est pas simplement une supra-structure. D'une part, il ne s'agit point d'une relation formellement logique de manière qu'on serait légitimé à parler d'une relation au deuxième degré, mais d'une relation productive, opérante[15] ; d'autre part, pour cette raison même, on ne pourrait plus qualifier la relation entre des réversibilités du même titre, encore de la réversibilité, puisque ce terme exprime une relation logique et neutre. Cette relation est donc à la fois immanente et transcendante à l'égard des autres, ce qui devrait s'appliquer aussi à la réflexion qui y correspondrait.

La surréflexion est-elle vraiment en état d'y penser cette indécision et cette *symplokè* des *symplokès* et son propre lieu ? La surréflexion peut bien faire l'expérience de la réversibilité, de l'ambiguïté, de la pluralité qui y est diamétralement jointe. Cette diamétralité exige un autre

15. Qui, d'ailleurs, esquisse la naissance de la parole et de la signification. Est-ce que cela vaudrait aussi, de manière suffisante, pour la naissance de la parole de la philosophie ?

mode que le chiasme ; je l'ai déjà appelé « ambivalence ». Une telle chose ne peut être objet d'expérience, mais de pensée ou – et j'use ici d'un mot que je ferais mieux d'éviter – d'une réflexion au troisième degré. Celle-ci serait une sorte de surréflexion logique sur l'opération de l'opération même, sur la *symplokè* opérante dans la *symplokè* des éléments, ou, si l'on veut, sur la production de la représentation de cette opération. Et c'est celle-ci qui ne peut plus être pensée de la même manière comme chiasme ou réversibilité. Car à quel titre la réversibilité pourrait-elle être transposée à la possibilité de la philosophie qui justement thématise cette réversibilité ? Autrement dit, la réversibilité est peut-être un lieu – « partout et nulle part » – et qu'on habite, ou l'inverse, mais ce n'est pas un lieu que l'on peut *vouloir* habiter.

Mais pour cette raison même, bien que l'exigence de l'immanence radicale puisse situer la réflexion encore dans cette *symplokè* elle-même, il n'y aura plus de garantie, de légitimation, de justification de la possibilité de la réflexion philosophique. Tout simplement, il n'en peut plus y avoir d'instance. Si oui, la réflexion sur la logique de l'opération en sera en même temps la production au sens d'une auto-référentialité pure, ou elle sera de la poésie[16]. Ce serait oublier surtout que ce problème quasi-logique ne naît que par la réflexion, n'en étant cependant pas, que pour la réflexion qui bien sûr « en

16. Ce qu'elle est *aussi*, bien sûr, et encore une fois, on peut bien déceler une correspondance dans un certain style ou l'écriture de Merleau-Ponty, entre les textes, et ce qu'ils disent, et montrer ce problème de fait ou en acte. Mais on risque de faire des textes le lieu même de la vérité de cette production, et on oublie de questionner le *sens* de cette correspondance. En outre, si on situait cet entrelacs des réversibilités dans le langage même, ce ne serait qu'un renouveau de la toute-puissance d'un sujet ou d'un esprit reportée sur quelque chose comme *le* langage (l'expression « tout est langage, il n'y a pas de dehors *etc.* » est encore héritière de cet idéalisme dont Merleau-Ponty n'est proche que pour un regard très éloigné) ; et de plus, si on le référait à une structure de l'« Être », ce serait oublier qu'alors l'Être en serait le nom ; et pas l'inverse, puisque cet Être n'est pas simplement là, mais il reste à trouver, à inventer.

est » et est aussi du langage opérant. Mais, en abusant un peu d'un passage (VI, p. 168), si cette immanence ne disqualifie pas la philosophie pour en parler, cela ne la qualifie pas non plus et pas encore pour en parler.

Conclusion

Je voudrais conclure sur la question de la possibilité de la philosophie. La philosophie, en tant que surréflexion, selon Merleau-Ponty, serait possible par cela même sur lequel elle réfléchit, c'est-à-dire, son ambiguïté, sa diplopie et sa double visée sont possibles par l'ambiguïté permanente des deux côtés, des deux feuillets, de l'entrelacs qu'elle décrit à l'égard des choses et de la perception. Ce serait donc par une sorte de correspondance (non coïncidence) entre la thématisé et la thématisation que la duplicité, la pluralité structurée de l'objet peut être transposée à la duplicité, la pluralité opérative de la surréflexion. Mais cette légitimation ressemble bien à une auto-légitimation idéaliste par une réversibilité totale, soit par la puissance de l'Esprit omniprésent, soit par la projection de quelque chose comme un « *fundamentum in re* », par exemple par le « paradoxe de l'Être »[17]. Peut-être n'est-il pas facile d'éviter la tentation d'une telle justification. Quoiqu'il en soi, l'effort d'une auto-légitimation philosophique localisant sa possibilité dans l'Être-même, forme un des moments les plus forts et singuliers de la tradition philosophique, et il ne court pas seulement le risque d'une auto-référentialité, mais en même temps le risque de sa rupture. Cette rupture est bien réalisée dans les textes de Merleau-Ponty, en tant que « origine de la philosophie ». Surtout, cette rupture ne provient pas d'un reste pas encore réfléchi, d'une réserve encore inarticulée ou impensée, d'un secret à dévoiler, mais elle tient à l'écart entre la réversibilité et la réflexion sur cette réversibilité. Merleau-Ponty, ce n'est pas la philosophie de la réversibilité, mais de cet écart. Autrement dit, ce n'est pas elle qui est « vérité

17. Cf. VI, p. 180.

ultime », mais ce serait ce que j'ai appelé « l'ambivalence » au lieu de l'ambiguïté et qu'il faudrait comparer avec la définition qu'en donne Merleau-Ponty (VI, p. 103) : ce serait à la fois la contradiction absolue et l'identité, à la fois le ni-ni et le et-et, qui exclut donc la solution dialectique. En fin de compte, il n'y aura aucune légitimation du discours philosophique, sinon celle de la singularité de la surréflexion : qu'il n'y ait pas d'autre discours qui réfléchisse même sur son illégitimabilité.

Mais tout cela n'aboutit pas nécessairement à un paradoxe à moins qu'on ne soutienne le terme de réflexion jusqu'au bout. Peut-être il vaudrait mieux dire que la surréflexion, en dépit des problèmes de la réversibilité et du chiasme, rencontre ou affronte ou trouve à travers eux une autre chose, l'ambivalence, à laquelle elle est exposée plus qu'elle ne l'expose. Ou bien, son impuissance à penser encore cela en serait d'une certaine façon l'expression ou le témoignage. Autrement dit, ce témoignage est encore le signe d'une force philosophique peut-être inouïe et singulière : il s'agit là d'une pensée dont il ne faudra surtout pas s'empresser à découvrir l'impensé, mais qui *déjà pense, en l'exposant, la structure ou l'opération de son propre impensé.*

LA GENESE DE LA PEINTURE
et/ou la constitution du monde esthétique

Makoto SHIMIZU*

Dans le troisième chapitre de *La prose du Monde*, ouvrage inachevé de Maurice Merleau-Ponty, édité par Claude Lefort, et dans la version voisine de ce chapitre, publié par l'auteur lui-même, comme un article intitulé : *Le langage indirect et les voix du silence*, l'auteur a repris l'analyse faite par André Malraux sur l'histoire de la peinture dans son livre : *Les voix du silence*. Selon lui, en un mot, André Malraux a bien réfuté le préjugé objectiviste que l'art moderne remet en question. Mais ce n'est pas convenable qu'il ait défini la peinture moderne comme retour au sujet[1]. Ce n'est qu'en rectifiant les belles analyses de Malraux du point de vue de la phénoménologie de la perception qu'on pourra tirer d'elles leur vrai sens légitime[2].

Malraux, a, en effet, très bien fait de remonter jusqu'à l'époque qui ignorait l'idée d'art, jusqu'à l'époque où existaient des idoles, mais non pas des statues. L'idole, c'est l'épiphanie de la divinité et non pas sa représentation comme l'est la statue. C'est un instrument de culte de la divinité et non pas une œuvre d'art. Pour que l'idée d'art naisse, il faut que l'ouvrage soit séparé des fonctions pratiques, quelles qu'elles soient, ou il faut qu'il soit désintéressé vis-à-vis de toutes sortes d'intérêts, ainsi que l'a postulé Kant. C'est ainsi que Malraux a écrit ce qui suit : « La métaphore la plus profonde commença lorsque l'art n'eut plus d'autre fin que lui-même »[3].

Selon cette définition de l'œuvre d'art, la peinture murale de Lascaux n'est évidemment pas encore « œuvre d'art », bien qu'elle soit naturellement déjà peinture, étant

* Professeur à l'Université de Mushashi.

1. Maurice Merleau-Ponty, *Signes*, p. 59.
2. *Ibidem*, p. 94.
3. André Malraux, *Les voix du silence*, p. 52.

donné que la modification neutralisante était réalisée[4]. Autrement dit, la peinture murale de Lascaux appartient, bien sûr, à l'histoire de la peinture mais non pas à l'histoire de la peinture en tant qu'art. Or, l'histoire de la peinture a surgi du terrain du monde de la vie qui était si foncièrement religieux que toute peinture, dans toutes les civilisations était d'abord la peinture du sacré, et que la peinture en tant qu'art n'a pu établir son autonomie que lorsqu'elle s'est affranchie des conditions théocratiques de ce monde. À l'instar de la science moderne, la peinture moderne est un des produits de la désacralisation de l'historicité primordiale du monde. Mais n'avons-nous pas perdu quelque chose pour cela ? C'est là la problématique proprement malrauxienne à laquelle Merleau-Ponty n'était pas indifférent, je crois. Mais son souci principal n'était pas là. Il s'intéressait d'abord à la problématique purement théorique du rapport de l'homme au monde. Dans ce domaine philosophique, Merleau-Ponty trouvait beaucoup de points criticables dans les façons malrauxiennes d'explication, qui se fondaient sur la logique classique de type kantien.

C'est de là que vient son concept de la peinture moderne comme retour au sujet, retour non seulement à l'*ego* transcendantal de la première critique mais aussi bien et surtout au *génie* de la troisième critique : *Critique du jugement*.

Par contre, Merleau-Ponty propose le retour au monde de la vie, ou tout au moins, le retour à l'intersubjectivité transcendantale qui en émerge.

I. L'analyse de Expérience et Jugement *de Husserl*

On peut dire que, nonobstant le renversement copernicien opéré par Kant, ses déductions transcendantales des catégories de la raison pure ont été faites dans le cadre de

4. Edmund Husserl, *Idées directrices pour une phénoménologie*, trad. Paul Ricœur, § 111. La modification de Neutralité et l'Imagination, pp. 370-374.

la logique formelle traditionnelle. Il n'a pas cherché, comme l'a fait Husserl surtout dans son œuvre : *Expérience et jugement*, comment surgissent les formes prédicatives du jugement à partir de l'expérience vécue anté-prédicative. Or selon Husserl, expliciter l'imbrication totale des opérations de la conscience qui mènent à la constitution du monde, autrement dit, dévoiler les structures du monde et les thématiser, telle est la tâche de la phénoménologie. Elle ne peut pas accepter *a priori* les formes préétablies, quelles qu'elles soient, ni les imposer à la réalité au nom de la vérité, mais, tout au contraire, elle doit aller explorer jusqu'aux dernières couches de la réalité, ses aspects prédonnés là, pour les amener au grand jour, à savoir, pour les idéaliser comme concepts.

Or à ces niveaux inférieurs, on ne peut percevoir la réalité qu'en quelques perspectives ; on ne peut la percevoir que par profils. Mais cependant, ces profils vont se recouvrir pour que quelque chose se montre comme leur substrat un et identique. Mais il ne s'agit pas du simple être-impressionné. Il y a déjà et toujours, d'un autre côté, l'opération secrète d'une activité. Bref, selon Husserl, la phénoménologie doit être la phénoménologie génétique, celle de la genèse passive, qui cherche à révéler la proto-*doxa* donatrice des substrats ultimes de toutes les déterminations ultérieures, aussi bien des détermination cognitives que des déterminations pratiques et axiologiques.

Mais dans l'œuvre mentionnée ci-dessus, Husserl n'a examiné, dit-il, que les déterminations cognitives des substrats et a réservé l'examen des autres sortes aux études ultérieures. On pourrait dire qu'il les a mises entre parenthèses afin de délimiter la description au pur intérêt théorique du jugement logique prédicatif[5].

Toutefois, on trouve presque partout dans l'œuvre ci-dessus mentionnée de nombreuses suggestions pour élaborer la phénoménologie de la conduite, sinon pratique, au moins axiologique, y compris assurément celle de peindre.

5. Edmund Husserl, *Expérience et jugement*, trad. D. Souche, p. 77.

Dès le commencement du chapitre premier, on trouve le texte suivant.

« C'est dans les actes de la perception externe comme perception d'objets spatiaux individuels appartenant au présent vivant de la conscience que va être étudié dans ce qui suit, à titre exemplaire, ce qu'est l'essence de l'opération de l'expérience anté-prédicative, et comment s'édifient sur elle les synthèses prédicatives »[6].

Le lecteur qui va jusqu'à la fin du livre constatera que c'est l'acte de la perception externe qui se charge du rôle de modèle dominant toute la recherche, qui continue de le jouer sans cesse jusqu'à la fin de l'ouvrage. Or, quelle que soit l'idée que l'on conçoit du travail des peintres, tout le monde admettra que l'acte de la perception externe constitue la première base de leur travail. Par conséquent, on peut dire que l'acte de peindre et celui de juger ont été considérés par Husserl tous ensemble comme une seule et même chose, pour ainsi dire, amalgamée. C'est ainsi qu'ils sont dits tous les deux être les opérations de synthèse dans la conscience interne du temps[7] ; également, ils ont tous les deux un champ de prédonation comme fond, sur lequel s'enlèvent les résultats de ces synthèses en les articulant selon les similitudes et les différences, à savoir selon les mêmes lois de l'association d'essence intentionnelle, *etc.*[8]

Ce sont là des descriptions originaires génétiques du domaine des vécus objectivants à partir de ses couches les plus inférieures. Or, en parlant de la tendance qui précède le *cogito*, Husserl donne comme exemple même le charme de la beauté d'une image qui absorbe l'âme du voyant[9]. Il s'agit là de l'origine des déterminations axiologiques. Il parle également de l'intérêt qui fonde la sensibilité à la valeur[10].

À propos, suivant la même ligne de réflexion, l'auteur révèle l'origine de la notion logique de la négation

6. *Ibidem*, p. 83.
7. *Ibidem*, p. 85.
8. *Ibidem*, p. 89.
9. *Ibidem*, p. 94.
10. *Ibidem*, p. 100.

dans notre insatisfaction de l'attente : la déception. Son argumentation similaire à celle de Bergson qui nie le néant se bâtit ici sur le perspectivisme vis-à-vis des images, qui indique que la non-science de la négation présuppose toujours la conscience positionnelle ; la première est fondée sur la seconde par un certain dédoublement sous la forme du biffage du noème de la seconde[11]. Ceci confirme, d'ailleurs, la critique faite par Merleau-Ponty à la thèse sartrienne de l'imaginaire qui se base sur le parallélisme antithétique de *L'Être et le Néant*. Autrement dit, les descriptions sartriennes de l'imaginaire se font plutôt sur le plan du jugement prédicatif et ne descendent guère au plan du jugement anté-prédicatif, de telle sorte qu'elles sont suspendues dans l'air métaphysique de l'être et du néant.

Comme l'auteur lui-même l'a annoncé au commencement, les élucidations husserliennes des degrés de la perception sont remarquables par la mention fréquente des intuitions picturales. On allègue, par exemple, la couleur du toit de la maison et sa forme[12] ; le regard fugitif que nous jetons en passant par une porte de jardin[13], et le parterre de fleurs[14], ou, s'il s'agit du portrait d'homme, une bosse, des yeux qui louchent[15], *etc*. On y trouve même le mot « peinture ». Nous citons intégralement le texte.

« Mais un objet peut aussi, avant d'être donné dans son ipséité, *être ex-pliqué de façon anticipée*, sur le fondement d'une sorte de peinture qui le figure dans l'imagination, (auf Grund einer anschaulischen Ausmalung) peinture dans laquelle les souvenirs d'objets déjà donnés du même type ou d'un type apparenté jouent également leur rôle »[16].

C'est le texte qui se trouve dans le § 27 qui concerne les modes originaires et non originaires d'accomplissement de l'ex-plication.

11. *Ibidem*, pp. 103-107.
12. *Ibidem*, p. 132.
13. *Ibidem*, p. 152.
14. *Ibidem*, p. 153.
15. *Ibidem*, p. 145.
16. *Ibidem*, p. 150.

Que signifient donc les termes : modes originaires d'accomplissement de l'ex-plication ? Ce sont, en bref, les modes qui caractérisent la relation dépendante entre le substrat et ses déterminations, qui constitue le jugement catégorique. D'autre part, quand la relation entre le substrat et ses déterminations est indépendante, les modes d'accomplissement de l'ex-plication sont non originaires. Par exemple, une couleur qui est saisie sur l'objet, comme le rouge du cendrier de cuivre, est dépendante de lui, tandis que le pied de ce cendrier, qui en est séparable, en est indépendant[17]. Un arbre dans une allée[18] en est un autre exemple. Ceux-ci sont les fragments du substrat tandis que celle-là en est le moment.

Cependant, on ne doit pas identifier ce substrat avec le *substratum* [*hypokeimenon*] de la philosophie substantialiste. Dans la position perspectiviste, ce n'est au moins d'abord que le thème de la perception. Toutes choses peuvent être thématisées et donc considérées comme autant de substrats. La différence entre substrat et détermination est dans ce cas relative et même arbitraire. L'activité thématisante peut se pratiquer librement sur n'importe quelle couche de l'expérience. Surtout elle peut se poursuivre sur la couche corporelle en divisant infiniment le corps afin d'aboutir aux substrats ultimes.

Toutefois, Husserl nie qu'il y ait la partition *in infinitum* dans l'expérience réelle. Il l'a niée au nom de l'expérience vécue, comme Bergson a surmonté les paradoxes de Zénon par l'exercice du mouvement. Il dit que l'arbitraire du rapport entre substrat et détermination n'a plus cours dès que nous prenons la position phénoménologique génétique. À ce moment-là, la relativité du rapport entre substrat et détermination trouve sa limite naturelle dans une différence absolue. Par exemple, non seulement la couleur mais aussi la figure ne peuvent être les substrats absolus. Elles ne peuvent intervenir originairement que comme déterminations dépendantes du corps, et c'est le corps qui est leur substrat. En effet, si elles pouvaient être

17. *Ibidem*, p. 170.
18. *Ibidem*, p. 225.

elles-mêmes les substrats absolus, il en résulterait l'état contradictoire de l'existence détachée [*chorismos*] des idées platoniciennes, critiquée par Aristote, à savoir l'état absurde allégué par les anciens éristiques grecs et chinois, dont Kungson Lung (325–250 B. C.) qui a soutenu que le cheval blanc n'est pas le cheval.

À ce propos, nous comprenons la raison pourquoi Bergson a tellement insisté sur les paradoxes de Zénon d'Élée, quand nous voyons la combinaison de ces paradoxes avec les discussions éristiques concernant les idées détachées.

On pourrait donc dire qu'en un sens, Husserl a essayé de révéler cette combinaison entre les deux problématiques lorsqu'il a recherché le passage de la contemplation ex-plicatrice de l'objet à la contemplation relationnelle, dans laquelle on saisit plusieurs objets indépendants par une seule et même intuition.

Cela va sans dire que nous commençons par la saisie anté-prédicative de l'état de choses [*Sachverhalt*] dans la contemplation relationnelle aussi bien que dans la contemplation explicatrice interne de l'objet. C'est ainsi que, par exemple la vue d'un crayon qui est à côté d'un porte-plume donne le fondement de l'acte de contemplation relationnelle, qui a pour objet la relation elle-même[19]. Ainsi, la représentation des relations d'idées est originairement fondée dans les contenus des perceptions. Si une allée est donnée dans l'unité de l'intuition, elle doit tomber pour toutes ses parties dans l'unité de sa perception[20]. Si on veut définir le nombre la synthèse de l'un et du multiple, comme l'a fait Bergson[21], on devrait dire que dans la saisie non thématisée de la synthèse de l'un et du multiple se trouve le lieu d'origine génétique du nombre. Mais, dans cette sorte d'intuition anté-prédicative il faut bien discerner le côté passif et le côté actif étroitement enchevêtrés l'un dans l'autre.

19. *Ibidem*, pp. 180-182.

20. *Ibidem*, p. 225.

21. Henri Bergson, *Essai sur les données immédiates de la conscience*, pp. 56-63.

Or, la considération sur la transformation syntaxique des propositions est très avantageuse pour cela. Considérons par exemple la transformation syntaxique de la proposition : « ce toit est rouge » en la proposition : « la rougeur est une propriété de ce toit » ou aussi « la rougeur de ce toit... ». La première proposition est l'expression verbale du jugement du type « *S* est *p* », tandis que la seconde est celle du jugement du type qui se trouve à mi-chemin entre le jugement du type « *S* est *p* » et le jugement du type « *S* a *T* ». Or, le premier jugement : le jugement en-être, est le jugement dont le sujet n'a que des déterminations dépendantes, tandis que le second : le jugement en-avoir, est le jugement dont le sujet a des déterminations indépendantes. Or, comme nous avons vu, le premier jugement précède le second dans la genèse génétique des formes du jugement. Et dans le processus évolutif du premier jugement vers le second peut avoir lieu la substantification des déterminations dépendantes. Dans l'exemple allégué, l'adjectif : « rouge » se transforme en substantif : « rougeur »[22].

On pourrait penser que dans cette substantification des adjectifs se reconnaît le lieu de naissance légitime de l'idée platonicienne. Toutefois ce n'est pas l'idée de Husserl. Il a cherché ce qui est commun pour les catégories syntaxiques différentes de l'adjectif : « rouge » et du substantif : « rougeur ». Cette communauté qu'il a appelée la formation-noyau [*Kerngebilde*] est la charnière du jugement « S est p » et du jugement « S a T ». Alors, ne peut-on pas dire que ce soit elle que Platon a appelée l'idée ? Toutefois, elle n'est pas la forme pure mais le composé du matériau et de la forme. Elle est bipartite du matériau-noyau [*Kernstoff*] et de la forme noyau [*Kernform*][23].

Ainsi, on doit savoir que même la forme ultime est déjà souillée par la matière. Mais, cela indique inver-

22. Edmund Husserl, *ibidem*, pp. 245-247, 265-268.

23. Edmund Husserl, *Logique formelle et logique transcendantale*, trad. Suzanne Bachelard, pp. 403-404.

sement que même dans la matière première se trouve déjà implicitement contenue la forme.

Au niveau du jugement, cette ambiguïté correspond au fait que la distinction entre ex-pliquer et mettre en relation comporte une ambiguïté. Les deux sortes de jugements s'entrecroisent l'un l'autre. Et cela indique que tout jugement, même le jugement simplement déterminant, peut être dénommé jugement relationnel. Traiter le jugement déterminant comme jugement relationnel n'offense pas nécessairement la limite naturelle d'explication interne de l'expérience que le jugement déterminant respecte. Car, il y a un entrelacs entre l'horizon interne et l'horizon externe de l'expérience, par la considération duquel on peut traiter dignement le jugement déterminant comme jugement relationnel, et *vice versa*[24]. D'où est ouverte d'ailleurs la voie du passage originaire aux degrés supérieurs d'opérations prédicatives.

Dans le monde, on trouve, parmi les choses physiques, les objets culturels comme les œuvres d'art, les livres, les villes, *etc*. Ils sont eux aussi des choses physiques, mais il portent en eux des déterminations de sens qui renvoient à notre comportement axiologique et volontaire et naissent de lui. Par ces déterminations-là, ils sont déterminés en relation à notre appréciation et à notre volonté, selon ce qu'ils signifient pour nous. Ce sont des déterminations de signification qu'il faut distinguer des déterminations réiques.

Or, les objets culturels sont eux aussi réels en tant qu'ils sont fondés par leur soubassement corporel qu'ils reçoivent quand ils surgissent spatio-temporellement dans le monde. Mais ils sont irréels ou idéals en tant qu'ils sont déterminés par leurs déterminations de signification, qui peuvent être présentes, comme identiques dans des réalités matérielles différentes. Le *Faust* de Gœthe se présente en autant de livres réels qu'on veut qui s'appellent des exemplaires de *Faust*[25]. Également la *Madone* de Raphaël se présente en autant de reproductions photographiques

24. Edmund Husserl, *Expérience et jugement*, pp. 271-273.
25. *Ibidem*, pp. 322-327.

réelles, dont l'amélioration technique extraordinaire a donné à Malraux l'idée d'écrire son *Musée imaginaire*[26].

Bien qu'il s'agisse des déterminations axiologiques, l'identité de l'idéalité de ces déterminations qui sont imprimées dans la matière est presque aussi parfaite que l'identité de l'idéalité de lois logico-mathématiques qui sont des déterminations cognitives. Elles jouissent ici exactement de la même répétabilité. Mais naturellement, cette identité confiée aux objets ne garantit à personne l'identité de son appréciation de l'idéalité axiologique. Il ne s'agit pas là même de l'idéalité mûrement appréciée, réellement incarnée, mais seulement de l'idéalité indifféremment reçue.

On pourrait dire la même chose de la constitution civile. On en pourrait avoir une compréhension complètement exacte mais détachée. C'est là ce qu'on dit être la compréhension purement « historique » ou « scientifique » de l'idéalité d'une constitution de l'État. On comprend l'idéalité, pour ainsi dire, comme *idéalité libre*. Mais il y a une autre sorte de compréhension par laquelle on la considère comme si elle était son propre corps ; on comprend l'idéalité comme *idéalité liée*[25].

Or, dans ce sens-là, même les vérités scientifiques sont liées quant à leur surgissement spatio-temporel dans le monde. La loi de la chute des corps n'est pas moins liée à la ville de Florence que la *Madone* de Raphaël. Et les termes utilisés dans cet énoncé scientifique-là n'étaient pas les simples signifiants de leur sens objectif. Ils étaient les signifiants des déterminations de l'état de choses que le découvreur de cette loi a visé dans son ipséité. Il faut distinguer du sens comme sens objectif, le sens comme détermination de l'état de choses. Si les termes de la langue n'avaient que des sens objectifs, ils seraient des choses pareilles aux reproductions photographiques ou aux exemplaires d'une œuvre littéraire.

Ici, le concept saussurien de la langue comme système diacritique est instructif. Comme Merleau-Ponty l'écrit au début de l'article que nous étudions, la langue est

26. André Malraux, *ibidem*, p. 15.

faite de différences sans termes, ou plus exactement les termes en elle ne sont engendrés que par les différences qui apparaissent entre eux[27]. Le sens ne peut s'exprimer que par l'opération totale de la structure de la langue. Selon Merleau-Ponty, la linguistique structuraliste de Saussure a bien contribué au dévoilement de la différence ontico-ontologique qu'il y avait entre le signifiant et le signifié du signe, en révélant les processus de la genèse génétique des vérités en général[28].

Or, quand on dit la différence ontico-ontologique, l'ontique signifie ici la position du sens objectif, autrement dit, le régime de la représentation. Cela ne signifie pas nécessairement le savoir scientifique. Car il y a la manière ontologique de traiter la science quelle qu'elle soit. C'est l'attitude de viser le sens scientifique comme détermination de l'état de choses, autrement dit, l'attitude de le viser dans son état de naissance. Même les propositions mathématiques, étant visées dans cet état originaire, se révèlent à nous être elles-mêmes de l'étant [*Seiendes*][29]. La proposition de la possibilité d'existence se révèle être en même temps celle de l'existence de possibilités. C'est là la preuve ontologique de la *Méditation cinquième* de Descartes, appliquée à l'état de choses pour en élaborer le concept *qui est*, c'est-à-dire, pour donner l'expression adéquate à la situation.

Or, inversement, même la perception sensible est l'intuition d'essences. Ce n'est pas la passion des données des sens, comme le pense le réalisme empirico-factice. Elle comporte la saisie logique du genre (la couleur) et de l'espèce (rouge)[30]. Quand nous voyons, nous pensons. L'existence et l'essence s'entrelacent ainsi que *L'Œil et l'esprit* : *Le visible et l'invisible*. C'est ainsi que l'on doit comprendre le monde quand on dit qu'il est un ensemble

27. Maurice Merleau-Ponty, *Signes*, p. 49.

28. Comme tout le monde le sait, il y a un certain glissement du sens vis-à-vis des idées courantes dans l'interprétation qu'a donnée Merleau-Ponty de la linguistique saussurienne, cf. Merleau-Ponty, *Signes*, p. 107.

29. Edmund Husserl, *Expérience et jugement*, pp. 452-454.

30. *Ibidem*, pp. 423-424.

étagé de plusieurs couches de conduites cognitives, pratiques et axiologiques.

Or, c'est la pensée traditionnelle intellectualiste qui a divisé cet ensemble en trois domaines : domaine cognitif, pratique et axiologique. Le modèle typique de cette division tripartite a été fourni, bien sûr, par Kant. Il a établi également la position antithétique du sujet-objet. Ce sont là deux encadrements principiels par lesquels l'intellectualisme délimite l'état de choses, ce qui cause cependant la limitation de la pensée intellectualiste en général.

II. La critique du jugement *de Kant*

S'il s'agit de la théorie esthétique kantienne, Kant a réduit la conscience esthétique au sens intellectuel de celle-ci, en faisant du jugement du goût le concept principal de l'étude. En effet, ses efforts se sont concentrés à déterminer les conditions aprioriques subjectives qui rendent possible le beau en général. Cela n'indique pas autre chose que de considérer l'esthétique comme l'analyse des formes transcendantales de la conscience du beau, la conscience transcendantale étant originairement limitée à la conscience théorique cognitive. Ce qui risque de faire subordonner la conscience esthétique axiologique à la conscience théorique cognitive et de faire délimiter la recherche au domaine théorique cognitif. Ce qui produit la rupture entre le domaine cognitif et le domaine axiologique. Et cette rupture ou la mauvaise conscience de cette rupture a donné le thème central de ses argumentations esthétiques, à savoir le problème du rapport entre le jugement esthétique et le sentiment esthétique ; entre le jugement thétique de la beauté et le sentiment du plaisir, lequel précède l'autre dans le jugement esthétique du goût ?

La réponse de Kant est donnée dans sa définition de la beauté que tout le monde connaît : la beauté est l'objet de la satisfaction désintéressée, à savoir, l'objet du sentiment partageable par tous ainsi que l'est le concept ; ou la beauté est la forme de la finalité d'un objet, en tant qu'elle y est perçue sans la représentation d'une fin, à savoir, la forme qui est seulement subjective, qui ne peut pas être la détermination de l'objet, contrairement au concept qui peut l'être. Le concept kantien du beau est, pour ainsi dire une formation de compromis entre l'exigence de l'entendement d'être universel et celle de la sensibilité de ne pas l'être. Il est tiraillé entre ces deux exigences contraires. Cette situation ambivalente constitue l'antinomie du goût[31].

III. La philosophie de Nishida

Or, on a pensé que le fait de l'antinomie indiquait le caractère abstrait de la position critique kantienne, d'où venait l'expansion extraordinaire, comme on le sait, de la pensée de l'idéalisme allemand romantique et dialectique : Fichte, Schelling, Hegel, dont Nishida, le représentant de la philosophie moderne japonaise. Selon lui, étant donné que la vue de la science n'est qu'un aspect abstrait de la réalité, si l'on encadrait la réalité dans les formes de la science, c'est naturel que l'on tombe nécessairement dans l'antinomie.

Or, Nishida a présumé comme la réalité transcendante de l'univers la volonté absolument libre, similaire au *Tathandlung* fichtéen, et a ex-pliqué tous les phénomènes du monde comme le développement de celle-ci. Il a indiqué que même la sensation supposait implicitement un jugement. Par exemple, la perception du rouge contient en elle le jugement implicite que le rouge est rouge, qui s'explicitera comme le principe d'identité : *A* est *A*, quand la forme de la perception se dégage de son contenu. Ce même jugement qui fonde la sensation fonde la mathématique laquelle fonde, à son tour, la géométrie, et celle-ci fonde la physique et ainsi de suite. D'où vient que toutes les vérités scientifiques sont en leur origine qualitatives ; elles ne deviennent quantitatives que quand elles entrent dans le rapport avec des autres, c'est-à-dire quand elles

31. Yoshinori Ohnishi, *L'Étude de la* Critique du jugement *de Kant*, Iwanami, Tokyo, 1931, pp. 452-512.

deviennent pour soi. Les logiciens diront que la perception du blanc, par exemple, n'est pas blanche, en distinguant le noème et la noèse de la perception. Mais, c'est qu'on réduit la perception à la représentation. Ce qu'on appelle la noèse n'est en effet qu'un aspect de l'expérience de la réalité. Bref, les vérités scientifiques ne sont que le mode secondaire d'apparition de l'Être.

Selon lui, notre expérience de la réalité se développe en deux directions. La première est celle de la réflexion généralisante qui va, s'intégrant divers *a priori* scientifiques pour élaborer le système scientifique. L'autre est celle de l'intuition particularisante qui va approfondissant l'expérience de la réalité pour aboutir par là à la vie religieuse dont la réalisation partielle est la vie de l'art.

Pour ex-pliquer ces deux directions, Nishida a emprunté à Bergson son illustration de la durée pure et de la simultanéité instantanée. La première direction de la réflexion généralisante peut être illustrée par la section qui coupe l'écoulement de la durée, tandis que la seconde direction de l'intuition particularisante peut l'être par la ligne qui représente la durée. Comme Bergson, Nishida a considéré la seconde direction plus fondamentale et plus réelle que la première. Mais à la différence de Bergson, il n'a pas considéré la première direction comme convention pragmatique. Pour lui, les lois logiques sont les éléments essentiels de la réalité. Toutes les choses dans le monde, y compris l'œuvre d'art, se composent de ces deux directions. Mais cela n'empêche pas que le monde de l'art et de la religion est plus concret et plus réel que le monde de la science. On s'en apercevra, si l'on compare la couleur particulière individuelle d'un peintre à celle des échantillons de couleur de l'examen psychologique expérimental[32]. Est-ce son invention, comme l'a dit Malraux ? Sans doute. Mais, on a dit que Matisse regardait pendant des mois un objet jusqu'au moment où il l'obligeât de le peindre. Il faut donc dire plutôt que c'est la couleur du monde perçue par l'artiste.

32. Kitaroh Nishida, *L'intuition et la réflexion dans l'aperception*, Iwanami, Tokyo, 1917.

La démarche ontologique de Merleau-Ponty*

Xavier Tilliette **

Les lecteurs de Merleau-Ponty passés sans transition de la *Phénoménologie de la perception* (PP) à la préface de *Signes* (S) et aux fragments du *Visible et l'invisible* (VI), ignorants des cours qui, dans l'intervalle, mûrissaient leurs résultats saisonniers, ont pu être surpris par le changement d'inflexion qui caractérisait la nouvelle production. Ensuite l'œuvre brutalement interrompue semblait amorcer un tournant ; l'absence même de développement, le laconisme des indices, l'emphase étonnante mise sur l'être, suggéraient plus qu'une inflexion, une mutation. On a parlé d'un premier et d'un second Merleau-Ponty, de passage de la phénoménologie à l'ontologie, voire d'un abandon de l'humanisme au profit de la philosophie de la Nature. Au lieu d'une maturation on crut voir une rupture, au lieu d'un approfondissement on aperçut une volte-face. Or le philosophe tout le premier a noté les points précis où il se dissociait de lui-même, où il s'autocritiquait, les limites précises de son évolution personnelle ; la continuité n'en ressort pas brisée. Personne à l'heure actuelle ne soutiendrait qu'il y eut deux Merleau-Ponty, fût-ce pour dire que le second préexistait, entravé, dans la phénoménologie des années 40. Le livre stimulant de Sandro Mancini, *Sempre di nuovo*, fait justice de la représentation d'un Merleau-Ponty novateur, de l'« équivoque de la

* Une première version de cette conférence a paru dans les Actes d'un colloque tenu à Rome les 21 et 23 avril 1988, Piazza Campitelli, sous les auspices du Centre Culturel Français (*La Prosa del Mondo*, omaggio a Maurice Merleau-Ponty. A cura di Anne Marie Sauzeau Boetti. Quattro Venti, Urbino 1991). Je suis très reconnaissant à l'Istituto Italiano per gli studi filosofici de Naples, à l'avv. Gerardo Marotta, au dott. Antonio Gargano et à Madame Sauzeau Boetti d'en avoir autorisé une rediffusion partielle et une large utilisation.

** Centre Sèvres et Université grégorianum (Rome).

Kehre merleau-pontyenne »[1], tout en signalant l'afflux de sève et de sens qui s'était mis à irriguer les canaux de la phénoménologie perceptive. L'ontologie en chantier était et reste une ontologie phénoménologique.

Il n'en irait pas de même si l'on pouvait vérifier une instance métaphysique, si le terme naguère proscrit d'absolu recouvrait un sens extramondain. C'est peut-être la pensée de François Heidsieck[2]. Même André Robinet, peu suspect d'excès de spiritualisme, mais malebranchien comme Merleau-Ponty, évoque une « nuit zébrée des éclairs du Dieu caché et de l'homme étincelant »[3], sans toutefois s'interroger sur leurs rapports. Cette question préalable d'une éventuelle métaphysique doit être abordée avant d'envisager l'ontologie. À l'occasion je me référerai aux notations d'un remarquable connaisseur espagnol de Merleau-Ponty, Domingo Blanco Fernandez.

Chose curieuse, c'est Sartre qui, dans l'éloge posthume « Merleau-Ponty vivant » a soupçonné la tentation métaphysique dès 1953, après la mort de la mère : sans croire à la survie, lui, l'ancien *tala*, il aurait refusé de se compter parmi les athées, afin de laisser une chance aux défunts. La phrase est étrange. Mais le point d'appui de ceux qui perçoivent une possibilité métaphysique est une sentence en italiques de l'ouvrage posthume : « Il n'est pas même exclu (par là) que nous trouvions en elle un mouvement vers ce qui ne saurait en aucun cas nous être présent en original et dont l'absence irrémédiable compterait ainsi au nombre de nos expériences originaires »[4].

La citation énigmatique fait partie d'un texte condamné, quoique non biffé, reproduit en annexe par l'éditeur. Alphonse de Waelhens, dans une conversation, y pressentait le souvenir indélébile de la mère disparue.

1. Sandro Mancini, *Sempre di nuovo*. Merleau-Ponty e la dialettica dell'espressione, Franco Angeli, Milano, 1987, p. 12.

2. François Heidsieck, *L'ontologie de Merleau-Ponty*, PUF, Paris, 1971.

3. André Robinet, *Merleau-Ponty, sa vie, son œuvre*, PUF, Paris, 1963, p. 60.

4. *Le visible et l'invisible* (VI), annexe, p. 211.

Une allusion au Dieu caché, ou à « Dieu donné absent » est plus plausible. Mais cette théologie négative extrême ne débouche précisément sur rien, elle est un constat de carence ; en outre, elle cadre mal avec la théologie de l'Incarnation esquissée ailleurs. Blanco Fernandez la rapporte hardiment à la profession d'incroyance, énigmatique elle aussi, de la PP : la conscience réflexive atteint un sujet transcendantal « impartial, universel, infini », qui ne se laisse appeler ni Dieu ni moi ; cependant Merleau-Ponty a d'ores et déjà formé le théorème qui outrepasse le sujet transcendantal, à savoir qu'« en Dieu je peux avoir conscience d'autrui comme de moi-même, aimer autrui comme moi-même »[5]. En tout cas j'ai accès par la réflexion à « un moi plus moi-même que moi ». Mais cela, je l'ignorais ? Ici le raisonnement s'embrouille : je le savais, se réplique à lui-même Merleau-Ponty, puisque sans cela il n'y a pas de perception d'autrui ni de moi-même ! Mais si je le savais, poursuit-il, les livres de philosophie sont inutiles (?). « Or la vérité a besoin d'être révélée ! » Singulier enchaînement ; est-ce un constat, est-ce une nécessité ? La conclusion de cette série de lemmes est déconcertante : « C'est donc ce moi fini et ignorant qui a reconnu Dieu en lui-même pendant que Dieu, dans l'envers des phénomènes, se pensait depuis toujours »[6]. Le *Deus intimior* se double brusquement du *Deus superior*, sous l'égide de Spinoza, et le moi fini, soudain affecté à la divinité, offusque et contredit le sujet infini, la pensée de la pensée.

La laborieuse argumentation est inutile pour ramener le fond du problème amorcé à la page précédente, la critique de l'*amor intellectualis Dei*. La suite, qui survole l'amour divin spinoziste, est plus cohérente : l'amour pour Dieu n'est que l'amour dont Dieu s'aime à travers moi, par conséquent « il n'y aurait... qu'un seul amour de soi qui se nouerait sur lui-même par-delà nos vies... » Résultat : « le mouvement de réflexion et d'amour qui conduit à Dieu rend impossible le Dieu auquel il

5. *Phénoménologie de la perception* (PP), p. 411.
6. *Ibidem*, p. 412.

voudrait conduire », ce qui n'est pas évident du Dieu de Spinoza, et qui n'est contradictoire qu'en supposant une complète aliénation et annihilation « en Dieu ». En réalité Merleau-Ponty devient obscur à peu près partout où il essaie de réinterpréter le langage théologique. Après avoir défait l'argument ontologique, il ajoute : « Je ne suis pas Dieu, je n'ai qu'une prétention à la divinité »[7]. Il faut donner raison à Blanco Fernandez lorsqu'il rapproche de cette prétention inassouvie l'absence irrémédiable du *Deus absconditus*. On peut y discerner la transition de l'athéisme, un athéisme par provision, à l'agnosticisme. De l'un à l'autre la différence ne se fait guère sentir dans une philosophie subjuguée par l'être. C'est seulement à la tonalité qu'il faut prêter l'oreille. Le prologue de *Signes*, en écho à Paul Nizan, commentait : « Notre frère l'amour est là, notre sœur la vie, et même notre sœur la mort corporelle, aussi prometteuse qu'un enfantement »[8]. Rien n'obligeait Merleau-Ponty à moduler l'écho à la manière franciscaine. C'est peut-être l'indice d'une nostalgie. Mais il traduit plus l'obsession de la naissance que l'espoir de la survie. Merleau-Ponty salue la mort comme Rilke, un achèvement, la fin d'une genèse. Même lorsqu'il écrit favorablement de la philosophie chrétienne et de l'Incarnation, c'est pour y adosser sa philosophie de la contingence et sa docte ignorance. Au Dieu de la Révélation il oppose une incompréhension étanche. La métaphysique n'a pas pris le relais de l'expérience vécue.

Il n'y a pas de mutation spectaculaire dans le travail philosophique de Maurice Merleau-Ponty, il est resté fidèle aux prémisses phénoménologiques et à la dialectique à deux temps qu'il appelle hyperdialectique. Le demi-silence des années 50 a pu donner le change ; en fait il progressait dans sa ligne, élargissant sa base de recherches en direction de l'institution, de l'histoire, de la sociologie, de la nature, et, sans cesse, de la psychologie. Les auditeurs du Collège étaient conscients d'un dépassement de la

7. *Ibidem*.
8. *Signes*, Gallimard, Paris, 1960, Préface, pp. 45-46.

Phénoménologie, soit du côté de la *psyché* individuelle et collective, soit du côté de la science et de son enracinement perceptif. D'ores et déjà il explorait davantage l'être du monde que l'être au monde. En revanche, ce qui échappait aux auditeurs et qui fit la surprise des lecteurs de VI, c'est la floraison ontologique, une véritable explosion de l'Être, on dirait mieux une implosion, puisqu'il s'agit d'une endo-ontologie. Les auditeurs ont l'excuse que Merleau-Ponty dissociait son enseignement exotérique et sa propre recherche. Les lecteurs, eux, auraient pu capter dans *Signes* et Œ les pressentiments de l'emphase ontologique, mais elle restait enveloppée dans des textes de circonstance ou bien dans l'univers esthétique de la peinture. L'emphase sur l'être constitue donc la grande nouveauté de l'œuvre tardive. Un exemple : « Nous sommes des expériences, c'est-à-dire des pensées, qui éprouvent la pesée derrière elles de l'espace, du temps, de l'Être même qu'elles pensent, qui donc ne tiennent pas sous leur regard un espace et un temps sériels ni la pure idée des séries, mais qui ont autour d'elles un temps et un espace d'empilement, de prolifération, d'empiètement, de promiscuité – perpétuelle prégnance, perpétuelle parturition, générativité et généralité, essence brute et existence brute, qui sont les ventres et les nœuds de la même vibration ontologique »[9]. Impossible d'ignorer la diction éloquente, le style redondant, l'affleurement de l'originaire qui gonfle les veines du langage. C'est ce qui justifie l'enthousiasme de Giorgio Derossi naguère[10]. Il faut une attention exigeante pour s'apercevoir que Merleau-Ponty piétine quand même ses propres traces, et que l'ontologie possible était prédessinée, sinon préméditée, « en creux », dans les méandres de l'investigation de l'être-au-monde.

L'être n'est pas absent de la PP, mais il y est comme oblitéré, plurivoque, et souvent une sorte de repoussoir. Il n'est pas thématisé comme tel, mais généralement il

9. VI, p. 153.

10. Giorgio Derossi, *Maurice Merleau-Ponty*, ed. di Filosofia, Torino, 1965.

s'oppose au pour-soi et à la conscience, il désigne l'être objectif, naturel, « étranger », « opaque », « impersonnel ». La gamme de l'accès sensible et corporel diversifie les aspects de l'être, il faut examiner chaque fois le contexte. Ainsi quand Merleau-Ponty distingue expressément être et phénomène, ce n'est pas forcément pour subordonner le second au premier : « Notre image du monde ne peut être composée qu'en partie avec de l'être, il faut y admettre du phénomène qui, de toutes parts, cerne l'être »[11], ou comme il dit un peu plus haut, il y a des phénomènes avant l'être[12]. Il s'agit de l'être objectif, logique. Plus tard les rôles seront inversés. C'est ce qui rend difficile, sinon impossible, une lecture ontologique de la PP. Une fois, l'Être doté d'une majuscule est appliqué à l'être transcendant[13], mais c'est une idée révocable. Lorsque l'être revêt une signification pleine – ce n'est pas fréquent –, il n'est pas contredistingué du phénomène, on frôle l'*esse est percipi* : « Il ne s'agit pas de nous limiter aux phénomènes, d'enfermer la conscience dans ses propres états en réservant la possibilité d'un autre être au-delà de l'être apparent, ni de traiter notre pensée comme un fait entre les faits, mais de définir l'être comme ce qui nous apparaît et la conscience comme fait universel »[14].

Mais, comme mû par une prémonition et une divination, Merleau-Ponty appelle « monde et corps ontologiques » le monde et le corps concrets sis « au cœur du sujet »[15]. Il suffira alors d'inverser les priorités, voire de délier l'attache stricte à la conscience[16]. Effectivement la hantise de l'être, naguère obsession de la pensée objective, perce dans le chapitre final sur la liberté[17] et se communique à l'existence, assignant la relation de l'être et du phénomène à une « bonne ambiguïté ». Des jalons et des pierres d'attente sont donc postés et disposés sur le

11. PP, p. 318.
12. *Ibidem*, p. 317.
13. *Ibidem*, p. 452.
14. *Ibidem*, p. 455.
15. *Ibidem*, p. 467.
16. *Ibidem*, p. 485.
17. *Ibidem*, pp. 518-519.

parcours phénoménologique, que le lecteur instruit du futur n'a pas de peine à repérer.

Néanmoins les notations ontologiques éparses dans la PP ne laissent pas présager la déflagration et la prolifération de l'Être dans la puissante ébauche de 1960 et les « notes de travail » qui l'accompagnent. L'être est maintenant bien plus présent qu'il n'était latent autrefois. Est-ce que Heidegger a passé par là ? Il ne faut ni majorer ni minimiser son influence. En fait l'Être qui se temporalise de la *Phénoménologie* est bientôt recueilli et transfiguré dans le Présent vivant. Plénitude bergsonienne et *Lebenswelt* husserlienne ont contribué plus que Heidegger à l'adéquation de l'être et du temps, sur fond d'éternité. Comme la plupart des philosophes français de sa génération (Sartre, Aron, Lévinas...), Merleau-Ponty a été tympanisé par Heidegger. Mais l'être de Malebranche et de Fénelon l'avait depuis plus longtemps attiré.

À vrai dire son intention était d'expliciter ontologiquement les résultats de sa phénoménologie. Il a lui-même énoncé avec exactitude les points de divergence ou de mutation d'un ouvrage à l'autre. Rien là qui ressemble à une rétractation ou à une palinodie. Lorsqu'en janvier 1959 il s'attelle à la fameuse *Origine de la Vérité*, restée en friche pendant des années, il est résolu à déserter le point de vue de la conscience[18] et le point de départ dans la dualité sujet-objet[19]. Il n'était pas satisfait, non sans motif, du statut de l'être objectif. De même il prévoit d'échanger le « *Cogito* tacite » pour un *Cogito* langagier : « Le *Cogito* tacite ne résout bien entendu pas ces problèmes (de la dialectique). En le dévoilant comme j'ai fait dans PP, je ne suis pas arrivé à une solution (mon chapitre sur le *Cogito* n'est pas rattaché au chapitre sur la parole), j'ai au contraire posé un problème. Le *Cogito* tacite doit faire comprendre comment il est possible. Reste le problème du passage du sens perceptif au sens langagier... »[20].

18. VI, p. 237.
19. *Ibidem*, p. 253.
20. *Ibidem*, pp. 229-230.

Également il se reprochait d'avoir négligé les intervalles du perçu, ses ajours, ses lacunes, qui introduisent dans la chose un soupçon d'idéalité. J'ai cité jadis ces notes d'un cours de 1956 : « La PP surestimait la plénitude du perçu qui se présente en personne, de la *Dingwahrnehmung*, mais en suraccentuant cet aspect, elle appauvrissait l'autre. Il faut restituer l'allusif, le lacunaire du perçu qui n'est pas la réplétion de notre sentir. Le contact est loin d'épuiser la chose. La chose est présence, mais aussi absence »[21]. Il voulait en outre donner un statut aux réalités fugaces, évanescentes, comme les reflets, les mirages, les rayons et les ombres, l'arc-en-ciel de Leibniz, indices d'un « invisible » adhérant à la perception, qu'il croyait avoir sous-estimé. Or, sur tous ces points, Merleau-Ponty se calomnie rétrospectivement, dans une certaine mesure, et il pouvait se borner à de légères rectifications. Car il n'avait pas cessé de lier la conscience à l'être-au-monde, et les troubles massifs du corps objectif étaient simultanément des perturbations du corps propre, les déficiences de l'un entraînant les défaillances de l'autre. On n'avait donc pas affaire à une inexplicable confrontation du pour-soi et de son support corporel, mais au conditionnement réciproque du corps en masse et du corps en acte, donc d'une structure « à deux feuillets » que VI développera. Ensuite le chapitre du *Cogito* préréflexif est bel et bien raccordé à la parole, à tout le moins investi par le problème du langage. Ce qui est vrai, c'est que la préoccupation dominante, à savoir la critique de Descartes, incitait à replonger et à immerger la pensée thétique dans le silence de l'inhérence à soi et aux choses, dans le monde antéprédicatif primordial, énorme et taciturne, tandis que l'écrit ultérieur remontait du muet au sonore et au parlant, des « voix du silence » à cette « voix de personne » qu'est le langage originaire, la « voix même des choses, des ondes et des bois »[22]. Mais c'était là le cas typique de la réversibilité, appelée jadis ambiguïté et coexistence. Enfin

21. Xavier Tilliette, *Philosophes contemporains*, Desclée de Brouwer, Paris, 1962, p. 59. Cours du Collège de France de 1956.
22. VI, p. 204.

les reflets, les apparences, les fantômes, n'étaient pas ignorés en marge des choses[23] et, même sans jouer un rôle prépondérant, qui ne convient pas à des feux follets, ils conféraient implicitement aux analyses le caractère délié nécessaire pour décrire et résoudre le perçu en profils et perspectives.

Merleau-Ponty n'a donc nullement conclu une odyssée en abordant au rivage ontologique, son engouement pour l'être était une nouvelle manière de pratiquer le retour à l'originaire qui marque la redécouverte du corps comme Moi naturel. La prolixité et la volubilité qui signalent l'entrée en force de l'Être dans l'ébauche du VI, et plus encore dans les « Notes de travail » adjacentes, contrastent certes avec le laconisme de la *Phénoménologie* touchant l'être préobjectif et l'être antéprédicatif[24]. Mais cette phrase plus explicite peut être considérée comme la cellule germinale de l'ontologie future : « je suis dès l'origine en communication avec un seul être, un immense individu sur lequel mes expériences sont prélevées, et qui demeure à l'horizon de ma vie comme la rumeur d'une grande ville sert de fond à tout ce que nous y faisons »[25].

L'immense individu reparaît pour « s'affirmer » à la fin du chapitre du *Cogito*[26] comme un article de la « foi primordiale » qui se synthétise dans la formule de l'être-au-monde. La nouvelle ontologie ne serait-elle qu'une variante, ou une paraphrase, de la présence au monde ? Oui, d'une certaine manière, puisque l'on reste dans « le champ de présence », [*Präsenzfeld*], l'« expérience »[27], qui n'ont d'autre horizon que mondain. Non, si l'on considère que la *Lebenswelt* a pris une extension, une configuration, une ductilité et une profondeur invisible, que ne laissait pas soupçonner le monde enté sur le corps de la *Phénoménologie*, monde actuel, offert à nos prises. C'était

23. PP, p. 433.
24. *Ibidem*, pp. 318 et 395.
25. *Ibidem*, p. 378.
26. *Ibidem*, p. 468.
27. *Ibidem*, p. 465.

ma « nature pensante » qui me « gorgeait d'être »[28] et constituait mon « être insatiable ». Dans la maison du nouveau-né, ce sont les objets qui attendent un changement de sens, le monde rajeunit, les choses s'inscrivent sur un « nouveau registre »[29]. Mais la parole originaire, l'immense individu, l'espace primordial, le passé immémorial... toute une archéologie du sens, laissaient pressentir derrière le commerce actif et infatigable du corps percevant et du monde perçu la réalité vertigineuse d'un être sans âge et sans usure – non point à proprement parler le Royaume des Mères de Husserl, fileuses aveugles, matrices ensevelies de la connaissance (comme les Puissances de Schelling), mais les « rhizomes de tout », l'originaire, la naissance, le « sabbat de la Nature » et le premier matin du monde comme le voyait Cézanne peignant la Montagne Sainte-Victoire. C'est le moment opportun pour copier quelques lignes du cours de 1955 sur les états passifs, donc un témoignage relativement précoce, le contexte est la critique de l'attitude scientifique :

« Il est difficile de réduire tout l'être à une partie de l'être... Or le sens commun ne remanie pas la notion de l'être qu'il a, et qui est fragile, mais il ne faut pas laisser intacte la notion commune de l'être objectif. Certes réduire toute l'expérience à sa partie vécue, ce n'est que de la petite phénoménologie, de la psychologie phénoménologique. Il s'agit, au contraire, à travers l'expérience, de faire connaissance avec un sens nouveau du mot *être*. La science est récusée en tant qu'elle est une ontologie, une conception de l'être, naïve, une philosophie dogmatique de l'en-soi. Mais on peut justifier la science en la mettant à sa place, dans ses horizons de pensée. Le perçu est premier. Mais ni l'humain ni le scientifique n'épuisent l'être. Il y a encore le monde muet, avant l'homme – cette capacité de l'homme de former l'idée d'une nature avant l'homme, d'un monde préhumain.

La science opère avec des relations et des armatures qui sont celles de l'expérience humaine... Elle implique

28. *Ibidem*, p. 418.
29. *Ibidem*, p. 466.

le spectacle du monde perçu, le rapport à un observateur qui a pris station dans un corps. La science l'oublie, c'est son rôle. Mais le rapport reste impliqué, où nous essayons de construire une image de l'objectif. Monde sans l'homme ou monde avant l'homme ? Par quel miracle l'histoire ne toucherait-elle plus celui qui fait la science ? La science est un cas particulier du *logos* du monde perçu. La vérité est à la suture du passé et du présent, une vérité d'émergence ou d'inauguration.

La priorité est au monde perçu. La terre comme *Ur-Arche* ne se meut pas. La science relativise le monde préscientifique. Mais si l'on se place dans l'ordre de l'Être et non de l'étant, il y a une vérité de la perception qui subsiste, une vérité du monde précopernicien. Il n'y a pas d'objectivité en soi, sans point de vue. La science ne peut effacer qu'elle est née dans une certaine patrie, à un certain niveau, sur un certain sol... Il faut disposer d'un champ perceptif originaire. La Terre est l'Arche immobile »[30].

Le leitmotiv enjambe la durée de l'œuvre, comme un arc brisé. Mais le cours ne donne qu'une expression calme de ce qui allait bientôt éclater en poussée volcanique, en une « déflagration », dans les préparatifs de l'*Origine de la Vérité* enfin mise en chantier. Il est probable que lors de la rédaction définitive Merleau-Ponty aurait poli l'expression et limé les angles, car il avait soin de toujours offrir des ouvrages poncés. Même le manuscrit du VI, d'une belle venue, eût été soumis à une révision et à un élagage. Néanmoins le caractère éruptif, le déferlement des paroles, dans les « Notes de travail », sont hautement instructifs. Si la perception est un « acte violent », combien plus la lutte avec le langage, la mobilisation du verbe à la recherche de ce secret enfoui de la « descendance des choses » que, selon le *Centaure* de Maurice de Guérin, les dieux ont caché à l'homme. On a évoqué Husserl, la quête des origines, le recommencement infati-

30. Notes personnelles. Cf. les notes prises au cours de 1957 sur le concept de Nature, « Husserl et la notion de Nature », *Revue de Métaphysique et de Morale*, n° 70, 1965, pp. 257-269.

gable, l'acharnement à retrouver les sources du Gange, l'exploration du monde toujours en amont. À plus forte raison Sandro Mancini fait-il appel au souvenir de Freud, qui a effectué héroïquement malgré les inhibitions la « descente aux Enfers de la connaissance de soi ». Mais Merleau-Ponty essaie plutôt de découvrir à vingt mille lieues sous les mers le spectacle de cristal et de transparence, les cieux sous-marins, qui exaltaient l'imagination de Jules Verne.

L'Être qu'il conjure à coup de métaphores et parfois d'oracles est désigné le plus fréquemment comme Être brut, ou sauvage, ou vertical. L'être brut est ainsi appelé par opposition à l'être formé, travaillé, élaboré, qui s'exhibe en « pures choses » et en objets. Ce qui est en vue, c'est une expérience à l'état naissant, non encore structurée, si tant est qu'elle puisse être réveillée, comme le tente Bergson dans le célèbre exorde de *Matière et Mémoire*. Mais l'épithète risque de suggérer un *négatif* de l'être policé, domestiqué, de la perception évoluée. Merleau-Ponty veut dire ceci : « le monde, l'Être, sont polymorphisme, mystère et nullement une couche d'étants plats ou en soi »[31]. Schelling, dont le « principe barbare » a frappé Merleau-Ponty[32], parle aussi de *das öde und wüste Seyn*, et d'Être sauvage, *das wilde Seyn*. La dénomination d'être sauvage bénéficie d'une vogue actuelle, et même publicitaire. Elle recueille l'aura de la « pensée sauvage », au péril de dévier vers la pensée primitive et mythique, ce qui n'est nullement l'orientation qu'imprime Merleau-Ponty à l'ontologie sauvage. Ici encore le négatif est trompeur. L'erreur est de concevoir l'Être sauvage à la façon d'un monde inorganique ou « aorgique », d'un matériau brut et intact, non décanté, des éboulis, des terres non foulées. Ce genre de représentations ne mène nulle part, et d'ailleurs fausse l'intention du philosophe, qui n'est aucunement de recréer une vision archaïque (laissée aux poètes visionnaires et aux artistes inspirés). Le sens « sauvage »[33] n'est pas le non-sens.

31. VI (Notes de travail), p. 306.
32. *Ibidem*, p. 321.
33. *Ibidem*, p. 203.

Les significations se précisent quelque peu avec le troisième synonyme électif propre à Merleau-Ponty et assez déconcertant, l'Être vertical, véritable sésame des « Notes de travail ». Le vertical se rattache à la station droite, à la station debout signalée incidemment dans la PP, à la faction vigilante du corps. Il se rapporte aussi au « surgissement immotivé »[34] du monde indivis – immotivé, comme Alexandre Koyré traduisait le *grundlos* et l'*Ungrund* de Jacob Boehme. Le vertical suppose l'érection, la surrection de l'Être en son jaillissement extatique, « un seul éclatement d'être qui est à jamais », une « éternité existentielle »[35]. Les connotations existentielles se regroupent dans la métaphore géométrique du vertical[36], pour laquelle Merleau-Ponty affiche la même prédilection que Gaston Bachelard. Il hasarde le terme « champ du vertical », qui conviendrait à un alignement de menhirs. Mais le vertical « non épuré », « pré-critique »[36], « ensemble hiératique de l'être et éternité existentielle »[37], n'abolit ni « l'être comme serpentement »[38], ni les éléments ou les « couches de l'être sauvage »[39]. C'est dire combien cette philosophie de la métaphore vive, fruste et puissante ébauche, est déroutante, difficile à cerner – et que l'Être vertical, superbement dressé, n'est pas confondu avec les royaumes qui nous ignorent et l'éternelle immobilité des glaciers.

L'être des lointains de Merleau-Ponty n'est pas un univers lustral, une étendue vierge. Il dirige son attention vers une « histoire verticale, échevelée »[40], ontologique ou philosophique[41], dont il voudrait ressaisir les effigies brouillées, les fils emmêlés, derrière la tapisserie de l'histoire sensée. Que vise-t-il au juste ? Des notes de cours le laissent entendre : « L'histoire est un lieu

34. *Ibidem*, p. 264.
35. *Ibidem*, p. 318.
36. *Ibidem*, p. 256.
37. *Ibidem*, p. 240.
38. *Ibidem*, p. 247.
39. *Ibidem*, p. 232.
40. *Ibidem*, pp. 237 et 240.
41. *Ibidem*, p. 253.

d'échange... Il faut réveiller, par la philosophie perceptive, une sorte d'histoire sauvage, par opposition à une histoire tout objective, et à une histoire jalouse qui réduit les hommes du passé à ne plus rien dire. Notre véritable contact avec l'histoire, un débat perpétuel avec le passé, c'est l'histoire sauvage. Il y avait une tension entre Napoléon et les hommes de son temps. Le débat est maintenant entre lui et nous, entre ma propre construction et celle des gens du temps. Est-ce l'instance dernière ? Non, car il y a l'avenir ». Et Merleau-Ponty d'enclencher sur l'intersubjectivité, composante majeure et clef peut-être ultime de l'endo-ontologie : « Les existences sont branchées sur des significations ouvertes et inachevées... dans le mur qui nous sépare il existe des zones d'amincissement. Nous vivons dans l'intersubjectivité. Le passé laisse des souvenirs tout intérieurs, incommunicables, mais il y a une vie commune, une charnière... Si deux sujets s'affectent l'un l'autre à distance, il n'y a pas suture, liaison effective. Il s'agit de retrouver entre moi et autrui une charnière, mon corps qui est le volant de tout ce que je fais, poids mort mais aussi lieu de mon activité. tel est le lieu de rencontre avec autrui, histoire, symbolique ou vie commune. La surestimation actuelle du tête à tête vient d'une vue historique forcée »[42].

Ce texte est un jalon sur le chemin de l'intra-ontologie. Charnière fait penser par paronymie à chair, l'indice par excellence de l'ontologie corporelle. Il y a une chair du monde, un visible-invisible, chair élémentaire tapissée d'yeux et de rétines, par analogie avec la chair des êtres de chair, *Leibhaft*, la merveille du voyant visible et du sentant sensible, du tangible optique et du tactile clairvoyant, paroptique (*Sehe mit fühlendem Aug', fühle mit sehender Hand*). L'incarnation le cède au mystère de la chair. Le monde inhumain est un monde préhumain. Il ne faut pas se laisse impressionner par l'afflux des images mécaniques et géométriques, les axes, les pivots, les armatures, les leviers et les tringles – exhibition de la doublure insensible et scientifique comme l'intérieur extraverti du Musée

42. Notes personnelles (Cours sur les états passifs, 1955).

Beaubourg ! Ce sont les os et le squelette inertes et morts sans la masse et le pigment de la chair, qui seule inspire la vibration du monde et la vie des éléments.

À plusieurs reprises Merleau-Ponty fait fond sur l'observation husserlienne de la main alternativement touchante et touchée, qu'il croyait avoir lue aussi chez Malebranche. Husserl y voyait une « sorte de réflexion » (formule qu'il a biffée dans la version définitive des *Méditations Cartésiennes*). Pour Merleau-Ponty cette réflexion « épaisse », ébauchée – variante de l'être brut – est l'amorce, est l'initiation au secret de l'étant corporel et, par lui, l'accès à la révélation de l'être. Elle se communique sourdement à l'événement de la perception. Il ne partage pas l'expérience préromantique des Goethe, Karl-Philipp Moritz, Jean Paul, pour qui l'autre main est automatiquement ressentie comme inerte et cadavérique, main morte.

Le corps phénoménologique est appareillé pour scruter et organiser l'être, là-dessus la PP effectue quelques avancées que le manuscrit du VI exploite avec une hardiesse étonnante. Si la simple poignée de mains entre amis est déjà, plus qu'un signe d'appartenance, une ouverture initiatique au « même monde charnel »[43], combien davantage le contact érotique de deux corps en proie au silencieux travail du désir ! L'allusion concerne une page audacieuse, remarquable[44], où la jonction de deux corps enlacés est reliée au thème omniprésent de la réversibilité. Elle n'est pas facile à commenter : « l'étrange statue » féminine évoque le mythe de Pygmalion plus que les fantasmes de Werther, la « flottaison dans l'être » est induite par les grandes houles du désir ou par le « sentiment océanique ». Mais ce qui importe surtout à Merleau-Ponty, c'est de changer de plan : à partir de l'accouplement et peut-être du cri voluptueux d'assister à la naissance physique de la voix et du langage, d'abord anonyme, un être de porosité et de fugitivité, « presque disparition vibratoire », dit Mallarmé. La réflexion épaisse

43. VI, p. 256.
44. *Ibidem*, pp. 189-190.

s'est délitée, muée en reflet ; elle s'affine au miroir d'une autre vie, d'une subjectivité. Or dans de subtiles analyses appliquées à Marcel Proust[45], Merleau-Ponty montre la continuité des sensibles, comme d'une gamme, jusqu'à l'éclosion de l'idée – les prémisses du corps connaissant ou instrument de connaissance étaient du reste inscrites dans la PP, ainsi que la référence à Proust[46]. Il est regrettable que d'autres analyses, orales celles-là, non moins remarquables, soient perdues irréparablement ou ne subsistent que dans des griffonnages et des traces à demi effacées. On en donnera pourtant un court échantillon, rapporté aux amours de Swann et d'Odette, pour corriger ce que pourrait avoir d'égarant l'insistance sur l'Être brut ou sauvage et sur la réflexion enlisée, et montrer au contraire la finesse et le délié auxquels tendait celui que Paul Ricœur a appelé à bon droit « le plus grand des phénoménologues français » :

« L'amour est-il une illusion ou un phénomène ? Est-il rien d'autre que l'égocentrisme ? Tout au contraire ! Swann n'a plus rien, il n'est plus rien, il est anéanti, il est devenu Odette. Quand celle-ci lui ment, il murmure : Pauvre petite ! Si c'est une illusion, elle est bien solide ; quoi de plus vrai que cette relation à autrui si déchirante ? L'amour n'est pas irréel, mais il est *impossible*.

L'amour est réel et il est impossible. L'amour est contradictoire, mais c'est une contradiction réellement vécue. Le désir contradictoire en lui-même est réel, inaugurant malgré ses contradictions un drame réel. Il vise un être fuyant et insaisissable, il ne porte ni sur le corps ni sur la personne, mais sur les liens qui rattachent à autrui ; il est le besoin de l'autre comme étant l'autre. Cependant l'amour a une affinité avec les corps (*La prisonnière*), ils en sont le support, le siège, la résidence. Quand on aime un corps, on en devient le second titulaire, on aime une vie établie dans un corps, et le corps comme accès à cette vie, son point de surgissement, de passage d'une liberté. L'autre, dans sa plénitude, sa liberté, son infidélité, subit

45. *Ibidem*, pp. 196-199.
46. PP, p. 211.

de ma part une substitution, une effraction.

L'amour est réel comme aliénation. Ce qui est profond chez Odette, c'est qu'elle comprend la jalousie – que l'amour est jalousie et la jalousie amour. L'amant est à ce point exproprié qu'il se substitue à l'aimée. C'est le « Pauvre chérie ! » de Swann trompé, s'identifiant à Odette, renversant les rôles. Une des affinités de l'amour et de la mort est qu'il fait interroger le mystère de la personnalité... La réalité de l'amour consiste à s'attacher à une existence incarnée, en engageant déraisonnablement, absurdement, toutes sortes de trésors pour un être dont on ignore le nom »[47].

Ainsi arrive-t-il qu'en écoutant la voix de personne on entende la voix du cœur !

47. Notes personnelles (cours de 1956 sur l'institution).

La fibre poétique de la pensée de Merleau-Ponty

Anne-Marie Vidal *

> « Retrouver cette vision des origines, ce qui se voit en nous, comme la poésie retrouve ce qui s'articule en nous, à notre insu »[1]
>
> Merleau-Ponty

> « Les mots savent de nous ce que nous ignorons d'eux »
>
> René Char

« L'écrivain heureux, l'homme parlant... ne s'arrêtent pas à la passion du langage qui est d'être obligé de ne pas dire tout si l'on veut dire quelque chose. Ils se placent avec bonheur à l'ombre de ce grand arbre, ils continuent à voix haute le monologue intérieur, leur pensée germe en parole, ils ont compris sans l'avoir cherché, ils se font autres en disant ce qu'ils ont de plus propre. Ils sont bien en eux-mêmes, ils ne se sentent pas exilés d'autrui... ils franchissent les ponts de neige sans voir comme ils sont fragiles... et la totalité privée fraternise avec la totalité sociale »[2].

En ce sens, Merleau-Ponty est « écrivain heureux ». Si toutefois il a pu s'ignorer comme tel, si modeste et tant épris qu'il fût de comprendre et d'accueillir l'opacité même du dire, il nous rend lecteur ou auditeur heureux : où « quand j'écoute... le discours se parle en moi ; il m'interpelle et je retentis, il m'enveloppe et m'habite à tel point que je ne sais plus ce qui est de moi, ce qui est de lui »[3]. Autrui, ici aussi bien l'écrivain, est « un bourgeonnement

* Enseignante aux Lycées de Digne et de Gap.

1. VI, p. 261, OC, p. 534.
2. PM, pp. 201-202.
3. *Ibidem*, p. 28.

de moi au dehors... mon jumeau »[4] ; de même qu'il « précède (sa) parole dans l'auditeur... je ne suis pas passif quand j'écoute... nous *continuons*, nous reprenons un même effort, plus vieux que nous, sur lequel nous sommes entés l'un et l'autre, et qui est la manifestation, le devenir de la vérité »[5].

Proposant ici de restituer ce que la parole de Merleau-Ponty ne cesse d'éveiller, pour ne pas laisser ce qu'elle dit s'amortir en des « significations languissantes »[6], il apparaît d'abord que ce qui la caractérise en propre, et nous met dans une posture insolite en philosophie, réside dans ce charme rigoureux ou cet entrelacement d'expression poétique et philosophique.

Il est probable que dans cette beauté et ce charme se trouve la raison tout à la fois : du silence de ceux qui ne pourraient y exercer leur talent critique ou inquisiteur, de l'oubli de le lire vraiment d'autres – désireux de maintenir la frontière entre philosophie et littérature –, mais aussi, inversement, de la qualité des hommages de ceux qui ont aimé se nourrir aux mêmes sources de « l'apprendre à voir »[7].

De même que la poésie meurt d'être commentée de l'extérieur, il est remarquable que tant d'articles et témoignages aient célébré cette voix, ce « style », cette « manière d'être » de l'auteur, avec des paroles de même tessiture que la sienne – plutôt que d'avoir cherché sa contribution dans le panorama philosophique.

Comme si, à lire Merleau-Ponty, quand « le feu a pris » recevant et donnant « du même geste », il fallait lui rendre « cette inspiration »[8].

4. *Ibidem*, p. 29, note.

5. *Ibidem*, p. 200.

6. *Ibidem*, p. 140.

7. Cf. nombreux articles des trois revues *Esprit*, *L'Arc*, *Les Temps Modernes* ; en particulier, la Préface à *Esprit* 1982 : « apprendre à voir ».

8. PM, p. 18 ; propos voisin de Valéry : « On reconnaît le poète – ou du moins chacun le sien – à ce simple fait qu'il change le lecteur en " inspiré ". L'inspiration est, positivement parlant, une attribution gracieuse que le lecteur fait à son poète : le lecteur nous

Ceci suffirait à justifier cet hommage qui, se voulant plus célébration ou éloge de sa Philosophie et de sa manière de continuer la recherche de la vérité qu'explication thématique, pourra peut-être apparaître singulier dans ce colloque.

En soulignant cet entrecroisement de parole poétique et philosophique, que nulle pensée ne propose avec une telle profusion et authenticité, nous guetterons, au travers de son respect de la double orée de la connaissance[9], cette présence et expression charnelles, incarnées, habitées de sa source sensorielle.

Poésie et Philosophie

> « Le poète ne peut longtemps demeurer dans la stratosphère du verbe... »
>
> René Char[10].

« Chez l'écrivain la pensée ne dirige pas le langage du dehors : l'écrivain est lui-même comme un nouvel idiome qui se construit, s'invente des moyens d'expression et se diversifie selon son propre sens. Ce qu'on appelle poésie n'est peut-être que la partie de la littérature où cette autonomie s'affirme avec ostentation »[11].

Telle qu'il la désigne, il est ainsi contestable qu'on puisse parler de poésie de Merleau-Ponty, mais on parlerait de grande prose. Il est bien évident que ce n'est qu'au sens moderne, voire contemporain, de la poésie, non coupé de

offre les mérites transcendants des puissances et des grâces qui se développent en lui. Il cherche et trouve en nous la cause merveilleuse de son émerveillement ». *Variété*, Poésie et Pensée abstraite, Œuvres Complètes, Pléiade, p. 1321.

9. Cf. plus loin, où l'on saisira que la connaissance est doublement bordée d'opacité, entre deux opacités...

10. OC, p. 180, à la suite : « ... il doit se lover dans de nouvelles larmes et pousser plus avant dans son ordre ».

11. Rapport à Martial Guéroult, cf. Préface de Claude Lefort à la PM, IV.

la prose, que tant d'auteurs ont repéré cette fibre dans le style de Merleau-Ponty[12].

Par ailleurs, on peut objecter que son souci de l'art ou sa réflexion sur l'art allait plus vers la peinture que vers la poésie. Cependant, son écoute de la littérature fut profonde et souvent attentive à la prose poétique (entre autres, celle de Francis Ponge, Henri Michaux, Paul Valéry, *etc.*) ; et même dans l'art pictural il ressentait et dévoilait ce sens poétique.

Reste donc que n'ayant guère écrit à propos de la poésie en tant que telle (au sens peut-être trop étroit) son souffle et son tissu linguistique sont partout présents dans l'œuvre de Merleau-Ponty – bien entendu, très loin de ces « bijoux lyriques »[13], eux-mêmes abandonnés par les poètes contemporains.

Autrement dit, cet entretien d'intériorité qui, à le lire, nous restitue notre respiration sous-jacente, réclamait un flux du langage qui délivre les mots de leur usure et de leur usuel et les rebaigne à l'orée bruissante de leur sens natal ou de leur expressivité incarnée. Ce qui, non seulement ne nuit pas à la précision de sa pensée, mais encore y contribue : par une saisie de signification plus ample et plus juste.

C'est pourquoi il est si difficile pour le lecteur de Merleau-Ponty de ne pas demeurer dans cette plénitude reçue, de rompre le silence, comblé de cette « parole parlante ». Difficile, aussi d'en souligner les accents sans risquer de briser ce « contentement intérieur »[14], cette « connivence » avec la chair et le cœur des choses dont Merleau-Ponty n'a cessé d'expliciter le sens et le mystère.

Bref, au tremblement ému, nous mesurons le danger de piéger sa parole de la menace intime et constante (qu'il a décrite...) de la faire retomber ou s'écraser en « parole parlée ».

12. Cf. en particulier, Claude Lefort, « Sur une colonne absente » et divers articles, C. Castoriadis, J.-P. Charcosset...

13. Expression de René Char, pour dire sa révolte contre une poésie formelle et lyrique imagée.

14. Cf. témoignage de R. Micha in *L'Arc*, qui offre un bouquet de citations de Merleau-Ponty.

Les entretiens, respectivement soupçonneux et critiques de la philosophie et de la poésie, leur querelles incessantes, ne sont-ils pas le signe, en profondeur, de leur nature d'« alliées substantielles »[15] ?

Derrière cette crainte que la philosophie étouffe la poésie ou que la poésie soit jeu allusif – privilégiant la forme et la musique des mots et non le sens ou à son détriment – se cache une conception froide, mutilante, hyperrationnelle de la connaissance vraie. Quand on sait la défiance de Merleau-Ponty à l'égard de la « névrose rationaliste »[16], son insistance sur le maintien du « sens de l'ambiguïté » pour un authentique « goût de l'évidence »[17], enfin la prodigieuse beauté, la singulière et originale richesse poétique de son langage... Quand on sait cela, la frontière classiquement marquée et tant préservée entre littérature et philosophie (au sens vaste) ou poésie et philosophie tombe d'elle-même.

Cette posture de pensée est d'autant plus remarquable que Merleau-Ponty avait longtemps nourri un sentiment résolu de coupure entre ces deux domaines[18]. C'est donc né de l'expérience du penser, ou porté par sa pensée philosophique, que s'est imposé, dans son écriture, cet entrelacement des approches poétiques et philosophiques.

Ne serait-ce pas le secret de son expression « réussie » que d'émaner, sans l'avoir voulu d'abord privilégier – comme le faisait Heidegger –, d'une épreuve concrète de la nécessité du fond poétique de toute pensée ? Curieux et légitime retournement qui atteste bien ce qu'il

15. Expression de René Char, Œuvres Complètes, Pléïade, p. 671, titre de son dialogue avec peintres, poètes et philosophes partageant les mêmes sources.

16. S, p. 249 : « Le monde outre les névrosés, compte bon nombre de " rationalistes " qui sont un danger pour la raison vivante ».

17. EP, p. 11 : « Le philosophe se reconnaît à ce qu'il a *inséparablement* le goût de l'évidence et le sens de l'ambiguïté ».

18. Cf. Entretiens avec Charbonnier, France-Culture, « À voix nue », Février 1959.

vécut d'emblée, lors de son premier contact, à l'égard de la philosophie : discipline « la plus concrète » qui soit[19].

Ainsi, là où Sartre creuse l'écart, voire l'opposition entre poésie et prose, Merleau-Ponty, peu enclin pendant longtemps – à la différence de Sartre et Simone de Beauvoir – à s'attacher ailleurs qu'à la connaissance philosophique, conçoit toute véritable expression comme « poétique ». Prose et poésie, en perspective et dans un rapport d'implication puisque – et bien des passages dans tous ses ouvrages insistent sur cette sorte de précession cachée – « le langage sécrète par son arrangement interne un certain sens originaire sur lequel les significations sont prélevées »[20]. La prose est continuation ou développement de la poésie qui au fond ferait la nature du « style » d'un écrivain. Le prosaïque est au contraire perte de l'âme de la prose ou de son élan poétique ; de là, le titre *La Prose du Monde*, de prime abord étrange, et sa référence directe à Hegel.

« Si nous voulons vraiment comprendre ce qui se passe quand nous parlons (ou quand nous écrivons) il faut donc nous adresser au poète... »[21]. Car « toute grande prose est aussi une recréation de l'instrument signifiant, désormais manié selon une syntaxe neuve »[22].

C'est aussi pourquoi Sartre conçoit le style comme surajout alors que Merleau-Ponty le désigne comme la « manière d'être » incarnée ou le sens même des signes.

Il semble que la raison essentielle de cet écart relève de leurs conceptions divergentes du lien à autrui (et à l'intime) qui, par Sartre est pris frontalement et à distance, par Merleau-Ponty accueilli comme lieu privilégié de l'exister et du penser. Il suffit à ce propos de rappeler comment Merleau-Ponty soulignait que le « regard chosifiant » est un regard qui se fait tel ou inhumain, en rompant la possibilité initiale, originaire de l'intersubjectivité[23].

19. *Ibidem.*
20. PM, p. 44.
21. *L'Arc*, p. 85.
22. PM, p. IV, cf. note 11.
23. PP, p. 414.

Mais Sartre n'aurait-il pas cherché à se protéger de son propre goût pour le style, en poursuivant – plus que nécessaire – son projet de « penser contre lui-même » ?[24]

Entre Sartre et Merleau-Ponty, un profond contraste de style : Écriture impertinente, compacte et souvent corrosive de l'un tandis que fluide, aérée, inquiète au sein même de sa clarté, pleine de méandres et de contre-jours de l'autre.

De même, cette différence dans leur parole orale : Sartre à la voix métallique, tranchante, rocailleuse, au phrasé haché tandis que Merleau-Ponty à la voix veloutée, musicale, calme et continue, au phrasé mélodieux.

Remarquable aussi l'unité de ton et de langage de Merleau-Ponty : dans ses œuvres de stricte philosophie aussi bien que dans celles de réflexion politique ou esthétique et dans ses « Propos » ou « Notes » sur l'actualité, sur des œuvres et des auteurs, jamais l'expression n'est « conquérante » ; probablement, soucieux qu'il était de « cet excès de ce que nous vivons sur ce qui a déjà été dit »[25], voire « l'excès de ce que je veux dire sur ce qui est ou ce qui a déjà été dit »[26].

Étrangement donc, alors qu'il y a un Sartre littéraire (dont le seul genre jamais pratiqué par lui est la poésie) cette fibre est plus vivace chez Merleau-Ponty qui n'a pourtant pas, à proprement parler, écrit d'œuvre littéraire. De telle sorte que, comme « un poète a, une fois pour toutes, reçu pour tâche de traduire ces mots, cette voix, cet accent, dont chaque chose ou chaque circonstance lui renvoie l'écho »[27] Merleau-Ponty ne pourrait-il pas, pour lui-même aussi, témoigner ainsi du choix de ses mots : « ils me sont arrachés par ce que je veux dire comme mes gestes par ce que je veux faire » ? Au sens où « il y a dans toute expression et même dans l'expression par le langage, une spontanéité qui ne souffre pas de consignes, et pas

24. C'est ce que fait plus que suggérer B. Pingaud in *L'Arc*, p. 83, note 14.

25. PM, p. 158.

26. S, p. 112.

27. PM, p. 90.

même les consignes que je voudrais me donner à moi-même »[28]. Belle proximité ici avec la parole du poète sur la poésie de la parole : « les mots savent de nous ce que nous ignorons d'eux »[29], par « la vie qu'ils ont mené tous ensemble en nous », leur « épaisseur sémantique » ou leur « humus signifiant »[29]. « À cet égard, et pour recourir à ses propres termes, la grande prose de Merleau-Ponty a su être poétique – sans ostentation »[30].

Ne serait-ce pas « pour revenir aux choses mêmes », au concret, à la source même de la philosophie ? Pour avoir ressenti la nécessité de se réveiller, de nous réveiller, de l'illusion d'une lucidité accomplie par la Philosophie : ce qui incarne la source et le sens de la Phénoménologie ?

De là, sa réflexion prolongée sur le langage et l'expression : pour saisir qu'ils ne sont pas en survol, au-dessus, en adéquation avec les choses ou l'être ; mais, au contraire, claudicants, obliques, vivant sur la crête entre visible et invisible, dicible et indicible, clair et opaque.

Alors, sa parole philosophique souple et modulée parce que de même étoffe que ce lien charnel avec ce qu'il décrit où « c'est dans ce détroit entre philosophie et non-philosophie que son écriture a tenté de se frayer un chemin »[31]. Une philosophie du « parti-pris des choses »[32] désirant y revenir « naïvement » ou « avant la connaissance »[32].

Des préoccupations de Merleau-Ponty, plus proches seraient celles de Francis Ponge, Henry Michaux, René Char, Claude Simon, Philippe Jaccottet... que celles de bien des philosophes actuels. Peut-être même aurait-il été jusqu'à concevoir, comme Octavio Paz, un monde possible sans savant et sans philosophe mais pas sans poète,

28. *Ibidem*, p. 122.

29. René Char, cf. note 1 ; PM, p. 123.

30. J. P. Charcosset, in « Les philosophes de Platon à Sartre », p. 481 ; Hachette.

31. Esprit, juin 1982, Claude Lefort, « Philosophie et Non-philosophie », p. 112.

32. Titre de l'œuvre essentielle de Francis Ponge, mis en parenté avec PP, p. III.

l'essence de la poésie étant source du vif rapport aux choses et à la pensée car elle vit à l'orée de tous les questionnements ?

La double orée de la connaissance

« Seule est émouvante l'orée de la connaissance... ».[33]

« Voir, c'est par principe voir plus qu'on ne voit, c'est accéder à un être de latence »[34].

L'insistance de Merleau-Ponty sur ce qui est, en creux, au cœur de la parole vraie où « l'inachèvement de la parole est le prix de sa fécondité »[35], prend sa source dans son écoute des orées de la connaissance.

D'emblée ce qui le met en mouvement de penser, parce que l'émeut – au sens propre et étymologique –, est issu du souci qui guette le visible immergé dans l'invisible, le dicible bordé de l'indicible ; c'est justement ceci qui le protège de cette allure péremptoire ou du moins assertorique que prend presqu'obligatoirement l'écriture philosophique ; en outre, alors même que son « goût de l'évidence » et la solidité de son propos ne se démentent jamais, c'est dans la fluidité de sa pensée et de son langage qu'ils s'incarnent[36]. De là, une pensée non frontale mais en connivence avec les motifs qui appellent sa réflexion.

Une pensée, dès le début, soucieuse d'éclairer, d'élucider, non les oppositions ou versants séparés mais les intrications entre sujet et objet, moi et autrui, pensée et langage. Si au commencement sont l'invisible[37], l'ambigu, l'opaque qui génèrent l'acte de penser, cette situation se

33. René Char, *Œuvres Complètes*, p. 751.

34. S, p. 29.

35. *L'Arc*, p. 82, cf. ici notes 21 et 24.

36. C'est l'inextricablement, « inséparablement », avec le sens de l'ambiguïté qui fait le propre de la Philosophie – par écart au savoir scientifique – EP, p. 11.

37. « Visible-invisible : pas une métaphore... » à la fois plus et moins, VI, p. 275.

maintient après et même pendant son effectuation ; de là, ce « sens de l'ambiguïté »...

Ce qui, tel « le poète » ne le fait « jamais s'attarder à l'ornière des résultats »[38] ou le fait « à chaque effondrement des preuves... répondre par une salve d'avenir »[39].

La connaissance vivace, ouverte, mobile, est entre cette double orée. Double orée : parce qu'une attentive écoute de l'opacité initiale et un désir – surtout, dans *La Prose du Monde* et *Le visible et l'invisible* – de « naïveté » recouvrée après, à cause de cette patiente recherche du sens découvert. Ainsi, il « s'enfonce dans l'inconnu qui creuse »[40] comme celui qui se demande si nous ne sommes pas « voués à n'être que des débuts de vérité »[41].

Ici « réside sa nouveauté, son infini, et son péril »[42] : l'En-deçà et l'Au-delà opaques. L'orée, la bordure, l'émergence, le « à la jointure » est son lieu privilégié et non l'installation, l'accomplissement défini et achevé ou la clôture. Alors, cherchant l'émergence, voire son avant-émergence, ne sera-t-il pas conduit aux seuils du silence d'avant et d'après la connaissance ?

Si « l'impensé du philosophe est ce qu'il donne à penser aux autres » dit Claude Lefort[43], c'est par « immanence d'intériorité »[44] d'une pensée qui ne s'approprie pas ce sur quoi elle pense que Merleau-Ponty puise à cette nappe de sens brut. Et, par une authentique connaissance qui n'oublie pas son origine ignorante.

Se saisit mieux, maintenant, l'inextricable lien entre son style, sa posture philosophique, ce qu'il cherche à connaître et cet être en nous à qui il s'adresse. Cette philosophie poétique est rendue nécessaire par ce fond mystérieux de ce qui l'interpelle. Se comprend, dès lors, que l'ensemble de ces constants motifs merleau-pontyens

38. René Char, *Œuvres Complètes*, p. 175.
39. *Ibidem*, p. 167.
40. *Ibidem*, p. 225.
41. *Ibidem*, p. 220.
42. *Ibidem*, p. 379.
43. *Les Temps Modernes*, 1961, n° 184-185, p. 262.
44. *Ibidem*, Jean Wahl, p. 399.

converge dans celui de l'expression : du corps comme chair, du langage et de l'art comme expression de la sensorialité, de l'existence comme coexistence intersubjective et intratemporelle...

Écho, rarement si accompli, de ce que Rousseau disait (prenant les juges de l'Académie au jeu de leur propre audace, à propos de la question brûlante et grave de l'inégalité parmi les hommes) du lien indissoluble entre sujet, objet, langage et interlocuteurs d'un discours[45].

D'où le souci de Merleau-Ponty d'élucider le lien plutôt que le duel des consciences, l'intime plutôt que la confrontation du dedans-dehors ; selon ses propres termes : l'interstice, le passage, l'empiètement, l'enjambement dans lesquels habitent les significations ; ou encore, toujours selon ses propres mots, ce qui est à la membrure, la fissure, la jointure ; ou encore : dans l'emmêlement, l'enchevêtrement, l'enlacement, l'enveloppement, l'entrelacs ou le Chiasme... Tout cela, plutôt que ce qui en résulte ou en résulterait de déjà accompli.

Par cette lucidité de la « difficulté à exister », n'aurait-il pas voulu tisser, au travers de cette écoute de l'intime et de l'originaire, une liberté plus attentive à ses ambiguïtés et ainsi plus mobile ?

Peut-être n'écrit-il que pour mieux accueillir le fait qu'il est « plus difficile de vivre que d'écrire des livres »[46] ?

L'intime

« De même que le rôle du poète... le rôle du peintre est de cerner et de projeter ce qui se voit en lui »[47].

45. Rousseau disait : « la question m'apprend que je vais parler à des hommes libres » en tant qu'homme libre et dans un langage universel et libre... car « on n'en propose point de semblable si l'on craint d'honorer la vérité », *Œuvres Complètes*, t. III, p. 131.

46. S, p. 28.

47.Œ, p. 30, citant Max Ernst.

« La vraie philosophie : saisir ce qui fait que le sortir de soi est rentrer en soi et inversement »[48].

On sait que Merleau-Ponty a tenté de réaliser au plus profond l'exigence phénoménologique d'élucidation de l'expérience humaine dans son ensemble – c'est-à-dire jusqu'aux racines les plus enfouies. Il y réussit, surtout, dans sa dernière œuvre, *Le visible et l'invisible*.

« Cet homme raisonnable... par un paradoxe apparent et qu'il a tout fait pour détruire : c'est sa vocation du concret qui l'a rendu philosophe. On s'en avise jusque dans son style et sa manière si particulière... d'aller au fond »[49]. Vocation du concret qui lui fait privilégier la synthèse immédiate incarnée du dedans-dehors, dans la saisie de l'expérience vécue. Ceci pour attester du sens et du projet de la réflexion comme épreuve-limite de ce qui nous habitant nous échappe.

Car, pour s'habiter de ce sens, faut-il constamment en faire l'épreuve de non-coïncidence par une quête continuée de son avènement : au travers d'un dire qui en déploie les horizons en fréquentant la lisière du visible et du dicible.

Dès sa rencontre avec la philosophie[50], il avait profondément ressenti cet emmêlement du regard et des choses, fruit et origine de toute création et de celle du philosophe qui, lui-même, ne fait que s'éveiller et parler « ce que l'homme contient silencieusement »[51].

Passion de l'intime qui culmine, quant à son expression, dans celle de la chair ; qui, selon lui, est le tissu de la psychanalyse[52].

En effet, l'intime véritable réside dans cet initial entretien du sujet et des choses, du je et d'autrui, qui

48. VI, pp. 252 et 74 (en écho à Hegel).

49. *Les Temps Modernes*, *opus cit.*, *De* Waehlens : « Situation de Merleau-Ponty », p. 397.

50. Cf. entretiens à France-Culture, où il raconte son premier contact, lumineux, avec la philosophie, en classe de terminale...

51. EP, fin p. 100.

52. VI, pp. 321, 324 et ici, le propos sur le commencement.

ignore le partage de la vision et du visible mais aussi du visible et de l'invisible.

De là, la constante substitution aux repères séparés du dedans et dehors, extérieur et intérieur, derrière et devant, envers et endroit, de la réciprocité voire du « double chiasma » où le rapport à l'être « se fasse *de l'intérieur de l'Être* »[53].

Alors, d'une part au lieu habituel de la pensée se substitue la mobilité et l'élan de l'échange, d'autre part l'être ne pense qu'à écouter ce qui habite ce creux, cette faille, cette fissure, au sein même de l'intime ressenti.

En cette fissure, le noyau de la vie de l'intime lien des choses à soi, et réciproquement, dont l'appel à le dire est souvent assigné « au mystère des choses ». Bien entendu, des choses vues par un sujet qui leur « ouvre sa chair et son étonnement » – sans cesse renouvelé.

Si philosopher est cette capacité à *s*'habiter de ce qui *nous* habite – se meut, se transforme et nous transforme inséparablement –, alors le sol de la quête est plus « l'entre » que le duel, l'intersubjectivité que les sujets, l'emmêlement que la juxtaposition ou la liaison d'extériorité ou d'intériorité à extériorité.

Il s'agira de dévoiler le tissu, la « texture », la « concrétion » ou ce qui « se précipite » en l'être plutôt que la « qualité, quantité, atome » – notions d'extériorisation[54]. Dans *La prose du monde* déjà, mais bien plus encore dans *Le visible et l'invisible*, tel un leitmotiv les motifs du penser émergent de l'en-, de l'entre-, de l'inter-, de l'intra- où se fait l'échange de « double » – voire de triple – « irradiation » du moi d'autrui et du monde. Sans oublier son fond de « latence » ou d'« horizon ».

Dans le « nous », c'est l'entre-nous qui existe, incarnation mystérieuse qui à la fois diffère de chacun et en constitue la vérité en devenir? Ce que Merleau-Ponty nomme : « Insertion réciproque et entrelacs de l'un à

53. *Ibidem*, p. 268.
54. *Ibidem*, pp. 175, 184.

l'autre »[55] « de sorte que voyant et visible se réciproquent et qu'on ne sait plus qui voit et qui est vu »[56].

Le dedans germe au dehors, et réciproquement[57] par le langage. C'est ce point de contact qui fait l'intime, et non le « narcissisme » initial ou maintenu.

Ce qui manquait à la philosophie est cette « double référence, l'identité du rentrer en soi et du sortir de soi, du vécu et de la distance »[58] pour dire « ce qui au dehors lui ressemble... et cet écart du dedans et du dehors... son secret natal » ou encore, « le monde au cœur de notre chair... correspondance de mon dedans et de son dehors »[59] ; dire « les visibles qui tapissent du dehors et du dedans ses regards et ses mains » de l'être est le secret de l'art[60].

Dans le « nous » ce que guette notre philosophe est son tissu ; dans le tissu, l'entrecroisement ; ainsi, de la trame le passage des fils de l'être, ses fissures, ses failles ou fibres d'attente avant qu'elles ne soient accomplies. « La philosophie... se tient, comme l'homme naturel, au point où se fait le passage du soi dans le monde et dans l'autre, à la croisée des avenues »[61].

Cette « présence » dit Merleau-Ponty, « Commune présence » dit René Char, de quelqu'un à quelque chose ou autrui – qui à la fois cohabitent et sont séparés – fait la nécessité de l'écriture du désir et de l'extase, tissu vivant de la Philosophie comme de la Poésie[62].

Cette « étrange distance » et cette « étrange adhérence »[63] qui font l'échange et sa réversibilité immanente s'offrent en une « dérobade incessante » devant des

55. *Ibidem*, p. 182.
56. *Ibidem*, p. 183.
57. S, p. 298.
58. VI, p. 165.
59. *Ibidem*, p. 179 et note.
60. *Ibidem*, p. 181.
61. *Ibidem*, p. 212.
62. Cf. à ce propos le livre récent de E. Marty sur René Char (Seuil, 1990) qui, sans jamais réellement parler de philosophie, saisit cette jonction et proximité des deux domaines.
63. VI, pp. 166, 183.

« ténèbres bourrées de visibilité » : ceci ouvre une parole qui tire les « idées de derrière le sensible »... sans pouvoir « mettre la main sur elles »[64].

Clarifier – le tenter du moins – la nature de cette germination était déjà le but de *La Prose du Monde* et la réflexion ou description consacrée à « l'entrelacs et le chiasme » poursuit cette méditation sur l'expérience intime ou la « chair... qui n'a de nom dans aucune philosophie » ; la chair, « cette masse intérieurement travaillée »[65].

Conscient que la réflexion « défait » ce que la vision avait fait, Merleau-Ponty introduira, pour une nouvelle manière de penser, des idées – elles-mêmes charnelles – volubiles et tremblantes entre plénitude et lacunaire, ou à leur jointure dont elles vivent.

De là, l'hypothèse, très singulière, d'une « idéalité rigoureuse de l'expérience de la chair »[66], source et fondement de l'incarnation des autres idées, et inversement d'« une existence presque charnelle de l'idée comme par une sublimation de la chair »[67].

Se « proposant » ainsi « de prendre un autre départ »[68] philosophique, cet entrelacement dedans-dehors, vie intime et profonde de l'être, découvre le sens du visible : il réside dans le « détroit », l'«incrustation perceptive » que les choses « infusent à ma vie »[69] et sur horizon d'invisible ; en outre, mélangé de tangible, et non superposables...

Cette « merveille trop peu remarquée »[70] nourrit un ton singulier qui fait basculer le langage philosophique dans un vocabulaire charnel pour dire ce sens inscrit « en filigrane »[71], déposé ou enfoui. Langage pour, selon les mots de Proust, apprivoiser « la grande nuit impénétrée et

64. *Ibidem*, pp. 197, 195.
65. *Ibidem*, p. 193.
66. *Ibidem*, p. 199.
67. *Ibidem*, p. 203.
68. *Ibidem*, p. 67.
69. *Ibidem*, p. 175.
70. *Ibidem*, pp. 177, 26 note.
71. *Ibidem*, p. 269.

décourageante de notre âme »[72]. Ce qui a toujours bouleversé notre auteur, et son style en est constamment le témoin : le passage, l'inextricable, le chiasme dont à en défaire les intrications cesserait leur chair ou leur sens.

Philosopher coïnciderait, à cet égard, avec cette manière d'être propre au corps, décrite dès la PP : manière singulière d'exister où jamais le corps ne se voit devant lui mais ne peut qu'à la rigueur se surprendre un instant en son allure, sa démarche, sa silhouette.

De la sorte, ne pourrait-on pas dire que le langage poétique de Merleau-Ponty le « possède plus qu'il ne le possède » issu de ce sens de la « chair » ? Comme il dit de « la sonate... où l'exécutant se sent au service... d'elle qui chante à travers lui »[73] ; ou encore, comme dit Klee, « transpercé... intérieurement submergé... je peins pour surgir »[74].

En effet, l'art et la pensée n'existent que parce que, toutefois, cette « immanence d'intériorité » n'est comprise qu'après coup, par une hors-intimité ; sans quoi il n'y aurait pas d'expression recherchée ni possible ; par là, cependant, leur essence d'« expérience intime ineffable »[75].

Là encore, telle « la poésie (qui) retrouve ce qui s'articule en nous, à notre insu »[76].

« Il s'agit de faire parler ce qui est senti... et non de convertir en mots le vécu »[77].

L'essentiel, avons-nous vu, est de « se remettre en face des choses »[78]. Autrement dit, à la fois en leur cœur et à bonne distance subjective : d'où l'expression comme « entreprise paradoxale »[79]. D'autant que la perception est mélange là où la sensorialité est « transcendance » ; c'est

72. *Ibidem*, p. 197.
73. *Ibidem*, p. 199.
74. OE, p. 31.
75. VI, pp. 297, 305.
76. *Ibidem*, p. 261.
77. Notes sur Claude Simon, *Esprit*, 1982, p. 65.
78. VI, p. 293.
79. PM, p. 51.

« dans le sensible même qui se creuse » qu'il faudra chercher « cet être brut enlisé qui revient à lui-même »[80].

Ce pouvoir de sensorialité, de réceptivité du sensible avant sa mise en ordre et en formulation – inscrit dans la chair de mon corps et du monde – est ce qu'il est urgent d'amener à parler : singulier travail philosophique que se donne notre auteur dans sa dernière œuvre, *Le visible ou l'invisible* où, abordé avant, il le fonde philosophiquement en même temps qu'il l'accomplit.

Il s'agira de « surprendre » cet être brut – originaire – enlisé ; mais, dans cet enveloppement où il vit, au détour des lacunes.

Ainsi, dans le lien de l'enlacement ou de la caresse se lit cette nue manière d'être où « je m'apparais retourné jusqu'au fond sous mes propres yeux »[81].

De même, c'est « au point de contact »[82], difficile à isoler, entre l'homme et le monde qu'émerge pour lui, transparaît pour nous, le style d'un peintre ou d'un écrivain. Il importe – tels le visage, la silhouette, l'allure – cette perception singulière qu'un être déploie et exprime, cette manière typique d'habiter le monde et de le signifier.

Le versant du « féminin », au travers du sens et de la présence que lui accorde Merleau-Ponty, apparaît comme expression du dedans-dehors inséparablement ressentis et se faisant écho. Bien sûr, c'est de manière discrète qu'il s'y réfère pour décrire l'expression de la chair, faire sentir ce qu'est le « style », souligner la « télépathie » sensorielle...

En effet, dans *La Prose du Monde*, pour cerner cette manière d'être qu'est le style, Merleau-Ponty fait appel à ce style d'être de la femme. La « femme qui passe » est « chair tout entière présente... manière unique de varier l'accent de l'être féminin, et à travers lui de l'être humain »[83]. Et si je reçois ce « style » c'est, de même que pour la phrase, « qu'elle trouve en moi le système de réso-

80. VI, pp. 272, 263.
81. *Ibidem*, p. 189.
82. PM, p. 83.
83. En écho à Malraux, PM, pp. 83-84.

nateurs... » Le style est donc au creux de ma perception comme il est au sein d'une manière d'être ou dans cet autre regard qui fait la singularité de l'artiste.

Pourquoi cette référence à l'être femme ? Sinon, peut-être, parce qu'en lui l'intime liaison du dedans-dehors s'exprime plus limpidement et plus uniment, avec plus de présence ou moins de masque. Sinon, surtout, pour dévoiler ce possible féminin en tous.

Parallèlement se retrouve cette comparaison quant à l'impossibilité de la traduction du style par un langage qui serait l'équivalent de ce qu'il exprime. En effet, si nous tentons de nous représenter la manière d'être d'un écrivain ou d'un peintre aimé à partir de la rencontre de sa vie quotidienne, de même qu'à propos de la femme aimée que nous retrouvons, nous serons « sottement déçus » « de ne pas retrouver en chaque instant de sa présence cette essence de diamant, cette parole sans bavures, que nous avons pris l'habitude de désigner par son nom. Mais ce n'est là que prestige (quelquefois même envie, haine secrète) »[84].

« Sottement déçu » car de manière immature, tel celui qui croit que l'être aimé se rencontre « face à face », alors qu'au contraire ce qui fait « le secret de la femme aimée, de l'écrivain ou du peintre n'est pas dans quelque au-delà de sa vie empirique »[85].

Enfin, c'est encore au « féminin » que Merleau-Ponty a recours pour décrire cet être-pour-autrui qui est présence, perçue de l'intérieur, de l'imminent ou visibilité du dehors. Dans « ce qu'on appelle télépathie... une femme sent son corps désiré et regardé à signes imperceptibles et sans même regarder elle-même ceux qui la regardent... parce que sentir son corps c'est aussi sentir son aspect pour autrui » ; il serait important de « chercher en quel sens la sensorialité d'autrui est impliquée dans la mienne... cette réciprocité (voyant vu)... »[86].

84. PM, pp. 93-94.
85. *Ibidem.*
86. VI, p. 299.

Bien sûr, le sens du féminin n'est pas réservé à la femme ; « masculinité implique féminité » : il y a fondamentale gémellité et c'est « un problème *occidental* »[87] que ce conflit moi-autrui. Mais s'il ne suffit pas d'être femme pour animer cette sensorialité intime, l'homme aurait peut-être à désenliser ce versant...

Si la science est « masculine » – et pour cela faut-il ne pas habiter ni s'habiter – la réflexion sur le nous, l'incarné-intime, l'expression, le réciproquement suppose une écoute plus fémininement manifestée. Tant d'artistes, de poètes en particulier, ont ainsi souligné leur « sensibilité », faute d'autre terme, « féminine »...

On peut ici penser à Socrate qui, pour dépasser les discours sur l'amour et parler vraiment de l'amour, donne en lui la parole à Diotime – rare écho d'un point de vue féminin.

Si j'ai prélevé ces quelques repérages, certes discrets chez notre auteur, c'est qu'il me paraît que toute son œuvre est traversée de cette écoute limpide de fécondité pour lui – c'est pourquoi il n'avait pas besoin de se piéger à l'introduire comme catégorie – de l'intimement ressenti du sensible. Alors qu'elle est rationnellement brisée ou marginalisée dans l'approche courante de la philosophie, jamais aucun écrivain philosophe ne m'a tant parlé cette universalité du « féminin ».

Pourrais-je dire que la manière de philosopher de Merleau-Ponty est expression de son accent féminin ? Du moins, à titre d'écart par rapport à la cité philosophique en général. Ainsi, une telle philosophie de la « chair », corps habité de réciprocité sensible et symbolique.

D'ailleurs, il s'émerveille et le dit souvent – comme s'il s'en exclamait – dans une sorte de naïveté enthousiaste, là aussi peu commune au discours philosophique.

Merleau-Ponty a le courage de la fragilité où, comme dans le vécu de la caresse, il peut apparaître

87. *Ibidem*, p. 274.

« retourné jusqu'au fond de ses propres yeux »[88] et nous en faire part aussi limpidement qu'il le reçoit.

Seraient-ce traces de son enfance, de ce lien heureux à sa mère, qui s'inscrivent dans le sens donné au « féminin », comme on l'a souvent supposé dans celui donné à « la chair » ?

Si parfois s'y lit une nostalgie[89], souvent – et surtout lorsqu'il évoque si profusément l'enfant – s'y devine un souci d'arrachement à cette tentation de la « distance solitaire » résultant d'un lien idéalisé et purement intériorisé ; lien, qui ferait, dit-il, « qu'il est plus facile de chérir un souvenir qu'une personne vivante »[90].

Peut-être, et bien de ses propos invitent à le penser, la confiance en la parole ouverte qui ne cesse d'« expliciter », non pour expliquer mais pour nous transformer, l'a convié à entrer dans le risque permanent de la nuit du non-savoir pour la mouvance d'une imprégnation féconde d'un mystère apprivoisé.

Peut-être, aussi, pour avoir senti au-delà des drames existentiels une authentique entente féconde entre homme et femme...

Nostalgie, souci d'arrachement, confiance dans le dialogue des différences... mais surtout écoute des méandres fragiles de l'être.

N'est-il pas alors enclin à en guetter la naissance ?

88. Déjà cité, cf. note 81.

89. Nettement désignée par Sartre *in* « Merleau-Ponty vivant », *Situations IV*.

90. « Merleau-Ponty à la Sorbonne, résumé de cours 1949-52 », p. 339, éd. Cynara, Grenoble.

Le commencement

> « Le poète, grand Commenceur, le poète intransitif... »[91].
> « La fin d'une philosophie est le récit de son commencement »[92].

Dans cet entretien avec l'incarné, au cœur de la recherche du sens ambigu de l'expérience humaine, c'est le commencement – incessant dans le recommencement – qui demande à être dé-couvert, écouté, pensé et repensé.

L'émergence, l'originaire font le tissu vivant et l'énigme desquels l'art et le langage tentent de donner signes. L'originaire, comme continuation ou interminable présence : pas seulement en dépit mais à cause de son mouvement, de son histoire interne d'échanges être-autrui-monde. Si bien que, malgré la familiarité de notre rapport aux choses, il est toujours question de s'interroger sur leur identité originaire et sur l'étonnement qu'elles suscitent en nous.

Comme si toute parole – et cela nous le savions de l'art mais peu de la philosophie – était constamment une parole inaugurale. Ainsi, tenter de défaire nos habitudes et ressourcer toujours notre regard.

À lire Merleau-Ponty, nous ressentons très nettement qu'il est toujours reconduit, comme si c'était la première fois, aux question initiales et pathétiques. De là, ce soin à décrire l'expérience d'initiation au monde, afin que le sujet y draine son initiative, sa liberté, au milieu des diverses tentatives singulières dont il fut et est à chaque instant dépositaire et témoin ; ceci, aussi bien dans le geste artistique, philosophique que politique.

Or, c'est dans cette attention aux choses comme permanent recommencement que pourra se dire en philosophie l'« avènement » – ce passage fragile et mouvant qui se ménage une voix d'accès dans l'entr'ouverture proposée par ce qui fut et notre regard. Dans le VI, c'est le

91. René Char, *Œuvres Complètes*, p. 169.
92. VI, p. 231.

motif retenu pour tâche essentielle à la philosophie à venir. Là encore, terrain commun avec « toute poésie (qui) a rapport au *commencement* »[93], d'où cette présence telle « une naissance continuée ».

À cet égard, Merleau-Ponty a privilégié ce sens du manque, quasiment comme un sens supplémentaire. Il a su l'habiter, écouter dans l'ouvert ce qui est à la membrure, accompagnant l'événement lors de sa venue par une expression qui s'inscrirait au cœur même de son surgissement, au sein de son origine.

Ainsi a-t-il lu, jusqu'aux auteurs les plus commentés, avec un extraordinaire regard novateur, voire novice, en leur restituant leur pouvoir d'éveil ; pour nous, lecteurs, en nous procurant moins un enseignement qu'un enflammement créatif. Pareillement, son étonnante et rare lecture – attentive, généreuse et de l'intérieur – de la Psychanalyse ; il y a privilégié l'approche des commencements de l'être et retenu le sens d'une « philosophie de la chair » qui l'inviterait à une approche « ontologique »[94].

Bref, une philosophie aurorale, qui tente de revenir à l'aube du sensible, à sa palpitation ; par des retrouvailles de la « naïveté », lien et lieu natal. Attitude de renaissance ouverte et enthousiaste faisant ressurgir dans la pensée comme sous les doigts la « pulpe de l'être »[95]. Bien sûr, à partir de l'être devenu ou advenu afin d'y saisir son incarnation dans le latent et le surgissement où la plénitude elle-même est encore tendue vers une autre figure pas encore dessinée ; bref, le commencement continué dans le recommencement tout-à-fait prégnant, est, ce souci de la double orée de la connaissance... Ceci, sans aucun goût pour l'hermétisme recherché mais seulement par une conscience de ce qui en se donnant dans notre présence au monde se dérobe et alors nous appelle à dire.

93. R. Munier, René Char, *Cahier de l'Herne*, p. 76.
94. VI, p. 323.
95. PM, p. 61.

Merleau-Ponty vivait dans ce registre poétique qui reçoit « l'acte, même répété » comme « toujours vierge »[96], dans ce registre perceptif qui s'ouvre à l'appel des choses en leur énigmatique présence absente ; telle l'expression d'un visage connu, aimé, qui – même identique – est chaque fois nouvelle.

Se comprend mieux alors ce retour des mêmes motifs sous divers angles et la quasi obsédante question de l'invisible.

Ne serait-ce pas celle du mystère du commencement ?

« Mais, le mystère ne nous condamne-t-il pas au silence ? »[97]. Sinon le silence absolu, cette ferveur à toucher au plus brut ou sauvage de l'être côtoie nécessairement un suspens, et une parole autre, qui impose un défaire.

De là, « la tentation du silence »[98], dont tant de poètes ont aussi vécu l'appel. Mais pas issu du désir de tout dire ou de réussir à s'installer dans un sens achevé ; plutôt comme un passage à une autre manière d'être ou de parler, après avoir écouté l'expression d'abord « muette de l'être brut ».

Alors, « ce silence ne sera *pas le contraire* du langage » mais « retour à Sigé l'abîme »[99] pour découvrir cet autre langage né du véritable sens de « l'hermétisme (qui) se tient dans le tissu de la source et peu dans ses volutes »[100].

Maurice Merleau-Ponty n'a cessé de mettre en garde contre une science qui pour « manipuler les choses » « renonce à les habiter »[101] – de même que ce fut une

96. René Char, *op. cit.*, p. 186.

97. PM, p. 163.

98. Cf. Castoriadis, *L'Arc* : « Le dicible et l'indicible » et selon le titre de Charcosset, *Esprit*, juin 1982.

99. VI, p. 233.

100. René Char, « Le dard dans la fleur », *op. cit.*, p. 681.

101. Œ, p. 9.

préoccupation centrale pour Heidegger, Hannah Arendt, Sartre...

Et, son œuvre propose une philosophie où nous ne nous sentons jamais dans l'extériorité rationnelle ; où la raison se meut dans le sensible et s'exprime en une scansion mélodieuse – même dans sa sévérité – ; où la parole a « germé dans ce grand pays muet qui ne nous quitte pas »[102].

Une philosophie qui incarne l'idée comme le corps se vit sans distance, et par là tout à la fois nous comble et nous donne à re-sentir pour penser ; qui offre une « extase enracinante » – où curieusement, le « sortir de soi » est support pour s'enraciner de connivence plus intense aux choses et êtres, et dans leur lumière ombrée – ; où, telle l'expression dramatique réussie, adéquate, « l'exprimé et l'expression sont réciproques et indiscernables, ils se réciproquent tel le sens de la poésie se réciproque avec l'expression poétique »[103].

Se rejoignent Philosophie et Poésie dans ce constant accueil qu'« il y a dans la condition d'être conscient un perpétuel malaise »[104].

Ce malaise est le noyau, l'amande même de notre attention à l'existence.

De même que la plupart des poètes contemporains – et pas seulement René Char privilégié ici pour éviter la dispersion[105] – se démarquent de la poétique par un sens extatique du dire, éclair et vérité mêlés, Merleau-Ponty dans le domaine de la philosophie s'éloigne de la philosophie élaborée, instituée, essoufflée.

102. VI, p. 167.

103. « Merleau-Ponty à la Sorbonne, résumé de cours 1949-1952 », *opus cit.* p. 559.

104. SNS, p. 50. René Char disait : « Être poète c'est avoir de l'appétit pour un malaise dont la consommation, parmi les tourbillons de la totalité des choses existantes et pressenties, provoque, au moment de se clore, la félicité », *opus cit.*, p. 165-6.

105. Car on le repérerait tout autant chez Henri Michaux, Ph. Jacottet, Francis Ponge, Jean Tardieu...

Ainsi, nous pourrions penser que chacun d'entre eux a réinsufflé en son domaine la part de présence de l'« alliée substantielle » rejetée, qui lui manquait. Dès lors, à leur complice jointure s'ouvre le langage singulier d'un Merleau-Ponty et de l'essence de la poésie : langage entièrement nourri ou émané de leur souci de présence à l'existence invisible des choses et de l'être[106].

Une philosophie qui permet de mieux voir la vision ; au même titre que l'approche picturale qui « réordonne le monde prosaïque et fait, si l'on veut, un holocauste d'objets », une approche poétique qui « fait brûler le langage ordinaire »[107].

Comme des poètes qui parlent du goût des mots, de la saveur de leur fruit qui reste dans la bouche, le lecteur de Merleau-Ponty peut témoigner que son style a la vertu de laisser une trace de réceptivité plus grande.

Tel un paysage qui continuerait, en son absence, à habiter nos yeux.

Note sur le langage ou la poétique charnelle de l'écriture de Merleau-Ponty

Comme « le style se reconnaît à la main qui le porte »[108], l'écriture de Merleau-Ponty est foisonnante, ductile, enroulante et ne craint pas les mots très charnels. Telle une picturalité de la pensée, corollaire de Cézanne qui selon notre auteur « pense en peinture ».

Cette saveur et palpitation des mots enchante le lecteur, sans toutefois lui faire perdre le sentiment d'une pensée solide et convaincante.

106. Peut-être est-il dommage que les poètes n'aient pas connu ou reconnu la philosophie de Merleau-Ponty qui aurait pu guérir leur méfiance de la philosophie et d'autre part remplir leur attente d'une pensée vivante si bien exprimée dans leurs œuvres.

107. PM, p. 89.

108. *Ibidem*, p. 107.

De cette rare beauté d'un langage philosophique, outre les multiples exemples déjà mentionnés, je ne peux résister pour finir à pointer quelques expressions – extraites du *Visible et de l'invisible*.

« ... végétation de fantasmes... visages et paysages qu'ils infusent à ma vie... l'autre naît de mon côté par une sorte de bouture... l'arbre de ma durée (sève... tissu...) ... la pulpe spatiale... les rayons de spatialité et temporalité... des idées déjà incrustées à ses jointures... des glaciers d'êtres insécables... la nervure commune du signifiant et signifié... tout ce que nous jetons aux autres a germé de ce grand pays muet qui ne nous quitte pas... les racines et frondaisons du langage... la pensée des lointains... ».

Preuve, si nécessaire, de la poésie de ce langage : elle source un écho chez ceux qui lui rendent hommage, ceux qui, ainsi que souligné ici dans l'introduction, « donnent comme ils reçoivent ».

Un seul exemple parmi tant d'autres possibles : Jean Wahl citant « mon regard erre en lui (dans le tableau que je regarde) comme dans les nimbes de l'Être », ajoute « peut-être convient-il de lire ou de penser en même temps : limbes »[109].

109. *Les Temps Modernes*, n° 184-5, *op. cit.*, « Cette Pensée... », p. 425.

Le soi incarné
Merleau-Ponty et la question du sujet

Maria Villela-Petit *

Lorsque dans « Partout et nulle part », essai publié dans le recueil *Signes*, Merleau-Ponty contraste son attitude avec celle de Heidegger, il remarque : « Heidegger pense qu'ils (c'est-à-dire les philosophes des Temps modernes) ont perdu l'être le jour où ils l'ont fondé sur la conscience de soi. Nous ne renonçons pas à parler d'une " découverte " de la " subjectivité ". Ces difficultés nous obligent seulement à dire en quel sens ». Plus loin, en conclusion à ce même développement, il ajoute : « La subjectivité est une de ces pensées en deçà desquelles on ne revient pas, même et surtout si on les dépasse »[1]. De tels propos méritent d'être relevés. Ils rendent manifeste qu'en ce qui concerne la question du sujet, Merleau-Ponty n'a pas manqué d'entrevoir sa différence d'attitude par rapport à celle de Heidegger, même s'il n'a pas cherché à préciser davantage en quoi cette différence consistait.

Essayons donc d'en donner un bref aperçu avec l'espoir qu'il nous aidera à mieux comprendre ce qui singularise la pensée de Merleau-Ponty. Pour cela il convient de se rappeler que, dans *Sein und Zeit*, Heidegger entend ouvrir une nouvelle voie d'accès à la question du sens de l'être grâce à la constitution d'une ontologie fondamentale : celle du *Dasein* en tant que l'étant pour qui il en va justement du sens de l'être. La constitution de cette ontologie présuppose une mise en cause radicale, voire la destruction des philosophies modernes de la subjectivité, qui toutes s'originent dans la position cartésienne de l'*ego cogito* comme *fundamentum inconcussum*. Descartes fait donc figure du grand adversaire contre lequel il faut se battre si l'on doit dépasser la philosophie des Temps modernes. Aussi la réticence de Heidegger à

* Professeur à l'Université de Nanterre, Paris X.

1. M. Merleau-Ponty, « Partout et Nulle Part » in *Signes*, Paris, 1960, p.193-194.

l'égard d'une philosophie de la conscience, comme celle impliquée par la phénoménologie husserlienne, n'est-elle que la conséquence rigoureuse de son refus de prolonger, fût-ce sous une forme transcendantale et non substantialiste, la problématique de la subjectivité inaugurée par Descartes et avec elle le dualisme cartésien de l'âme et du corps.

En *post-scriptum* à une lettre à Husserl, datée du 22 octobre 1927, Heidegger écrivait de façon significative : « Les considérations "unilatérales" de la somatologie et de la psychologie pures ne sont possibles que sur le fondement de la totalité concrète de l'homme, qui en tant que telle détermine la manière d'être originaire de l'homme »[2]. Beaucoup plus tard, considérant rétrospectivement son chemin de pensée dans sa divergence à l'égard de celui de Husserl, il fera tout simplement remarquer que "la conscience s'enracine dans le *Dasein* et non l'inverse »[3]. Ainsi l'ontologie du *Dasein* rendait d'emblée inconsistante non seulement une philosophie de la conscience posant le monde comme son corrélat, et refusant de voir qu'être pour nous c'est principiellement et originairement être-au-monde, mais aussi la dichotomie de l'âme et du corps, laquelle à travers ses métamorphoses avait dominé la philosophie moderne. (Quant au matérialisme empiriste, au lieu d'y échapper, comme il le prétend, il ne fait que l'entériner sous la forme d'une explication réductionniste).

Or au lieu d'être d'emblée écartées, comme elles l'avaient été par l'ontologie du *Dasein*, ce sont précisément les questions classiques, et plus particulièrement celles cartésiennes concernant d'une part la séparation et d'autre part l'union de l'âme et du corps, qui ne cesseront de hanter la démarche philosophique de Merleau-Ponty. Souvenons-nous de ce qu'avait déjà noté Alphonse De Waelhens dans son essai placé en guise de « préface » à *La structure du comportement* : « on ne trouve pas dans *Sein*

2. M. Heidegger, « Séminaire de Zähringen » (1973), in *Questions IV*, Gallimard, 1976, p. 317-318. Voir aussi les remarques sur la subjectivité et sur Descartes pp. 319-320.

3. Merleau-Ponty, *Le visible et l'invisible*, Gallimard, 1964, p. 24.

und Zeit trente lignes sur le problème de la perception ; on n'en trouve pas dix sur celui du corps »[4]. Inversement, quels que soient les changements intervenus dans la pensée philosophique de l'auteur de la *Phénoménologie de la Perception*, une constatation s'impose : la perception et le corps sont demeurés pour lui « ses » questions.

Si nous faisons à présent converger toutes ces remarques ayant trait à la subjectivité, à la corporéité et à la perception, nous sommes en droit de supposer que de même que l'interprétation de Descartes par Merleau-Ponty n'a jamais recouvert celle de Heidegger, de même, son approche de la question du soi n'a pu que différer de celle de ce dernier. Examinons le premier point. Décisive, suggérions-nous, avait été dans *Sein und Zeit* la confrontation avec Descartes[5]. Mais qu'est-ce qui est essentiellement reproché à Descartes par Heidegger ? D'avoir laissé

4. Voir A. De Waelhens, « Une philosophie de l'Ambiguïté » *in* Merleau-Ponty, *La structure du comportement*, PUF, 1967, p. VI. La remarque de De Waelhens ne concerne que *Sein und Zeit* et laisse bien entendu de côté les écrits qui lui sont postérieurs. Il convient de remarquer que dans les cours du semestre d'hiver de 1929-1930 et dans les cours sur Nietzsche professés de 1936 à 1940, il y a bien une approche de la question du corps. Ainsi l'articulation de la question de la *Stimmung* à celle du corps dans le cours sur Nietzsche peut être prise comme un « complément », voire comme un « correctif », à l'analyse de la *Stimmung* dans *Sein und Zeit*. On y lit : « Nous *n'avons* pas un corps, en revanche nous *sommes* corporels. À l'essence de cet être appartient le sentiment en tant que le se-sentir. C'est ce sentiment qui effectue à l'avance l'investissement implicatif du corps dans notre existence [*einbehaltender Einbezug des Leibes*] » . Et plus loin : « Chaque sentiment est un "corporer" [*leiben*] que dispose telle ou telle humeur [*Stimmung*], une humeur corporant de telle ou telle façon» . (Cf. *Nietzsche* I, trad. P. Klossowski, Gallimard, 1980, p. 95 et 96). Cependant, cette attention accordée au corps se fait dans le cadre déterminé depuis *Sein und Zeit* d'une entière subordination de la question de la vie à celle de l'existence, c'est-à-dire du *Dasein*. D'où l'impossibilité pour Heidegger de faire référence à ce que Merleau-Ponty viendra à désigner comme « vie anonyme », en deçà de toute « mienneté ».

5. Voir sur cette question l'étude de Jean-Luc Marion, « l'*ego* et le *Dasein* » in *Réduction et Donation* – Recherches sur Husserl, Heidegger et la phénoménologie, PUF, 1989.

indéterminé « le mode d'être de la "*res cogitans*", plus exactement le sens d'être du "*sum*" »[6]. Le reproche relève d'une ontologie herméneutique. Il vise la mécompréhension par Descartes de l'être du « *sum* » , sa méprise quant à la manière pour le « sujet » d'être-au-monde auprès des choses et, partant, quant à l'être de celles-ci, lesquelles ne se donnent plus sur le fond d'un monde «praticable», mais comme des purs objets de pensée. À Descartes, Merleau-Ponty, par contre, ne reproche pas d'avoir laissé indéterminé l'être du « *sum* » ; il lui reprocherait plutôt d'avoir été pris au piège de la réflexion, de l'illusion réflexive, et d'avoir ainsi trop vite éprouvé et déterminé l'« *ego sum* » comme esprit « pur » , c'est-à-dire « un être qui est pour soi sitôt qu'il est, parce tout son être est d'apparaître, donc de s'apparaître »[7], ce qui impliquait de rejeter son propre corps du côté des choses du monde, elles-mêmes converties en « idéats », en « *cogitata* ». Le reproche est davantage phénoménologique puisqu'il concerne et l'apparaître des choses et l'apparaître de l'*ego* à soi-même, que Merleau-Ponty ne sépare nullement de la détermination du « *sum* »[8]. Il a donc trait au voir, à la perception du monde et de soi-même. D'un côté, au théorique on oppose le dévoilement des choses à même les gestes de la quotidienneté, de l'autre, à la « pensée de voir » on oppose la perception.

La nuance qui se fait jour ici ne saurait laisser indifférente la question du « qui » : tandis que dans *Sein und Zeit* la question du *qui* du *Dasein*, du soi-même, s'articule existentialement autour de cet existential fondamental qu'est le Souci (la *Sorge*) – le *Dasein* est l'étant qui en même temps qu'il est en souci de l'être est à dessein de soi, c'est-à-dire est en souci de son propre être, ayant à décider de son propre sens –, la question du soi chez

6. Heidegger, *Sein und Zeit*, § 6, p. 24, trad. fr. E. Martineau, p. 40.

7. Merleau-Ponty, *Le visible et l'invisible*, p. 51.

8. Cf. Merleau-Ponty, *Phénoménologie de la Perception*, p. 439 : « Dans la proposition *Je pense, je suis*, les deux affirmations sont bien équivalentes, sans quoi il n'y aurait pas de *Cogito* » .

Merleau-Ponty se rattache essentiellement à celle de la corporéité et, par conséquent, à ce que celle-ci implique tant du point de vue de la perception de soi que de la décision, de la liberté de l'agir. D'un côté, l'accent est mis sur le « comprendre en son caractère de projet ». C'est un tel comprendre qui peut être appelé une « vue » [*Sicht*] de soi. Vue qualifiée de « translucide » [*durchsichtig*], lorsqu'il y a « connaissance de soi », c'est-à-dire lorsque le *Dasein* parvient à une « saisie compréhensive de l'ouverture pleine de (son) être-au-monde à travers [*durch*] ses moments constitutifs essentiels »[9]. De l'autre l'accent sera mis sur la passivité et l'ignorance de soi inhérentes à la situation et, partant, à la réflexion d'un être incarné.

Plus généralement il faudrait dire que chez Heidegger le voir demeure inexplicité alors même qu'il est dit s'enraciner dans le comprendre, et que par là même il est déjà en voie de métaphorisation ; chez Merleau-Ponty, au contraire, le voir, au sens primordial de la perception sensible, est justement l'énigme à élucider.

Si donc, dès le départ, la question décisive pour Merleau-Ponty est celle d'un « Qui voit ? », cette question ne se pose véritablement qu'à l'horizon de la question du corps. D'où l'appui que Merleau-Ponty n'a jamais cessé de trouver dans les analyses husserliennes du corps propre [*Leib*] et de la corporéité vivante [*Leiblichkeit*] pour aller grâce à ce qu'il appelle les analyses marginales de Husserl au-delà des positions philosophiques de ce dernier[10], mais

9. Voir Heidegger, *Sein und Zeit*, § 31, en part. p.146. Il y est aussi question d'une opacité de soi à soi-même. Celle-ci ne s'enracinerait pas « uniquement et primairement dans les auto-illusions "égocentriques", mais tout aussi bien dans la méconnaissance du monde » (Cf. p. 121 de la trad. Martineau). Quoi qu'il en soit, l'opacité (voire la tache aveugle) n'est pas ici un trait inhérent au soi, à la vue de soi, comme elle l'est chez Merleau-Ponty.

10. Sur le rapport de Merleau-Ponty à la phénoménologie husserlienne, rapport qui ne s'est jamais démenti, et qui pourtant n'a jamais été simple, car dès le départ Merleau-Ponty a su marquer sa différence, nous partageons les vues de Jacques Taminiaux. Voir « La phénoménologie dans le dernier ouvrage de Merleau-Ponty » in *Le regard et l'excédent*, Phænomenologica, M. Nijhoff, 1977.

aussi, en tout cas pour ce qui est de notre question, au-delà de celles de Heidegger.

En bref : alors que la question du corps est le plus souvent délaissée par Heidegger, et sans doute à l'époque de *Sein und Zeit* ne revêtait-elle pour lui que le caractère d'une question psychologique, c'est-à-dire d'une question d'un rang forcément dérivé par rapport à l'originarité de l'ontologie qu'il entendait constituer, c'est en approfondissant la question de l'incarnation que Merleau-Ponty essaie de surmonter les impasses des philosophies modernes de la subjectivité, jusqu'à cette radicalisation qui l'amène à esquisser les linéaments de sa nouvelle ontologie : celle de la chair. Pour interroger l'ipséité, il s'agira alors de faire descendre la réflexion à même le corps, car c'est déjà le corps qui « se prépare à une perception de soi »[11].

Ce contraste tout juste entrevu, considérons à présent de plus près la démarche de Merleau-Ponty. Je propose premièrement d'envisager la façon dont, dans la Troisième Partie de *Phénoménologie de la perception*, Merleau-Ponty aborde la question du sujet. Cette Troisième Partie qu'il avait intitulée dans un vocabulaire mi-sartrien, mi-heideggerien : « L'Être pour soi et L'Être au monde » se compose, on se souvient, de trois chapitres. Respectivement : « Le *cogito* », « La temporalité » et finalement « La liberté ». Dans un deuxième moment, je me tournerai vers les essais publiés ultérieurement, et surtout vers cet ouvrage inachevé et posthume, mais décisif, qu'est *Le visible et l'invisible*.

I. La question du sujet dans La Phénoménologie de la Perception

Comme nous soulignions en introduction, il était impossible pour Merleau-Ponty de faire comme si l'événement du *Cogito* n'avait pas eu lieu. Aussi n'est-il

11. Merleau-Ponty, *Le visible et l'invisible*, p.24.

pas exagéré de dire qu'il est venu à la question du sujet sans jamais perdre de vue le problème de l'union du corps et de l'âme chez Descartes. Confrontée aux deux premières *Méditations*, l'existence de la sixième a toujours été pour lui la source d'un paradoxe essentiel. En fait, son dialogue avec Descartes ne s'est jamais interrompu ainsi qu'en témoignent encore *L'Œil et l'esprit* et les dernières notes du *Visible et de l'Invisible.* Mais venons-en au paradoxe qu'est l'existence même de la VIe Méditation. Il peut se résumer ainsi : comment se fait-il qu'après avoir réduit le corps à une chose matérielle, simple objet de connaissance, Descartes « était obligé de soulever le problème du corps vivant confondu et entremêlé avec l'âme ? »[12] Comment se fait-il que niée par la pensée – laquelle dans les premières *Méditations* avait posé l'âme et le corps comme deux substances opposées et séparées – leur union était néanmoins attestée par « l'usage de la vie » ? Ou encore, et selon une autre formulation de Merleau-Ponty dans les mêmes leçons de 1947-1948, intitulées « L'union de l'âme et du corps chez Malebranche, Biran et Bergson » : « Si l'union de l'âme et du corps est une pensée confuse, comment ai-je pu découvrir le *cogito* ? Et si j'ai découvert le *Cogito*, comment puis-je être le sujet naturé de la VIe *Méditation* ? »[13]

En allant au-delà de Malebranche, bien que dans une direction déjà ébauchée par celui-ci, l'effort de Merleau-Ponty va consister à « prendre le corps comme partie de soi-même », autrement dit, à incarner l'ipséité. Ce qui revient justement à restreindre le pouvoir du *cogito* ou, en d'autres termes, le pouvoir de la réflexion. Tout se passe ainsi comme si sa lecture de Descartes entrecroisée avec celle de Husserl et de Heidegger (celui-ci, à l'époque de la *Phénoménologie de la perception*, étant surtout connu à travers *Sein und Zeit* et le *Kantbuch*) avait destiné Merleau-Ponty à tenter d'établir, sur le terrain même de la

12. Merleau-Ponty, *L'union de l'âme et du corps chez Malebranche, Biran et Bergson*, notes de cours recueillies et rédigées par Jean Deprun, Vrin, 1971, note 3, p. 13.

13. *Ibidem*, p. 15.

philosophie, la primauté de « l'usage de la vie » sur les dichotomies établies par l'entendement.

Pour accomplir cette tâche, il s'est tourné, nous le savons, vers l'analyse du comportement et de la perception. Considérés phénoménologiquement, au lieu de nous enfermer dans la sphère de la conscience, dans la clôture de la subjectivité, l'un et l'autre se révèlent comme ouvrant à un monde de transcendances. De plus, ils sont intimement liés : pour percevoir, et déjà pour sentir, il faut être capable de se mouvoir, de s'auto-mouvoir. Merleau-Ponty est ici au plus proche d'un Erwin Straus qui dans son *Vom Sinn der Sinne*, publié en 1935, déclarait : « Seulement un être qui, conformément à la structure de son être peut se mouvoir, peut être un être sentant, un être doué de sensibilité »[14]. Le « je sens », le « je perçois » renvoie à un corps vivant, à un corps qui se meut, et non pas seulement à une conscience qui n'aurait le corps que comme une propriété instrumentale. De quel droit alors méconnaître ce corps, le laisser de côté au profit d'un corps pensé uniquement comme objet de connaissance, voire le réduire au rang d'un simple corps comme n'importe quel autre corps du monde physique ? Plus radicalement : comment le corps vivant, le corps propre, peut-il être tenu pour étranger à l'*ego*, celui-ci étant à son tour déterminé comme le sujet d'une conscience ou d'une âme séparée de toute corporéité ?

Il est fort probable que Merleau-Ponty ait ignoré l'affirmation de Saint Thomas d'Aquin, d'avance si opposée au cartésianisme et encore aujourd'hui si prisée par certains philosophes analytiques, selon laquelle "*anima mea non est ego* ». De toute façon, c'était à partir d'une démarche de phénoménologie réflexive n'ignorant pas l'événement du *cogito* qu'il entendait surmonter l'aporie dualiste et réintroduire la corporéité vivante au cœur du sujet qui *se* vit et *se* pense.

14. Cf. Erwin Straus, *Vom Sinn der Sinne*, Springer Verlag, 1956, p.242. Voir aussi notre étude « Espace, Temps, Mouvement chez E. Straus » in *Phénoménologie Psychiatrique*, Editions du CNRS, 1992, p. 51-69.

Et, ne faudrait-il pas se demander si le fait d'avoir affronté l'égologie cartésienne à son point le plus faible, celui de la jointure de l'âme et du corps, n'est pas ce qui a permis à Merleau-Ponty d'aller plus indirectement certes, mais à certains égards plus loin, que ne l'a été le Heidegger de *Sein und Zeit,* dans la subversion des philosophies de la subjectivité, que la philosophie de Descartes avait inaugurées ?

Comme nous l'annoncions, pour Merleau-Ponty, la faille de ces philosophies était donc à chercher du côté de la réflexion elle-même. Le corps-objet des philosophes ne serait ainsi que le produit d'une réflexion ignorant ses conditions radicales de possibilité, la contrepartie d'un sujet lui-même sublimé, purifié de ses attaches charnelles au monde. Seul un sujet soumis aux opérations purificatrices de son propre entendement pouvait se penser comme hors du monde et placer ce même monde en vue frontale – comme le Grand Objet, selon l'expression qu'il utilisera plus tard. Or le rempart contre cet oubli et cette illusion, que la réflexion elle-même engendrait, était pour ainsi dire tout trouvé à partir du moment où Merleau-Ponty avait résolument engagé sa pensée du côté d'une phénoménologie de la perception.

À vrai dire, Merleau-Ponty avait déjà rencontré dans les manuscrits husserliens *d'Ideen II* une description phénoménologique de la perception, dans laquelle le corps vivant [le *Leib*] apparaissait comme un corps subjectivé. Ce corps, Husserl l'avait audacieusement appelé un « objet subjectif » ou encore un *Ich-Leib.* Le sujet percevant ne saurait être, en effet, qu'un sujet incarné, comme le fait apparaître la chose perçue elle-même. Celle-ci, dans la mesure où elle ne se donne qu'à travers ses aspects, ses profils, manifeste le point de vue du sujet, sa situation en tant qu'incarné, dans l'ici et le maintenant de son corps propre.

Renvoyant à notre être pré-réflexif, à ce que Merleau-Ponty nomme alors le « *cogito* tacite », la description phénoménologique de la perception entraîne une profonde refonte de notre compréhension du « soi ». N'est-ce pas ce qui se dégage de la Troisième et dernière

Partie de la *Phénoménologie de la perception,* où s'affirme déjà l'indépendance des vues de Merleau-Ponty par rapport à Husserl, même s'il n'est pas encore tout à fait parvenu à surmonter une « philosophie de la conscience »? Quelques-uns des points clefs de cette troisième Partie nous paraissent être les suivants :

1° L'abandon par Merleau-Ponty de ce qu'il n'hésite pas à désigner comme l'*Ego* central, c'est-à-dire l'*Ego* conçu comme l'unifiant transcendantal de la conscience. Dans cet éloignement par rapport à une philosophie égologique, il y a déjà autre chose que l'influence du Sartre de *La transcendance de l'ego.* Il ne s'agit pas de faire de l'*ego* une transcendance, une entité identitaire fictive. Mais il s'agit de comprendre la conscience comme un « champ d'expérience », certes unifiée, mais dont l'unité dériverait non d'une activité synthétique imputable à un *ego* ou à un sujet transcendantal, mais de ce que, faute d'une formule plus satisfaisante, Merleau-Ponty nommera une « synthèse passive » ou une « synthèse de transition »[15]. Formules qu'il emprunte aux analyses husserliennes de la conscience intime du temps, dans le but de souligner le caractère plutôt passif qu'actif de la « synthèse » en question. Mais vu que la conscience s'unifie passivement et non pas par une activité synthétique du sujet ou de l'*ego* transcendantal, le sujet ne saurait être placé au-delà du flux de la conscience et, par conséquent, ne saurait être une entité auto-positionnelle et achevée.

Remarquons que si Merleau-Ponty prend ici ses distances par rapport aux philosophies transcendantales de la subjectivité, soit en un sens kantien soit même en un sens husserlien, il ne rejoint pas pour autant l'attitude sceptique d'un Hume pour lequel on ne saurait surmonter la multiplicité des perceptions et des impressions. À cet égard, il conviendrait d'ajouter que dans son refus de reconnaître un soi, un *self* défini comme une chose permanente à l'intérieur de la conscience, Hume n'avait sans doute pas tort. Aucune introspection ne peut me faire avoir l'expérience de cette chose immuable, demeurant la même

15. Merleau-Ponty, *Phénoménologie de la perception,* p. 465.

pendant toute la durée de ma vie et que j'identifierai comme moi-même, comme un soi identique à soi-même. Si tel était le cas, le soi serait une chose mentale, un objet pour la conscience (comme l'est l'*ego* pour la conscience sartrienne). Mais pourquoi une telle supposition concernant le soi ? Pourquoi en concevoir l'unité à l'instar d'une identité logique, ou, en tout cas, atemporelle ? À l'inverse de Hume, Merleau-Ponty ne dénie pas l'unité de la conscience. Loin de tenir le soi pour une illusion, il répète que la subjectivité est indéclinable. S'il s'éloigne de l'égologie transcendantale husserlienne, ce n'est donc pas qu'il renonce à l'unité subjective du champ d'expérience, mais c'est que, fidèle à l'expérience, il entend décentrer l'*ego*. La question que soulève cette unité va ainsi se transformer chez lui en une question portant sur l'ipséité, c'est-à-dire sur le soi et son ouverture.

Or le champ d'expérience est bien un champ temporel dont l'unité ne se caractérise pas en termes d'une identité rigoureuse, mais plutôt en termes de cohésion – de cohésion de vie. Merleau-Ponty fait ici sienne l'expression de *Zusammenhang des Lebens*[16], qu'il retrouve chez Heidegger, et que ce dernier avait lui-même empruntée à Dilthey. D'elle-même cette expression renvoie à la temporalité du sujet : un sujet qui en tant qu'être-au-monde se constitue à travers les événements de son histoire.

Si l'on voulait poursuivre le débat avec l'empirisme, il deviendrait vite manifeste que si pour Hume le soi est une fiction, c'est qu'il conçoit l'expérience perceptive comme une collection d'actes discontinus, les choses apparaissant et disparaissant en l'absence de tout fond, de tout champ. D'où, également, l'impossibilité pour lui de reconnaître la structure d'horizon comme intrinsèque à chaque expérience. Et si Hume manque ainsi le monde comme horizon total au sein duquel toute expérience est possible, c'est, encore une fois, que sa vue de la conscience était consistante avec sa vue du temps comme une succession de moments discontinus. Ou, pour le dire autrement : ayant

16. *Ibidem*, p. 480.

manqué la temporalité, faute d'avoir pu se débarrasser d'une représentation abstraite du temps, Hume ne pouvait que laisser tomber le soi [*self*] au rang d'une fiction identitaire[17].

Sans que Merleau-Ponty ait jamais entamé une véritable discussion des positions humiennes, on peut néanmoins le créditer d'avoir indirectement dépassé les issues de l'empirisme classique, auquel aurait pu l'exposer sa contestation des philosophies transcendantales de la subjectivité. Cela se doit pour une bonne part au fait qu'à la suite de Husserl et de Heidegger il a su entériner le caractère décisif de la question de la temporalité, à laquelle le chapitre médian de la Troisième Partie de la *Phénoménologie de la perception* est justement consacré.

« La subjectivité, y écrit Merleau-Ponty, n'est pas l'identité immobile avec soi : il lui est comme au temps, essentiel, pour être subjectivité, de s'ouvrir à un Autre et de sortir de soi. Il ne faut pas nous représenter le sujet comme constituant et la multiplicité de ses expériences ou de ses *Erlebnisse* comme constitués ; il ne faut pas traiter le Je transcendantal comme le vrai sujet et le moi empirique comme son ombre ou son sillage... Si, en fait, même nos réflexions les plus pures nous apparaissent rétrospectivement dans le temps, s'il y a insertion dans le flux de nos réflexions sur le flux, c'est que la conscience la plus exacte dont nous soyons capable se trouve toujours comme affectée par elle-même ou donnée à elle-même, et que le mot conscience n'a aucun sens hors de cette dualité ».[18]

Affirmé au début de l'extrait cité ci-dessus sous les espèces d'une comparaison, le rapport de la temporalité à la subjectivité se révèle aussitôt être un rapport intrinsèque. La temporalité n'est pas au dehors de la subjec-

17. Dans D. Hume, *A Treatise of Human Nature*, edited by L.A. Selby-Bigge, 2nd revised ed. by P.H. Nidditch, en part. Book I, Part IV, Section VI, « Of personal Identity » . À la p. 259, on lit : « The identity which we ascribe to the mind of man is only a fictitious one, and of a like kind with that which we ascribe to vegetables and animals bodies. It cannot, therefore, have a different origin, but must proceed from a like operation of the imagination upon like objects »

18. Merleau-Ponty, *Phénoménologie de la perception*, p. 413.

tivité. Elle lui est immanente. Le sujet ne « tombe » pas dans le temps. Il est temps, comme l'avait déjà reconnu aussi Hegel. Ainsi, le soi d'un sujet incarné est de part en part temporel. Et la réflexion elle-même ne saurait le soustraire au temps. L'admettre ne peut pas laisser intacte la conception du transcendantal. À la place d'une subjectivité auto-positionnelle ou même constituante pour ne pas dire fondatrice, on est finalement amené à reconnaître le sujet incarné comme donné à soi-même.

2. C'est en demeurant fidèle à l'enseignement de la perception que le sujet se découvre partager le monde avec un autre sujet, un autre soi-même. La même structure d'ouverture du soi se retrouve à nouveau ici.

Voici ce qu'écrit Merleau-Ponty :

« À considérer ma perception elle-même, avant toute réflexion objectivante, je n'ai à aucun moment conscience de me trouver enfermé dans mes sensations. Mon ami Paul et moi nous montrons du doigt certains détails du paysage, et le doigt de Paul, qui me montre le clocher, n'est pas un doigt-pour-moi, c'est le doigt de Paul qui me montre le clocher que Paul voit, comme réciproquement, en faisant un geste vers tel point du paysage que je vois, il ne semble pas que je déclenche chez Paul, en vertu de quelque harmonie préétablie, des visions internes seulement analogues aux miennes : il me semble au contraire que mes gestes envahissent le monde de Paul et guident son regard »[19].

C'était justement ce tissu conjonctif constitué par le monde perçu qui faisait défaut à la fameuse analyse sartrienne de la rencontre d'un autre regard, laquelle dès le départ avait suscité maintes réserves chez Merleau-Ponty, et ce parce qu'elle faisait fi du caractère commun, partageable du sensible. À propos de ce caractère du sensible, il n'hésitera pas plus tard à parler de sa « miraculeuse multiplicité », ou comme il le dit aussi « le perceptible est précisément ce qui peut hanter plus d'un corps sans bouger de

19. *Ibidem*, p. 464.

sa propre place »[20]. En d'autres termes, le sensible est donné à chacun et partageable par tous.

Qu'est-ce à dire sinon que le monde en commun a un fondement plus universel que celui que lui assurerait une *praxis* commune. Celle-ci ne peut constituer que le monde commun d'une communauté déterminée – d'un *Mitsein* – dont l'unité est éminemment culturelle. Or le monde de n'importe quel *Mitsein* doit en dernière analyse reposer sur un socle plus originaire, à savoir celui d'un perceptible commun.

Cela étant, Merleau-Ponty n'écarte pas à bon compte les questions qui se posent à partir de l'individualité du sentir. Dans la conférence qu'il fait en novembre 1946 à la Société Française de Philosophie, conférence intitulée « Le primat de la perception et ses conséquences philosophiques » , il ne manque pas de remarquer que « Je ne saurai jamais comment vous voyez le rouge, ni vous ne saurez jamais comment je le vois »[21], remarque qui n'est pas sans rappeler le passage du *Théétète* de Platon, où était posée la question sophistique : « Sinon, voudrais-tu soutenir que telle t'apparaît chaque couleur, telle aussi elle apparaît à un chien ou à tout autre animal ? » Et après l'acquiescement de Thééthète, Socrate continuait dans le sens de Protagoras : « Eh bien, est-ce que rien aura, pour un autre homme, la même apparence que pour toi ? Serais-tu ferme à le maintenir, et ne l'es-tu pas beaucoup plus à maintenir que, même à toi, rien n'apparaît identique, vu que jamais tu n'es semblable à toi-même ? » (*Théétète*, 154 a).

Dans l'approche de ce qu'on appelle le « problème » d'autrui, s'arrêter au scepticisme inhérent à ce genre de questionnement,– et celui qui s'exprime dans le *Théétète* mettait en cause non seulement « la communication des consciences », mais aussi l'unité du soi–, relèverait pour Merleau-Ponty d'une double mécompréhension :

20. Merleau-Ponty, *Signes*, p.22-23.

21. Cf. « Le primat de la Perception et ses conséquences philosophiques » (parue d'abord dans le *Bulletin de la Société Française de Philosophie*, n° 49), rééditée aux éditions Cynara, 1989, p.52.

1° de ce qui est véritablement en jeu, lorsqu'on parle du « problème » d'autrui,

2° de ce qu'est la perception.

En effet, comment moi, le penseur, aurais-je pu soulever la question d'autrui, c'est-à-dire d'une autre conscience, d'une *mens* étrangère, si je n'avais jamais perçu quelqu'un d'autre ? Or aussitôt qu'un autre rentre dans mon champ de présence, j'entrevois en même temps que son corps vivant son autre face, sa face cachée. En d'autres termes, et comme l'avait déjà souligné Husserl dans la Ve de ses *Méditations Cartésiennes*, la face invisible du corps d'autrui m'est présentifiée à travers ses mouvements, ses expressions. Et tout d'abord je perçois l'autre comme une autre sensibilité, qui empiète sur la mienne. En outre, si je comprends que pour un « sujet » incarné, toute perception est une vision en profondeur, je dois reconnaître que la chose même que je vois ne m'est jamais complètement donnée, étalée sous mon regard, comme il aurait été le cas si elle était déployée sans profondeur ni distance devant un regard de « survol », voire un regard « divin ». À moi, au sujet incarné que je suis, la chose, au contraire, ne se montre qu' à travers des faces qui en cachent d'autres, tout en les annonçant.

Certes, l'analogie entre la perception des choses et la perception d'autrui ne tarde pas à atteindre ses limites. Alors qu'en principe je peux toujours voir la face cachée d'une chose, son autre côté, je ne peux jamais voir l'autre côté des autres. Leur autre face demeurera à jamais invisible pour moi. Mais, dira Merleau-Ponty dans *Signes*, cela revient seulement à dire que « Je ne vis pas leur vie » et non pas que je pourrais sérieusement douter qu'ils vivent la leur, ou qu'il y ait d'autres que moi. En bref, par l'invisible qu'il présentifie, le corps vivant d'autrui, grâce au style même de son apparition, interdit de mettre en doute aussi bien l'existence d'une autre conscience, que l'apparentement de sa sensibilité avec la mienne.

Ainsi, dès la *Phénoménologie de la perception*, parce qu'il fait apparaître la subjectivité dans toutes ses effectuations comme inséparable de la corporéité, Merleau-Ponty dévoile le sujet comme une ouverture singularisée par un corps – un corps que la conscience ne constitue pas, puisqu'il est sa présupposition la plus radicale, le lieu de son inhérence finie à un monde. « Si, écrit-il, le sujet est en situation, si même il n'est rien d'autre qu'une possibilité de situations, c'est qu'il ne réalise son ipséité qu'en étant effectivement corps et en entrant par ce corps dans le monde »[22]. Puisqu'elle ne constitue pas son propre corps, et, par conséquent, qu'elle ne constitue pas ce qui singularise son ouverture au monde, la conscience ne peut pas être tenue pour universellement constituante : plutôt, elle se reçoit.

« Je suis donné à moi-même », affirme alors Merleau-Ponty. Et tel est pour chacun le sens de sa naissance. L'événement de la naissance, voilà ce qui a toujours déjà limité le pouvoir constituant de la conscience, voilà ce qui rend impossible toute possession complète de soi. Une telle conscience, un tel sujet « ne choisit pas *absolument* son être ni sa manière d'être »[23], autant dire qu'il ne *se* choisit pas absolument. Mais cela ne revient-il pas également à dire qu'il ne choisit pas non plus *absolument* ce qui, dans le cours de sa vie, vient à se constituer en événement pour lui, événement(s) à travers le(s)quel(s) seulement il advient à soi-même en se transformant ?[24].

22. Merleau-Ponty, *Phénoménologie de la perception*, p. 467.

23. *Ibidem*, p. 517.

24. Nous renvoyons ici à la réflexion de Henri Maldiney. Voir, en particulier, *Penser l'homme et la folie. À la lumière de l'analyse existentielle et de l'analyse du destin*, J. Millon, coll. Krisis, Grenoble, 1991. Distinguant entre la structure du projet (pensée à partir de *Sein und Zeit*) et l'accueil à l'événement, Maldiney écrit p. 320-321 : « L'existence se constitue à travers des états critiques où quelqu'un est, à chaque fois, mis en demeure, *par l'événement*, d'être soi ou de s'anéantir... Le Soi y est contraint à l'impossible, pour répondre de l'événement au péril duquel il ne peut exister qu'à devenir autre »... L'accueil de l'événement suppose une ouverture à l'apparaître qui n'a pas la structure du projet. L'horizon d'où il surgit, *lequel s'ouvre avec lui*, n'est pas celui d'un monde dont je serais l'ouvreur. L'événement n'est pas en mon pouvoir. Si l'ouverture de la *possibilité* comme telle est l'être même du projet, l'ouverture à l'événement (et à la rencontre) est de l'ordre de la *passibilité* ».

S'il en est ainsi, il ne suffit pas d'affirmer le caractère fini de la liberté ; il s'agit avant tout de comprendre que pour chaque décision « il est impossible de délimiter la "part de la situation" et "la part de la liberté" »[25]. Qu'est-ce à dire, sinon que la liberté, qui certes est, ne saurait être « sans étais dans l'être »[26] et « sans les racines qu'elle pousse dans le monde »[27] ?

En résumé, toutes les analyses de la Troisième Partie de la *Phénoménologie de la perception* contribuent à faire « comprendre comment la subjectivité peut être à la fois dépendante et indéclinable »[28].

Peut-être n'est-il pas inutile de se rappeler ici que l'analytique heideggerienne du *Dasein* avait laissé à l'écart de ses considérations l'événement de la naissance ; événement toujours déjà dépassé (auquel « je » n'ai pas été présent et qui échappe totalement à mon « pouvoir-être »), et pourtant indépassable, dans la mesure où il ne cesse d'être marqué en creux à travers l'exister même du « sujet ». La détermination du *Dasein* comme être pour la mort s'en trouvait par là même déséquilibrée, puisque pensée dans un contexte thématique dominé par l'accent mis sur la décision, sur la résolution anticipante, à travers laquelle le soi se choisit en projetant ce qu'il a à être en propre, mais où l'impasse était faite sur une considération plus approfondie à l'égard de la passivité inhérente au soi de par son incarnation. Par l'assomption de ce qui dans l'être-soi relève de la passivité, Merleau-Ponty, tout en s'appuyant sur l'analytique du *Dasein* comme être-au-monde, jette, presqu'à son insu, les bases d'une critique à l'analytique heideggérienne de l'ipséité du *Dasein.*

L'avancée de la *Phénoménologie de la Perception* sur le terrain d'une philosophie phénoménologique était incontestable. Dans les années qui ont suivi sa parution, Merleau-Ponty cherchait à étendre ses acquis aux domaines du langage, de la culture, de l'histoire, voire de

25. Merleau-Ponty, *Phénoménologie de la perception*, p. 517.
26. *Ibidem*.
27. *Ibidem*, p. 520.
28. *Ibidem*, p. 459.

la vie intellectuelle. Après la perception, mais sur son modèle, il lui importait d'envisager la « vie de l'esprit », elle aussi, du côté du corps, pour en faire ressortir l'enracinement corporel. L'exigence d'un tel élargissement s'indiquant déjà à travers bon nombre de remarques de *La Phénoménologie de la perception*.

2. *La réflexivité du sensible et le soi*

Cependant, d'après le témoignage de Claude Lefort dans son « Avertissement » à l'édition de *La Prose du monde*, Merleau-Ponty devenait, à partir de 1952, de plus en plus conscient de ne pas pouvoir se contenter d'un simple élargissement. Il était dorénavant impératif pour lui de se libérer de ce qui dans la *Phénoménologie de la perception* relevait encore, et selon l'héritage husserlien, d'une philosophie de la conscience. C'était admettre que la véritable ontologie requise par ses analyses phénoménologiques du corps vivant et de la perception demandait à être mieux dégagée. Ne fallait-il pas penser plus profondément notre appartenance à l'être, sans pour autant faire comme si une philosophie réflexive n'avait pas existé ou était tout entière à refuser ? Dès lors la nécessité de mettre plus radicalement en cause celle-ci, afin de la remplacer par une ontologie susceptible de se donner aussi comme une hyperréflexion ou une surréflexion, seule à même d'assumer « notre contact avec l'être avant toute réflexion », autrement dit, d'accorder à la vie pré-réflexive, voire au *Lebenswelt*, son véritable statut.

La vérité ontologique de cette vie pré-réflexive va requérir donc le « réexamen des notions de sujet et d'objet »[29], si ce n'est leur rature ou leur rejet. Pour s'acquitter de cette tâche, selon les exigences nouvellement entrevues, c'est encore une fois à la perception que Merleau Ponty s'adresse. Mais à présent, au lieu de comprendre la perception comme un acte émanant de la conscience, il s'agit de partir de la « vie perceptive de mon

29. *Le visible et l'invisible*, p. 41.

corps ». Il importe de considérer la perception non pas tant du côté du « sujet » que du côté du monde perçu, de sa visibilité. Seulement ainsi parviendrait-on véritablement à dépasser l'alternative posée par le Discours VI de la *Dioptrique* et tranchée par Descartes en faveur de l'âme. À la question : « Qui voit ? » , Descartes répondait en effet : « c'est l'âme qui voit et non pas l'œil ».

Or pour dépasser une telle alternative, sans se contenter, comme le faisait déjà Descartes lui-même, d'y faire intervenir le cerveau, Merleau-Ponty cherche au contraire à assumer la passivité de tout voir. Il s'agit de comprendre, dans une perspective non pas psychologique mais ontologique (la foi perceptive est ouverture à l'être avant le « clivage réflexif »), qu'un acte de voir se prélève, en fait, à partir d'un fonds plus englobant de visibilité. Le visible n'est pas seulement ce qui est visé par mon regard ; il m'entoure de toutes parts. Afin de souligner ce déplacement amenant à pleinement reconnaître la réceptivité qui englobe tout acte de vision, son enveloppement par le visible, il emploiera désormais l'expression « foi perceptive » à la place de « perception ». La modification terminologique se révèle nécessaire du moment que parler encore de percevoir (le verbe à l'actif) risque d'entretenir l'illusion d'un sujet percevant en contrôle de sa vision, ce qui n'est qu'une vérité partielle. En fait, une telle compréhension de la vision ne peut assumer ni la réflexivité de la vision, ni *a fortiori* l'expérience de réversibilité entre le voyant et le monde vu.

Arrêtons-nous quelque peu sur ces questions tant elles sont décisives pour Merleau-Ponty. N'assigne-t-il pas à sa nouvelle ontologie la tâche centrale de « redéfinir le voyant et le monde vu »[30] ? Le premier pas dans l'accomplissement de cette tâche est la reconnaissance du corps vivant [*Leib*] comme un être-double, un être à deux faces, à deux feuillets : tel est le corps en tant que vivant, en tant que sentant. Déjà Husserl avait mis en avant les expériences cruciales où le corps se donne à la fois comme sentant et comme senti. Mais alors que pour Husserl ces

30. *Ibidem*, p. 108.

expériences ne concernaient que le toucher – ainsi quand une de mes mains touche l'autre mon corps est à la fois touchant et touché –, Merleau-Ponty étend ces expériences de réversibilité à la vision et à l'audition. Le voyant se voit, l'être sonore s'entend. Certes ces expériences de réversibilité n'impliquent jamais de recouvrement absolu, mais un quasi-recouvrement, autrement dit non pas une parfaite coïncidence avec soi-même, mais justement cet écart qui ouvre le soi à soi-même. Ou, comme il le dit aussi : la réversibilité n'est jamais parfaitement accomplie, elle n'est qu'imminente.

Or c'est cette réflexibilité à même le sentir qui sous-tend toute la structure réflexive de la conscience. Notons qu'en insistant sur une telle réflexibilité ou « réflexité », Merleau-Ponty rejoint en quelque sorte la façon dont les Grecs disaient l'avoir conscience de..., à savoir en faisant naturellement appel au verbe « sentir » [*aisthanesthai*] : « nous sentons [*aisthanometha*] que nous voyons et que nous entendons » , disait Aristote, dans le *De Anima* (425 b 12), comme nous le rappelle une récente étude de Jacques Brunschwig[31]. Ayant, toutefois, comme vis-à-vis une autre configuration de pensée, celle, cartésienne, où le « je sens », en tant que premier degré du « je pense » , est passé tout entier du côté d'une âme ontologiquement séparée du corps, il va s'agir pour Merleau-Ponty de montrer l'émergence de la conscience de..., de la « pensée de voir » et de la « pensée de l'entendre » à même la structure du corps sentant, telle que la phénoménologie permettait de le mettre au jour. Et enfin de faire découvrir le voyant comme partie du visible et séduit par lui.

Encore une fois, une telle réflexivité du sensible, envisagée comme l'ouverture d'une profondeur charnelle, est moins le signe de la possession de soi par soi que celui d'une dépossession. La structure immanente au soi est celle de cet écart, inhérent au ressentir, par lequel il se maintient ouvert à soi et à une altérité. On songe ici à la structure ekstatique du *Dasein* dans *Sein und Zeit*. Chez

31. Voir Jacques Brunschwig, « Les multiples chemins aristotéliciens de la sensation commune » in *Revue de Métaphysique et de Morale*, 1991, n° 4.

Merleau-Ponty, cependant, le « hors-soi » ne renvoie pas originairement à la seule temporalité comme chez Heidegger. Il renvoie tout aussi originairement à la spatialité inhérente à l'incarnation. C'est de cette ouverture originaire de soi à soi, naissant à même la corporéité sensible, qu'émerge l'ipséité. Et puisque le soi s'enracine dans cette différence du corps avec lui-même en tant que sentant et senti, l'ipséité a en elle une dimension anonyme, impersonnelle, non encore « proprement » mienne, autrement dit, pré-égologique.

Cet anonymat est, bien entendu, à distinguer de celui du sujet transcendantal pur, voire du Pour-Soi sartrien, conçu comme pure négativité. Il n'est ni l'au-delà transcendantal de l'*ego*, à façon du sujet chez Kant, ni la « néantisation » de tout ce qui est, y compris de l'*ego* comme « étant », à la manière du Pour-Soi chez Sartre, il est l'en-deçà charnel de tout soi, dans la « promiscuité » de son ouverture au monde et aux autres. « L'on de la vie corporelle et l'on de la vie humaine »[32] est l'anonymat inné, fait d'impureté et de confusion, et précédant toute auto-référence du soi à soi-même, et partant de l'être-au-monde à sa « mienneté ». Auto-référence à laquelle d'ailleurs chacun n'accède qu'à travers le chiasme du rapport à autrui ou mieux aux autres, à d'autres.

Quelles conséquences philosophiques pouvons-nous déjà dégager d'une telle approche ? Tout d'abord celle-ci, que la question de l'ipséité se révèle plus radicale que la question, pourrait-on dire classique, de l'identité personnelle. Sans constituer un support transcendantal au-delà de toute spatio-temporalité, au-delà de toute facticité, l'ipséité, telle que la conçoit Merleau-Ponty, est celle d'un « existant » .

Mais si le soi ne se réduit nullement à la simple consécution de vécus psychiques, il ne se laisse pas non plus définir comme « subjectivité positive » . Et pourtant il n'est pas rien puisqu'en tant qu'abîme il a ses bords, ses

32. *Le visible et l'invisible*, p. 116.

entours[33], qui en découpent une « stature » reconnaissable à son style. Le soi est, redisons-le, cette ouverture unique, capable d'une aventure singulière, c'est-à-dire de connaître des changements qui l'altèrent – tels ceux se rattachant, par exemple, à une conversion – et qui permettent qu'à son propos l'on parle de l'histoire d'une vie.

La vue que Merleau-Ponty se fait de l'ipséité n'exclut donc pas, et peut-être même permet de comprendre l'expérience d'une sorte d'identité plurielle, comme celle du poète portugais Fernando Pessoa dont l'hétéronymie, en tant qu'indice de l'accueil en soi d'une pluralité des « personnes », chacune ayant son œuvre « propre », va sans doute plus loin qu'un simple jeu de masques empruntés par un artiste pour la nécessaire fictionnalisation de lui-même comme narrateur, auteur, *etc.*, ou qu'une pseudonymie fût-elle complexe comme celle d'un Kierkegaard.

Si j'évoque ici le cas « Pessoa », c'est qu'il témoigne d'une expérience si radicale de béance « identitaire », dont la contrepartie est une pluralité d'identités (demandant à être interprétée autrement que de façon psychologique ou morale, en termes, par exemple, de « duplicité » du caractère), qu'elle apparaît comme un formidable défi pour une réflexion sur le « soi-même ». L'expérience d'un tel manque à être m'amène à demander si elle ne réaliserait pas le degré presque zéro de ce que, dans *La Phénoménologie de la perception* Merleau-Ponty

33. Dans la Préface à *Signes* (p. 21), après avoir ironisé sur le sujet « roi dans une île déserte » , Merleau-Ponty écrit : « Il n'y aurait rien s'il n'y avait cet abîme du soi. Seulement un abîme n'est pas rien, il a ses bords, ses entours. On pense toujours à quelque chose, sur, selon, d'après quelque chose, à l'endroit, à l'encontre de quelque chose. Même l'action de penser est prise dans la poussée de l'être ». De même, dans une note d'avril 1960 du *Visible et de l'invisible*, on lit : « En réalité il n'y a ni moi ni autrui comme positifs, subjectivités positives. Ce sont deux antres, deux ouvertures, deux scènes où il va se passer quelque chose,– et qui appartiennent toutes deux au même monde, à la scène de l'Être ». Dans le cadre d'un travail plus vaste, il faudrait se demander si ce n'est pas la perte du sentiment de la dépendance créaturale qui fait perdre aussi au soi le sentiment de sa positivité sur le fond même de son néant.

avait désigné comme « densité de soi », et dont il ajoutait qu'elle ne saurait être « absolue sans aucune fêlure interne »[34]. Avec un des meilleurs interprètes du poète portugais, nous pourrions dire que : « l'autonomie des hétéronymes renvoie à un simple lieu-Pessoa où ils sont éclos et à la condition de Pessoa " lui-même " (comme un des auteurs parmi d'autres) comme un hétéronyme de plus et ni même le plus important »[35]. Mais qu'est-ce à dire sinon qu'il y a bien une ouverture singulière au monde, celle du « lieu-Pessoa », capable de réflexion, c'est-à-dire de s'éprouver comme frappé d'une faille constitutive, d'un déficit identitaire qu'aucune pluralité de « personnes » ne peut combler ? C'est justement à l'égard de ce « lieu-Pessoa » – dont le « double », Bernardo Soares (autre, soulignons-le, que les hétéronymes et qui n'a été connu qu'après la mort de F. Pessoa) a eu un jour la révélation qu'il était «personne» (« ninguém ») – qu'il convient de parler d'un « soi ». D'un soi qui, malgré tout, c'est-à-dire malgré le premier niveau d'interprétation auquel son « cas » semble inviter, résiste à la dispersion radicale d'une « multiplicité subjective », puisqu'il est au moins le « où », la matrice où elle s'engendre.

Certes, Merleau-Ponty n'a pas thématisé de telles expériences. Cependant, en décentralisant le moi, en

34. À la p. 515 de la *Phénoménologie de la perception*, on lit à propos de l'aperception de soi au sein du flux absolu de la conscience : "... et nous ne devons pas traiter cette aperception comme une opération seconde qu'il (le sujet) effectuerait à partir de son existence absolue : le flux absolu se profile sous son propre regard comme « une conscience » ou comme un homme ou comme sujet incarné, parce qu'il est un champ de présence, présence à soi, à autrui et au monde,– et que cette présence le jette au monde naturel et culturel à partir duquel il se comprend. Nous ne devons pas nous le représenter comme contact absolu avec soi, comme une densité absolue sans aucune fêlure interne, mais au contraire comme un être qui se poursuit au dehors ».

35. Voir Leyla Perrone-Moisés dans son Introduction (« Introduçao ao Desassossego ») à l'édition brésilienne du « Livro do Desassossego por Bernardo Soares », Sao Paulo, Brasiliense, 1986, p. 24. Ce livre de Fernando Pessoa existe en traduction française, due à F. Laye, sous le titre : *Le livre de l'intranquillité de Bernardo Soares*, C. Bourgois, 1988.

faisant de l'ouverture du soi sa dimension constitutive, et de la passivité l'envers de toute activité, en n'hésitant pas à faire précéder le soi se « possédant » dans la réflexion par un soi aliéné, il contribue à instaurer une configuration de pensée susceptible d'accueillir les expériences du type de celle que nous venons brièvement d'évoquer. En même temps, et sans qu'il ait affronté directement Nietzsche, il écarte l'hypothèse nietzschéenne tendant à réduire le soi à un effet de l'imagination et du langage, à un de ces mensonges dont la vie ne saurait se passer.

A contrario, il y aurait lieu de remarquer qu'une expérience d'unification intérieure, ne se confondant pas avec une illusoire crispation identitaire, ne résulte pas non plus d'une quelconque « densification», mais, au contraire, ne semble pouvoir être atteinte que grâce au dépouillement, au dénuement, au désaisissement, bref à une « dépossession de soi », qui, certes, n'est plus la dépossession initiale d'un soi aliéné, ni même celle d'un soi fasciné par le non-soi, mais celle d'un soi devenu capable de renoncer à ce qui lui est le plus propre, à son « pouvoir-être », à son « identité », en faisant le vide en soi, comme on le voit dans les expériences mystiques.

Maintenant, étant donné que la question du soi est souvent assimilée sans plus à celle de l'identité personnelle, et que la tradition analytique, fidèle ici à l'héritage de Locke, tend encore à l'aborder en ces termes, en faisant appel à une critériologie définitionnelle, où les critères sont classés selon deux ordres : l'ordre corporel et l'ordre

36. Voir Paul Ricœur, *Soi-même comme un autre*, Seuil, 1990. Dans sa Préface, Ricœur confronte le « *Cogito* exalté par Descartes et le *Cogito* proclamé déchu par Nietzsche » en situant sa propre entreprise, celle d'une herméneutique du soi, à distance de ses deux positions. Remarquons aussi que lorsqu'il détaille les questions qui concernent sa problématique du soi, à savoir : « qui parle ? qui agit ? qui se raconte ? qui est le sujet moral d'imputation ? », Ricœur laisse de côté la question « qui voit ? », qui est la question par excellence de Merleau-Ponty. Inversement on pourrait dire que Merleau-Ponty n'a pas suffisamment élaboré la question de l'imputation morale, malgré le grand sens de la responsabilité morale et politique qui fut le sien, ainsi qu'en témoignent tous ses écrits, les plus engagés comme les moins engagés.

psychique, nous pouvons nous demander si, avant l'ouvrage remarquable de P. Ricœur, *Soi-même comme un autre*[36], Merleau-Ponty n'avait pas posé des jalons pour une critique féconde d'une telle approche. Encore que, dans son cas, le trop grand éloignement quant au style eût rendu une véritable confrontation particulièrement difficile, rien n'empêche cependant d'indiquer sur quoi aurait porté indirectement sa critique. Soit le dualisme des critères. Quel que soit le domaine dans lequel se pose la question « Qui » (Qui voit ?, Qui parle ?, Qui agit ? Qui est responsable ?...), inhérente à la problématique de l'ipséité, il est manifeste que nulle part l'on ne saurait établir une distinction conséquente entre critères corporels et critères psychiques[37], fût-ce pour en prôner un « parallélisme » . Critères (y compris celui de la mémoire) qu'avait du reste essayés le personnage de l'*Amphitryon* de Molière (et, avant lui, de Plaute), Sosie, lorsque ce dernier tentait, sans grand succès, de mettre à l'épreuve Mercure, qui voulait passer pour lui-même et prendre sa place...[38].

Toute la démarche de Merleau-Ponty peut être envisagée comme une tentative pour sortir de l'impasse issue de la distinction entre ces deux ordres, dans la mesure

37. En rapport avec la distinction qu'il établit entre « l'identité-idem » (la mêmeté) et « l'identité-ipse » (ipséité), Ricœur refuse le dualisme des critères. Cf., par exemple, cette déclaration de la p.154, 155 : « D'abord je ne veux pas laisser croire que le critère psychologique aurait une affinité privilégiée pour l'ipséité et le critère corporel pour la "mêmeté"... Ensuite j'ai le plus grand doute concernant l'usage du terme *critère* dans le champ de la présente discussion » / Sur la discussion dans la philosophie analytique autour de la question de l'identité personnelle, voir, par exemple, le recueil édité par John Perry, *Personal Identity*, California Press, 1975.

38. Voir l'*Amphitryon* de Molière. Dans la scène II du 1er Acte, frappé de stupeur de « se » voir « double », c'est-à-dire doublé par Mercure, Sosie résume, face à la crise où il est placé, la question des critères de l'identité personnelle en s'exclamant : « Et de moi je commence à douter pour de bon. Près de moi, par la force, il est déjà Sosie ; Il pourrait bien encor l'être par la raison. Pourtant, quand je me tâte et que je me rappelle, Il me semble que je suis moi ». Pour Sosie qui se tâte et se souvient, faisant de la « philosophie » sans le savoir, le critère d'« identité » est à la fois corporel et psychique...

même où cette démarche conduit à une conscience dont l'unité latérale et non centrifuge est « soutenue, sous-tendue par l'unité pré-réflexive et pré-objective de mon corps »[39]. Cette vie pré-réflexive renvoie enfin à l'intercorporéité qui fait « de tous ensemble un Sentant en général devant un Sensible en général ». Ce qui n'est pas dépourvu de dimension éthique ou morale[40], attendu qu'ici l'ipséité et l'universalité se rencontrent en-deçà et non pas au-delà de la lutte à mort des consciences, à savoir sur le lieu même de l'incarnation, c'est-à-dire à même le corps.

À présent, afin de mieux appréhender le « fait » de l'incarnation comme le « fait des faits » d'une ontologie phénoménologique, revenons quelque peu en arrière sur la réversibilité du voyant et du monde vu. Cette réversibilité renchérit sur la réflexibilité inhérente au sentir. Elle implique non seulement que le voyant se voie comme visible, mais en outre qu'il se sente vu, fasciné, capté par ce qu'il voit. L'assomption d'une telle réversibilité, qui renverse pour ainsi dire les rôles du voyant et du vu, requiert que dans la compréhension de ce que Merleau-Ponty nomme aussi « cette étrange adhésion du voyant et du visible », on aille « au-dessous » de l'intentionnalité, de la conscience de... L'étrange lien du voyant et du visible ne doit pas en effet être conçu de façon perspectiviste en partant de l'oeil de la conscience vers la chose, ainsi que le présuppose l'intentionnalité, mais demande – tel est aussi le sens de ce qu'il faut comprendre par « foi perceptive » – à être pensé topologiquement sous la forme d'un chiasme, d'un entrelacs permettant de formaliser la réversibilité du rapport.

39. *Le visible et l'invisible*, p. 186.

40. Dans sa conférence à la Société Française de Philosophie (p. 70), Merleau-Ponty note : « ... la perception d'autrui fonde la moralité en réalisant le paradoxe d'un *alter ego*, d'une situation commune, en me replaçant moi, mes perspectives et ma solitude incommunicable dans le champ de vision d'un autre et de tous les autres ». Ce passage se poursuit par une considération de la promesse en amour, en réplique à un propos « pessimiste » de Pascal, d'après lequel on n'aimait pas une personne, mais ses qualités.

«... le voyant étant pris dans cela qu'il voit, écrit Merleau-Ponty, c'est encore lui-même qu'il voit : il y a un narcissisme fondamental de toute vision ;... pour la même raison, la vision qu'il exerce, il la subit aussi de la part des choses ; que, comme l'ont dit beaucoup de peintres, je me sens regardé par les choses, que mon activité est identiquement passivité, ce qui est le sens second et plus profond du narcissisme : non pas voir dans le dehors, comme les autres le voient, le contour d'un corps qu'on habite, mais surtout être vu par lui, exister en lui, émigrer en lui, être séduit, capté, aliéné par le fantasme, de sorte que voyant et visible se réciproquent et qu'on ne sait plus qui voit et qui est vu »[41].

Développement dense et d'autant plus significatif qu'il conduit à l'affirmation de la chair comme le titre inédit pour désigner « cette Visibilité, cette généralité du Sensible en soi, voire cet anonymat inné de Moi-même... »[42]. Pour nous y orienter, suivons la piste de quelques-unes des indications qu'il fournit et notons, en particulier, l'allusion de Merleau-Ponty à l'expérience des peintres. Il est fort probable qu'il songeât aux dires de Cézanne, tels qu'il en avait pu prendre connaissance à travers l'ouvrage de Joachim Gasquet. Or lorsqu'on relit les passages susceptibles de l'avoir inspiré, force est de constater qu'il accorde peu d'attention à ce qu'il faudrait bien appeler le « moment de la nuit », c'est-à-dire le moment où la prégnance du monde visible s'estompe. Car, après avoir fait référence à la fascination exercée sur lui par le paysage de sa Provence et à son état de quasi fusion avec lui, Cézanne ne manquait pas d'ajouter : « Il me semble, lorsque la nuit redescend, que je ne peindrai et que je n'ai jamais peint. Il faut la nuit pour que je puisse détacher mes yeux de la terre, de ce coin de terre où je me suis fondu. Un beau matin, le lendemain, lentement les bases géologiques m'apparaissent, des couches s'établissent, les grands plans de ma toile, j'en dessine mentalement le squelette

41. *Ibidem*, p. 183.
42. *Ibidem*, p. 183.

pierreux »[43]. Et, quelques lignes plus loin, cet aveu : « Je commence à me séparer du paysage, à le voir ».

Qu'est-ce à dire sinon que d'abord perdu, parce que possédé par le visible, Cézanne avait besoin de la nuit, c'est-à-dire d'un certain retrait du visible pour retrouver son regard et voir à nouveau le paysage à partir de cette distance reconquise ? Grâce à la séparation de la nuit, il retrouvait également ses moyens comme peintre en redevenant par là même capable de restituer sa vision au visible au moyen du tableau. Ce retrait est, me semble-t-il, moins à comprendre à la manière d'une neutralisation de la croyance au monde (ou de la foi perceptive) du genre de celle requise par la phénoménologie husserlienne, qu'en tant que le moment du négatif rendu nécessaire pour permettre au moi de se déprendre afin de retrouver son pouvoir d'agir. Autrement dit, il est la prise de distance qui permet au moi-artiste du peintre de se retrouver, de retrouver son « je peux » face au blanc de la toile.

À la réserve implicite dans ces remarques – elle porte uniquement sur l'atténuation que subit, dans certains passages du *Visible et l'Invisible*, le moment de distance prise à l'égard du non soi, moment de déliaison requis pour que le moi « se » retrouve –, d'autres analyses de Merleau-Ponty avaient déjà esquissé une réponse. Je songe en particulier à certains passages de *La Prose du monde,* qui thématisent justement la « dialectique » du peintre au travail.

Ce n'est pas tout. L'accueil par Merleau-Ponty du moment ou mieux de la dimension de dépossession du voyant par le visible a, en fait, une plus grande portée. Parce qu'il prend comme fil conducteur la vision, il est enfin amené à pointer vers le point aveugle de l'œil de l'esprit, le *punctum cæcum* de toute conscience de soi, lequel déjà se manifeste par l'incapacité de la conscience réflexive à voir ses propres attaches charnelles à l'être, son « lien natal » au monde. Ce qui revient à dire que jamais une réflexion complète de soi sur soi-même ne saurait être

43. Voir Joachim Gasquet, *Cézanne* (paru en 1926), Cynara, Grenoble, 1988, p. 136.

pleinement accomplie. Ainsi s'évanouit l'illusion de transparence absolue de soi à soi, de l'adéquation de la pensée à elle-même, que la réflexion tendait d'elle-même à entretenir. L'ouverture du soi à soi-même et à l'altérité reste entachée d'une opacité qu'aucun rayon lumineux de la conscience ou aucune « vue » compréhensive de soi ne saurait venir dissiper.

Une fois dégagée la passivité inhérente au voir, où le voyant peut être pris dans ce qu'il voit, le projet de Merleau-Ponty a été de généraliser cette structure de réversibilité à tout acte et à toute vie, y compris à la plus haute vie de l'esprit.

« Comme il y a une réflexivité du toucher, de la vue et du système toucher-vision, écrit-il, il y a une réflexivité des mouvements de phonation et de l'ouïe, ils ont leur inscription sonore, les vociférations ont en moi leur écho moteur. Cette nouvelle réversibilité et l'émergence de la chair comme expression sont le point d'insertion du parler et du penser dans le monde du silence »[44].

Ce passage se poursuit par des considérations sur ce qu'il faut entendre par chair, et aboutit à ce qui, au dire même de Merleau-Ponty, est « le point le plus difficile » : « le lien de la chair et de l'idée ». Tout en laissant cette question ouverte – comment juger de ce qu'en aurait été l'approche véritable de Merleau-Ponty si son œuvre est restée inachevée ? – avouons qu'elle nous paraît recéler quelques grandes difficultés. N'y aurait-il pas aussi à déceler un écart, une non coïncidence entre « la vie de l'esprit » et la pensée au sens restreint de la pensée sous ses formes les plus élevées ? Il ne s'agit pas d'ignorer que toute pensée se nourrit à ... et de la vie de l'esprit, mais d'admettre qu'il y a peut-être des formes de pensée exigeant un dépassement plus radical de la foi perceptive que ne le fait habituellement la distance objectivante. En d'autres termes, le regard ne parviendrait-il pas parfois à un détachement plus grand que celui requis par un processus d'objectivation ? Un tel regard renverrait alors à un soi pensant capable de détachement par rapport à ses attaches, à sa situation culturelle, bref à son « lien natal

44. *Le visible et l'invisible*, p. 190.

avec le monde ». Et s'il aboutissait par la tournure même de son esprit à une certaine déliaison (quoique partielle et jamais achevée) de son être charnel, c'est-à-dire tout aussi bien psychique que corporel ? Déjà lorsqu'on revient sur le « sujet de la géométrie », dont Merleau-Ponty disait avec pertinence qu'il était nécessairement un « sujet moteur » ne devrions-nous pas aussitôt souligner qu'il ne devient le sujet de la géométrie, qu'en étant apte à délier sa capacité opératoire et son regard «théorique» de la perception sensible, en allant ainsi au-delà de la « foi perceptive » ?

Un questionnement de ce type n'a certes pas échappé à Merleau-Ponty. Ne prend-il pas à son compte, dans « le Philosophe et son ombre », l'idée husserlienne d'une *Selbstvergessenheit* nécessaire à la constitution des objectivités logiques ou géométriques ? Mais en tire-t-il toutes les conséquences au niveau de son ontologie, ou se contente-t-il d'inclure de telles constitutions dans l'ontologie de la chair par leur renvoi à l'intercorporéité charnelle qui les sous-tend ? En outre, n'y aurait-il pas une *Selbstvergessenheit* ailleurs que dans le domaine de l'objectivation ? Et qu'en serait-il d'un soi qui, à certains moments, parviendrait à un tel oubli de soi ? Sa « présence à soi », dont Merleau-Ponty dit justement qu'elle « est présence à un monde différencié »[45], ne se transformerait-elle pas alors, de telle sorte que cet oubli de soi serait non la constitution d'un domaine (comme celui de la géométrie) au-delà de l'empirie, mais un s'absenter du monde, ou plutôt un s'abstenir de monde ? Cas limites, à coup sûr, qui n'invalident aucunement la pertinence des analyses merleau-pontiennes du soi, mais qui n'en demandent pas moins à être pensés, pour peu que l'on s'intéresse à l'expérience des grands taoïstes ou à celles de certains mystiques chrétiens...

Reste la question du langage et la question: « qui parle ? ». On se souviendra que Merleau-Ponty s'était reproché de ne pas avoir articulé de façon conséquente dans la *Phénoménologie de la perception* le chapitre sur le langage et celui sur le *cogito*. (L'auto-reproche n'est peut-

45. *Ibidem*, p. 245.

être justifié qu'en partie, et il porte davantage sur la composition de la *Phénoménologie de la perception* que sur le contenu du chapitre intitulé « *Cogito* », où est bien présente la référence au langage, à l'inséparabilité du parler et du penser...). Le reproche indique tout au moins qu'entre-temps il était devenu essentiel pour lui d'insister sur le langage comme le milieu de la pensée, ou selon l'expression de Valéry qu'il affectionnait, comme « le corps de l'esprit », de même qu'il convenait de dénoncer « la naïveté aussi d'un *cogito* silencieux qui se croirait adéquation à la conscience silencieuse alors que sa description même du silence repose entièrement sur les vertus du langage »[46].

Qu'en est-il de cette réflexion – qui comporte la reconnaissance de l'institution symbolique comme inhérente à tout langage – pour la question du « sujet » voire de l'être soi ? N'amène-t-elle pas à assumer pleinement l'ouverture du « sujet » à une monde de paroles, à un monde langagier ? Une fois de plus joue l'entrelacs, la structure en chiasme à propos de laquelle une des dernières notes du *Visible et l'invisible* affirme : « tout rapport à l'être est *simultanément* prendre et être pris, la prise est prise, elle est *inscrite* et inscrite au même être qu'elle prend »[47]. Il s'ensuit que nous ne pouvons nous comprendre comme êtres parlant et pensant que si l'on admet que le Langage et la Pensée nous ont, et, enfin, que c'est notre ouverture au monde et aux autres qui fait de nous des êtres de parole et de pensée. Ou selon une de ces formulations suggestives dont Merleau-Ponty avait le secret : « Les paroles des autres me font parler et penser parce qu'elles créent en moi un autre que moi, un écart par rapport à ... ce que je vois et le désignent ainsi à moi-même. Les paroles d'autrui font grille par où je vois ma pensée. L'avais-je déjà avant cette conversation ? »[48] Passage d'autant plus significatif qu'il souligne mon lien, mon entrelacement aux autres, tout en reliant la parole au voir, au voir de la

46. *Ibidem*, p. 232.
47. *Ibidem*, p. 319.
48. *Ibidem*, p. 277-278.

réflexion. Par là le retour réflexif sur soi (à jamais achevé) se donne à comprendre comme un véritable retour à... et une altération *de* soi à partir d'une situation qui est tout à la fois de perte et de partage.

Une telle approche mettant en relief la structure en chiasme – qui est celle du « sujet parlant et pensant », comme elle est celle du « sujet percevant » – diffère d'une approche transcendantale. Celle-ci peut certes postuler le langage comme condition de possibilité de la pensée, mais non pas penser l'effectivité de « la vie de l'esprit ». Elle n'en diffère pas moins de celle de Heidegger dans *Sein und Zeit*, pour qui l'anonymat du « on » est frappé d'inauthenticité. Et ce parce que Merleau-Ponty ne répugne pas à constater que la parole la plus propre ne saurait être proférée sans l'immersion de l'être parlant dans un milieu de paroles, sur fond duquel il prend la parole, il parle. Cela, à savoir que tout parlant soit précédé par des paroles qu'il a entendues et qui l'ont appelé à la parole n'est pas une déchéance, mais le signe qu'il a été socialement et symboliquement « inscrit » dans l'ordre de la parole, ce qui est la condition *sine qua non* de tout parler, y compris du parler à soi-même, qui est à la fois « entendre et parler ». Mais « la dualité parler-entendre », attestant de l'ouverture du soi au plus profond de lui-même, ne témoigne-t-elle pas d'un partage de la parole dont aucun sujet n'a en dernière analyse l'initiative? Et n'apporte-t-elle pas ainsi un démenti à ce qui serait l'autarcie de la conscience [*Gewissen*], dans lequel, selon Heidegger, « le *Dasein* s'appelle lui-même »[49], encore que ce soit pour se

49. Cf. Heidegger, *Sein und Zeit*, § 57 « La conscience comme appel du souci » ; à la p. 275 (p. 199 de la trad. Martineau), on lit encore : « L'appel, précisément, n'est pas et n'est jamais ni projeté, ni préparé, ni accompli volontairement *par nous-mêmes*. « Cela » appelle, contre notre attente, voire contre notre gré. D'un autre côté, l'appel ne vient inconstestablement [*zweifellos*] pas d'un autre qui est au monde avec moi . L'appel vient *de* moi et pourtant il me *dépasse*» [« Der Ruf kommt *aus* mir und doch *über* mich »]. Voir aussi le beau commentaire de Paul Ricœur sur l'indétermination de cet appel, in *op. cit.* p. 401 et suiv.. / D'après Merleau-Ponty, ne faudrait-il pas interroger cette certitude « incontestable » du moi s'attribuant l'origine de l'appel ?

dépasser à partir d'une certaine hauteur ? Mais d'où vient que le *Dasein* puisse être si sûr de la mienneté de l'appel l'appelant à l'authenticité, c'est-à-dire au devenir soi-même ? Cette assurance ne serait-elle pas un indice de plus que l'incarnation n'a pas été suffisamment pensée par Heidegger ?

Tenant compte de l'incarnation jusqu'au cœur du soi, c'est-à-dire jusqu'au cœur de ce qu'on appelle « le verbe intérieur », Merleau-Ponty rend caduque l'hypothèse d'un *solus ipse*. Il transforme la question du soi en celle d'un soi d'emblée « décentré » parmi d'autres soi. Un soi que l'on n'interrogera plus indépendamment du monde où chacun a à être soi et du pluriel, devenu « question centrale », d'un « nous-mêmes »[50]. Ce « nous-mêmes » qui se donne comme émergeant et se différenciant à partir et au milieu d'un seul et ultime élément : la chair.

Voir aussi notre essai « What does "talking to oneself" mean ? », in *Dialogue : an Inter-disciplinary Approach*, edited by Marcelo Dascal, John Benjamins, 1985.

50. Voir *Le visible et l'invisible*, p.141.

Les auteurs

Bernard Andrieu
11, Avenue des Marronniers, Résidence les Marronniers 64000 Pau

Renaud Barbaras 3, rue du Mississipi, 44800 Saint-Herblain

Mauro Carbone Via Custoza, 21 Levata, I – 46010 Curtatone (MN)

Janine Chêne 2, rue Marcel Benoît, 38000 Grenoble

Roger Decriem-Franksen 26 Avenue du Dr Gibert, 28000 Chartres

Jean Deprun 8, rue des Missionnaires, 78000 Versailles

François Heidsieck 1 Bd Édouard Rey, 38000 Grenoble

Koji Hirose Fondation Deutsch de la Meurthe, Ch. 707
37, Bd Jourdan 75690 Paris cedex 14

Giovanni Invitto Vi Galateo, 14, I – 73100 Lecce

Arion L. Kelkel 9, rue Ernest André, 78110 Le Vésinet

Jésus Martinez Velasco Colegio Universitario de Soria
Seccion departemental de filosofia C. Nicolás Rabal, 17
Soria (Espagne)

Kasuo Masuda 3-9-1-1004, Hikarigaoka, Nerima Ku, Tokyo 179
(Japon)

Shoichi Matsuba 66-22-510, Kamiya, Kawara, Tanabe-cho,
Tsuzuki-gun, Kyoto (Japon)

Jean-Yves Mercury Grossard 33540 Caumont

Jacques Merleau-Ponty 47, Avenue de la Motte-Picquet 75015 Paris

Jean Petitot ÉHESS, 54, Bd Raspail 75270 Paris cedex 06

André Robinet Les Vaux-Clairs, 41190 Orchaise

Urs Schällibaum Nürenbergstrasse 27 CH. 8O37 Zürich (Suisse)

Makoto Shimizu 359, Tokorozawashi, Kamiarai 1278 11 (Japon)

Xavier Tilliette Les Fontaines BP 219, 60631 Chantilly cedex

Anne-Marie Vidal Magallon Le village, 04510 Le Chaffaut

Maria Villela-Petit 59, rue Lhomond, 75005 Paris

Sommaire des anciens numéros

Cahier n°1 – septembre 1981 – 148 pages – (épuisé)

Présentation du Groupe de Recherches, par Janine CHENE. Lecture, lecteurs, lettrés, littérature, par Pierre BOURDIEU. Les origines frégéennes de la distinction entre ce qui « se dit » et ce qui « se voit » dans le *Tractatus Logico-Philosophicus* de Wittgenstein, par Jacques BOUVERESSE. Valéry, Wittgenstein et la philosophie, par Régine PIÉTRA. Essai sur la rationalité et la pensée mythique grecques, par Henri JOLY. Le « Récit scientifique » à l'âge baroque : l'exemple du récit de la découverte de la circulation du sang, par Jacques LAMBERT.

Cahier n°2 – juin 1982 – 180 pages – 57 F

Entre temps et récit : Concorde/Discorde, par Paul RICŒUR. Le temps du conte et le non-temps de l'inconscient, par Monique SCHNEIDER. Le rôle du récit dans l'avance en âge, par M. PHILIBERT. La notion du sujet parlant, par Oswald DUCROT. La peinture tirée du tombeau, par C. STANISLAS. L'Être (et le Néant) dans sa lettre, par François HEIDSIECK. Le corps-langage – Inscription, parole, phantasme dans l'hystérie de conversion, par Janine CHENE. Le corps-langage – le corps anagrammatique, par Monique BROC-LAPEYRE.

Cahier n°3 – *La Philosophie dans sa langue*
juin 1983 – 177 pages – 66 F

Vices et vertus des cercles (pour introduire aux problèmes de l'auto-référence), par Daniel BOUGNOUX. La langue et le discours de la méthode, par Jacques DERRIDA. Rêver de ses plaisirs. Sur l'onirocritique d'Artémidore, par Michel FOUCAULT. La philosophie entre le clair et l'obscur ou Kant et Hegel devant l'«Aufklärung», par Henri JOLY. L'archipel et le signe (sur la pensée kantienne de l'historico-politique), par Jean-François LYOTARD. Secret, dissimulation et art de persuader chez Pascal, par Louis MARIN. L'*Aufklärung* et la problématique de la langue : Enjeux culturels et universalité scientifique, par Marianne SCHAUB.

Cahier n°4 – *Langage et philosophie des sciences*
juillet 1985 – 219 pages – (épuisé)

Les formes fondamentales de la prédication : un essai de classification, par Jules VUILLEMIN. Connaissance des mots, connaissance des choses : théorie du signe et épistémologie à l'âge classique, par Ulrich RICKEN. Le synthétique *a priori* et la science moderne, par G. GRANGER. Platon, Aristote, Descartes, sur l'espace, par Jean LARGEAULT. Logique médicale, par Anne FAGOT. Lecture et identification dans l'histoire naturelle ; Cuvier et le déchiffrement des organismes, par Jacques LAMBERT. La recherche contemporaine sur le mythe : une révolution pas encore conçue, par Kurt HÜBNER. Wittgenstein critique de Frazer, par Jacques BOUVERESSE. Identité, désignation et matérialisme, par Pascal ENGEL.

Cahier n°5 – *Pratiques de langage dans l'antiquité*
2e trimestre 1985 – 175 pages – (épuisé)

La sophistique dans l'Antiquité : Grèce, Inde, Chine, par Régine PIÉTRA. L'égalité du droit à la parole dans la démocratie grecque – la notion d'*isegoria*, par Janine CHENE. Pourquoi Baubô a-t-elle fait rire Déméter ? par Monique BROC-LAPEYRE. Epicure : un langage pour la sagesse, par François HEIDSIECK. Remarques sur la logique du changement, par Frédéric NEF. Le mot, la phrase, le roman et l'existence chez Flaubert, par Claude BOYARD. Le langage des droits de l'homme, par Jean-François de RAYMOND.

Cahiers nos 6 et 7 – *Philosophie du langage et grammaire dans l'Antiquité* – avril 1987 – 464 pages – 150 F

Actes du Colloque du 3 au 6 septembre 1985. Avant-Propos d'Henri JOLY. Les mots et les choses : la philosophie du langage chez Démocrite par Aldo BRANCACCI. Dire et savoir (*legein – eidenai*) chez Xénophane et Parménide, par Anna KELESSIDOU. Observations concernant *legein* et *logos* chez Héraclite, par François HEIDSIECK. Théorie et langage. Le langage comme *logos théorètikos*, par Georges ANTONOPOULOS. Comment faire des choses avec des mots grecs. Les actes de langage dans la langue grecque, par Françoise LETOUBLON. Les mots et les formes dans le *Cratyle* de Platon, par Charles KAHN. Platon entre le maître d'École et le fabriquant de mots. Remarques sur les *grammata*, par Henri JOLY. Discours des vieillards et discours sur la vieillesse chez Platon et aujourd'hui, par Michel PHILIBERT. Isocrate et le langage de la culture, par Jean-François de RAYMOND. *Logos*-phrase et *logos*-texte chez Platon et Aristote, par Anna Maria THORNTON. Structure sémantique et forme logique d'après l'analyse aristotélicienne des phrases d'action, par Pascal ENGEL. Symbole et signe dans le *De Interpretatione*, par Curzio CHIESA. *Legomenon* et *Kategoroumenon* chez Aristote, par Lambros COULOUBARITSIS. Paradoxes linguistiques. À propos de *lexis* chez Aristote, par Denis ZASLAWSKY. Pour une réinterprétation des catégories stoïciennes, par Claude IMBERT. Remarques sur la classification des propositions simples dans les logiques hellénistiques, par Jacques BRUNSCHWIG. Le problème de l'expression et de la communication dans le scepticisme grec, par Françoise CAUJOLLE-ZASLAWSKY. Critique de la théorie du signe et langage chez Sextus Empiricus, par Venant CAUCHY. *Elementa*. Remarques sur le rôle de l'écriture dans la linguistique antique, par Françoise DESBORDES. *Pecus/pecunia*, un acte de parole, par Claire FEUVRIER-PRÉVOTAT. La sémantique de St Augustin est-elle vraiment mentaliste ? par Frédéric NEF. L'éclectisme et le développement de la grammaire hellénistique et romaine : les unités du discours, par François CHARPIN. L'ordre de la langue. Observations sur la théorie grammaticale d'Apollonius Dyscole, par Jean LALLOT. The Treatment of the Greek Middle Voice by the Ancient Grammarians, par A. RIJKSBARON. Donat ou Priscien : Syntaxe et figure de construction dans la grammaire latine au XVIe siècle, par Bernard COLOMBAT.

Cahier n° 8 – *Le Langage et le mental*
année 1987 – 145 pages – 69 F

Épistémologie du sommeil paradoxal, par Claude DEBRU. Pierce, lecteur de Berkeley : L'esprit et les signes, par Claudine ENGEL-TIERCELIN. L'individuation des états psychologiques et le statut de la psychologie populaire, par Daniel LAURIER. La linguistique aux frontières de l'anthropologie et de la phénoménologie, par Françoise LETOUBLON. La notion de système en Philosophie, par Daniel PARROCHIA. Retour aux Grecs : Réflexions sur les « pratiques de soi », dans l'usage des plaisirs, par Henri JOLY.

Cahier n°9 – *La Métaphore*
année 1989 – 338 pages – 90 F

Henri JOLY (1927-1988). La philosophie comme métaphore, par Henri JOLY. Métaphores sporadiques et linéarité du signifiant chez Gorgias de Léontinoi, par Alonso TORDESILLAS. *Métaphora* : le fonctionnement sémiotique de la métaphore selon Aristote, par Jean LALLOT. Métaphore et *methesis*, dans la *Rhétorique* d'Aristote, par Alain PETIT. L'euphorie de la langue, par Pierre RODRIGO. La question du sens figuré dans l'interprétation de l'Écriture, par François HEIDSIECK. Métaphore et théorie des classes de noms chez Hobbes, par Martine PECHARMAN. Le problème de la métaphore et la controverse sur l'imagination à l'âge classique, par Ulrich RICKEN. La métaphore chez Nietzsche, par Monique BROC-LAPEYRE. Nietzsche et le métaphorique : des métaphores, des concepts et des catégories, par Monique DIXSAUT. La métaphore et les philosophes : quelques réflexions sur l'invention philosophique de la métaphore, par Silvana BORUTTI. Symbole et métaphore, par Lambros COULOUBARITSIS. La métaphore vive dans les langues mortes, par Françoise LETOUBLON. Le sens littéral des métaphores, par Pascal ENGEL. Les conditions d'acquisition de la métaphore chez l'enfant, par Joëlle GARDES-

TAMINE. Images et métaphores poétiques, par Régine PIÉTRA. Dialogue de la musique et de la métaphore chez Michel BUTOR, par Jean SGARD. Comique et jeu métaphorique, par Michel GILOT. Le transfert à l'idiolecte : sur Paul Celan et l'antagonisme des langages, par Jean BOLLACK.

Cahier n°10 – *Sémantique formelle et philosophie du langage* – année 1989 – 92 F

Introduction : la sémantique formelle a-t-elle un intérêt philosophique ? par Pascal ENGEL. La sémantique kripkéenne et les doctrines logiques de Leibniz, par Maurice BOUDOT. Peirce ou la version sémantique-sémiotique de la logique formelle, par Claudine ENGEL-TIERCELIN. Comparabilité et incomparabilité des théories physiques, par Jules VUILLEMIN. Can there be a Substantive Account of Truth ? par Thomas BALDWIN. The Sorites Paradox and its Significance for the Interpretation of Semantic Theory, par Crispin WRIGHT. Adverbial modification and perception reports, par Martin DAVIES. States of affairs, *Bedeutung* and the Contingent *a priori* par Graeme FORBES. Sémantique et psychologie : la sémantique des attributions de croyance, par Pierre JACOB. The Ontogenesis of Conceptual Roles, par Andrew WOODFIELD. Représentation du sens ou représentation des connaissances, par Daniel KAYSER. Quelques propriétés formelles élémentaires des fantômes, par J. JAYEZ. Événements et propositions : quelques aspects de la référence anaphorique en allemand, par R. BAUERLE. Conclusions sur la table ronde, par Frédéric NEF.

Cahier n°11 – *Valéry : la philosophie, les arts, le langage* année 1989 – 281 pages – 97 F

In Memoriam Henri Joly, par Régine PIÉTRA. Avant-propos, par Régine PIÉTRA. Paul Valéry devant les paradoxes de la philosophie, par Simon LANTIÉRI. « Penser ce qui n'existe pas », par Ned BASTET. Un système éclaté, par Florence de LUSSY. Croisée de perspectives : Paul Valéry et Ortega y Gasset, par Monique ALLAIN-CASTRILLO. Le chef d'orchestre danubien furibond et Monsir Falerïe, par Monique BROC-LAPEYRE. Alain et Valéry, par Judith ROBINSON-VALÉRY. Valéry, William James et le problème de « l'Expérience Mystique », par Paul GIFFORD. Suivre Léonard ou la Question du récit, par Jeannine JALLAT. Teste et l'Impossible réel, par Jean LEVAILLANT. « Plus je pense, plus je pense » ou concerto pour cerveau seul, par Nicole CELEYRETTE-PIÉTRI. Valéry et le Socrate de son *Eupalinos* : écrire ou ne pas écrire, par Silvio YESCHUA. Valéry et le cratylisme, par Robert PICKERING. Langage et inspiration poétique : le témoignage valéryen, par E. A. MOUTSOPOULOS. Le fonctionnement théâtral du dialogue philosophique chez Valéry : *L'Idée fixe*, par Huguette LAURENTI. L'autre, l'obscur, du discours, par Shushi KAO.

Le Modèle valéryen de l'esprit à la lumière des sciences naturelles de nos jours, par Ulrike HEETFEL. L'art de l'ingénieur et la pensée valéryenne, par A. KAUFMANN. Construire, connaître, douter, par Vittorio UGO. Le for et le ban : Valéry ou la récusation de l'art moderne, par Jean-Charles GATEAU. Valéry et l'esthétique du cinéma, par K. A. BLUHER. Langage musical/Langage poétique : Valéry à la recherche de son chinois poétique, par Brian STIMPSON. « Océan sonore » : la genèse du *Cimetière marin*, par M. T. GIAVERI.

Cahier n°12 – *Hommage à Henri JOLY*
année 1990 – 470 pages – 149 F

Hommage à Henri JOLY. Avant-propos, par J. C. PARIENTE, F. LETOUBLON, R. PIETRA. Bibliographie d'Henri JOLY. La construction sociale du sexe, par Pierre BOURDIEU. De la vertu « rapetissante » d'une grande biographie. Mais comment les plus petits détails de la vie originaire font extraordinaire le destin de Nietzsche, par Monique BROC-LAPEYRE. Le titre des *INDALMOI* de Timon ; d'Ulysse à Pyrrhon, par Jacques BRUNSCHWIG. La grande illusion : pour servir à une mise en scène de l'*Hélène* d'Euripide, par Barbara CASSIN. La forme éponyme. Participation et éponymie chez Platon, par Curzio CHIESA. Prolégomènes à la cosmologie de Pléthon, par L. COULOUBARITSIS. L'enfant, le cru et le philosophe. Orthopédie et sauvagerie dans les dialogues de Platon, par Éric DEBARBIEUX. La voix de l'ami, par Jacques DERRIDA. Thalès ou Socrate, qui commence ? ou : De l'ironie, par Monique DIXSAUT. La philosophie du langage entre le clair et l'obscur, par Pascal ENGEL. L'argent dans les *Topiques* de Cicéron, par Claire FEUVRIER-PRÉVOTAT. L'idée de forme logique dans les *Six Essais d'un art des signes* de J. H. Lambert, par Gilles-Gaston GRANGER. Le naturel et l'institué. Réflexion autour de Condillac, par François HEIDSIECK. Sur le projet d'une grammaire philosophique, par Claude IMBERT. Achille et Ulysse : entre épopée et philosophie. Réflexion sur deux héros-types, par Stéphan IMHOOF. Plato as a Socratic, par Charles KAHN. Le renversement platonicien : *logos, épistémè, polis*, par Anna KELESSIDOU. Poésie, Philosophie, Politique, par Philippe LACOUE-LABARTHE. Quelques remarques à propos des notions de l'espace, par Jean LARGEAULT. Le Temps s'en va, par Françoise LETOUBLON. « C'est moi que je peins... ». De la figuration du langage à la figuration du moi chez Montaigne, par Louis MARIN. Les états généraux de la philosophie : l'Ecole d'Athènes de Raphaël, par Régine PIETRA. Prélude à une brève rencontre : la correspondance de Descartes avec la reine Christine de Suède, par Jean-François de RAYMOND. Du sens, de la méthode, par Dominique SAINTE-ROSE. Autour de l'*Aufklärung*, par Marianne SCHAUB. Lieux de parole, temps du discours dans « Sur *les sophistes* » d'Alcidamas, par Alfonso TORDESILLAS. Le comique comme idée. De la toquade à l'extravagance et au rire déchaîné : comparaison entre Racine et Aristophane, par Jules VUILLEMIN. Henri Joly, professeur, par J. P. CARLET, D. FALCY, J. P. FALCY, A. RIBAUD, A. RUBINO, E. BUISSIERE, V. BLANCHARD, I. POULAIN, V. COUSSEDIERE.

Cahier n° 13 – *Simone Weil et les langues*
1991 – 305 pages – 120 F

Simone Weil et le refus de la langue de bois, par Monique BROC-LAPEYRE. Langage et réflexion politique chez Simone Weil : Les années de formation (1926-1931), par Domenico CANCIANI. « Ma solution, si j'avais pu... : L'analogie », ou l'analectique entrevue, par Robert CHENAVIER. Les rapports entre la science et la politique chez Simone Weil. Le problème de la forme, par Francis CHIAPPONE. La langue des *Upanisad* chez Simone Weil. Une herméneutique retrouvée selon l'expérience intérieure, par Alyette DEGRACES-FAHD. Simone Weil : le langage d'une écriture, par Gabriella FIORI. Quelques oppositions de termes obéissance/révolte, malheur/bonheur chez Simone Weil. Une démarche linguistique à rapprocher de certains principes de méthode weiliens, par Patricia FOGARTY. Simone Weil, traductrice de l'*Iliade*, par Simone FRAISSE. Sur quelques problèmes de traduction et d'interprétation du *Timée*, par François HEIDSIECK. La critique de l'algèbre à la lumière des idées de Simone Weil, par Pierre KAPLAN. Grandeur et misère du langage chez Simone Weil, par Patricia LITTLE. Le problème du « nous » entre l'individu et le collectif, par Florence de LUSSY. Pensée poétisante, poésie méditante, par Adriano MARCHETTI. Simone Weil et la cité platonicienne, par Michel NARCY. Langage de la place publique – Langage de la chambre nuptiale. Quelques remarques sur le sens théologique d'une distinction philosophique chez Simone Weil, par Heinz Robert SCHLETTE. Le langage des mathématiques chez Simone Weil, par Michel SOURISSE. Des paroles à la parole. Ressources weiliennes pour un nouvel humanisme chrétien, par Eric O. SPRINGSTED. La recherche de l'homme par Dieu. Le sens mystique du folklore dans les écrits des derniers jours chez Simone Weil, par Mayumi TOMIHARA.

Cahier n° 14 – *Du Dialogue*
Novembre 1992 – 352 pages – 130 F

La fonction des prologues dans les Dialogues de Platon. Faire l'histoire de Socrate, par Marie-Laurence DESCLOS. Idéal du dialogue ou idéal de la science ? Un débat entre Ugo Spirito et Guido Calogero, par Évelyne BUISSIERE. Heidegger philosophe du dialogue, par Alain BOUTOT. Le sens et les fonctions du dialogue dans l'œuvre scientifique de Galilée, par Jacques LAMBERT. La naissance d'un « dialogue » entre homme et nature, par Marie-Dominique POPELARD. Langage et apprentissage du langage, par Sandra LAUGIER. Dialogicité et subjectivité, par Pierre MILLION. Peut-on et doit-on définir un *a priori* communicationnel ? par Francis JACQUES. La volonté de s'entendre. Dialogue et intentionnalité, par Éric GRILLO. La violence dans le débat philosophique. La controverse Derrida/Searle, par Mathieu POTTE-BONNEVILLE. La logique dialogique, par Gerhard HEINZMANN. Le sens dans l'interaction, par Daniel LUZZATI. Approche actionnelle et modèle projectif du dialogue informatif, par Denis VERNANT. Attitudes cognitives et actes de langage en situation de communication homme-machine, par Jean CAELEN & Anne-Lise FRÉCHET.

En préparation

Cahier n° 16 –*Stanisław Lesniewski aujourd'hui*

Actes du colloque organisé les 8, 9 et 10 octobre 1992 à l'Université Pierre Mendès France (Grenoble) par le groupe de Recherche sur la Philosophie et le Langage, le Séminaire de Logique et le Centre de Recherches Sémiologiques de l'Université de Neuchâtel.

Czeslaw LEJEWSKI, Lesniewski face au nominalisme et au réisme, Georges KALINOWSKI, L'inexistence des objets généraux dans les écrits de Lesniewski , Jan WOLENSKI, Lesniewski's Logic and the Concept of Being, V. Frederik RICKEY, Tarski on Truth, Peter SIMONS, The Question of Ontological Commitment in Lesniewski's Ontology, Denis MIÉVILLE, Lesniewski et l'importance d'une logique développementale, Denis VERNANT, Logique et pragmatique : la genèse du concept d'assertion, Alain BERRENDONNER, Essai de formalisation de l'anaphore associative, Christophe KONYEVITS, L'utilisation des logiques de Lesniewski pour l'analyse de quelques relateurs en parce que, Alain LECOMTE, Une descendance des systèmes de Lesniewski : le calcul de Lambek, Frédéric NEF, Ontologie formelle et théorie des objets. L'apport méréologique, Jacques ROUAULT, Représentations centrées objet, formalisation linguistique et systèmes de Lesniewski, Mounia FREDJ, L'implémentation des formalismes méréologiques, Olivier HOUDÉ, Catégorisation, méréologie et ontologie : questions du psychologue, outils du logicien.

Table des matières

ACHEVÉ D'IMPRIMER
EN MARS 2010
PAR L'IMPRIMERIE
DE LA MANUTENTION
A MAYENNE
FRANCE
N° 10N-43

Dépôt légal : 1er trimestre 2010